Wissenschaftliche Monographien
zum Alten und Neuen Testament

Begründet von
Günther Bornkamm und Gerhard von Rad

Herausgegeben von
Cilliers Breytenbach, Bernd Janowski,
Reinhard G. Kratz und Hermann Lichtenberger

106. Band
Gernot Garbe
Der Hirte Israels

Neukirchener Verlag

Gernot Garbe

Der Hirte Israels

Eine Untersuchung zur Israeltheologie
des Matthäusevangeliums

2005

Neukirchener Verlag

© 2005
Neukirchener Verlag
Verlagsgesellschaft des Erziehungsvereins mbH, Neukirchen-Vluyn
Alle Rechte vorbehalten
Umschlaggestaltung: Kurt Wolff
Druckvorlage: Andrea Siebert
Gesamtherstellung: Breklumer Druckerei Manfred Siegel KG
Printed in Germany
ISBN 3–7887–2086–7

Bibliografische Information Der Deutschen Bibliothek

Die Deutsche Bibliothek verzeichnet diese Publikation in der
Deutschen Nationalbibliografie; detaillierte bibliografische Daten
sind im Internet über http://dnb.ddb.de abrufbar.

Thilo, Lukas
und Helena gewidmet

Vorwort

Die Anregung zur vorliegenden Arbeit geht zurück auf eine Examensarbeit aus dem Jahr 1993 zur Israeltheologie des Matthäusevangeliums bei Prof. Dr. Jürgen Roloff. 1996 hat Prof. Roloff die Betreuung meiner Dissertation zu eben diesem Thema übernommen und fast bis zu ihrem Abschluss wesentlichen Anteil an ihrem Zustandekommen gehabt. Im Mai 2003 habe ich sie zum Promotionsverfahren eingereicht. Mein verehrter Lehrer und Doktorvater konnte zwar noch ein Gutachten verfassen, ist dann aber im Februar 2004, kurz nach meinem Rigorosum, an dem er schon nicht mehr teilnehmen konnte, verstorben.

In der Zeit, in der ich mich vor allem auf meine Dissertation konzentrieren konnte, nämlich in den Jahren 1996–1999 während der Beurlaubung im kirchlichen Interesse zur Promotion, habe ich mich bemüht, parallel erscheinende Literatur möglichst vollständig zur Kenntnis zu nehmen. Seit 1999, nach der Übernahme einer vollen Pfarrstelle in Aschbach im Steigerwald, war mir dies nur noch in enger Auswahl möglich. Der Abschluss meiner Arbeit und auch die Überarbeitung zur Veröffentlichung haben dann noch recht lange gedauert, so dass der kritische Leser immer wieder eine gewisse Ungleichzeitig feststellen kann. Denn manche meiner Beobachtungen haben inzwischen auch schon andere gemacht und veröffentlicht; dies sehe ich gerne als Bestätigung meiner Auslegungsrichtung.

Zu danken habe ich Herrn PD Dr. Theo Heckel, der mich von Anfang an unterstützt und zuletzt auch das Zweitgutachten mit wertvollen Anregungen verfasst hat. Im Doktorandenkreis bei Prof. Roloff konnte ich einige Abschnitte vortragen und bin allen Teilnehmern/innen für die konstruktiven und motivierenden Diskussionen dankbar. Korrekturfassungen gelesen haben Frau Heidi Braun, Herr Pfarrer Markus Pöllinger und Herr Pfarrer Dr. Holger Forssman, computertechnische Hilfestellung in erheblichem Ausmaß hat Herr Olaf Holzapfel geleistet.

Dem Landeskirchenrat der Evang.-Luth. Kirche in Bayern danke ich für die Beurlaubung im kirchlichen Interesse und für die Bewilligung eines Druckkostenzuschusses.

Während meiner Beurlaubungszeit war meine Frau vollzeitig berufstätig, und so bin ich meinen Eltern und meiner Schwiegermutter dankbar, dass sie uns immer wieder bei der Betreuung unserer Kinder Thilo und Lukas geholfen haben.

Den für den Bereich des Neuen Testamentes zuständigen Herausgebern der Reihe »Wissenschaftliche Monographien zum Alten und Neuen Testament«, Herrn Prof. Cilliers Breytenbach und Herrn Prof. Hermann Lichtenberger, danke ich für die Aufnahme meines Buches in diese Reihe, Herrn Prof. Lichtenberger für zahlreiche Hinweise und Anregungen für die Überarbeitung. Die Druckvorlage hat Frau Andrea Siebert, Neuendettelsau, hergestellt; dafür danke ich ihr ebenso wie Herrn Dr. Volker Hampel vom Neukirchener Verlag für die freundliche Betreuung.

Am meisten zu Dank verpflichtet bin ich aber meiner Frau Helena, die nun fast 10 Jahre lang dieses Projekt mit seinen Höhen und Tiefen miterlebt, ermutigend gefördert, mit kritischen Nachfragen vorangebracht und oft auch miterlitten hat. Ihr und unseren beiden Söhnen, die jetzt hoffentlich nicht mehr ganz so oft auf den Vater verzichten müssen, ist deshalb dieses Buch gewidmet.

Schlüsselfeld-Aschbach, im Mai 2005   Gernot Garbe

Inhalt

A Einleitung

1 Zur Relevanz des Themas

»Matthäus erzählt die Geschichte Jesu als den Abschluss der Geschichte Israels. (…) (Israels) Zeit ist vorbei, und wie Jesus, so haben auch seine Boten die Pflicht, ihm den nahenden Untergang anzukündigen. Das Reich erbt Jesu Gemeinde.«[1]

Ob sich dies so für das Matthäusevangelium (MtEv) wirklich behaupten lässt, ist bis heute umstritten.[2] Die exegetische Aufgabe dieser Arbeit ist damit aber in wünschenswerter Prägnanz gestellt. Ihr Thema ist die Israeltheologie des MtEv. Unter »Israeltheologie« ist der Versuch des Matthäus (Mt) zu verstehen, die Frage zu beantworten, wie sich die Erwählung Israels zu Einladung und Anspruch der neuen Botschaft des Evangeliums verhält. Der Blick auf die kontroverse aktuelle Diskussionslage zeigt, dass die Frage nach der Israeltheologie in Auseinandersetzungen führt, die für die Auslegung des MtEv insgesamt zentral sind. Aber die Frage nach der Israeltheologie des MtEv ist nicht nur eine rein akademische Fragestellung, sondern sie ist auch in der gegenwärtigen kirchlichen und gesellschaftlichen Situation von Interesse; dazu sei hier folgendes bemerkt:

Nach den schrecklichen Ereignissen der Judenverfolgungen des vergangenen Jahrhunderts hat sich im Laufe der Jahre nach dem 2. Weltkrieg in den christlichen Kirchen – reichlich spät – die Einsicht Raum verschafft, dass das Verhältnis zwischen Christentum und Judentum nicht als das Verhältnis gegnerischer Religionen beschrieben werden kann. Nach Jahrhunderten, in denen das Judentum nicht als lebendige, gegenwärtige Religion wahrgenommen wurde, wurden sowohl die Wurzeln

---

1 Schlatter, Lehre der Apostel 23f; vgl. zu Schlatter: Neuer, Adolf Schlatter (1996); zu Schlatters Verhältnis zum Judentum a.a.O. 704–708. Neuer sieht die Dinge hier aber wohl zu positiv; vgl dazu Lichtenberger, Schlatter und das Judentum (erscheint in NTS).

2 Vgl. zur Forschungsgeschichte S. 4ff. (Mit der Abkürzung »S.« wird immer auf eine Seite dieser Arbeit verwiesen, während bei Verweisen auf andere Arbeiten immer der Ort bzw. »a.a.O.« angegeben ist.) Die vorliegende Arbeit ist im Wesentlichen in den Jahren 1996 bis 1999 entstanden. Danach erschienene Literatur wurde in Auswahl berücksichtigt. Vgl. zur aktuellen, kontroversen Gesprächslage z.B.: Luz, Responce (2000); Dobbeler, Restitution (2000); Stuhlmacher, Mt 28,16–20 (2002); Konrad, Sendung zu Israel (2004)

des Christentums im Judentum als auch die theologisch begründete
Verbundenheit der beiden Religionen (neu) entdeckt.

Diese Entwicklung hatte und hat nicht nur Auswirkungen auf die kirch-
liche Lehre und das Selbstverständnis christlicher Kirchen,[3] sondern sie
brachte auch die Frage auf, wann und warum die beiden Religionen sich
auseinander entwickelt und getrennt haben, und welche Rolle in diesem
Prozess das Neue Testament selbst einnimmt.

Es setzte eine intensive Debatte um den »Antijudaismus« des Neuen
Testamentes ein, die bis heute anhält.[4] Die angedeuteten zeitgeschichtli-
chen Implikationen dieses Themas auf der einen und die Frage nach
dem Umgang mit den Ursprungstexten des christlichen Glaubens auf
der anderen Seite brachten und bringen es mit sich, dass die Debatte
teilweise sehr emotional geführt wurde und wird.

Diese Arbeit untersucht ein Thema, das sich in dem skizzierten schwierigen Bezugsrahmen bewegt. Das MtEv hat in der Diskussion um den
neutestamentlichen bzw. christlichen Antijudaismus immer eine herausragende Rolle gespielt: Es ist das wirkungsgeschichtlich einflussreichste
der neutestamentlichen Evangelien und hat auf die Entwicklung eines
kirchlichen Antijudaismus sehr stark eingewirkt; aber die Position des
MtEv zur Israelfrage wird bis in die heutige Zeit kontrovers beurteilt,
wie die folgende Forschungsgeschichte zeigt.

Die aktuelle Situation bringt es mit sich, dass sich ein Exeget, der sich
zu dieser Frage äußert, auf eine Gratwanderung begibt: Auf der einen
Seite droht die Gefahr, selbst unter den Vorwurf des Antijudaismus zu
geraten, sollten die für Mt gewonnenen Ergebnisse nicht den heutigen
Einsichten des christlich-jüdischen Dialoges entsprechen,[5] auf der anderen Seite droht die Gefahr, dem Vorwurf ausgesetzt zu sein, man ver-

---

3   Vgl. die Dokumente in Henrix/Rendtorff, Die Kirchen und das Judentum; Rend-
torff/Kraus, Die Kirchen und das Judentum Bd 2; Kraus, Christen und Juden
4   Vgl. Frankemölle, Antijudaismus; Dietrich, Antijudaismus.
5   Dies zeigt z.B. Klauck, Rezension 132, mit der Äußerung zu Davies-Allison, Mt
III, dieser Kommentar versuche, »jeden antijüdischen Zungenschlag« zu vermeiden;
vgl. dazu S. 190. Ausdrücklich findet sich dieser Vorwurf bei Klappert, Dialog 247,
zu Hoffmann, Zeichen für Israel: »Will man sich über Antijudaismus in der Exegese
des Mt-Evangeliums informieren, so kann man das an diesem Beispiel exemplarisch
tun!«
In der Hitze des Gefechtes wird gelegentlich die Position des Gegners falsch wiedergegeben, z.B. Klappert, Dialog 247, der eine Aussage als die Ansicht von Luz
darstellt, obwohl Luz sie als *Gegenargument* gegen seine eigene Deutung anführt.
Klappert bringt dabei einen Satz als Luz-Zitat, der sich so nicht bei Luz findet.
Klapperts *Frage* an die Mt-Exegese kann aber aufgenommen werden: »Kann man in
der Exegese des Mt-Evangeliums lediglich vom Gericht über die christliche Gemeinde, dann aber von der endgültigen ›Abrechnung mit Israel‹ sprechen und damit
die im Mt-Prolog (...) aufgemachte messianische Hoffnungsperspektive (...), die
die Sammlung und Erlösung des Zwölf-Stämme-Volkes Israels einschließt, elimi-
nieren (...)?« (Klappert, Dialog 244)

suche durch eine »>bequeme‹ Auslegung seine (sc. des MtEv; G.G.) antijüdischen Spitzen zu brechen.«[6] Daher ist es angebracht, wenn ich mein eigenes Vorverständnis darlege. In meiner Arbeit wird viel von der mt Position zur Judenmission die Rede sein; innerhalb der Mt-Auslegung geht es dabei um die Frage, ob Mt keine Judenmission mehr in Betracht kommen lassen will, weil seiner Ansicht nach das Volk Israel nach der Ablehnung Jesu und seiner Boten ohnehin verworfen sei.[7] Nun ist aber mit dem Stichwort »Judenmission« auch ein aktuelles Problemfeld angerissen: Ist es eine gegenwärtige Aufgabe christlicher Kirchen, sich missionarisch-werbend an Juden zu wenden mit der Absicht, diese von der eigenen, christlichen Glaubenseinsicht zu überzeugen und sie für das Christentum zu gewinnen?

Die EKD-Studie »Christen und Juden II« hat m.E. zu Recht herausgearbeitet, dass unter den neutestamentlichen Entwürfen dem des Paulus, wie wir ihn in Röm 9–11 finden, der Vorzug zu geben ist, ja dass wir hier so etwas wie eine hermeneutische Mitte des Neuen Testamentes haben.[8] Denn hier wird den Verheißungen des Alten Testamentes für Israel so Rechnung getragen, dass das Christusereignis heilsgeschichtlich zentral ist, ohne dass dabei Israel seine Sonderstellung genommen wird.

Aber nicht so sehr von Röm 9–11 her, sondern vor allem von theologischen Überlegungen grundsätzlicher Art sowie von negativen Auswirkungen her, wie wir sie aus der Kirchengeschichte kennen, dürfte der Modus der Mission heute wohl keine angemessene Umgangsform von Christen und Juden sein.[9]

Gegenseitiger Respekt und Austausch über die je eigenen Traditionen und Einsichten können das Verständnis füreinander fördern, ohne dem anderen die Existenzberechtigung nehmen zu wollen. Unterschiedliche, ja widersprüchliche Ansichten müssen dabei nicht verschwiegen werden, vielmehr ist es eine Aufgabe, der wir uns stellen müssen, den anderen in seiner Andersartigkeit zu respektieren und Zusammenleben auch bei verschiedenen Überzeugungen einzuüben.

Ziel dieser Arbeit ist es, an einem Punkt das Verständnis der eigenen,

---

6 Luz, Menschensohn 213, mit einigen Beispielen; ähnlich spricht Theißen, Aporien 540–549, von »textimmanenten«, »historischen« und »symbolischen« Relativierungsversuchen.

7 Vgl. dazu 90ff.

8 Christen und Juden II 47–49.

9 Vgl. auch die Formulierungen in Christen und Juden III 59: »Eine Kirche, die sich nicht mit aller Macht ihres Zeugnisses gegen die an Juden verübten Verbrechen eingesetzt hat, sollte bei der Bezeugung ihres Glaubens gegenüber jüdischen Menschen – um es vorsichtig zu formulieren – äußerste Zurückhaltung üben. Eine Kirche, die sich nicht mit allen ihr verfügbaren Mitteln in der Zeit tödlicher Bedrohung vor ihre getauften Glieder jüdischer Herkunft gestellt hat, hat schwerlich die Vollmacht zur Judenmission.«

christlichen Tradition zu vertiefen. Ein erster Schritt dazu ist die nun folgende kritische Sichtung der jüngeren Mt-Forschung.

2 Forschungsgeschichte

Bis in die 90er Jahre hinein gibt es Forschungsgeschichten zum MtEv insgesamt und zu verschiedenen Aspekten der Israeltheologie des MtEv.[10] Wir können uns also auf die Darstellung neuerer Arbeiten beschränken. Dabei versteht es sich von selbst, dass es nicht um eine Gesamtwürdigung der einzelnen Werke geht; vielmehr sollen jeweils wichtige Aspekte herausgestellt und Ansatzpunkte benannt werden, auf die in dieser Arbeit zurückgegriffen werden kann.

Ulrich Luz

Ulrich Luz hat nicht nur innerhalb der vergangenen Jahre ein umfangreiches Kommentarwerk zum MtEv hervorgebracht,[11] sondern auch durch zahlreiche Aufsätze zu einzelnen Themen bzw. Texten des MtEv und zu übergreifenden Problemstellungen die Diskussion, auch im internationalen Forschungsdiskurs, geprägt.[12]

Aber nicht nur wegen seiner herausragenden Bedeutung für die Matthäusforschung insgesamt steht Luz hier an erster Stelle, sondern auch wegen seiner durchgängig intensiven Auseinandersetzung mit der Israelfrage und den damit verbundenen theologischen Problemen. Aus diesen beiden Gründen ist die vorliegende Arbeit auch über weite Strecken eine Diskussion mit Luz.

Die Auslegungsergebnisse von Luz spielen innerhalb dieser Arbeit an vielen einzelnen Punkten eine wichtige Rolle und werden auch jeweils dort angeführt; hier soll nur in groben Zügen dargestellt werden, wie Luz die Israeltheologie des MtEv auffasst.

Am besten greifbar ist Luz' Verständnis der mt Israeltheologie wohl in seinem Aufsatz »Das Matthäusevangelium und die Perspektive einer

---

10 Vgl. allgemein für den Zeitraum 1945 – ca. 1980: Stanton, Origin 1890–1895; zur Frage nach dem Verhältnis des MtEv zum Judentum ebd. 1906–1921; zu den synoptischen Evagenlium insgesamt: Lindemann, Literaturbericht (1978–1983), 331–346; ders., Literatur (1984–1991), 147–185; zur Verhältnisbestimmung der heiden- und judenchristlichen Tendenz im MtEv: Wong, Interkulturelle Theologie 2–27; zu Mt 23 als für die Israeltheologie besonders wichtiges Kapitel: Becker, Kathedra 9–15 (v.a. zur Frage des Verhältnisses zu rabbinischer Literatur); zum Thema »Trennung von Christentum und Judentum« Wander, Trennungsprozesse 8–39 (allerdings ohne speziellen Bezug zum MtEv); vgl. außerdem zum Missionsverständnis S. 125ff; zur Naherwartung S. 159; zu 23,39 S. 197ff; zur Israeltheologie der Logienquelle S. 99f.

11 Luz, Mt I–IV; in der vorliegenden Arbeit wurde weitgehend die vierte Auflage des ersten Bandes benutzt, im Jahr 2002 wurde dieser Band in fünfter Auflage als »völlige Neubearbeitung« aufgelegt (zitiert als Luz, Mt I[5]).

12 Vgl. die Literaturliste S. 229.

biblischen Theologie«, aus welchem hier einige zentrale Aussagen wiedergegeben seien:

»Matthäus beansprucht das Alte Testament programmatisch und ganz für das Evangelium. ›Matthäus hat (...) das Tischtuch mit Israel zerschnitten; man kämpft um
das Erbe.‹ (...) Gerade dort, wo die Trennung von Gemeinde und Synagoge am
deutlichsten und schmerzhaftesten erfahren und vollzogen wurde, wird der Anspruch auf das biblische Erbe am grundsätzlichsten angemeldet.«[13]
»Im Unterschied zu biblischen und nachbiblischen Neuerzählungen der *alten* Heilsgeschichte erzählt Mt eine *neue* Grundgeschichte des Heils. (...) die alttestamentliche Geschichte Israels (ist) kein selbständiges Heilsereignis mehr, sondern wird
strukturierendes Moment der Jesusgeschichte.«[14]
Die theologischen Wurzeln der Geschichte, wie aus dem Heilsvolk Israel die ›Juden‹ wurden, liegen »wohl in der Christologie. (...) Weil Matthäus in der ihm überlieferten und von ihm vertieften Christologie die messianischen und eschatologischen Hoffnungen der Bibel an *Jesus* band, bedeutete für ihn Israels Nein zu Jesus
göttliches Gericht.«[15]

Soziologisch deutet Luz das mt Israelverständnis als Ausdruck des
»Nachentscheidungskonfliktes« nach der Trennung der mt Gemeinde
vom Synagogenverband:[16] Die schmerzliche Trennungserfahrung werde
von Mt nachträglich als notwendig reflektiert und dabei die abgelehnte
Alternative, nämlich das »pharisäisch dominierte Mehrheitsjudentum«,
als schlechte Alternative dargestellt.[17]
In exegetisch-materialer Hinsicht ist für uns v.a. die Bestimmung des mt
Missionsverständnisses wichtig, sowie in Zusammenhang damit das Gerichtsverständnis. Nach Luz versteht das MtEv die Zerstörung Jerusalems als innergeschichtliches, nicht eschatologisches Gericht, auf das
aber im Endgericht nur die Bestätigung folgen wird: »Das Gericht, das
über Israel in der Zerstörung Jerusalems ergeht, ist für Mt ein innergeschichtliches Gericht Gottes (...). Im Endgericht wird dann dieses innergeschichtliche Urteil Gottes besiegelt (23,39).«[18]
Eine Mission als Einladung Israels zum Evangelium sei vom MtEv
nicht mehr intendiert.[19]

---

13 Luz, Perspektiven 235, mit einem Zitat aus Frankemölle, Jahwebund 305f;
Frankemölle hat inzwischen seine Position modifiziert und würde dies so nicht mehr
schreiben, vgl. zu Frankemölle S. 6
14 A.a.O. 240; Hervorhebungen im Original.
15 A.a.O. 245; Hervorhebung im Original.
16 Luz, Antijudaismus 323.
17 Ebd.
18 Luz, Mt III 389f.
19 Innerhalb der Arbeiten von Luz ist hier eine Entwicklung zu erkennen; vgl. S.
125.
Von Luz' exegetischem Ergebnis zum MtEv ist seine eigene Einstellung zu unterscheiden. Er spricht sich zwar auch gegen Judenmission aus, aber aus dem genau
gegenteiligen Grund, nämlich wegen der bleibenden Erwählung Israels. Vgl. schon
Luz, Judenmission (1978) 130–132: »Dass die Verheißung, die vom Alten Testament her auf Israel liegt, so leicht vergessen werden konnte; dass man hier (sc. im

Hubert Frankemölle

An zweiter Stelle ist Hubert Frankemölle zu nennen, der ebenfalls mit
einer Vielzahl von Veröffentlichungen seit Jahren die Diskussion um
das MtEv prägt, in neuerer Zeit auch mit einem zweibändigen Mt-
Kommentar. Aber schon seine Arbeit »Jahwebund und Kirche Christi«
(Münster 1974, 2. Auflage 1984) hat großen Einfluss auf die Forschung
ausgeübt.

Besonders aufschlussreich ist es, sich mit den Arbeiten von Frankemölle
auseinander zu setzen, weil er in für das Thema dieser Arbeit wichtigen
Punkten sich von früheren Ansichten distanziert hat.

Dies gilt insbesondere für das Verständnis des MtEv als »Ätiologie für
die Verwerfung Israels«, wie Frankemölle dies formuliert hatte.[20] In
seiner Arbeit Jahwebund hatte er dies v.a. durch traditionsgeschichtliche
Überlegungen zu Mt 27,25[21] und durch seine These von der »Bundes-
erneuerung durch Jesus«[22] begründet. Dadurch ergab sich für ihn eine
stark heilsgeschichtlich strukturierte Mt-Theologie, die keinen Raum für
eine bleibende Sonderstellung Israels mehr ließ, jedenfalls nicht in
einem heilvollen Sinn.[23]

In neuerer Zeit nun hat Frankemölle sich des öfteren von seiner früheren
Aussage distanziert, das MtEv vertrete das »Ende Israels«.[24] Als
Gründe dafür nennt er das Missionsverständnis und das Gerichtsver-

---

MtEv; G.G.), um mit Paulus zu sprechen, Gottes Wort dahinfallen ließ (vgl. Röm
9,6), muss uns ebenso zur Kritik an dieser Position führen wie die unheilvolle Wirkungsgeschichte dieser matthäischen Texte. (…) Trotz unserem Nein zu Matthäus,
das einem Ja zur Judenmission gleichkommt, trotz unserem Ja zu Paulus, das ebenso
einem Ja zur Judenmission gleichkommt, würde ich für unsere heutige Situation die
These vertreten, dass *wir keine Judenmission betreiben sollten, wenigstens nicht im
üblichen Sinn.* (…) Die einzige Form von ›Judenmission‹, die für mich heute noch
möglich ist, scheint mir der Dialog unter von Gott gleicherweise geliebten Brüdern
zu sein (…).« (Hervorhebung im Original).

20 Frankemölle, Jahwebund 210.250.256 u.ö.; vgl. auch ders., Pharisäismus 163:
»Matthäus bietet mit dieser großen Komposition 21–25 eine Ätiologie für die Verwerfung Israels. Der Kirche, die an Israels Stelle trat (21,43) und die primär angesprochen ist, dient ›diese Darstellung zur Mahnung und Warnung‹ (…).« (Mit
einem Zitat von R. Pesch).

21 Frankemölle, Jahwebund 204–211.

22 Frankemölle, Jahwebund 42–72.

23 Vgl. Frankemölle, Jahwebund 259: »Die Frage, wie Jahwe seine Verheißungen
erfüllt angesichts der Tatsache, dass das erwählte Gottesvolk Israel die Botschaft
Jesu nicht angenommen hat, führt Mt zu der theologischen Konsequenz, *AT und
Evangelium zu versöhnen, indem er Israel und Kirche trennt.*« (Hervorhebung im
Original).

24 Z.B. Frankemölle, Bund 186–210, etwa a.a.O. 198: »Mit der Erzählung Mt
27,20–25 ist offensichtlich (…) ein heilsgeschichtliches Ende ganz Israels als λαός
im Sinne von Bundesvolk (Gottes) nicht impliziert.« A.a.O. 209: »Gemäß meinen
Leserlenkungen ist Mt – autorroorientiert formuliert – kein Vertreter des Substitu-
tionsmodells, wie ich früher meinte feststellen zu können. Aussagen zum heilsgeschichtlichen Ende Israels kann ich bei ihm nicht feststellen.«

ständnis des MtEv. Frankemölle versteht zwar nach wie vor die Zerstörung Jerusalems als Strafe an ganz Israel,[25] danach sei aber eine erneute Hinwendung zu Israel von Mt intendiert. Mt rufe seine Gemeinde neu zur Israelmission auf,[26] was nicht mit einer endgültigen Verwerfung Israels vereinbar sei. Das Gericht durch den Menschensohn ergehe über alle Menschen nach den gleichen Kriterien,[27] könne also nicht als reines Vernichtungsgericht über Israel aufgefasst werden.

In neueren Arbeiten hat sich Frankemölle auch ausführlich zur Frage des mt »Antijudaismus« geäußert,[28] wobei er v.a. die starke Kontinuität des MtEv zur alttestamentlich-jüdischen Tradition herausstellt. Offen bleibt aber m.E. die Frage, wie sich die mt Konzeption der universalen Gültigkeit der Lehre Jesu[29] zur Bestreitung eines mt Antijudaismus verhält.

William D. Davies – Dale C. Allison
Ein bedeutender moderner Kommentar ist auch das dreibändige Werk von William D. Davies und Dale C. Allison; beide Forscher haben schon vor diesem gemeinsamen Werk bzw. parallel dazu weitere Arbeiten zum MtEv veröffentlicht.[30]
Speziell zur Frage nach dem Ort Israels im eschatologischen Konzept des MtEv hat Dale C. Allison einen Aufsatz veröffentlicht.[31] Darin legt er das Ende des Jerusalemwortes (23,39) positiv-konditional aus, so dass die für die Zukunft angesagte Hinwendung des Volkes Israel zu Jesus als notwendige Voraussetzung für die Parusie Jesu erscheint. An diesem, so auch im Kommentar vertretenen Detail zeigt sich das Anliegen dieses Kommentars, an der heilsgeschichtlichen Sonderstellung

25 Frankemölle, Mt II 388 (zu 23,34–39): »Die ersten Leser des MtEv (…) können feststellen, dass (…) im MtEv die Zerstörung Jerusalems als Gericht Gottes zu verstehen ist. Das impliziert aber nicht, dass damit zugleich ganz Israel (das Diasporajudentum eingeschlossen) verworfen ist.«
26 Frankemölle, Mt II 68 (zum Ort von Mt 10 im Gesamttext): »Da (…) von der Textstruktur her die bleibende Israel-Verwiesenheit der Christen in den Vordergrund gestellt ist, bleibt rückschließend zu vermuten, dass Matthäus eben dieses Rollenangebot für seine ersten Leser als besonders dringlich bewertete. Liefen sie Gefahr, über die in ihrer Gemeinde fraglos praktizierte Mission an den Völkern die an Israel zu vergessen?« A.a.O. 86: »Unter zusätzlicher Berücksichtigung der pragmatischen Textdimension ist aus der besonderen Betonung der Israel-Mission darauf zurückzuschließen, dass die Gemeinde gerade dazu besonders motiviert werden musste.«
27 Dies schon in ders., Jahwebund 121, aber unter der Voraussetzung, dass »Israel« als heilsgeschichtliche Größe ohnehin der Vergangenheit angehört: »›Israel‹ als genuin theologische Kontrastgröße gehört der Vergangenheit an.«
28 Vgl. Frankemölle, Antijudaismus (1999).
29 Vgl. Frankemölle, Tora 102: »Die von Jesus Immanuel verkündete Tora ist als unbedingter Wille Gottes maßgeblich für die Jünger Jesu, für Juden und für Menschen aus den Völkern.«
30 Davies, Setting (1964); Allison, New Moses (1993).
31 Allison, Conditional Prophecy (1983); vgl. dazu unten S. 200.

Israels festzuhalten.[32] Allerdings wird die Auslegung von 23,39 nicht in die Gesamtsicht der mt Eschatologie integriert; in der Besprechung der Schilderung des Endgerichtes Mt 25,31–46, die universalistisch ausgelegt wird, wird dann nicht deutlich, wie sich dies mit der Hinwendung Israels zu Jesus verbinden lässt.[33]

Dies wird zwar bei der Auslegung von 25,31–46 nicht begründet, hängt aber wohl mit der Einschätzung des MtEv insgesamt zusammen: das Anliegen des Mt sei nicht so sehr eine systematisch durchdachte Theologie, sondern eine primär auf das rechte Handeln der Gemeinde abzielende Nach- und Neuerzählung der Mt zur Verfügung stehenden Quellen.[34] Viele Widersprüche des MtEv erklärten sich aus der Gemeindesituation und dem jüdischen Hintergrund des MtEv. Von daher sprechen sich Davies-Allison gegen jeden Versuch einer heilsgeschichtlichen Periodisierung aus,[35] auch wenn Mt sich bewusst sei, dass sich nach Ostern Grundlegendes geändert habe.[36]

Hier wird die vorliegende Arbeit versuchen, einen anderen Weg zu gehen, wobei an viele instruktive Einzelbeobachtungen angeknüpft werden kann.

Klaus Berger

Klaus Berger hat in seiner Theologiegeschichte[37] gattungsbedingt nicht ein umfassendes Konzept zum MtEv vorgelegt, aber er hat einige außerhalb der allgemeinen Diskussion stehende Interpretationsansätze eingebracht, die hier nicht unerwähnt bleiben sollen.

Seine beiden wichtigsten Ansatzpunkte als Textbasis sind 19,28 und 23,39, die er jeweils als Heilsankündigungen für Israel interpretiert: Am Ende der Zeit wird sich Jesus Israel erneut zuwenden,[38] und die zwölf

---

32   Weitere Beispiele sind die Auslegungen zu Mt 8,10–12 (Davies-Allison, Mt II 24–31), zu Mt 19,28 (Davies-Allison, Mt III 54–58) und zu Mt 24,31 (Davies-Allison, Mt III 362–364).

33   Dies gilt auch für die an verschiedenen Stellen des MtEv gefundene Ankündigung einer Heimkehr der jüdischen Diaspora (vgl. Davies-Allison, Mt I 26–29, zu Mt 8,11; dies., Mt III 364, zu Mt 24,31).

34   Davies-Allison, Mt III 705: »(...) he was concerned above all to pass on a tradition that had been handed to him. (...) Like the author of James, another Jewish Christian, our evangelist was more concerned with the way believers should live and obey than with the correctness of how they should think about their faith.«

35   Davies-Allison, Mt III 707: »What is characteristic of all the schematizations proposed is that they too easily cut the Gordian knots of Matthew's contradictions: they do not sufficiently recognize the complexity of the historical situation which Matthew faced.«

36   Davies-Allison, Mt III 707: »Matthew did to be sure recognize that the situation differed before and after Easter.«

37   Berger, Theologiegeschichte 1994 (2. Auflage 1995).

38   Berger, Theologiegeschichte 326f; vgl. a.a.O. 339: »Am Ende erscheint, so schon in Q, nach Paulus wie nach dem MtEv, Jesus erneut, und zwar speziell für Israel (Mt 23,38f; Röm 11,26).«

Jünger werden Israel zu seinem Recht verhelfen.[39] Die Strafe für Israel sei in der Zerstörung Jerusalems abgegolten,[40] und das MtEv selbst sei als missionarische Hinwendung zu Israel konzipiert.[41]

Es wird eine (religionsgeschichtlich begründete) Auslegung einzelner Stellen verbunden mit einer Verortung des MtEv in der Geschichte des Urchristentums, und zwar in relativer Nähe zu den paulinischen Gemeinden. Gerade in der Israelfrage wird eine große Nähe des MtEv zu Paulus rekonstruiert.[42]

Diese Auslegung stellt die Aspekte, die gegen eine zu israelkritische Sicht des MtEv sprechen, heraus. Es wird sich aber zeigen müssen, ob damit wirklich das MtEv als Ganzes zutreffend erfasst ist, und wie sich die Gerichtsaussagen gegen Israel in dieses Konzept integrieren lassen.

Kun-Chun Wong

Einen wieder anderen Anlauf hat Kun-Chun Wong unternommen, die Theologie des MtEv zu erfassen.[43] Er möchte die spannungsvollen Aussagen des MtEv durch die Situation der mt Gemeinde erklären, und zwar in der Weise, dass die »Spannung zwischen juden- und heidenchristlich orientierten Texten (…) als theologische Absicht des Verfassers (…) zu verstehen und zugleich auf dem Hintergrund der mt Gemeinde sozialgeschichtlich zu interpretieren«[44] ist.

Im Blick auf die Frage nach einer mt Israeltheologie kommt Wong dabei zu dem Ergebnis, dass das Volk Israel seine Sonderrolle verloren habe durch das innergeschichtliche Gericht über Israel in der Zerstörung Jerusalems.[45] Dem steht aber die nicht ausgeglichene Behauptung entgegen: »Mt 19,28 setzt ein Gericht über Israel voraus, auch wenn darauf nicht der Hauptakzent liegt.«[46]

Ebenfalls unausgeglichen ist die These, das Volk Israel habe seine Sonderrolle verloren, mit der These vom weiterhin gültigen Auftrag zur Israelmission: »So können sich also die Mitglieder der mt Gemeinde als den zwölf Jüngern gleichwertig betrachten, sofern sie durch die Teil-

---

39 Berger, Theologiegeschichte 135.646.
40 Berger, Theologiegeschichte 677.
41 Berger, Theologiegeschichte 339: »Die Juden sind ohnehin nach wie vor und jetzt seit der Zerstörung Jerusalems wieder besondere Adressaten des Evangeliums.«
42 Berger, Theologiegeschichte 338–340, zu den Geschichtskonzeptionen des Paulus und des MtEv; wegen der Nähe von Paulus und Mt denkt Berger (a.a.O. 339) an »benachbarte ›Kirchenkreise‹«.
43 Wong, Interkulturelle Theologie (1992).
44 Wong, Interkulturelle Theologie 28.
45 Wong, Interkulturelle Theologie 136: »Das Gericht über Israel geschah in der Zerstörung des Tempels, damit ist für Mt auch Israels besondere Rolle als Volk Gottes beendet. Die Einladung des Evangeliums gilt danach weiter für alle Völker einschließlich Israels. Mt stellt Israel somit den anderen Menschen vor Gericht gleich.« So auch a.a.O. 187.
46 Wong, Interkulturelle Theologie 143.

nahme an der israelorientierten Mission die Funktion dieser Jünger haben.«[47]

Auch wenn meine Arbeit der These zur Zusammensetzung der mt Gemeinde aus Juden- und Heidenchristen zustimmt, und auch wenn manche Einzelergebnisse übernommen werden können: Mit Blick auf die Theologie des Mt soll der Versuch gemacht werden, weniger die absichtsvolle Spannung, sondern mehr die übergreifende Einheit zwischen heiden- und judenchristlichen Tendenzen herauszuarbeiten.

Graham Stanton

Neben dem ANRW-Artikel[48] hat Graham Stanton eine Reihe weiterer Arbeiten veröffentlicht, die 1993 in dem Buch »A Gospel for a New People« zusammengefasst wurden.

Von den zahlreichen Aspekten, unter denen Stanton sich dem MtEv nähert, sind hier nur zwei herauszustellen, und zwar zum einem sein Zugang zur Frage nach einer Hoffnung für eine »Bekehrung« Israels zum (mt) Evangelium und zum anderen seine Sicht der mt Endgerichtsaussagen.

Eine Aussage über eine Hoffnung für Israel findet Stanton in 23,39; er legt diesen Vers analog des »Sin-Exile-Return-Pattern« aus und bestimmt seine Funktion u.a. folgendermaßen: »It allowed Christians to use anti-Jewish polemic to distance themselves from Judaism and yet at the same time to claim continuity in God's purposes.«[49] In der Situation nach 70 n.Chr. sieht Stanton die mt Gemeinde sich im Gegenüber zum Judentum stabilisieren. In diesem Kontext verortet er die Funktion von 23,39: »As this happened, the underlining of hope for at least the partial conversion of the rival religious group may perhaps be seen as part of Christian selflegitimation.«[50]

Diese Balance zwischen Abgrenzung und Kontinuität hält Stanton auch im Blick auf das mt Gerichtsverständnis fest, indem er die mt Aussagen im Sinne eines mehrfachen Endgerichtes auslegt. Die diesbezüglichen Ausführungen finden sich in Zusammenhang mit der Auslegung von 25,31–46; hier geht es nach Stanton nicht um ein Gericht über alle Men-

---

47 Wong, Interkulturelle Theologie 91; in gewisser Spannung dazu steht die thesenartige Überschrift zu dem entsprechenden Abschnitt (a.a.O. 88): »Mt bietet in Mt 10,5b–6 einen israelorientierten Missionsbefehl, mit dem er die *Judenchristen* seiner Gemeinde auffordert, die Mission in Israel weiterzuführen.« (Hervorhebung G.G.). In der Zusammenfassung (a.a.O. 188) wird dann ohne Begründung, aber zu Recht gesagt, dass die mt Gemeinde »damit rechnet, sowohl in der Gegenwart als auch in Zukunft Mitglieder jüdischer wie heidnischer Herkunft zu haben.« Das heißt aber nicht, dass nur die Judenchristen zur Mission in Israel aufgefordert wären.

48 Stanton, Origin 1889–1951.

49 Stanton, Polemic 387; zum »Sin-Exile-Return-Pattern« vgl. unten S. 201.

50 Stanton, Polemic 387.

schen, sondern nur um ein Gericht über Nicht-Christen.[51] Die Frage, ob
Israel mit zu den Gerichtsadressaten gehört oder nicht, beantwortet
Stanton zwar uneinheitlich,[52] er hält aber so eine Leerstelle für ein eige-
nes Gericht über Israel offen.[53]

Anthony J. Saldarini

Eine weitere wichtige englischsprachige Arbeit ist das Buch »Matthew's Christian-Jewish Community« von Anthony J. Saldarini (1994).
Der Titel ist in zweifacher Weise Programm, nämlich insofern, als hier
die *Gemeinde* des Mt in den Mittelpunkt des Interesses gestellt wird,[54]
und zum anderen insofern, als die Gemeinde als »christlich-jüdische«
bezeichnet wird.

Das Anliegen der Arbeit von Saldarini ist es, die Gemeinde des Mt innerhalb des Judentums zu verorten: sie hält das »ganze Gesetz« und
versteht sich als besondere Form des Judentums.[55] Als »Gegner« sieht
Saldarini »Israel's leaders« an. Die Gemeinde des Mt öffnet sich zwar
zu den Heiden hin, aber das Volk des Mt, zu dem er sich und seine Gemeinde rechnet, ist Israel.[56] Folglich kommt Saldarini zu dem Ergebnis,
dass die Mission in Israel nicht beendet und Israel nicht verworfen ist.[57]
In den Volksmengen sieht er die jüdische Gemeinde repräsentiert, mit
der Mt in Kontakt ist, und die er zu gewinnen versucht.[58]

Die Arbeit von Saldarini stellt die Aspekte des MtEv heraus, die für
eine Kontinuität des MtEv und seiner Gemeinde mit dem Judentum
sprechen. Mancher israelkritische Zug des MtEv kommt aber zu kurz,

---

51 Stanton, Gospel 221: »(…) it became an assurance to Matthew's anxious readers that the nations would ultimately be judged on the basis of their treatment of
Christians.«
52 »Non-Christian Gentiles« bzw. »Gentile nations« (Stanton, Gospel 220) auf der
einen Seite, »all non-Christians« auf der anderen Seite (a.a.O. 214).
53 In dieser Richtung wird die Auslegung von Stanton weitergeführt von Sim,
Eschatology 127, aber auch nur überlegend.
54 Vgl. schon Schlatter, Kirche (1929), und Schweizer, Gemeinde (1974).
55 Saldarini, Community 7: Das MtEv »is an integral and coherent whole reflect-
ing a Christian-Jewish group which keeps the whole law, interpreted through the
Jesus tradition. (…) Despite his conflicts with various community leaders and his
relativly small following, the author of Matthew considers himself to be Jewish. He
seeks to legitimate his particular form of Judaism by utilizing the sources of authority in the Jewish community (…) and by delegitimating the Jewish leaders (…)«.
56 Saldarini, Community 7: »Israel is the concrete community of Jews from which
Matthew has been banned, but to which he still thinks to belong.«
57 Saldarini, Community 43: »Contrary to the claims of the usual salvation-history
schemes, Israel is not rejected and the Jewish mission is still open in Matthew.«
58 Saldarini, Community 38: »It is likely that the author of Matthew meant the
crowds to symbolize the Jewish community of his day, which he hoped to attract to
his brand of Judaism.«

so etwa die Frage nach dem Gericht über Israel in der Zerstörung Jerusalems.[59]
Auch wird die Tatsache, dass Mt sich innerhalb des Judentums sieht und für die nicht-Jesus-gläubigen Juden noch Hoffnung auf Bekehrung hat, zu hoch gewichtet gegenüber der ebenfalls gesehenen Tatsache, dass die, die Jesus abgelehnt haben, in den Augen des Mt »verloren« sind, und dass die mt Gemeinde als »neue Führer Israels« angesehen wird.[60]
Eine Verortung des MtEv innerhalb des Judentums alleine besagt nicht automatisch, dass durch das Evangelium nicht etwas völlig Neues entstanden ist und insofern Israel eben doch nicht mehr das Volk des Matthäus ist.

Marlis Gielen
Marlis Gielen möchte in ihrer Arbeit »Der Konflikt Jesu mit den religiösen und politischen Autoritäten seines Volkes im Spiegel der matthäischen Jesusgeschichte« (1998) die Frage nach dem Verhältnis zwischen mt Gemeinde und Judentum klären, indem sie sich auf den Konflikt Jesu mit den jüdischen Autoritäten konzentriert.
Ihr Vorgehen ist eine durchgehende Unterscheidung zwischen drei Ebenen, nämlich a) der erzählten Welt, b) dem fiktiven Erzähler und den fiktiven Adressaten und c) dem realen Autor und dem realen Leser.[61]
Dieser methodische Zugang und die thematische Beschränkung ermöglichen einen methodisch kontrollierten Durchgang durch weite Teile des MtEv. Gielen kommt dabei für die Situation der Mt-Gemeinde zu folgendem Ergebnis: »Das Selbstverständnis des Mt und seiner Gemeinde ist jüdisch, die Trennung von den sich nicht zu Jesus Christus bekennenden Glaubensgenossen wohl noch nicht vollzogen.«[62]
Ein Problem besteht aber m.E. darin, dass es beim Erfassen der im MtEv »beabsichtigten oder zumindest implizierten Bestimmung des Verhältnisses zwischen mt Gemeinde und Judentum«[63] nicht nur um den Konflikt Jesu mit den jüdischen Autoritäten geht, wie ihn das MtEv erzählt. Es geht auch um die Frage nach einer heilsgeschichtlichen Kon-

---

59 Saldarini, Community 201: Zerstörung Jerusalems nur als Gericht über »the crowds who sought Jesus' death.«
60 Beide Zitate nach Saldarini, Community 201: »Those who have rejected Jesus are lost in Matthew's eyes, but those who have not are available to his teaching. Thus the *ethnos* (sic!) bearing the fruits of the kingdom (…) is not the gentiles conceived of as a new nation, but the Matthean group conceived of as new leaders of Israel.«
61 Zur literaturwissenschaftlichen Begründung der Unterscheidung dieser drei Ebenen vgl. Gielen, Konflikt 13–24; Gielen lehnt sich dabei v.a. an das Modell von Kahrmann/Reiss/Schluchter, Erzähltextanalyse (1986) an, vgl. Gielen, Konflikt 16, und verbindet es mit dem Anliegen des »narrative criticism« sowie mit der »diachron orientierten historisch-kritischen Methode,« ebd.
62 Gielen, Konflikt 473.
63 Gielen, Konflikt 1.

zeption des MtEv. Gielen geht zwar an einigen Stellen auf die Frage nach einer solchen Konzeption ein, aber nur durch die Blickrichtung des Konfliktes Jesu mit den jüdischen Autoritäten.[64] Dadurch kommen viele Texte, die etwas über das Verhältnis »mt Gemeinde und Judentum« aussagen könnten, nicht ausreichend in den Blick.[65] Die wichtigen Ergebnisse von Gielen zur Erzählstruktur sollen also mit Überlegungen zur heilsgeschichtlichen Dimension der mt Theologie verbunden werden.

Moisés Mayordomo-Marín

Die Arbeit »Den Anfang hören« von Moisés Mayordomo-Marín (1998) ist nicht nur in methodologischer Hinsicht von Interesse, sondern sie führt auch inhaltlich direkt zu unserer Fragestellung hin.

Nach einem forschungsgeschichtlichen Teil zur Beziehung »Literarische Rezeptionskritik und Evangelienexegese«[66] und der Entwicklung eines eigenen Auslegungsmodelles[67] führt Mayordomo-Marín eine ausführliche Auslegung von Mt 1–2 als Analyse der »hypothetischen Erstrezeption« durch.[68]

Aus dem umfangreichen Werk soll nun ein Aspekt herausgegriffen werden, den man als »offene Stelle« bezeichnen könnte. Es geht dabei um die Frage der Bedeutung von αὐτὸς γὰρ σώσει τὸν λαὸν αὐτοῦ in 1,21: Ist hier davon die Rede, dass Jesus zu »seinem Volk« *Israel* kommt, um es zu »retten«, oder ist hier auf die Kirche als »Volk Gottes« abgezielt? Mayordomo-Marín äußert sich an zwei Stellen seiner Arbeit widersprüchlich dazu, und an einer der beiden Stellen arbeitet er selbst diese Offenheit heraus. Einerseits lesen wir dazu:[69]

»Wenn man die Erwartung des narrativen Publikums an dieser Stelle (sc. Mt 1,21; G.G.) definieren will, dann ist sicherlich an ein ›Happy End‹ zu denken: Jesus kommt als davidischer Messias, erlöst sein Volk von dessen Sünden und wird als Manifestierung göttlichen Mit-Seins anerkannt. *Ich greife voraus: Im Verlauf der mt Jesusgeschichte wird der Begriff des wahren Gottesvolkes neu definiert.* (…) Die große Tragödie der matthäischen Jesusgeschichte ist der Wechsel der Gegenwart

---

64 Z.B. Gielen, Konflikt 386 A55.
65 Z.B. die Verstockungsaussagen Mt 13,1–15 sowie die Frage nach dem eschatologischen Konzept und dem Gericht über Israel nach Mt 19,28.
Andere Akzente wären m.E. insbesondere bei der Auslegung von Mt 23,34–39 zu setzen: Mt 23,34–36 wird von Gielen nur als Gerichtsansage gegen Schriftgelehrte und Pharisäer gedeutet, auf die auch der Ausdruck »diese Generation« beschränkt sei, vgl. Gielen, Konflikt 317–319, und a.a.O. 319 A163; das Jerusalemwort sei *nur* gegen Jerusalem gerichtet; vgl. a.a.O. 319. Problematisch ist m.E. auch die Deutung von Mt 27,25 nur auf die in Jerusalem anwesende Menge, u.a. weil sie die Verbindung zu Mt 23,34–36 übersieht; vgl. Gielen, Konflikt 386.
66 Mayordomo-Marín, Anfang 27–129.
67 A.a.O. 132–188.
68 A.a.O. 196–356.
69 A.a.O. 270.

Gottes in der Hinwendung der Kirche zu den Heiden aufgrund der Ablehnung Jesu durch das jüdische Volk.« (Hervorhebung G.G.).

Hier legt Mayordomo-Marín 1,21 so aus, dass im Verlauf des MtEv der Begriff des wahren Gottesvolkes auf die Kirche hin neu definiert werde. Ohne ausdrückliche Bezugnahme auf diese Auslegung schreibt er aber in seinen zusammenfassenden Überlegungen:[70]

»Die Ablehnung Jesu durch das ganze Volk (27,25: πᾶς ὁ λαός) wirft die ganz besonders schwere Frage auf, ob die matthäische Jesusgeschichte nicht insgesamt als Tragödie zu lesen ist, denn das messianische Programm für Israel (1,20–23) scheint sich nicht zu erfüllen (…). M.E. sind zwei Wege der Gestaltbildung denkbar: a) Das Programm Jesu bleibt bestehen, aber es gilt nicht mehr für Israel. (…) Nur in der christlichen Gemeinde bleibt Jesus der aus Sünden erlösende Immanuel. b) Das Programm Jesu geht so in Erfüllung, wie es von Anfang an verkündet worden ist: (Die Leser/innen) stehen über den Figuren und bleiben überzeugt, dass Gott trotz der dramatischen Entwicklung sein Volk Israel befreien wird. (…) Eine Klärung ist im Rahmen der vorliegenden Arbeit nicht möglich, aber bei der Diskussion sollte das Gewicht der in 1,20–23 aufgebauten Leseerwartung stärker berücksichtigt werden.«[71]

Hier benennt Mayordomo-Marín zwei mögliche Auslegungen und tendiert zu der oben abgewiesenen Möglichkeit. Dabei ist sehr präzise ein Teilbereich der Aufgabenstellung meiner Arbeit umschrieben: Wie verhält sich die von Mt 1–2 geweckte Leseerwartung zum weiteren Fortgang des MtEv?[72]

3 Fragestellung, Methodik und Anlage dieser Arbeit

Fragestellung

Als Ertrag der Forschungsgeschichte sollen die Punkte benannt werden, an die diese Arbeit zustimmend anknüpft, und die Aspekte herausgestellt werden, die als offene Fragen die Grundlage für die Fragestellung dieser Arbeit bilden.

An erster Stelle ist die Verortung der Mt-Gemeinde innerhalb der Geschichte des Urchristentums zu nennen. Hier knüpft diese Arbeit an die Einschätzung von Luz an, die Mt-Gemeinde habe den Synagogenver-

---

70 A.a.O. 328f.

71 Für die Möglichkeit b) weist Mayordomo-Marín, Anfang 328 A644, hin auf Cargal, His Blood; vgl. dazu unten S. 110.

72 Aus der seither erschienen monographischen Literatur seien erwähnt: Florian Wilk, Jesus und die Völker in der Sicht der Synoptiker (BZNW 109), Berlin u.a. 2002; Martin Vahrenhorst, »Ihr sollt überhaupt nicht schwören«. Matthäus im halachischen Diskurs (WMANT 95), Neukirchen-Vluyn 2002; J. R. C. Cousland, The Crowds in the Gospel of Matthew (NT.S.102) Leiden u.a. 2002

band bereits verlassen (müssen).[73] Die Israeltheologie des MtEv ist von daher als Versuch zu verstehen, diese Trennung theologisch zu begründen und neue Perspektiven zu eröffnen (so auch Stanton, anders Saldarini).

Hieran schließen sich die zwei Fragen an, denen diese Arbeit im Wesentlichen gewidmet ist. Zum einen ist es in Zusammenhang mit der mt Israeltheologie von entscheidender Bedeutung, ob das MtEv als Auftrag zu einer weiteren Israelmission zu verstehen ist (so Frankmölle, Davies-Allison, Berger, Saldarini), oder ob die Trennung der mt Gemeinde vom synagogalen Judentum als endgültige beschrieben wird ausgeschlossen oder zumindest für aussichtslos erklärt wird (so Luz).

Die andere Frage ist, wie sich dazu das mt Gerichtsverständnis in Beziehung setzen lässt, und zwar in zwei Hinsichten: Ist die Zerstörung Jerusalems als Gericht aufgefasst, das zugleich auch das Ende der Heilsgeschichte für Israel vorabbildet (so Luz)[74] oder geht für Israel die Heilsgeschichte weiter (so Frankemölle), und: Hat Israel im mt Endgerichtsszenario einen eigenen Ort (so Berger, mit Einschränkungen auch Davies-Allison), oder ist das Gericht über Israel dem allgemeinen Gericht eingeordnet (so Frankemölle, Wong)?

Als Fragestellung lässt sich also formulieren, ob man von Mt 1–2 her von einer israelorientierten Leseerwartung sprechen kann (so Mayordomo-Marín), und wenn ja, wie diese im Verlauf des MtEv eingelöst wird.

Methodik

Diese Arbeit ist dem »klassischen« Methodenkanon verpflichtet, insbesondere der Redaktionskritik. Der Vergleich mit dem MkEv und mit der hypothetischen zweiten Quelle des MtEv, der Logienquelle, ermöglicht es, Rückschlüsse auf die Intentionen des Autors des MtEv zu ziehen.

Zwei neuere Tendenzen der Methodendebatte werden darüber hinaus aufgenommen, und zwar sowohl die Einsicht in den story-Charakter des

---

73 Dies hat Luz überzeugend dargelegt, z.B. Luz, Mt I 70–71; wichtigstes Indiz sind die Possessivpronomen bei fast jeder Erwähnung des Stichwortes »Synagoge«, die klar eine Außensicht markieren (4,23; 9,35; 10,17; 12,9; 13,54; 23,34).
Anders jetzt Vahrenhorst, »Ihr sollt überhaupt nicht schwören« 16: »Nichts zwingt also zu der Annahme, dass das Tischtuch zwischen dem matthäischen Kreis und seinen jüdischen Zeitgenossen zerschnitten wäre.« Ich halte dennoch die Argumentation von Luz für überzeugend, wobei Luz selbst in ders., Mt I[5] 96f (v.a. a.a.O. 97 A254) die Grenze zwischen den verschiedenen Auslegungstypen nicht mehr so streng ziehen möchte; er schlägt als Lösungsansatz vor, dass »die mt Gemeinde zwar eine eigene, von der lokalen Synagoge getrennte Gemeinde ist, aber sich in ihrem Selbstverständnis weiterhin Israel zugehörig wusste.«
74 Vgl. auch Schnelle, Einleitung 262: »Die Verwerfung Israels ist für die matthäische Gemeinde längst Realität (…).«

MtEv (narrative criticism) als auch die Entdeckung der Leserperspektive bzw. die Rezeptionsästhetik (reader response criticism). Das MtEv ist eine *Erzählung*[75] und erschließt sich nur dann, wenn sie als solche gelesen und ausgelegt wird. Wenn wir in der Auslegung einzelne Passagen für sich betrachten, so ist dies nur dann dem Gesamt des MtEv angemessen, wenn dabei immer auch die Bezüge zum ganzen Text berücksichtigt werden. Aber das MtEv ist *nicht nur* eine Erzählung, und schon gar nicht eine solche, die nur auf einmalige Lektüre abzielen würde. Sowohl das Ende des MtEv mit seinem Rück-Verweis auf den ganzen Text als auch einige Texte des MtEv selbst lassen sich nicht zureichend nur als Teil eines Erzählkonzeptes erfassen.[76]

Ebenso hat die Hinwendung zur Auslegung aus der Leserperspektive ihre Vor- und Nachteile. Das MtEv ist *für Leser* geschrieben und deshalb ist es notwendig, in der Auslegung immer die Leserperspektive mit zu bedenken. Welche Signale sind dem Leser als Leseanweisung gegeben, wo werden Erwartungen beim Leser geweckt und wo werden sie eingelöst? Welche Spannungsbögen werden aufgebaut und welche Funktion haben die verschiedenen Handlungsträger, bzw. welche Botschaften für den Leser werden durch sie transportiert? Auf der anderen Seite wissen wir aber nicht genug über die intendierten Leser, und erst recht nicht über die tatsächlichen Leser des MtEv, wenn es denn *Leser* und nicht in erster Linie *Hörer* waren. So bleiben denn auch Auslegungen aus der Leserperspektive oft sehr spekulativ.

Welches Leseverhalten setzt Mt bei seinen Lesern voraus? Lässt sich sagen, ob Mt a) von einem kontinuierlichen Lesen von Anfang bis Ende oder auch von der Lektüre einzelner Abschnitte ausgeht, und b) ob er ein einmaliges oder ein mehrmaliges Lesen seines Evangeliums voraussetzt?

Diese Alternativen muten vielleicht spekulativ an, aber gerade mit Voraussetzungen der einen oder anderen Art in dieser Hinsicht werden oft exegetische Schlüsse gezogen.

Zunächst zu a): An einigen Stellen seines Mt-Kommentares argumentiert Luz unter der Voraussetzung einer lineare Lektüre des MtEv von Anfang bis zum Ende. So schreibt er beispielsweise zu 24,15f:»Die einzige wirkliche Schwierigkeit (…) liegt m.E. bei V 20 (…). *Aber V 20 kannten die Leser/innen bei der Lektüre von V 15f noch nicht.*«[77] Es mag ja sein, dass die»Leser/innen bei der Lektüre von V 15f« den weiteren Textfortgang noch nicht kannten, aber woher können wir wissen, dass dies auch der Intention des Autors entsprach?

Die Einsicht in den Erzählcharakter des MtEv darf nicht gegen diejenige ausgespielt werden, dass Mt sein Evangelium zur wiederholten Lektüre verfasst hat (dazu unter b). Über die tatsächlichen Lesegewohnheiten (oder Hörgewohnheiten) der ersten

---

75 Vgl. dazu Kingsbury, Story; Luz, Jesusgeschichte 11–17.
76 Die Bergpredigt, z.B. die Einweisung ins Gebet (Mt 6,5–15), kann nicht nur als Teil einer Erzählung aufgefasst werden. Viele theologisch-deutende Texte erschließen sich nicht allein vom jeweiligen Ort innerhalb der Erzählung, vgl. z.B. die Verstockungsaussage in Mt 13, dazu S. 70. Auch die Vorgeschichte ist nicht einfach nur narrative Hinführung zum weiteren Erzählverlauf, vgl. dazu S. 21ff.
77 Luz, Mt III 427 (Hervorhebung G.G.).

Leser wissen wir wenig,[78] und es ist auch die Frage, ob diese den Intentionen des Autors entsprachen. Am ehesten dürfte zutreffen, dass Mt auf Leser hofft, die sein Evangelium sowohl als Erzählung lesen als auch als Sammlung wichtiger Einzeltexte, und zwar mehrmals; nicht selten ist sogar deutlich, dass die Texte auf Memorierbarkeit ausgerichtet sind.[79]

Zu b): In seiner Monographie zur leserorientierten Exegese legt Mayordomo-Marín Mt 1–2 unter der Überschrift »Hypothetische Erst-Rezeption« aus.[80] Nun ist natürlich zu konzedieren, dass jede Autor-Intention und jedes Rezeptionsverhalten nur als »hypothetisch« rekonstruiert werden kann; aber die Frage ist, ob dem Verfasser des MtEv wirklich gerade an der »*Erst*-Rezeption« seines Textes gelegen war, oder ob sein Interesse nicht vielmehr im Gegenteil auf ein häufiges, wiederholendes Lesen abzielt. Gerade Luz, unter dessen Anleitung die erwähnte Arbeit entstanden ist, hat darauf hingewiesen, dass Mt seinen Text so konstruiert, dass sich wichtige Bezüge nur bei mehrmaligem Lesen erschließen.[81] Von daher ist die Erst-Rezeption als *alleiniger* exegetischer Maßstab überstrapaziert.

Da wir relativ sicher wissen, aus welchen Quellen Mt geschöpft hat, wenn wir von der Annahme der Zwei-Quellen-Theorie ausgehen, lassen sich für uns die Intentionen des Autors nicht nur aus der Analyse des vorliegenden Textes, sondern auch aus dem Quellenvergleich bzw. der Redaktionskritik erschließen. So wird also Auslegung neutestamentlicher Texte weiterhin in einem Zusammenspiel mehrerer Methoden bestehen, und so versucht auch die vorliegende Arbeit vorzugehen.

Vorausgesetzt ist aber nicht nur die Zwei-Quellen-Theorie, sondern auch die Datierung des MtEv auf nicht lange nach der Zerstörung Jerusalems[82] und seine geographische Verortung außerhalb, aber in der Nähe von Palästina.[83]

Anlage dieser Arbeit

Aus der oben dargestellten Fragestellung und der Methodik ergibt sich die Gliederung dieser Arbeit. Diese Gliederung entspricht aber auch einer Arbeitshypothese, die sich – wie hier nur angedeutet werden kann – im Fortgang der Arbeit bestätigt hat: Wie sich aus der Argumentation

---

78 Vgl. dazu Luz, Jesusgeschichte 16f.

79 Dafür spricht etwa die mt Vorliebe für Wiederholungen, für die Sammlung von Texten zu Redeblöcken und für bestimmte Zahlen.

80 Vgl. Mayordomo-Marín, Anfang 203–345.

81 V.a. Luz, Jesusgeschichte 16; ders., Mt I 24; auch Mayordomo-Marín, Anfang 154–156.368–375, v.a. a.a.O. 372f, diskutiert die Frage nach dem Verhältnis der mehrfachen Lektüre zur Erst-Rezeption, kommt aber nur dazu, »skizzenhaft einige Überlegungen« anzuführen, die m.E. die oben benannten Bedenken nicht gänzlich widerlegen können.

82 Für diesen Punkt lässt sich wohl der breiteste Forschungskonsens konstatieren; vgl. Schnelle, Einleitung 261; vor das Jahr 70 n. Chr. datiert aber z.B. Gundry, Mt 599–609.

83 Für die Entstehung in Palästina plädiert in neuerer Zeit wieder Stegemann, Sozialgeschichte 198.

in den jeweiligen Kapiteln ergeben wird, vertritt das MtEv eine heilsgeschichtliche Periodisierung der Zeit. Die Zeit des irdischen Jesus und seines Wirkens in Israel ist als erste Phase zu unterscheiden von der mt Gegenwart, die theologisch als »Reich des Menschensohnes« qualifiziert ist. Auf diese zweite Phase folgt im heilsgeschichtlichen Konzept des MtEv das Reich Gottes, das durch die Parusie Jesu und das eschatologische Endgericht eingeleitet wird.[84] In jeder dieser drei Phasen hat Israel einen besonderen Ort.

Die Vorgeschichte als Prolog setzt für den Leser entscheidende Signale und weckt so eine israelorientierte Leseerwartung (B. »Die Vorgeschichte als Prolog des Matthäusevangeliums«).

Die Hauptteile C–E gehen dem Ort Israels in den drei Phasen der mt Heilsgeschichte nach: In der Phase des *irdischen Wirkens* Jesu in Israel ist Israel ausschließlicher Adressat des Wirkens Jesu (C.I: »Der irdische Jesus als Messias für Israel«), Israel lehnt aber mehrheitlich Jesus ab (C.II: »Die Ablehnung des irdischen Jesus durch Israel«). In den »Volksmengen« verbindet Mt literarisch diese beiden Tendenzen und reflektiert das mehrheitliche Scheitern Jesu an Israel (C.II.4: »Die Volksmengen, das Volk und die Verurteilung Jesu«).

Die Ablehnung Jesu durch Israel hat mehrere, die *Gegenwart der mt Gemeinde* prägende Auswirkungen, die im Hauptteil D analysiert werden sollen. Das Gericht über Israel deutet Mt als innergeschichtliche Strafe an Israel (D.I), die »Weltvölker«-mission[85] ist Folge der Ablehnung Jesu durch Israel, aber für den Leser schon im ganzen MtEv vorbereitet (D.II). Dennoch wird die mt Gemeinde zur weiteren Israelmission aufgefordert (D.III).

Erst in dem zukünftig verstandenen *Reich Gottes* kommt die Geschichte als Heilsgeschichte Gottes zu ihrem Ziel. Es wird eingeleitet in der Parusie Jesu mit dem Gericht über die Gemeinde als Sammlung der Erwählten (E.I), über die Weltvölker (E.II) und über Israel (E.III).

Der Hauptteil F trägt die Ergebnisse zusammen und versucht eine Auswertung.

Die Anlage der Arbeit orientiert sich an systematischen Gesichtspunkten und folgt nicht primär kommentierend dem Gang der Jesuserzählung. Daraus ergeben sich einige Darstellungsprobleme:

Viele Textabschnitte des MtEv sind für mehrere thematische Fragestellungen relevant, müssen also unter verschiedenen Perspektiven an verschiedenen Orten dieser Arbeit besprochen werden. Dies betrifft insbesondere Passagen aus den Kapiteln Mt 21–27. Als Regel gilt dabei, dass der *Ort im Kontext* der jeweils auszulegenden Texte v.a. im Hauptteil C auf die mt Deutung der Ablehnung des irdischen Jesus hin befragt wird,

---

84 Vgl. S. 145ff.
85 Unter dem Terminus »Weltvölker« sind alle Völker außer Israel verstanden, gleichbedeutend mit dem Begriff »Heiden«; zu näheren Begriffsklärungen vgl. S. 179.

während *exegetische Einzelfragen* in erster Linie in den Hauptteilen D und E besprochen werden.[86]

---

86 Die mt Darstellung der Ablehnung des irdischen Jesus wird anhand der Kapitel Mt 21–23 (C.II.3) und Mt 27 (C.II.4.4) erhoben. Aus diesem Textbereich werden in Teil D.I einige Texte auf ihre Deutung der Zerstörung Jerusalems befragt. Mt 23,39 ist außerdem im Kontext der mt Eschatologie relevant (E.II.2).

B Die Vorgeschichte als Prolog des Matthäusevangeliums

Anders als Mk (aber genauso wie Lk) beginnt Mt sein Evangelium mit einer Vorgeschichte, also mit Geschehnissen, die vor dem öffentlichen Wirken Jesu angesiedelt sind.[1] In dieser Vorgeschichte erfährt der Leser Grundsätzliches, das über den dann folgenden Erzählduktus schon hinausweist. Sie hat also literarisch die Funktion eines Prologes, der den Leser mit wesentlichen Gedanken des folgenden Werkes vertraut macht und wichtige Spannungsbögen aufbaut.[2] Dem Leser begegnen Grundzüge der mt Theologie, und zugleich wird er mit hineingenommen in eine erzählte Welt. Vieles wird nur angedeutet, und so werden Leseerwartungen geweckt, die der Leser in die Lektüre des weiteren Werkes mitnimmt: Wie wird das, was in der Vorgeschichte angedeutet und angekündigt ist, sich weiter entfalten? Welche Aspekte bekommen schärfere Konturen, welche werden möglicherweise nicht mehr aufgegriffen?

In der Vorgeschichte zeigen sich auch verschiedene Aspekte des Israelbezuges der mt Theologie in markanter Weise. Dies soll nun mit einigen Streiflichtern auf die mt Vorgeschichte aufgezeigt werden, wobei es nicht um ausführliche Exegesen geht, sondern nur um den Nachweis, *dass* der jeweilige Aspekt von Mt intendiert ist: Jesus wird (1.) als Messias für Israel in der Vorgeschichte eingeführt, aber es sind (2.) Weltvölker, die als erste hinzukommen, um dem Messias zu huldigen, während (3.) Israel in seinen führenden Gruppen Jesus ablehnt. Dennoch zeigt die Vorgeschichte (4.) auch, dass es Mt um einen bleibenden Bezug zwischen Jesus und Israel geht.

---

1 Die Abgrenzung der Vorgeschichte ist umstritten; vgl. die unterschiedlichen Gliederungen bei Gnilka, Mt II 521ff (Ende der Vorgeschichte mit 4,16) und Luz, Mt I 25 (»Prolog« bis 4,22). M.E. hat der Vorschlag von Gnilka die besseren Argumente auf seiner Seite, v.a. weil mit 4,17 die öffentliche Wirksamkeit Jesu beginnt.
2 Zur Bezeichnung der Vorgeschichte als »Prolog« vgl. Krentz, Umfang 316; Luz, Mt I 25; Luz wechselt in der Terminologie zwischen »Prolog« und »Präludium«, vgl. ebd. 85.

1 Jesus als Messias für Israel in der Vorgeschichte

a) Der Stammbaum Jesu (1,2–17)

Auch wenn einem heutigen Leser der Stammbaum Jesu wohl eher schwer zugänglich ist,[3] ist die Bedeutung des Stammbaumes Jesu für die Erschließung der Theologie des MtEv von kaum zu überschätzender Bedeutung. Gerade dieser Text enthält schon wesentliche Aspekte in nuce, die erst im weiteren Verlauf zur Entfaltung kommen werden.

Zu Beginn des MtEv wird Jesus dem Leser als »Sohn Abrahams« und »Sohn Davids« vorgestellt (1,1). Wenn es Mt nur um die Aussage gegangen wäre, dass Jesus Jude war, wäre die Bezeichnung Jesu als »Sohn Davids« ausreichend gewesen.[4] Durch die Erwähnung Abrahams leuchtet aber ein universalistischer Zug auf, der dem Leser sogleich signalisiert, dass auch die Weltvölker mit im Blick sind: Abraham gilt in alttestamentlich-frühjüdischer Tradition als der »Vater der Proselyten«, in dem alle Völker gesegnet sein sollen.[5] In welcher Weise dies für das MtEv genau zu verstehen ist, wird vorerst nicht deutlich; nur die Erzählung von den Magiern (2,1–12) zeichnet schon in die Vorgeschichte den Aspekt »Hinzukommen der Weltvölker« in die Jesusgeschichte ein. Hier deutet sich auch schon an, dass von Anfang an ein israelkritischer Faden in die Erzählung mit eingewoben ist.

Aber von diesen Vorweisern abgesehen stehen die ersten Kapitel des MtEv ganz im Zeichen der Konzentration auf Israel. Jesu Wirken wird ganz in den Heilsraum Israels hineingestellt. Dies zeigt sich gerade auch am Stammbaum Jesu.

Er führt vom Stammvater Israels Abraham über den »König Israels« David hin zu Joseph, dem Mann seiner Mutter Maria (1,2–17). Einige Einzelfragen sind zwar umstritten – vor allem der nähere Sinn der Einteilung in dreimal vierzehn Generationen[6] und die Bedeutung der vier Frauen, die im Stammbaum genannt werden[7] – aber die primäre Intention ist doch klar zu erkennen: Von Anfang an soll dem Leser gezeigt

---

3 Mayordomo-Marín, Anfang 198: »Die Lektüre von Mt 1,1–17 erweist sich für die meisten modernen Leser/innen im westlichen Kulturraum als eine harte Geduldsprobe.«

4 Gegen Schenk, Sprache 4: Durch die Prädizierung Jesu als Abrahamssohn in Mt 1,1 ist »nur die Voraussetzung der Geburt Jesu im Bereich Israels (...) geschaffen, nicht aber auch ein über Israel hinausgehender Völkeruniversalismus signalisiert (...).«

5 Vgl. dazu Bill. III 211; Mathew, Genealogie passim.

6 Vgl. dazu Mayordomo-Marín, Anfang 242: »Alles in allem zeigt die Forschung eine gewisse Hilflosigkeit bei der Suche nach einem geeigneten Rahmen, in dem die Zahl (sc. der Generationen im Stammbaum Jesu; G.G.) den Verdacht purer Zufälligkeit verlieren und zur Chiffre für tiefgründige theologische Aussagen werden könnte.«

7 Zur Bedeutung der Frauen im Stammbaum vgl. den Exkurs bei Mayordomo-Marín, Anfang 243–250; Mathew, Genealogie 149; Luz, Mt I[5] 133–136.

werden, dass Jesus als Davidssohn ein Glied des Volkes Israel ist, und dass die Geschichte Israels auf Jesus zuläuft. Wie auch immer sich die Geschichte des Verhältnisses zwischen Jesus und Israel im weiteren Verlauf der mt Jesuserzählung weiterentwickelt, am Stammbaum Jesu kommt der Leser nicht vorbei. Denn die Verankerung Jesu in der Heilsgeschichte Israels ist kein Vorbau, der durch den weiteren Verlauf der Erzählung rückgängig gemacht würde. Es wird sich vielmehr zeigen, dass die Herkunft Jesu aus Israel von bleibender Bedeutung sowohl für die mt Deutung seiner Gegenwart als auch für seine Sicht der Eschatologie ist.

b) Jesus und sein Volk in der Vorgeschichte

Es ist einer der für Mt typischen Züge, dass er von ihm erzähltes Geschehen als in der Schrift angekündigt und damit als Geschehen der endzeitlichen Heilsgeschichte beschreibt. Besonders häufig sind diese sog. »Reflexionszitate« in der Vorgeschichte.[8] Aber nicht nur in den Reflexionszitaten im engeren Sinn, sondern auch in weiteren biblischen Bezugnahmen, die nicht durch die gleichmäßige Einführungsformel gekennzeichnet sind, zeigt sich das mt Anliegen, die Jesusgeschichte als Erfüllung der Schrift und gleichzeitig die Verbindung Jesu mit Israel aufzuzeigen.
Wir konzentrieren uns auf zwei von ihnen, die den Bezug Jesu zu Israel thematisieren.

Die Deutung des Namens »Jesus« (1,18–25)

Auf den Stammbaum folgt im MtEv ein Textabschnitt (1,18–25), den man als Ersatz für eine Geburtsgeschichte auffassen kann, denn zu Beginn wird die Schilderung der Geburt Jesu zwar angekündigt (1,18), aber diese Schilderung wird nicht wirklich durchgeführt.[9] Das Interesse des Erzählers ist allein auf die Deutung des Namens »Jesus« gerichtet.
Joseph will Maria heimlich verlassen, nachdem sich herausgestellt hat, dass diese schwanger ist. Aber ein Engel redet im Traum zu Joseph und hält ihn davon ab, indem er ihm die Herkunft des Kindes aus dem Heiligen Geist ansagt. Darüber hinaus nennt der Engel dem Joseph den Namen des Kindes und begründet ihn mit einer Namensdeutung (1,21):

τέξεται δὲ υἱόν, καὶ καλέσεις τὸ ὄνομα αὐτοῦ Ἰησοῦν· αὐτὸς γὰρ σώσει τὸν λαὸν αὐτοῦ ἀπὸ τῶν ἁμαρτιῶν αὐτῶν.

Eine bestimmte Schriftstelle kommt als direkter Bezug nicht in Frage;

---

8 Vgl. den Exkurs bei Luz, Mt I 134–140.
9 Zur Übersetzung von γένεσις mit »Geburt« vgl. Mayordomo-Marin, Anfang 252.

am nächsten steht Ps 129,8 LXX[10], aber auch hierzu gibt es keine wörtlichen Übereinstimmungen. Diese Namensdeutung ist in mehrfacher Hinsicht aufschlussreich, denn der Name »Jesus« wird nicht in unserem Sinne etymologisch gedeutet. Etymologisch leitet sich der Name von hebräisch יְהוֹשׁוּעַ bzw. verkürzt יֵשׁוּעַ ab, was soviel bedeutet wie »Jahwe ist Heil«;[11] sowohl die messianische Deutung auf Jesus als auch die Zuspitzung auf die Sündenvergebung gehen über diese ursprüngliche Bedeutung hinaus.[12]

Die für unseren Zusammenhang entscheidende Frage ist aber, ob der Begriff λαός in 1,21 über den vom Stammbaum her eröffneten Raum des Volkes Israel hinausgreift, ja diesen sogar schon hinter sich lässt, oder ob er nicht im Gegenteil gerade vom Stammbaum her interpretiert werden soll.[13]

Auffällig ist in dieser Hinsicht die constructio ad sensum, durch die eine Spannung zwischen dem Singular-Begriff (»Volk«) und dem darauf bezogenen Possessivpronomen »ihre Sünden« entsteht.[14] Diese Spannung reicht jedoch nicht dazu aus, hier schon von einem »neuen Gottesvolk« zu reden.[15] Primärer Interpretationshorizont ist der Kontext, und vom Kontext her gesehen gibt es keinen Anlass, unter λαὸς αὐτοῦ in 1,21 etwas anderes zu verstehen als eben das Volk, aus dem Jesus kommt.[16]

---

10   καὶ αὐτὸς λυτρώσεται τὸν Ἰσραήλ ἐκ πασῶν τῶν ἀνομιῶν αὐτοῦ. Weitere biblische Bezüge nennt Mayordomo-Marín, Anfang 262 A318; 270 A364.

11   Bill. I 63f. Die dort als Belege angeführten Stellen Esra 3,2 und Neh 8,17 zeigen aber nicht, dass die eine Namensform eine Verkürzung der anderen ist, denn an beiden Stellen ist die kurze Form verwendet. Die zutreffenden Belege liefert Foerster, ThWNT III 284f.

12   Dazu Karrer, Jesus Christus 46–48; vgl. a.a.O. 37: »Um die Zeitenwende ist der Name beliebt. Sicher wird nicht jede Namensgebung in ihrer semantischen Tiefe vollzogen. Aber letztere steht zur Verfügung. Sie gewinnt dadurch, dass Israel vielfach Gott als Retter und seine Rettung erhofft, an Gewicht. Der Übergang zu ›Retter von Gott her' liegt in der Luft.« Karrer belegt dies (ebd.) mit Beobachtungen zur Textgeschichte von Jes 51,5.

13   Vgl. hierzu die Überlegungen bei Frankemölle, Jahwebund 211–220 (mit weiterer Literatur); in seinem Kommentar hat Frankemölle seine Sicht differenziert und auch modifiziert, vgl. S. 6.

14   BDR § 134 (zur constructio ad sensum allgemein): »Ohne jede Regelung im Griech. von alters her sehr verbreitet, findet sie sich auch im NT wie in den Pap.«; zum vorliegenden Fall (ein Plural eines Pronomens, der sich auf ein Kollektivum bezieht) ebd. § 282.3; dort wird ein auch thematisch dem Gedankengang von Mt 1,21 ähnliches Beispiel genannt, nämlich 2.Kor 5,19: ὡς ὅτι θεὸς ἦν ἐν Χριστῷ κόσμον καταλλάσσων ἑαυτῷ, μὴ λογιζόμενος αὐτοῖς τὰ παραπτώματα αὐτῶν κτλ.

15   So Frankemölle, Jahwebund 219: »›Israel' hat sein Privileg als Jahwes Eigentumsvolk vertan. An seine Stelle tritt ein neues Bundesvolk, die Jünger in der Nachfolge Jesu, das ›Volk‹ Jesu (1,21b), das von nun an ›seine Gemeinde‹ (16,28) bildet.« Zur Kritik an Frankemölle vgl. Gnilka, Mt I 19 A24, und Meiser, Reaktion 245 A28.

16   Dies zeigt eine Gesamtsicht auf die Verwendung des Begriffes λαός im MtEv; vgl. unten Exkurs I S. 42.

Der Plural »*ihre* Sünden« erklärt sich durch das soteriologische Anliegen des Mt, der ein besonderes Interesse an der in seiner Gemeinde praktizierten, christologisch begründeten Sündenvergebung hat.[17] Daraus ergibt sich, dass Mt hier (wie wenig später 1,23)[18] durchaus schon die Realität seiner Gemeinde im Blick hat. Die Hinwendung Jesu zu Israel kann aber nicht dagegen ausgespielt werden. Im Gegenteil, es werden beide Aspekte miteinander verbunden: Jesus kommt auch in der mt Gegenwart zu »seinem Volk«,[19] auch wenn die christologisch bestimmte Sündenvergebung nur in der Gemeinde erfahren werden kann.

Die Deutung der Geburt Jesu in Betlehem (Mt 2,5f)
Ein zweites Mal wird Jesus in der Vorgeschichte explizit mit dem λαός in Verbindung gebracht, und zwar in einem Schriftzitat innerhalb der Erzählung von den Magiern (2,1–13).
Wie in der voranstehenden Perikope, so steht auch hier die Geburt Jesu selbst nicht im Mittelpunkt. Vielmehr nähert sich der Leser dem Geschehen von einer Außenperspektive, nämlich aus der Sicht von Weisen, die aufgrund einer Sternenerscheinung nach Jerusalem kommen, um den »neugeborenen König der Juden« zu sehen bzw. um ihm zu huldigen (2,2). Herodes (und mit ihm ganz Jerusalem) erschrickt und versammelt »alle Hohenpriester und Schriftgelehrten des Volkes«, um von ihnen zu erfahren, wo der »Christus« geboren werden soll. Diese nennen als Geburtsort des Christus Betlehem und begründen dies mit einem Mischzitat aus Mi 5,1 und 2Sam 5,2 (bzw. der gleichlautenden Parallele 1Chr 11,2), von dem uns vor allem der zweite Teil interessiert (2,6):

καὶ σὺ Βηθλέεμ, γῆ Ἰούδα, οὐδαμῶς ἐλαχίστη εἶ ἐν τοῖς ἡγεμόσιν Ἰούδα· ἐκ σοῦ γὰρ ἐξελεύσεται ἡγούμενος, ὅστις ποιμανεῖ τὸν λαόν μου τὸν Ἰσραήλ.

Dem an mehreren Stellen veränderten und gekürzten Vers Mi 5,1 ist ein Teil von 2Sam 5,2 angefügt, nämlich ποιμανεῖ τὸν λαόν μου τὸν

Wenn hier schon die Bedeutung »neues Gottesvolk« eingelesen wird, dann geschieht dies von Überlegungen her, die auf das ganze MtEv bezogen sind, die aber jeweils nicht zwingend sind. Die verschiedenen Argumente für diese Auslegung werden an den jeweils einschlägigen Stellen behandelt; die Verwendung von λαός in der Vorgeschichte spricht jedenfalls von vornherein gegen eine solche Sicht.

17 Vgl. Luz, Mt I 104 (unter Hinweis auf Mt 9,8; 26,28): »Matthäus hat besonderes Interesse an der Sündenvergebung, die durch Jesus geschieht und in der Gemeinde weiter wirksam ist.«

18 Plural statt Singular in dem Zitat aus Jes 7,14 LXX (καλέσουσιν): *Sie*, nämlich die, die an Jesus glauben, werden ihn den Emmanuel nennen. Auch hier fehlt aber ein Anzeichen dafür, dass nicht zumindest *auch* an Israel gedacht werden soll.

19 Dies gilt, wenn unsere Anaylse von Mt 10 zutreffend ist: Die Sendung Jesu setzt sich in der Israelmission der mt Gemeinde fort; vgl. dazu das Kapitel »Der bleibende Auftrag zur Israelmission« S. 125.

Ἰσραήλ. So ist die Deutung des Geburtsortes mit einer Deutung des »Zieles« der Geburt Jesu verbunden: Jesus soll ein »Führer« sein, der »mein Volk Israel weiden soll.«[20] Terminologisch geschieht hier eine wechselseitige Auslegung der Begriffe »Israel«, »Volk Gottes« (2,6) und »Volk Jesu« (1,21): Jesus kommt als der Hirte des Volkes Gottes, nämlich des Volkes Israel, welches ausweislich des Stammbaumes auch Jesu eigenes Volk ist. Aufgrund *dieser* wechselseitigen Auslegung ist es dann auch gerechtfertigt zu sagen, dass Jesus als Hirte angesagt wird, der »sein Volk« weiden wird, denn das Volk Gottes ist auch Jesu Volk.

Auf einem anderen Blatt steht die mit dem Gang der Erzählung gegebene »implizite antijüdische Spitze«[21]: Gerade die Hohenpriester und Schriftgelehrten des Volkes, die den Geburtsort des Messias aus der Schrift richtig bestimmen, bleiben auf der Seite des Herodes stehen und erweisen sich so schon in der Vorgeschichte als Gegner Jesu. Damit ist eine Konstellation angelegt, die den ganzen weiteren Verlauf des MtEv prägen wird. Die Herkunft Jesu aus Israel und seine bleibende Hinwendung zu Israel wird dadurch aber nicht in Frage gestellt. Sowohl 1,21 als auch 2,6 sind in keiner Weise als Ankündigungen gekennzeichnet, die sich nicht erfüllt hätten.

c) Der Umzug der Familie Jesu innerhalb Israels (2,21–23)

Ein Blick auf den weiteren Fortgang der Vorgeschichte kann zeigen, wie an der Lokalisierung des Heilsgeschehens innnerhalb Israels im geographischen Sinn festgehalten wird. Dies lässt sich an der geographisch-terminologischen Struktur von 2,21–23 deutlich machen: 2,21 berichtet von der Rückkehr der Familie Jesu nach *Israel*. Dabei soll der Leser wohl an den Geburtsort Jesu, also an Betlehem in Judäa (vgl. 2,1.6), denken; V 22 wird aber erzählt, dass Joseph sich fürchtet, »dorthin zu gehen«, nämlich in den Herrschaftsbereich des Archelaos, der zu Beginn des Satzes mit *Judäa* angegeben ist. Die Familie Jesu zieht also nach ihrer Flucht nach Ägypten nicht in ihren Heimatort zurück, sondern nach Nazaret in Galiläa. Aber dieses ist wiederum ein Teil des Landes Israel, wenn es auch zugleich auf die Öffnung hin zu den Weltvölker hinweist.[22] Die Aussage, dass Joseph sich fürchtet, »dorthin zu

---

20   Die Tatsache, dass in dem Zitat von »meinem (= Gottes) Volk« gesprochen ist, wird öfters übersehen, vgl. Gnilka, Mt I 39: »Der kommende Messiaskönig wird sein Volk nicht beherrschen, sondern weiden (...).« Frankemölle, Mt I 164: »(...) dass Jesus der ›Herrscher/Fürst‹ und der erwartete ›Hirt seines Volkes Israel‹ sein wird (...).« Richtig Luz, Mt I 120: »(...) dass es um den erwarteten Hirten des Gottesvolkes Israel geht (...).« Wiefel, Matthäus 40: »Der eschatologische König (...) wird der gute Hirte sein, der Gottes Volk leiten wird, indem er es weidet.«
21   Der Ausdruck stammt von Luz, Mt I 119.
22   Der Umzug nach Nazaret vereint also beide Tendenzen in sich, die Hinwendung Jesu zu Israel und seine Ablehnung durch Israel.

gehen«, bezieht sich also nicht auf Israel insgesamt (V 21), sondern auf Judäa, so dass die Familie die Grenzen Israels nicht verlässt.

Mehrmals erfährt dabei der Leser, dass diese Ereignisse auf göttliche Weisung hin geschehen: In einem Traum wird Joseph von einem Engel angewiesen, aus Ägypten zurück zu kehren (V 19f), und in einem Traum wird er auch aufgefordert, in das Gebiet Galiläa weiter zu ziehen (V 22).

Trotz Gefährdungen, die von Herodes und seinem Nachfolger Archelaos ausgehen, und trotz der Ablehnung durch die führenden Gruppen Israels, die sich anbahnt, kommt der Messias auf göttliche Weisung zurück nach Israel. In der Darstellung des MtEv verlässt Jesus dann zwar Galiläa, um sich von Johannes taufen zu lassen (3,13), kehrt aber nach der Verhaftung des Johannes dorthin zurück, um in Galiläa sein Wirken zu beginnen (4,12). Israel bleibt also der Raum, in dem die heilsgeschichtlichen Ereignisse ihren Ausgang nehmen.[23]

2 Das Hinzukommen der Völker

Die Prädizierung Jesu als Sohn Abrahams schon im ersten Satz des MtEv hat den ersten Hinweis auf eine Einbeziehung der Weltvölker in das Heilsgeschehen gegeben. Diesem Aspekt soll nun für die Vorgeschichte weiter nachgegangen werden, und zwar mit einem Blick auf die Magier-Erzählung.

Der Besuch der Magier I (2,1–12)

Die Magier-Erzählung (2,1–12) lässt sich nicht ausschließlich einem der Aspekte zuordnen, die wir aus der Vorgeschichte herausarbeiten wollen. Ihre zentrale Aussage lässt sich aber als die Vorabbildung des Hinzukommens der Weltvölker erfassen. Bevor die mt Intention in den Blick genommen werden kann, sind einige redaktionskritische Anmerkungen erforderlich.

Wie bei den Kapiteln Mt 1–2 insgesamt handelt es sich auch bei Mt 2,1–23 um mt Sondergut, so dass kein Quellenvergleich möglich ist.
Der Anteil der mt Redaktion an diesem Textkorpus lässt sich deshalb nicht eindeutig klären. Immerhin ist angesichts der in diesem Text besonders häufigen mt Formulierungen[24] damit zu rechnen, dass Mt diese Erzählung unter Benutzung nicht mehr rekonstruierbarer Traditionen selbst erstmals schriftlich gefasst hat. Dies

---

23 Zum Umzug Jesu innerhalb von Galiläa (nämlich von Nazaret nach Kafarnaum) vgl. S. 34.
24 Vgl. die Auflistung Luz, Mt I 112 A4.

dürfte dann auch für die Heimkehr der Familie nach Israel gelten (2,19–23), wobei 2,22f von Mt ganz neu formuliert sein dürfte.[25] Für die Interpretation ergibt sich daraus, dass sich die mt Erzählintention nicht aus mt Eingriffen, sondern nur aus dem Gesamtduktus und der Verknüpfung mit dem weiteren Verlauf der Jesuserzählung erheben lässt. Besondere Aufmerksamkeit verdienen dabei Erzählzüge, die nicht als Darstellung historischer Ereignisse verstanden werden können, sowie die Deutung des Erzählten durch Schriftzitate.

Prägender Vorstellungshintergrund für die Erzählung von den Magiern ist die alttestamentlich-frühjüdische Tradition von der »Völkerwallfahrt«:[26] Das Heil geht von Israel aus und hat eine anziehende Kraft, die Völker eilen herzu und werden in das Heil mit einbezogen. Dabei kann man aber nicht von einem in sich geschlossenen Vorstellungskomplex sprechen,[27] vielmehr handelt es sich um ein Bündel von Motiven, die jeweils nicht eigenständige Bedeutung haben, sondern eine Funktion innerhalb anderer Aussagezusammenhänge.[28] Diese im Alten Testament mehrfach belegte Erwartung[29] stellt Mt narrativ dar: Nach der Zuordnung Jesu zu Israel durch den Stammbaum und nach seiner gedeuteten Namensgebung (Mt 1) fährt der Erzähler fort, indem er Magier aus dem Osten nach Jerusalem ziehen lässt. Sogar die himmlischen Kräfte[30] bezeugen die Geburt des βασιλεὺς τῶν Ἰουδαίων[31]. Auch Weltvölker ohne Schriftkenntnis können also von dem Heil in Israel erfahren und herbeieilen, um dem neuen König zu huldigen.

Es geht aber nicht primär um die Tatsache, dass einige Magier schon bei

25 So Hengel, Magier 140; Luz, Mt I 113f. 126. Zu einem anderen Ergebnis kommt Vögtle, Messias 82: »Der Verfasser des Mt-Evangeliums hat den Erzählkomplex Mt 2 in seinem wesentlichen Bestand (vor allem ohne Schriftzitate) aus der Überlieferung geschöpft.«
26 Der religionsgeschichtliche Hintergrund der Magiererzählung ist vielfältig; insbesondere ist auch auf die Mose-Haggada (TgJ zu Ex 1,15; ExR 1,18 zu 1,22) hinzuweisen (vgl. Luz, Mt I 114f). Vgl. zum religionsgeschichtlichen Hintergrund insgesamt Hengel/Merkel, Magier 142–164.
27 So hatte dies Jeremias, Verheißung, rekonstruieren wollen.
28 Das weist Zeller, Völkerwallfahrt 225–237 nach; vgl. a.a.O. 236f: »Die Vorstellung vom Strom huldigender Völker zum Zion hat nirgends im AT oder seinen Nachfahren eigenständige Bedeutung.«
29 Jes 60,3–14 (vgl. V6b LXX: ἐκ Σαβα ἥξουσιν φέροντες χρυσίον καὶ λίβανον mit Mt 2,11: χρυσὸν καὶ λίβανον καὶ σμύρναν); Ps 68,29f; Ps 72,10f.15; vgl. Zeller, Völkerwallfahrt 226ff mit weiteren Belegen.
Luz bezweifelt eine bewusste Bezugnahme von Mt 2,11 auf Jes 60 (ebd. 121), anders m.E. zu Recht Gnilka, Mt I 34.41, und Davies-Allison, Mt I 249: »(...) the magi's worship and presentation are the firstfruits of the eschatological pilgrimage of the nations and their submission to the one true God.«
30 Mt 2,2b: εἴδομεν γὰρ αὐτοῦ τὸν ἀστέρα ἐν τῇ ἀνατολῇ καὶ ἤλθομεν προσκυνῆσαι αὐτῷ.
31 Mt 2,2; diesen Ausdruck verwendet Mt nur im Mund von Heiden (27,11: Pilatus; 27,29.37: Soldaten des Pilatus). Vgl. dazu unten im Zusammenhang mit Mt 28,15 S. 73.

der Geburt Jesu diesen verehren, auch wenn die Magier die wichtigsten Handlungsträger innerhalb der Perikope sind. Das relative Desinteresse des Mt an den Magiern zeigt sich daran, dass sie im weiteren Verlauf des MtEv keine Rolle mehr spielen. Vielmehr stehen die Magier im Dienste einer bestimmten Aussage, zu deren Ausgestaltung sich Mt des traditionellen Motivs bedient:[32] Die Ankunft der Magier ist die helle Folie, vor der sich das Verhalten der führenden Kräfte in Jerusalem um so dunkler abhebt.

Dabei hat Mt das traditionelle Motiv von der Völkerwallfahrt verändert und nur als *einen* Bestandteil seiner Erzählung benutzt:[33] Es sind nur *wenige* Angehörige der Weltvölker, die zur Geburt des neuen Königs kommen. Nur so ist dieses Motiv für die Vorgeschichte brauchbar, denn hier können noch nicht die Weltvölker in ihrer endzeitlichen Fülle herbeiströmen. Auf die Zahl der Magier kommt es Mt nicht an. Die Magier sind Repräsentanten der Weltvölker, der Heiden, sie sollen dem Leser zeigen, dass das Heilswerk, das in Israel seinen Ausgang genommen hat, auch bei den Weltvölker zum Ziel kommen wird. Der Leser ist also darauf vorbereitet, dass der Segen Abrahams, auf den schon Mt 1,1 angespielt hat, zu den Völkern kommen wird.

Zugleich erzählt aber Mt auch, wie Jesus in Israel abgelehnt wird. Dem ist in einem weiteren Blick auf die Vorgeschichte nachzugehen.

3　Die Ablehnung Jesu durch Israel in der Vorgeschichte

Der Besuch der Magier II (2,1–12)

Die Erzählung von den Magiern ist vor dem Hintergrund der Vorstellung von der Völkerwallfahrt als Hinweis auf das Hinzukommen der Weltvölker zu verstehen. Zugleich hebt sich so aber auch das ablehnende Verhalten des Herodes und der führenden Gruppen um so deutlicher ab:

32　Zeller, Völkerwallfahrt 226–232, nennt folgende Aussageabsichten, zu deren Ausgestaltung das Motiv von der Völkerwallfahrt dienen kann: Die Feier des Königtums Jahwes; die Motivierung von Bittgebet und Erhörungsorakel; die nachexilische Hoffnung auf Verherrlichung Zions; die Bekehrung der Völker. Einziger Beleg für eine israelkritische Füllung dieses Motivs ist (neben der Magierperikope) wohl Mt 8,11f par Lk 13,28f.

33　Diese Vorstellung ist für das MtEv insgesamt nicht prägend (vgl. den Missionsauftrag 28,16–20), auch wenn sie an der einen oder anderen Stelle im Hintergrund stehen mag (v.a. 8,11f, s. dazu S. 73ff; für 12,41f wurde dies erwogen, m.E. nicht zu Recht, vgl. Luz, Mt II 280). Bertold Klappert hat eine ganz an der Vorstellung der Völkerwallfahrt orientierte Christologie vorgelegt und bezieht sich dabei auch ausführlich auf das MtEv, vgl. Klappert, Völkerwallfahrt 75–80.

Herodes und mit ihm ganz Jerusalem »erschrickt«[34]. Die von Herodes herbeigerufenen »Hohenpriester und Schriftgelehrten des Volkes«[35] sind zwar in der Lage, den Ort der Geburt des Messias zutreffend aus der Schrift zu benennen (2,3–6).

Aber niemand außer den Magiern zieht die richtigen Konsequenzen: Während diese nach Betlehem gehen, um dem Kind zu huldigen, trachtet Herodes dem Kind nach dem Leben und verbleiben die Hohenpriester und Schriftgelehrten in Untätigkeit. Mt erzählt dies alles, ohne dem Leser eine Erklärung zu geben, warum dieser neue König in Israel nicht freudig begrüßt wird. Vielleicht deutet Mt durch den Königstitel (βασιλεὺς τῶν Ἰουδαίων 2,2) an, dass Herodes um seine eigene Position gefürchtet hat,[36] aber dadurch wird noch nicht ersichtlich, warum *ganz Jerusalem* mit Herodes »erschrickt«. Mt wird gewusst haben, dass Herodes in Jerusalem höchst unbeliebt war.[37] Er will dem Leser nicht historische Vorgänge schildern, sondern ihm ein Signal geben, dessen Bedeutung sich erst im Verlauf des MtEv voll erschließt: So wie in der mt Darstellung schon bei der Geburt Jesu *ganz* Jerusalem zusammen mit den Schriftgelehrten und Hohenpriestern Jesus ablehnt, wird beim Einzug Jesu in Jerusalem wieder die ganze Stadt »erschrecken«.[38] Gerade an die Stadt Jerusalem wird Jesus seine Klage über sein vergebliches Wirken richten.[39]

In 2,1–12 ist also eine Konstellation angelegt, die den ganzen weiteren Verlauf des MtEv prägen wird:[40] Die führenden Gruppen kennen zwar die Bestätigung Jesu aus der Schrift, aber sie verweigern sich ihm dennoch und ziehen ganz Jerusalem mit hinein in ihre Verweigerungshaltung.

---

34 Mt 2,3: ἀκούσας δὲ ὁ βασιλεὺς Ἡρῴδης ἐταράχθη καὶ πᾶσα Ἱεροσόλυμα μετ᾽ αὐτοῦ; das gleiche Verb, ebenfalls im Passiv, fügt Mt in der Perikope vom Seewandel Jesu gegenüber Mk 6,49 ein (Mt 14,26): οἱ δὲ μαθηταὶ ἰδόντες αὐτὸν ἐπὶ τῆς θαλάσσης περιπατοῦντα ἐταράχθησαν.
35 Mt 2,4a: καὶ συναγαγὼν πάντας τοὺς ἀρχιερεῖς καὶ γραμματεῖς τοῦ λαοῦ (...).
36 Gnilka, Mt I 38: »Herodes mochte um seinen Thron bangen.« Das lässt sich auch daran zeigen, dass die Magier zwar nach dem »*König* der Juden« fragen, Herodes aber nach dem Geburtsort des *Messias* forschen lässt (Mt 2,4): Herodes »weiß«, dass der endzeitliche Herrscher geboren sein soll, der ihm seine Herrschaft rauben könnte.
37 Luz, Mt I 119: »Jeden, der die historische Situation noch einigermaßen kannte, muss die matthäische Skizze überrascht haben: Herodes war bei der Jerusalemer Bevölkerung – abgesehen von der königstreuen Oberschicht – so unpopulär, dass die Nachricht von der Geburt eines Königs- oder gar Messiaskindes höchstens Freude ausgelöst hätte.«
38 Mt 21,10: καὶ εἰσελθόντος αὐτοῦ εἰς Ἱεροσόλυμα ἐσείσθη πᾶσα ἡ πόλις λέγουσα· τίς ἐστιν οὗτος; das Verb σείω (hier im Aorist Passiv) hat einen eschatologischen Klang (im NT 5 Mal: Mt 27,51; 28,4; Heb 12,26; Apk 6,13 jeweils in apokalyptisch gefärbtem eschatologischem Kontext); vgl auch die Hinzufügung von σεισμός in die Erzählung von der Sturmstillung Mt 8,24 gegenüber λαῖλαψ Mk 4,37.
39 Mt 23,37–39.
40 Zu diesem Aspekt s.S. 47ff.

Aber nicht nur in der Magier-Erzählung deutet Mt die Ablehnung Jesu durch Israel an.

Die Flucht nach Ägypten und der Kindermord des Herodes (2,13–18)

Der hier zu behandelnde Textabschnitt gliedert sich in drei Teile, die u.a. durch das deutende Zitat aus Hos 11,1 miteinander verknüpft sind: die »Flucht nach Ägypten« (2,13–15), der »Kindermord des Herodes« (2,16–18) und die »Rückkehr nach Israel« (2,19–23): Weil Herodes dem Jesuskind nach dem Leben trachtet, flieht Joseph auf Geheiß eines Engels mit seiner Familie nach Ägypten, so dass Herodes mit seiner brutalen Aktion gegen alle männlichen Kinder im Alter von höchstens zwei Jahren in Betlehem und Umgebung erfolglos bleibt. Erst nach dem Tod des Herodes kehrt die Familie wieder nach Israel zurück.

Die Flucht der Familie nach Ägypten deutet Mt mit Hilfe des Wortes aus Hos 11,1: ἐξ Ἀιγύπτου ἐκάλεσα τὸν υἱόν μου (Mt 2,15). Im mt Kontext ist dies zunächst nur auf Jesus und seine Familie bezogen, wie denn der Titel »Sohn Gottes« im MtEv überhaupt eine entscheidende Rolle spielt.[41] Dabei ist wichtig, dass es sich bei dem Zitat um Gottesrede handelt. So will Mt hier Gott selbst durch die Schrift sagen lassen, dass Jesus wirklich Gottes Sohn ist, und zwar eben auch wegen seiner Flucht nach und vor allem seiner Rückkehr aus Ägypten.[42]

Es ist aber zu fragen, ob nicht noch eine andere Nuance mitschwingt (wie dies bei auch dem folgenden Zitat Mt 2,17f der Fall zu sein scheint), denn im Kontext des Hoseabuches ist mit »Sohn« nicht eine einzelne Person, sondern das Volk Israel als ganzes gemeint. Hosea kündigt einen Neuanfang der Beziehung zwischen Gott und seinem Volk an, der wieder ansetzt beim Auszug aus Ägypten.[43] Könnte man

---

41 Vgl. nur 16,16: ἀποκριθεὶς δὲ Σίμων Πέτρος εἶπεν· σὺ εἶ ὁ χριστὸς ὁ υἱὸς τοῦ θεοῦ τοῦ ζῶντος und den daran anschließenden Makarismus 16,17; außerdem 3,17; 4,3.6; 8,29; 14,33; 17,5; 27,40.43.54. Zu beachten sind auch 11,27; 12,18 (ὁ παῖς μου; Zitat aus Jes 42); 21,37; 22,42.45; 24,36; 28,19. Innerhalb der Vorgeschichte ist die Gottessohnschaft Jesu in 1,16b angedeutet. Aus der Forschung vgl. Verseput, Son of God 532–556.

42 Mt muss sich dazu auf den Masoretischen Text beziehen; der LXX-Text ist für Mt nicht brauchbar, da er von Kindern im Plural spricht (τὰ τέκνα αὐτοῦ); vgl. Luz Mt I 126f.

43 Hos 11,1ff ist zunächst ein Geschichtsrückblick zur Begründung des drohenden Gerichtes (Hos 11,2 LXX: καθὼς μετεκάλεσα αὐτούς, οὕτως ἀπῴχοντο ἐκ προσώπου μου· αὐτοὶ τοῖς Βααλιμ ἔθυον καὶ τοῖς γλυπτοῖς ἐθυμίων), zugleich aber auch der Beginn einer Heilsankündigung (Hos 11,9 LXX: οὐ μὴ ποιήσω κατὰ τὴν ὀργὴν τοῦ θυμοῦ μου, οὐ μὴ ἐγκαταλίπω τοῦ ἐξαλειφθῆναι τὸν Εφραιμ· διότι θεὸς ἐγώ εἰμι καὶ οὐκ ἄνθρωπος· ἐν σοὶ ἅγιος, καὶ οὐκ εἰσελεύσομαι εἰς πόλιν); dazu Jeremias, Hosea 140ff; vgl. a.a.O. 147: »(...) es geht für Hosea beim zweiten Exodus nicht (wie später bei Ezechiel und Deuterojesaja) um Überbietung des ersten (...), sondern um den unbelasteten Neuanfang Gottes mit seinem Volk (...). Dieser Neuanfang (...) wird nur durch den ›Herzensumsturz‹ in Jahwe, den Sieg seines Ver-

diesen kontextuellen Sinn für Mt mit in Anschlag bringen, würde Mt so andeuten wollen, dass sich in Jesus wieder ein Neuanfang ereignet, und zwar dieses Mal abschließend: Jesus als Israel, das nach dem »zweiten Exodus« aus Ägypten am Beginn der Heilszeit steht.[44] Ob Mt mit seinem Zitat wirklich auch auf den Kontext des Hoseabuches anspielt oder ob ihm nur die Verknüpfung *Jesus der Sohn Gottes wegen der Flucht nach Ägypten* wichtig ist, lässt sich allein von diesem Text her nicht entscheiden. Explizite Hinweise gibt Mt nicht, und so verhält es sich auch bei dem nun zu besprechenden nächsten Zitat.

Durch dieses Zitat (2,17f) bezeichnet Mt den Kindermord des Herodes als ein Ereignis, in dem sich die Klage der Rahel über den Verlust ihrer Kinder erfüllt.

Mt geht dabei wohl von der Lokalisierung des Rahel-Grabes bei Betlehem im Süden Jerusalems aus und zeigt sich damit über die palästinische Geographie nicht richtig informiert, denn das im Zitat erwähnte Rama liegt nördlich Jerusalems.[45] Vielleicht ist Mt aber auch von einer abweichenden Textüberlieferung abhängig, denn in textkritischen Varianten zum AT ist eine Entwicklung sichtbar: Die Lokalisierung des Beerdigungsortes der Rahel in Betlehem, d.h. im Süden Jerusalems, findet sich in Glossen zum Masoretischen Text und zur Septuaginta (Gen 35,19; Gen 48,7), obwohl eigentlich mit dem Stichwort »Weg nach Ephrata« ein Ort nördlich Jerusalems gemeint ist, so richtig in 1.Sam 10,2;[46] auch Jeremia 31,15 setzt eine Lage des Rahel-Grabes nördlich von Jerusalem voraus, denn es geht um die Klage der Rahel über die Kinder des untergegangenen Nordreiches.

Mt weicht an einer Stelle von allen bekannten Varianten zu Jer 31,15 ab,[47] indem er von der Wehklage Rahels über »ihre *Kinder*« (τὰ τέκνα αὐτῆς, 2,18), nicht über »ihre *Söhne*«[48] spricht, was dem mt Kontext viel besser entsprochen hätte, denn Herodes hatte nur »Söhne« töten lassen.

So zeigt Mt, dass er nicht nur das schreckliche Geschehen des Kindermordes in der Klage Rahels vorabgebildet sieht, sondern dass er schon weiter denkt, nämlich an die »Kinder«, die noch zu beweinen sein werden, weil sie das Werben Jesu ablehnen (23,37). Auch zu der Szene vor

---

söhnungswillens über den Zorn möglich, freilich nicht ohne Gericht, sondern durch das Gericht hindurch.«

44   Die These, dass Mt Jesus als das wahre, Gott gehorsame Israel darstellen will, wird in neuerer Zeit vertreten z.B. von Kynes, Solidarity; vgl. ebd. 201: »Jesus, not the church, is seen as the ›true Israel‹ (...).«

45   So auch, in einem anderen Zusammenhang, Luz, Mt III 92, zu Mt 19,1. Zahn, Matthäus 110, versucht das Problem so zu lösen: das Grab der Rahel spiele gar keine Rolle, da sowohl Jeremia in Jer 31,15 als auch Mt an das Weinen der *noch nicht begrabenen* Rahel denke; nach 1.Sam 10,2 ist Rahel aber nördlich von Jerusalem *begraben*, was Zahn ebd. A10 für »hier nicht zu untersuchen« hält.

46   Gnilka, Mt I 53.

47   Vgl. die übersichtliche Zusammenstellung bei Gnilka, Mt I 52.

48   Masoretischer Text: עַל־בָּנֶיהָ (2 Mal); LXX A ἐπὶ τῶν υἱῶν αὐτῆς und LXX B: ἐπὶ τοῖς υἱοῖς αὐτῆς.

Pilatus besteht eine Stichwortverbindung (27,25: τὰ τέκνα ἡμῶν), die sicher kein Zufall ist.[49] Schon ganz zu Beginn lässt Mt also etwas von seinem Gerichtsverständnis erkennen, ohne dass der Leser dies schon wirklich einordnen könnte. Auf jeden Fall, so will Mt durch das Zitat belegen, geschieht dies alles nicht am Willen Gottes vorbei, wenn auch nicht direkt durch das Wirken Gottes bedingt.[50] Wie bei dem Hosea-Zitat in 2,15 ist auch der Kontext des Jeremia-Zitates (2,18) eine Heilsprophetie,[51] zu der Jer 31,15 nur den negativen Kontrast bildet. Mt gibt aber in seinem Text keine Hinweise darauf, dass er das Zitat im Lichte seines ursprünglichen Kontextes verstanden wissen will. Er scheint den Leser auf ein unausweichlich eintretendes Gericht vorbereiten zu wollen.

Deutlich ist, dass Mt in der Vorgeschichte schon den Aspekt der Ablehnung Jesu durch Israel ankündigt, indem er ganz Jerusalem als Einheit mit Herodes zusammenschließt und Herodes nach dem Leben des Jesuskindes trachten lässt. Auch dieses Unheilsgeschehen sieht Mt schon in den Heiligen Schriften angesagt, und es wird nicht ohne Folgen bleiben.

4 Der bleibende Bezug zu Israel in der Vorgeschichte

Jerusalem und die Johannes-Taufe (3,1–17)

Nach den Kindheitserzählungen folgt innerhalb der Vorgeschichte Jesu das Auftreten Johannes des Täufers (3,1–17). Angesichts der Tendenz des MtEv, Johannes und Jesus zu parallelisieren,[52] verwundert es, wie groß die Wirkung auf das Volk ist, die Mt dem Täufer zuschreibt: Während die Stadt Jerusalem sich bei der Geburt Jesu der Huldigung Jesu durch die Magier nicht anschließt, geht nun (3,5) Jerusalem und ganz Judäa an den Jordan, um die Taufe des Johannes zu empfangen.[53] Innerhalb des Erzählduktus hat dies die Funktion, den Leser daran zu

---

49 Zu 23,37–39 vgl. unten S. 104ff, zu 27,25 s.S. 107ff.
50 Vgl. die Differenzierung bei der Einführungsformel »da erfüllte sich« (wie außer 2,18 noch 27,6) im Unterschied zu dem sonstigen finalen »damit sich erfüllte« (z.B. 2,15).
51 Vgl. Jeremia 31,17b (MT): וְשָׁבוּ בָנִים לִגְבוּלָם.
52 Das gilt unabhängig von der Beantwortung der Frage, ob Mt mehr Jesus an Johannes angleicht oder umgekehrt; vgl. dazu Frankemölle, Johannes, der ebd. 198–201 unterschiedliche Interpretationen referiert und selbst zu dem Ergebnis kommt, dass »Jesus dem Täufer angeglichen und jener nicht christianisiert wird« (ebd. 216); für die umgekehrte Tendenz spricht aber Mt 21,32.
53 Mt folgt hier zwar seiner Vorlage Mk 1,5, greift aber wohl aus stilistischen Gründen in den Text ein, d.h. man muss von einer bewußt gestalteten Übernahme ausgehen.

erinnern, dass die Stadt Jerusalem bei der Geburt Jesu diesen nicht als den Christus anerkannt hat. Mt setzt durch die Taufe des Johannes bewusst einen Neuanfang für Jerusalem. Deutlich ist aber auch, dass Mt in seiner Täuferperikope an eine andere Tendenz der Kindheitserzählungen nahtlos anknüpft. Wie schon in der Erzählung von den Magiern treten auch hier die führenden Gruppen auf der gegnerischen Seite auf und sind Adressaten der Gerichtspredigt (3,7–10) des Täufers.[54] Es zeigt sich schon die Intention des Mt, zwischen den Führern und dem Volk zu unterscheiden.[55] Mt signalisiert aber in der Vorgeschichte nicht nur narrativ einen Neuanfang für Jerusalem. In einem Schriftzitat, das die Vorgeschichte abschließt und zum Beginn des öffentlichen Wirkens Jesu überleitet, unterstreicht er nochmals den bleibenden, heilvollen Bezug Jesu zu seinem Volk.

Das Galiläa der Heiden und das Volk, das im Dunkeln sitzt (4,12–16)

Nach der Taufe durch Johannes (3,13–17) und den Versuchungen (4,1–11) zieht sich Jesus in der mt Darstellung wieder nach Galiläa zurück, weil er von der Verhaftung Johannes des Täufers erfahren hatte.[56] Daraufhin zieht er von Nazaret nach Kafarnaum um. Auch diesen Umzug Jesu deutet Mt als Erfüllung der Schrift (4,15–16). Genaue Gründe für den Umzug Jesu von Nazaret nach Kafarnaum nennt Mt nicht. Streng genommen bezieht sich auch der Schriftbeweis nicht auf diesen Umzug, denn das Gebiet, das im Zitat angesprochen ist, umfasst beide Wohnorte: Nazaret liegt im ehemaligen Gebiet des Stammes Sebulon, Kafarnaum im Gebiet Naftali. Da das Zitat ohnehin schon gekürzt ist,[57] hätte Mt wohl auch das irritierende »Sebulon« streichen können. Es ist deutlich, dass Mt hier von seiner Tradition abhängig ist, der Ausgangspunkt des Wirkens Jesu sei »seine Stadt« (9,1) Kafarnaum. In diese muss Jesus umziehen, bevor er seinen öffentlichen Dienst beginnen kann. Aber warum deutet er den Umzug nicht eindeutiger als Erfüllung der Schrift, indem er Sebulon aus dem Zitat streicht? Es wird hier die schwierige Frage aufgeworfen, woher Mt überhaupt

---

54 Die Adressatenangabe πολλοὺς τῶν Φαρισαίων καὶ Σαδδουκαίων (Mt 3,7 gegen Lk 3,7) geht vermutlich auf das Konto des Evangelisten; vgl. S. 49.
55 Zu dieser Tendenz S. 72.
56 So findet Mt es schon in seiner Quelle (Mk 1,14) vor, er betont aber durch die Hinzufügung von ἀκούσας (Mt 4,12), dass Jesus von der Verhaftung des Johannes erfahren hat und daraufhin von dem Ort, an dem Johannes getauft hat und der außerhalb Galiläas lag (3,13), nach Galiläa zurückkehrt.
57 Zu den Kürzungen vgl. Gnilka, Mt I 96: »Der erste Eindruck sind die starken Kürzungen des Textes in Mt 4,15f (…).«

seine »Erfüllungszitate« schöpft;[58] ist er so von einzelnen Formulierungen abhängig, dass er sie nicht mehr ändern wollte? Dafür würde sprechen, dass Mt im Kontext für die Lokalisierung von Kafarnaum von seinem Zitat abhängig zu sein scheint, denn er gibt als Gebiet der Stadt Kafarnaum an: ἐν ὁρίοις Ζαβουλὼν καὶ Νεφθαλίμ; aber kann Mt wirklich der Meinung sein, Kafarnaum liege zugleich in zwei Stammesgebieten?[59]

Den m.E. besten Vorschlag zur Lösung dieses Problems legt Gnilka vor, wenn er schreibt: »Bezeichnet ist das Gebiet, das Jesus durch seinen Umzug zum Tätigkeitsgebiet gemacht hat.«[60] Mt hat demnach ganz Galiläa im Blick, in welchem Jesus auch nach seinem Umzug bleibt und wo er schwerpunktmäßig wirken wird, nicht nur den neuen Wohnsitz.

Dies ist ein Indiz dafür, dass es Mt bei unserem Zitat nicht so sehr auf die Stammesgebiete, sondern in erster Linie auf die Stichworte »Galiläa der Heiden« und λαός ankommt. Im Hintergrund mag dabei ein Vorwurf stehen, wie er in Joh 7,52 überliefert ist: Mt will aus der Schrift beweisen, dass aus Galiläa nicht nur ein Prophet, sondern sogar der Messias kommt.

Die Frage ist aber, wie Mt sich die Zuordnung von »Galiläa der Heiden« und λαός denkt. Aufgrund des bei Mt sonst durchgängigen Gebrauchs von λαός[61] und der Eingrenzung des Wirkungsbereichs Jesu und seiner Jünger auf Israel[62] ist davon auszugehen, dass Mt nicht primär den »heidnischen« Charakter Galiläas im Blick hat, sondern eben den dort wohnenden λαός, das Gottesvolk Israel.

Die Formulierung ist also doppeldeutig: Das Galiläa der Heiden sieht ein großes Licht, und die weitere Geschichte wird dem Leser zeigen, dass gerade von Galiläa aus die Weltvölker in die Mission einbezogen werden.[63] Mit der Deutung des Umzuges Jesu nach Kafarnaum durch das Jesaja-Zitat in 4,14f gibt Mt also einen weiteren Hinweis auf die universalistische Ausrichtung seines Evangeliums.[64]

Aber zugleich gilt das Wirken Jesu gerade in Galiläa dem λαός, den der Leser von Mt 1–2 als das Volk Israel kennt. So spannt das Schriftzitat am Ende der Vorgeschichte einen Bogen zum Anfang des MtEv zurück.

---

58 Vgl. dazu den Exkurs bei Luz, Mt I 134–141; speziell zu den Reflexionszitaten der Kindheitsgeschichte: Soares-Prabhu, Formula Quotations; zu Mt 4,14–16: Strecker, Weg 63–66.
59 Davies-Allison, Mt I 379, scheinen dieses Problem nicht zu bemerken und schließen für Mt auf gute Kenntnis der Geographie Palästinas: Mt »knows Capernaum is in the territory of Naphtali (…)«.
60 Gnilka, Mt I 95.
61 S. dazu unten Exkurs I 42ff.
62 Dazu unten S. 38ff.
63 Vgl. Mt 26,32; 28,7.10.16 und unten S. 122f.
64 Wegen der Lage von Nazaret in Sebulon und der Erwähnung von Sebulon im Zitat Mt 4,16 wirkt sich dies auch zurück auf Mt 2,23 aus: Jesus zieht schon als Kind in das »Galiläa der Heiden« um.

Die Vorgeschichte bildet nicht nur das Hinzukommen der Weltvölker und die Ablehnung durch Israel vorab, sondern auch die bleibende Hinwendung Jesu seinem Volk. Auch dieser Aspekt soll also für die weitere Lektüre des MtEv wichtig bleiben. Das Volk, das im Dunklen sitzt, sieht ein großes Licht. Wie wird dieses Volk auf das »große Licht« Jesus reagieren?

5 Zusammenfassung: Israelorientierte Leseerwartung

In mehreren Streiflichtern auf die mt Vorgeschichte wurde versucht, verschiedene Aspekte der mt Israeltheologie als schon in der Vorgeschichte angelegt auszuweisen. Die in der Prädizierung Jesu als Abrahamssohn angelegte Spannung zwischen dem »Stammvater Israels« und dem »Vater der Proselyten« wird in der Vorgeschichte in vier Aspekte ausgefaltet. Im Stammbaum und in Schriftzitaten wird die Hinwendung Gottes zu Israel in Jesus als Messias und Hirte Israels angesagt, aber die ersten Menschen, die dem neuen König huldigen, sind Angehörige der Weltvölker. Doch trotz der Ablehnung Jesu durch Herodes und die führenden Gruppen erzählt Mt für Jerusalem mit der Taufe durch Johannes einen Neuanfang und unterstreicht den weiteren Bezug des Wirkens Jesu zu Israel.

So wird israelorientierte Leseerwartung aufgebaut: Wie werden sich im weiteren Verlauf des MtEv die verschiedenen Aspekte der mt Israeltheologie weiter entfalten? Wird sich das Volk Gottes seinem Hirten verschließen, und welche Folgen würde dies aus sich heraussetzen? Treten die Weltvölker als neues Gottesvolk an die Stelle Israels? Oder kommt der Heilswille Gottes für Israel trotz der vorabgebildeten Weigerung Israels zu seinem Ziel?

C Die Zeit des irdischen Jesus in der Darstellung des Matthäusevangeliums

Gemäß der These vom mt Bild der Heilsgeschichte in drei Phasen beginnt nun die Analyse der ersten Phase, nämlich der Phase »Wirken des irdischen Jesus«: Wie schildert Mt das Verhältnis zwischen Jesus und Israel in der Zeit zwischen dem Beginn des öffentlichen Wirkens Jesu und seinem gewaltsamen Tod?[1] Von der Vorgeschichte her darf der Leser erwarten, dass sich die mt Erzählung im Spannungsfeld zwischen verschiedenen Aspekten bewegt. Tatsächlich ist die mt Erzählung vom Wirken des irdischen Jesus von zwei gegensätzlichen Tendenzen geprägt: Mt erzählt von Jesus als von dem Messias Israels, der in Israel Jünger gewinnt, der auf eine ihm nachfolgende Volksmenge stößt und dessen Wirkungsbereich auf Israel begrenzt ist (C.I). Mt erzählt aber auch davon, dass Jesus in Israel auf Ablehnung stößt, zunächst nur bei den führenden Gruppen, zuletzt aber beim ganzen Volk (C.II).

I Der irdische Jesus als Messias für Israel

Jesus ist in der Vorgeschichte eingeführt als »Sohn Abrahams und Sohn Davids« (1,1), der »sein Volk retten wird aus ihren Sünden« (1,21) und der Gottes Volk Israel weiden wird (2,6). In den beiden folgenden Kapiteln (C.I.1 und C.I.2) soll an ausgewählten Beispielen gezeigt werden, wie Mt dieses Programm in seiner Jesus-Erzählung umsetzt und wie er dabei der Zeit des irdischen Jesus eine für Mt typische Deutung gibt. Es geht um die Frage der an dieser Erzählung beteiligten Personengruppen, die Jesus nicht ablehnen (C.I.1), und es geht um den Wirkungsbereich Jesu und seiner Jünger (C.I.2). Ein Exkurs geht zwei schon in der Vorgeschichte eingeführten israeltheologischen Begriffen in einer Gesamtsicht auf das MtEv nach (Exkurs I).

---

1 Im folgenden Text ist abgekürzt immer vom »irdischen Jesus« die Rede, wenn es um Jesus geht, wie Mt von ihm in der Zeit seines irdischen Wirkens erzählt. Hierbei wird nicht differenziert unter der Fragestellung, ob diese Ereignisse sich wirklich zugetragen haben; das Problem der Fiktivität bleibt also ausgespart. Man wird davon ausgehen können, dass es sich für die ersten Leser nicht gestellt hat; zum Problem vgl. Luz, Fiktivität 155–162.174–177.

1 Die Jünger und die Volksmengen aus Israel

Die Berufung der ersten Jünger

Nach unserer Gliederung des MtEv beginnt mit 4,17 ein neuer Abschnitt, und zwar mit einer programmatischen Überschrift:

ἀπὸ τότε ἤρξατο ὁ Ἰησοῦς κηρύσσειν καὶ λέγειν· μετανοεῖτε· ἤγγικεν γὰρ ἡ βασιλεία τῶν οὐρανῶν.

Jesus beginnt sein öffentliches Wirken mit dem Aufruf zur Umkehr angesichts der nahenden Herrschaft Gottes. Hierauf folgt unmittelbar die Berufung der ersten Jünger (4,18–20):[2]
Mit der Lokalisierung des Geschehens παρὰ τὴν θάλασσαν τῆς Γαλιλαίας (4,18a) wird der Leser an das Zitat aus Jes 8,23–9,1 erinnert, das unmittelbar zuvor die mt Vorgeschichte deutend abgeschlossen hatte (4,15–16). So wird der Umkehraufruf Jesu mit der Ankündigung der Vorgeschichte verbunden, das Volk, das in der Finsternis sitzt, sehe ein Licht. Im »Galiläa der Heiden« beginnt Jesus sein Wirken am Volk Gottes, indem er auf vier einzelne Menschen zugeht und sie in die Nachfolge ruft. Sie sind es, die Jesu Aufruf zur Umkehr als erste Folge leisten. Sie werden Jesus in der Zeit seines Wirkens in Israel begleiten; in ihnen beginnt die Ankündigung der Vorgeschichte, Jesus sei der Messias Israels, zum Ziel zu kommen.
Aber wie verhält sich die Berufung von nur vier Jüngern zum Programm der Vorgeschichte, Jesus werde das ganze Volk Israel wie ein Hirte weiden? Eine Antwort des MtEv auf diese Spannung ist, wie Mt die Volksmengen in sein Evangelium einführt und wie er sie für den Leser zu Trägern theologischer Aussagen macht.

Die Herkunft der Volksmengen

Die Kunde von Jesu Wirken, wie es in 4,23 summarisch beschrieben ist, geht hinaus nach ganz Syrien und »sie«[3] bringen alle Kranken zu ihm, die er alle heilt (4,24). Nun greift Mt ein Stichwort auf, das schon bei der Berufung der ersten Jünger wichtig war, nämlich das »Nachfolgen«:

καὶ ἠκολούθησαν αὐτῷ ὄχλοι πολλοὶ ἀπὸ τῆς Γαλιλαίας καὶ Δεκαπόλεως καὶ Ἱεροσολύμων καὶ Ἰουδαίας καὶ πέραν τοῦ Ἰορδάνου.

Nicht nur die vier Jünger, von denen 4,18–22 erzählt ist, folgen Jesus nach, sondern eine große Volksmenge. Nun sind die Menschen um Je-

---

2 Dabei folgt Mt dem Duktus seiner Quelle Mk 1,14–20.
3 Das logische Subjekt zu προσήνεγκαν ist unklar; wohl kaum denkt Mt daran, dass es sich *nur* auf die Leute in Syrien bezieht; vgl. Davies-Allison, Mt I 417.

sus herum versammelt, die die Bergpredigt hören werden. Aber welche Bedeutung haben die Angaben des Mt über die Herkunft der ὄχλοι? Dabei kommt es insbesondere darauf an, wie man die Erwähnung der Δεκάπολις (4,25) interpretiert,[4] denn nach der Bergpredigt erzählt Mt von einem Wunder Jesu in der Gegend der Dekapolis-Stadt Gadara (8,28–34). Weil es dort eine Schweineherde gibt, kann diese Gegend auch als heidnisch gelten.[5] Will Mt also schon vor der Bergpredigt betonen, dass auch aus heidnischem Gebiet Menschen herbeiströmen und als Teil der ὄχλοι Jesus nachfolgen,[6] oder hat er eher das Bild des Landes Israel in seinen biblischen Grenzen vor Augen?

Für letzteres spricht trotz 8,28–34 folgende Beobachtung: Gegen seine Vorlage (Mk 3,8) lässt Mt zwei Städte und ein Gebiet aus, die für ihn als heidnisch gegolten haben dürften (Idumäa, Tyrus und Sidon)[7]. Selbst aus Syrien, wohin nach Mt 4,24a die Kunde von Jesus erschollen war, lässt Mt keine Menschen zu den ὄχλοι hinzukommen.[8]

Es ergibt sich also für den Leser das Bild, dass aus dem Gebiet des ganzen Landes Israel Menschen zu Jesus strömen, die von Jesus Heilung erfahren; zusammen mit den Jüngern sind sie die Zuhörer der Bergpredigt (5,1; 7,28). Nicht nur in den Jüngern, sondern auch in den Volksmengen, die aus ganz Israel kommen, erfüllt sich also die Ankündigung vom Messias für Israel. Der weitere Verlauf der mt Erzählung wird zwar zeigen, dass Jesus die Volksmengen letztlich doch nicht für sich gewinnen kann.[9] Aber vorerst setzt Mt in seiner Erzählung andere Signale für die Hinwendung Jesu zu Israel, nämlich durch die ausdrückliche Begrenzung des Wirkungsbereiches Jesu und seiner Jünger.

2 Die Begrenzung des Wirkungsbereichs Jesu und seiner Jünger

Vollends unübersehbar wird die Konzentration Jesu auf Israel nach der Bergpredigt und einem ersten Wunderzyklus in der Aussendungsrede sowie in deren narrativer Einleitung. Die Volksmengen erscheinen Jesus wie »Schafe ohne Hirten« (9,36), woraufhin er seine zwölf Jünger aussendet, damit sie ebenso wie er selbst die Nähe des Himmelreiches ver-

---

4   Dieser Begriff erscheint im NT nur dreimal: Mt 4,25; Mk 5,20; 7,31.
5   Vgl. zur Erzählung von Jesus und den besessenen Gadarenern S. 40f. Zur Religionsgeschichte der Dekapolis vgl. Lichtenberger, Dekapolis.
6   So Frankemölle, Jahwebund 110 (anders ders., Mt I 202–204); Gundry, Mt 64.
7   Zu »Tyrus und Sidon«, das Mt in 4,25 gegenüber Mk 3,8 ausläßt, vgl. Mt 15,21, wo er es gegenüber dem mk »Tyrus« (Mk 7,24) vervollständigt; zu dieser Perikope insgesamt s. S. 40.
8   Vgl. Luz, Mt I 181: »Vermutlich hat also der Evangelist von der Wirksamkeit Jesu in Israel reden wollen.« So auch Lohfink, Bergpredigt 28: »Im Sinne des Evangelisten umschreiben die geographischen Bestimmungen von 4,25 das ganze Israel.«
9   Zu den Volksmengen und ihrer Funktion im MtEv s.S. 68ff.

künden und die Wunder der Heilszeit vollbringen (10,7f). In diesem Zusammenhang erscheint erstmals ausdrücklich die Begrenzung der Wirksamkeit Jesu und seiner Jünger auf Israel:

εἰς ὁδὸν ἐθνῶν μὴ ἀπέλθητε καὶ εἰς πόλιν Σαμαριτῶν μὴ εἰσέλθητε· πορεύεσθε δὲ μᾶλλον πρὸς τὰ πρόβατα τὰ ἀπολωλότα οἴκου Ἰσραήλ (10,5b–6).

Jesus sendet seine Jünger nur[10] zu den »verlorenen Schafes des Hauses Israel«, wie er auch seinen eigenen Auftrag in Zusammenhang mit einer Heilung außerhalb Israels beschreibt:

ὁ δὲ ἀποκριθεὶς εἶπεν· οὐκ ἀπεστάλην εἰ μὴ εἰς τὰ πρόβατα τὰ ἀπολωλότα οἴκου Ἰσραήλ (15,24).

Zusammengenommen besagen diese beiden Texte, wie Mt den Auftrag Jesu während seines irdischen Wirkens verstanden wissen will: Nur für das auserwählte Volk Israel war seine Sendung bestimmt.
Die Ausnahmen, bei denen Jesus sich Menschen außerhalb Israels zuwendet, bestätigen dies. Zwar gilt schon die zweite Heilung, die Jesus nach der Bergpredigt vollbringt, einem Heiden. Aber der Glaube des Centurios von Kafarnaum wird Israel als herausragendes Vorbild hingestellt (8,5–13) und gerade so die besondere Sendung Jesu zu Israel unterstrichen.[11]
Zwei Heilungen wirkt Jesus in heidnischem Gebiet: Zum einen heilt er die beiden besessenen Gadarener (8,28–34/9,1). Die redaktionelle Intention ist hier vor allem an den Kürzungen zu erkennen. Mt kürzt insgesamt erheblich, ändert die Ortsangabe,[12] und er kürzt v.a. auch den Schluss (Mk 5,18–20 fehlt ganz), so dass die Aufforderung Jesu wegfällt, der Geheilte solle in sein Haus zu den Seinen gehen und verkünden, was geschehen ist (Mk 5,19). Bei Mt bleibt als Abschluss der Heilungserzählung, dass die (wegen der Schweineherde als heidnisch vorzustellenden) Leute Jesus aus ihrem Gebiet wegbitten; damit deutet Mt an, dass die Zeit für die Mission unter den Weltvölker[13] noch nicht reif ist.[14]
Noch deutlicher zeigt die Perikope von der Frau aus dem heidnischen Gebiet von Tyrus und Sidon (15,21–28) eine Ausnahmesituation.[15]

---

10 Das μᾶλλον (Mt 10,6) muss hier als Ausdruck des Gegensatzes verstanden werden, wie sich aus dem Ausschluss der heidnischen und samaritanischen Gebiete (10,5b) ergibt:»Geht nicht ..., sondern vielmehr ...«; vgl. Bauer 993.
11 Vgl. dazu S. 150ff.
12 Mk 5,1: εἰς τὴν χώραν τῶν Γερασηνῶν, dagegen Mt 8,28: εἰς τὴν χώραν τῶν Γαδαρηνῶν.
13 Wie sie bei Mk 5,18ff impliziert sein dürfte; vgl. Gnilka, Mk I 207.
14 Zu dieser Deutung s. Sim, Gentiles 23.
15 Zur näheren Diskussion, insbesondere zur Frage, ob Jesus nach mt Verständnis wirklich heidnisches Gebiet betreten haben soll, vgl. Luz, Mt II 430ff. Wichtig ist

Nach seinem Rückzug in heidnisches Gebiet (15,21) begegnet Jesus einer »kananäischen«[16] Frau, die ihn um Erbarmen für ihre besessene Tochter anfleht. Jesus lehnt dies in geradezu grober Weise ab: Zunächst reagiert er gar nicht auf die Frau, dann aber, als die Jünger ihn dazu auffordern, die Frau wegzuschicken, erklärt er, er sei nicht zu den Heiden, sondern nur zu den »verlorenen Schafen des Hauses Israel« gesandt worden (15,24). Damit bestärkt Jesus die ablehnende Haltung der Jünger und gibt dieser Haltung eine heilsgeschichtliche Dimension: Es entspricht dem Willen Gottes, dass das Heil (noch)[17] nicht zu den Heiden kommt.

Dies vertritt Jesus auch im direkten Gespräch gegenüber der Frau, in dem er seine ablehnende Haltung mit einem drastischen Vergleich unterstreicht: οὐκ ἔστιν καλὸν λαβεῖν τὸν ἄρτον τῶν τέκνων καί βαλεῖν τοῖς κυναρίοις (15,26). Die Frau lässt sich aber auch dadurch von ihrer Bitte nicht abbringen, sondern sie lässt sich auf dieses (für sie erniedrigende) Bild ein und bestimmt ihren Platz darin bei den Hunden, die von den herunterfallenden Krümeln satt werden. Diese Aussage der Frau wertet Jesus als »großen Glauben«, woraufhin er ihre Bitte erfüllt und die Tochter gesund wird.

Die Frage, ob 15,24 eine dem Mt vorliegende Tradition ist und ob 10,5f von 15,24 abhängig ist oder umgekehrt, spielt für unsere Fragestellung nur eine untergeordnete Rolle.[18] Es ist hinreichend deutlich, dass Mt in diesen beiden Texten seiner Überzeugung Ausdruck verleiht, Jesus sei gerade, ja ausschließlich der Messias Israels gewesen.[19] So setzt er sein in der Vorgeschichte angekündigtes Programm in Erzählung um.

das Stichwort ἀνεχώρησεν (15,21): Der Aufenthalt Jesu in heidnischem Gebiet wird von Mt nicht positiv gedeutet, sondern nur als Rückzug von den Gegnern aus Mt 15,1–20 verstanden. Von daher ergibt sich hier nicht die Frage nach dem geographisch-heilsgeschichtlichen Bezug des Aufenthaltes Jesu in heidnischem Gebiet.

16 Mt bezeichnet die Frau als γυνὴ Χαναναία (Mt 15,22), das mk ἡ δὲ γυνὴ ἦν Ἑλληνίς, Συροφοινίκισσα τῷ γένει (Mk 7,26a) läßt er aus. Zu den möglichen Gründen dafür s. Luz, Mt II 432f:»Χαναναῖος ist nicht nur ein biblischer Ausdruck für ›heidnisch‹, sondern vermutlich auch die Selbstbezeichnung der Phönizier zur Zeit des Matthäus. Der Syrer Matthäus, der vielleicht Aramäisch konnte, hat dann die typisch ›westliche‹ Bezeichnung Συροφοινίκισσα (Mk 7,26) durch eine eigene, ›einheimische‹ ersetzt.«

17 Dieses »noch« bezieht sich auf die Überzeugung des Mt, dass später die Weltvölker mit in die Mission einbezogen werden; in diesem Text ist aber davon nichts zu erkennen.

18 Zur Frage nach dem traditionsgeschichtlichen Verhältnis von 10,5f und 15,24 sind wohl die Beobachtungen von Trilling, Israel 99–105, zutreffend, der zu dem Schluss kommt (a.a.O. 105), »dass Mt 15,24 (…) als eigene Bildung des Matthäus anzusehen ist.« Mt 10,5f bildete dafür die Vorlage, die Mt aus seiner Tradition (SMt oder QMt) übernommen hat; vgl. Luz, Mt II 88.

19 Anders Feldmeier, Syrophönizierin 225, der aber m.E. den ausrücklichen Ausnahmecharakter der Perikope zu gering einschätzt.

Exkurs I: Positiv besetzte israeltheologische Begriffe

Ein für Mt typisches Gestaltungsmittel sind Begriffe, die in bestimmten Bedeutungen an mehreren Stellen des Textes vorkommen; das kann eine bestimmte Gruppe sein, z.B. οἱ μαθηταί oder ὄχλος / ὄχλοι, oder ein theologischer Terminus, z.B. δικαιοσύνη oder βασιλεία. Sie bekommen die Funktion von Leitworten, die den Leser mit einem bestimmten Konzept vertraut machen, etwa mit dem mt Jüngerverständnis oder mit der mt βασιλεία-Vorstellung.

Im folgenden soll nun gezeigt werden, dass und in welcher Hinsicht zwei auf Israel bezogene Begriffe solche Leitworte sind, und zwar als Ausdruck der heilvollen Zuwendung Gottes zu seinem Volk.[20] Dies geschieht in der Form eines Exkurses, weil Themenbereiche angeschnitten werden, die nicht nur der ersten Phase der mt Heilsgeschichte zuzuordnen sind.

a) Ἰσραήλ

Das Wort »Israel« hat natürlich unmittelbar mit unserem Thema zu tun, und tatsächlich spielt es im MtEv eine zentrale Rolle.[21] Immerhin an 12 Stellen taucht es auf, relativ gleichmäßig verteilt auf den ganzen Text.[22]
In Mt 2,6 lernt der Leser »Israel« als eine Größe kennen, mit der Jesus in heilvoller Weise verbunden ist. Im Folgenden soll nun die weitere Verwendung dieses Begriffes untersucht werden. Es ist zu fragen, ob sich innerhalb der mt Jesuserzählung eine Bedeutungsverschiebung ergibt, oder ob dieser Begriff konstant für das erwählte Volk steht, von dem der Leser aus der Vorgeschichte weiß, dass Jesus zu ihm als der »Hirte« kommt. Dabei sollen, an der mt Erzählung entlanggehend, alle Belege betrachtet werden, um so analysieren zu können, wie jeweils der Bezug zwischen Jesus und Israel gefasst ist.
Schon beim ersten Beleg nach den erwähnten Zitat in 2,6 kommt es zu einer gewissen Erweiterung, nämlich in der Erzählung von der Rückkehr der Familie aus Ägypten; hier erscheint Ἰσραήλ als Name eines Landes. Dadurch erfährt der Leser, dass es Mt nicht nur um das *Volk* Israel als heilsgeschichtliche Größe geht, sondern dass er auch das *Land* Israel als heilsgeschichtlich relevante Größe im Blick hat. Diese zunächst nur geographische Aussage hat theologische Bedeutung insofern, als Jesu Familie aus dem heidnischen Ägypten wieder in das heilige Land Israel zurückkehrt, zu dem auch Galiläa gehört (2,19–23).[23]
Im Folgenden unterscheidet Mt nicht konsequent zwischen dem ethnischen und geographischen Gebrauch, die beiden Bedeutungsmöglichkeiten gehen vielmehr ineinander über:
Solchen Glauben wie den des heidnischen Centurios hat Jesus »in Israel« nicht gefunden (8,10); solche Zeichen, wie Jesus sie tut, haben sich der Menge »in Israel« noch nicht gezeigt (9,33); bei ihren Bemühungen, die Botschaft von der nahen Gottesherrschaft zu verkünden und Krankheiten zu heilen, werden die Jünger Jesu »die

---

20 Zu Ἰουδαῖος als nicht abwertende Selbstbezeichnung vgl. Gollinger, Lehre 371; Gielen, Konflikt 403. Aus der Tatsache, dass Mt in Mt 28,15 diesen Begriff verwendet, sollten keine zu großen Schlüsse gezogen werden; Mt spricht hier von seiner jüdischen Umgebung und deutet durch nichts an, dass »dieses Gerücht« sich auch weiterhin bei Juden halten muss; vgl. dazu S. 73.
21 Vgl. Sand, Erträge 101–107 mit weiterer Literatur.
22 Mt 2,6.20.21; 8,10; 9,33; 10,6.23; 15,24.31; 19,28; 27,9.42; davon übernimmt Mt nur 8,10 par Lk 7,9 und 19,28 par Lk 22,30 sowie 27,42 par Mk 15,32 aus seinen Quellen.
23 Vgl. dazu oben S. 26f.

Städte Israels« nicht »vollenden«, bis der Menschensohn kommt (10,23). Die verlorenen Schafe des »Hauses Israels« sind es, zu denen allein sich Jesus gesandt weiß (15,24) bzw. zu denen allein er seine Jünger aussendet (10,5f.23).

Alle diese Texte unterstreichen die Darstellungsabsicht des Mt, Jesus als Messias für das Volk Israel zu zeigen, und zwar gerade auch da, wo auf der Erzählebene schon im Vorgriff auf noch zu Erzählendes auf das weitgehende Scheitern des irdischen Jesus in seinen Bemühungen um Israel verwiesen wird: Der Glaube des Centurios ist Anlass für ein Gerichtswort Jesu, das über den Kontext hinausgreift, denn Jesus hat sein Wirken in Israel nach der mt Erzählung gerade erst begonnen (8,10– 12). Dadurch wird dem Leser deutlich gemacht, dass Jesus eben vor allem in Israel solchen Glauben hätte finden wollen und sollen.[24]

Der nächste zu behandelnde Text (19,28) weist in die eschatologische Zukunft, die auch für Mt und seine Leser noch aussteht. Auf die Frage des Petrus nach dem Lohn der Nachfolge antwortet Jesus:

ἀμὴν λέγω ὑμῖν ὅτι ὑμεῖς οἱ ἀκολουθήσαντές μοι ἐν τῇ παλιγγενεσίᾳ, ὅταν καθίσῃ ὁ υἱὸς τοῦ ἀνθρώπου ἐπὶ θρόνου δόξης αὐτοῦ, καθήσεσθε καὶ ὑμεῖς ἐπὶ δώδεκα θρόνους κρίνοντες τὰς δώδεκα φυλὰς τοῦ Ἰσραήλ.

Auf dieses Logion ist hier aus zwei Gründen einzugehen. Zum einen setzt diese Zusage Jesu an seine Jünger voraus, dass es die 12 Stämme Israels, also Israel als Heilsvolk in seiner Ganzheit, bei der »Wiedergeburt« wieder gibt; es steht also die Vorstellung von der endzeitlichen Wiederherstellung Israels im Hintergrund, die mit dem Erscheinen des richtenden Menschensohnes Jesus verbunden wird.[25]

Zum anderen geht es hier darum, dass Jesus seinen Jüngern eine auf Israel in seiner Gesamtheit bezogene Funktion in einem eschatologischen Kontext zusagt, nämlich, dass sie die zwölf Stämme Israels »richten« werden.[26] Auch hier gibt Mt in keiner Weise zu erkennen, dass die Gemeinde in heilsgeschichtlicher Dimension das Volk Israel ersetzt hätte, oder dass Israel ein Volk unter den anderen Völkern geworden wäre. Vielmehr betont Mt hier die Bedeutung Jesu (und seiner zwölf Jünger) für Israel auch im eschatologischen Kontext.

Wie der Begriff »Israel« mitten in die Auseinandersetzung Jesu mit seinen Gegnern führt, und wie sehr Mt dabei gleichzeitig subtil zu differenzieren weiß, zeigt aber erst die nächste Stelle in vollem Ausmaß. Es handelt sich hierbei um eine (wohl mt[27]) Erweiterung eines Mischzitates in Mt 27,9f.

Mt deutet hier den Erwerb eines Friedhofes für Fremde durch die Hohenpriester, wofür sie die dreißig Silberstücke verwendeten, die Judas in den Tempel geworfen hatte.

Der Wortlaut des Zitates ist (27,9b):

καὶ ἔλαβον τὰ τριάκοντα ἀργύρια, τὴν τιμὴν τοῦ τετιμημένου ὃν ἐτιμήσαντο ἀπὸ υἱῶν Ἰσραήλ.

---

24 Zu diesem Text, und zwar vor allem zu dem Drohwort Mt 8,11f, vgl. S. 150ff.

25 Das ist nicht aus dem schwierigen Wort παλιγγενεσία zu schließen, sondern aus der Anwesenheit der 12 Stämme: Bei der Wiedergeburt wird *ganz* Israel »gerichtet« werden. Vgl. dazu S. 185ff.

26 Über die Problematik dieses Begriffs und seine möglichen Bedeutungen vgl. S. 186f.

27 Jedenfalls findet sich der Ausdruck ἀπὸ υἱῶν Ἰσραήλ nicht im Umfeld der für das Mischzitat in Frage kommenden Kontexte (Sach 11,13; Jer 18,2f; 32,6–9); Mt könnte ihn in seiner Tradition vorgefunden haben, was aber kaum zu entscheiden ist und für die Auslegung letztlich keine große Rolle spielt. Zu dem Zitat in Mt 27,9 und zur ganzen Judasperikope vgl. Strecker, Weg 76–82; Senior, Passion Narrative 343–397; Knowels, Jeremiah 52–81.

Es geht im Zusammenhang der Israelfrage vor allem um den Zusatz ἀπὸ υἱῶν Ἰσραήλ: Wie ist dieser Ausdruck syntaktisch an den vorhergehenden Satz angebunden?

Folgende Möglichkeiten werden diskutiert:
– Das Verb ἐτιμήσαντο kann als *subjektlose* 3.Person Plural aufgefasst werden:[28] »Den *man* geschätzt hat«. Die Näherbestimmung ἀπὸ υἱῶν Ἰσραήλ kann dann als Umschreibung des Subjektes angesehen werden, auch wenn dies sehr ungewöhlich ist:[29] »Der von den Söhnen Israel geschätzt wurde.« Es kann aber auch als Angabe des Grundes verstanden werden: »Den man *wegen* der Söhne Israels geschätzt hat.«[30]
– Eine andere Möglichkeit ist, das Subjekt zu ἐτιμήσαντο aus dem Beginn des Satzes zu holen: »Den *sie* geschätzt haben«, wobei dann als logisches Subjekt die Hohenpriester aus V 6 zu ergänzen wären. Für die Näherbestimmung ἀπὸ υἱῶν Ἰσραήλ kommt dann nur die kausale Bedeutung in Frage: »Den sie wegen der Söhne Israels geschätzt haben.«
– Die dritte Möglichkeit ist, den Ausdruck ἀπὸ υἱῶν Ἰσραήλ als Angabe des Subjektes aufzufassen, wobei dann ἀπό partitiv verwendet wäre: »Den sie, nämlich *einige von den Söhnen Israels*, geschätzt haben.«[31]
– Zuletzt kann man auch das Verb zu Beginn des Satzes (ἔλαβον) als 1. Person Singular auffassen und hierher ἀπὸ υἱῶν Ἰσραήλ ziehen: »Ich nahm den Preis (...) *von* den Söhnen Israels.«[32]

Die Entscheidung, welche Bedeutungsmöglichkeit man für zutreffend hält, kann nicht von Beobachtungen zu diesem Ausdruck alleine her getroffen werden, sie hängt auch vom Gesamtverständnis ab. Die Argumente für die partitive Bedeutung wiegen aber am schwersten: Aus dem Zitat selbst war für Mt kein Subjekt zu gewinnen,[33] deshalb hat er es durch diese Hinzufügung ergänzt. Durch die Formulierung mit ἀπό kann er die Hohenpriester, die der Leser aus V 6 als Akteure kennt, mit Israel verbinden, ohne die beiden Größen zu identifizieren.
ἀπὸ υἱῶν Ἰσραήλ ist dann LXX-Sprache und Übersetzung von מִבְּנֵי־יִשְׂרָאֵל;[34] in genau unserer Verwendung, nämlich als partitiver Ersatz für das Subjekt, findet sich diese Formulierung in 2Esr 7,7a:[35]

---

28 BDR § 130.2: »Viel gebräuchlicher (sc. als das unpersönliche Passiv) ist für ›man‹ die subjektlose 3. Pl. (...).«
29 So wird es auch in manchen Übersetzungen wiedergegeben, z.B. Elberfelder: »den man geschätzt hatte seitens der Söhne Israels«; Luther: »der geschätzt wurde bei den Israeliten«.
In BDR ist dieses Phänomen nicht ausdrücklich beschrieben; man könnte höchstens BDR § 210.2 vergleichen: »Auch das ὑπό des Urhebers beim Passivum oder bei Verben passiven Sinnes wird oft (...) durch ἀπό ersetzt.« Schenk, Sprache 35, bezieht sich hier zu Unrecht auf BDR §§ 164.165.
30 BDR § 210.1.
31 So Zahn, Mt 709; Senior, Passion-Narrative 355; Davies-Allison, Mt III 570; Gielen, Konflikt 372, mit Verweis auf Sand, Mt 548 (zu Gielen s. unten A 37).
32 So Schweizer, Mt 328; diese Verwendung von ἀπό ist laut BDR § 210.3 möglich und bei Mt 17,25 belegt.
33 Man könnte an מֵהֶם מִלְאוֹת Sach 11,13 MT bzw. ὑπὲρ αὐτῶν LXX denken, aber das war Mt wohl nicht präzise genug.
34 Im klass. Griechisch ist dieser Gebrauch sehr selten, in LXX häufig, vgl. BDR § 164.2 A5.
35 Und zwar, soweit ich sehe, nur dort.

καὶ ἀνέβησαν ἀπὸ υἱῶν Ἰσραήλ καὶ ἀπὸ τῶν ἱερέων καὶ ἀπὸ τῶν Λευιτῶν κτλ.[36] Eine andere Frage ist die nach der Determination; sie darf nicht mit der Frage nach dem partitiven Gebrauch von ἀπό vermischt werden, denn auch mit Artikel kann unsere Formulierung partitiv verwendet werden.[37] Wenn Mt aber ἀπό kausal oder im Sinne einer Angabe des Urhebers aufgefasst hätte, hätte er dann an »die Israeliten« im Sinne von »*alle* Israeliten« gedacht?

Mt setzt bei υἱός im Plural in Genitiv-Verbindungen fast immer den Artikel, wenn das »nomen rectum« determiniert ist (vgl. 8,12: οἱ δὲ υἱοὶ τῆς βασιλείας; 9,15: οἱ υἱοὶ τοῦ νυμφῶνος; 12,27: οἱ υἱοὶ ὑμῶν (dazu BDR § 259.2); 13,38: οἱ υἱοὶ τῆς βασιλείας (...) οἱ υἱοὶ τοῦ πονηροῦ; 17,25: ἀπὸ τῶν υἱῶν αὐτῶν; 20,20: ἡ μήτηρ τῶν υἱῶν Ζεβεδαίου μετὰ τῶν υἱῶν αὐτῆς (vgl. 20,21; 26,37; 27,56); die drei Ausnahmen (5,9.45; 23,31) bestätigen die Regel, denn hier will Mt offensichtlich υἱοί nicht determiniert verstanden wissen.

Für ein determiniertes Verständnis von ἀπὸ υἱῶν Ἰσραήλ im Sinne von »die = alle Söhne Israels« spricht, dass bei Mt, auch wenn bei Genitiv-Verbindungen mit Ἰσραήλ der Artikel weggelassen ist, trotzdem das nomen regens determiniert zu verstehen ist (2,20.21; 10,6; 15,24; 27,42); hier handelt es sich allerdings überall um Singular-Verbindungen. Man wird also vermuten dürfen, dass Mt den Artikel gesetzt hätte, wenn er ein determiniertes Verständnis hätte nahe legen wollen.

So verstanden, lastet Mt den Vorwurf, für unschuldiges Blut Geld gezahlt zu haben, den Hohenpriestern an und betont dabei, dass diese nur *ein Teil* der Söhne Israels waren, d.h. er identifiziert diese beiden Größen gerade nicht.

Die von Mt behauptete Funktion Jesu als Messias für Israel haben auch die Gegner Jesu im Blick, wenn sie (die Hohenpriester mit den Schriftgelehrten und Ältesten) in 27,42 sagen: »Ist er der König Israels, steige er jetzt herab vom Kreuz ...« Nur ist hier der Anspruch Jesu, sein Volk zu »weiden«, abgelehnt und in bittere Ironie verdreht.

Es zeigt sich also für das MtEv insgesamt ein einheitlicher Gebrauch des Begriffes Ἰσραήλ insofern, als Mt bis zuletzt zu unterscheiden weiß zwischen dem Volk Israel und seinen Führern.[38] Im Zusammenhang dieses Begriffes lässt sich kein eindeutiger Hinweis dafür finden, dass Mt etwa an ein »Ende Israels« denken würde; im Gegenteil, auch im zukünftigen Gericht wird Israel eine Sonderstellung haben.

b) λαός

Ein zweiter für die Erzählung des Mt entscheidender Begriff ist das Wort λαός.[39] Die Bedeutung dieses Begriffes kann reichen von »Leute« über »Volk allgemein« bis zu »Volk Gottes« in einem theologisch qualifizierten Sinn.[40]

---

36 Vgl. die Einheitsübersetzung: »Mit ihm zog (...) auch eine Anzahl von Israeliten (...).«

37 Gegen Gielen, Konflikt 372, die meint, dass man die partitive Verwendung von ἀπό am Fehlen des Artikels erkennen könne.
Dagegen sprechen meine Überlegungen zur Determination (s. im Haupttext) und die Tatsache, dass unsere Wendung in der LXX auch *mit* Artikel partitiv verwendet ist, z.B. Lev 20,2 (als Übersetzung von מִבְּנֵי־יִשְׂרָאֵל) und 22,18 (als Übersetzung von מִבֵּית־יִשְׂרָאֵל; vgl. aber die textkritische Variante in BHS). Die Bedeutung kann nur aus dem Kontext geschlossen werden; vgl auch BDR § 164.2. Im Ergebnis ist aber Gielen zuzustimmen.

38 Vgl. dazu S. 72.

39 Vgl. dazu Strecker, Weg 115; Schenk, Sprache 127–129.

40 Vgl. Bauer 948f. Die Zuordnung der einzelnen Belege zu den verschiedenen Bedeutungen in diesem Wörterbuch fordert allerdings Kritik heraus. Warum z.B. soll λαός gerade in Mt 4,23 und 27,64 »Leute« meinen und nicht »Volk Gottes«?

Wie unsere Untersuchung der Vorgeschichte gezeigt hat, werden dort die beiden Begriffe λαός und Ἰσραήλ so miteinander verbunden, dass sie faktisch gleichbedeutend sind.[41] Dem Leser begegnet also λαός zuerst in der Bedeutung »Volk Gottes«.

Im folgenden ist zu zeigen, dass sich daran im Verlauf des MtEv nichts grundlegend ändert, auch wenn die insgesamt 14 Belege[42] verschiedene Modi der Beziehung zwischen Jesus und dem λαός zum Ausdruck bringen:

Auf der einen Seite kommen jene Stellen zu stehen, an denen mit λαός eine Größe gemeint ist, auf die Jesus positiv bezogen ist: Er wird sein λαός von den Sünden befreien (1,21), er wird den λαός Gottes weiden (2,6), angesichts des Umzuges Jesu von Nazaret nach Kafarnaum sieht der λαός, der im Dunkeln sitzt, ein großes Licht (4,16), in dem λαός verkündet und heilt Jesus (4,23).

Auf der anderen Seite ist es der λαός, der Jesus ablehnend gegenüber steht und seinen Tod fordert (27,25).[43] Diese Wendung kommt zwar von der Erzähloberfläche her überraschend, ist aber durch einige besprechende Texte schon vorbereitet. Hier sind vor allem die beiden Zitate 13,14f und 15,8f zu nennen:

In beiden Fällen geht es kontextuell um eine bestimmte Gruppe, deren »Verstockung« als in der Schrift vorhergesagt beschrieben wird. Während in 13,14f die ὄχλοι gemeint sind,[44] geht es in 15,8f um einen Konflikt Jesu mit den Pharisäern und Schriftgelehrten. 15,7 zeigt, wie Mt narrativ die Reichweite des Zitates eingrenzt: Von den Pharisäern und Schriftgelehrten redet das Prophetenwort, wenn es vom Fernsein des Herzen des Volkes spricht.[45]

Die Wendung hin zur Ablehnung Jesu durch das ganze Volk wird aber terminologisch noch auf andere Weise vorbereitet, denn der λαός ist die Größe, aus der Jesu Gegner kommen (2,4: συναγαγὼν πάντας τοὺς ἀρχιερεῖς καὶ γραμματεῖς τοῦ λαοῦ; ähnlich 21,23; 26,3.47; 27,1). Die Führer des Volkes strahlen mit ihrem negativen Verhalten auf den λαός aus, bis dahin, dass sie ihn schließlich dazu überreden, den Tod Jesu zu fordern.

Dennoch werden die beiden Größen nicht identifiziert, vielmehr unterscheidet Mt bis zuletzt zwischen ihnen: Die Gegner fürchten, es könnte bei der Verhaftung Jesu zu einem Aufruhr in dem λαός kommen (26,5),[46] und sie fürchten, die Jünger Jesu könnten im λαός die »Lüge« von der Auferstehung Jesu verbreiten (27,64).[47]

Mit Hilfe des Begriffes λαός kann Mt also verschiedene Aspekte herausarbeiten, die

---

41   Schenk, Sprache 127, meint sogar, dass die drei Begriffe γενεά, λαός und Ἰσραήλ insgesamt im MtEv synonym sind. Das ist aber zu undifferenziert, vgl. S. 192ff zum futurischen Aspekt von Ἰσραήλ in Mt 19,28.

42   1,21; 2,4; 2,6; 4,16.23; 13,15; 15,8; 21,23; 26,3.5.47; 27,1.25.64; davon übernimmt er nur 15,8 par Mk 7,6 (in einem Jesaja-Zitat) und 26,5 par Mk 14,2 sicher aus seinen Quellen.

43   Vgl. dazu S. 107ff.

44   Mt 13,14f steht im Verdacht, eine Glosse zu sein; s. die Argumente bei Gnilka, Mt I 481, und Davies-Allison, Mt II 394; gegen eine Glosse: Luz, Mt I 301, und Vahrenhorst, Gift oder Arznei 162 A62. Vgl. dazu unten S. 70ff.

45   Luz, Mt III 393, betont einseitig allgemein, dass Mt die Verbindung der feindlichen Schriftgelehrten, Hohenpriester und Ältesten mit dem Volk Israel unterstreicht. Ähnlich auch zur Stelle Mt 15,8f (ders., Mt II 423): »Wie Mt 13,14f ist es ein Bibelwort, das die Anklage formuliert. Und wie dort sagt das Bibelwort mehr als der Text: Nicht nur Israels Führer, sondern ›dieses Volk‹ ehrt Gott nur mit den Lippen.« Ich meine im Gegenteil, dass der Kontext deutlich definiert, wie die Zitat zu verstehen sein sollen; vgl. zu Mt 13,14f unten S. 70ff.

46   Hierin folgt Mt Mk 14,2; vgl. Mt 21,26 par Mk 11,32: die Gegner Jesu fürchten den ὄχλος.

47   Dazu S. 72f.

mit Blick auf sein Israelverständnis wichtig sind. Es sind die Führer dieses Volkes, die es zur Ablehnung Jesu verführen. Begrifflich bleibt es aber bei der Bezeichnung Israels als λαός, und so sind am Ende des MtEv auf dieser Ebene keine Anzeichen zu erkennen, die die Konzentration Jesu auf »sein Volk« ausdrücklich rückgängig machen würden. Auf jeden Fall zeichnet Mt keine einlinige Entwicklung hin zu einem feindlichen Volk, das Jesus ablehnt.

II Die Ablehnung des irdischen Jesus durch Israel

Bei der Betrachtung der Geschichte vom Besuch der Magier[48] haben wir schon ein Phänomen gestreift, das es nun weiter zu verfolgen gilt: Die ganze Stadt Jerusalem steht auf der Seite des Herodes; insbesondere auf die »Hohenpriester und Schriftgelehrten des Volkes« kann er sich verlassen. Sie teilen ihm zwar aus den Schriften den Geburtsort des Messias richtig mit und erweisen sich dadurch als Werkzeuge seiner Interessen, aber sie gehen gerade nicht zu dem richtig angegebenen Ort, um den neuen König zu begrüßen.

Im Teil C.II wird nun die Entwicklung der Ablehnung des irdischen Jesus nachgezeichnet. Das erste Kapitel (C.II.1) wirft einen Blick auf das gesamte MtEv unter der Fragestellung, wie Mt die Belege der einzelnen führenden Gruppen aus seinen Quellen übernimmt und dabei eigene Akzente setzt. Die Analyse der Entwicklung der Ablehnung Jesu setzt dann im zweiten Kapitel (C.II.2) mit dem Tötungsbeschluss der Pharisäer ein. Die Ausweitung der Ablehnung Jesu von den führenden Gruppen zu den Volksmengen ist das Thema des dritten Kapitels (C.II.3), während das vierte Kapitel (C.II.4) die Funktion der Volksmengen im gesamten MtEv in den Blick nimmt.

1 Der quellenkritische Befund zu den führenden Gruppen Israels

Als Gruppenbezeichnungen kommen in Betracht: Hohepriester (ἀρχιερεῖς); Schriftgelehrte (γραμματεῖς); Älteste (πρεσβύτεροι), Pharisäer (Φαρισαῖοι) und Sadduzäer (Σαδδουκαῖοι).[49]

Zur Gliederung der folgenden Materialsammlung: Zunächst geht es im Abschnitt 1.1. um die jeweils einzelnen Gruppen, und zwar unter Punkt a) um die Belege bei Mt, wobei durch die Schriftart einige wichtige Aspekte herausgehoben sind; unter Punkt b) sind die Auslassungen, unter

---

48 S. S. 27.

49 Es geht hier nur um die als »führend« zu bezeichnenden *gegnerischen* Gruppen. Weitere Gruppen wie die Jünger oder die Volksmengen sind hier nicht zu berücksichtigen.

Zu den geschichtlichen Hintergründen der einzelnen Gruppen vgl. die Exkurse bei Gielen, Konflikt 36–44 (Hohepriester und Schriftgelehrte), a.a.O. 54–59 (Sadduzäer und Pharisäer).

Zur Analyse des Bildes der einzelnen Gruppen im MtEv vgl. van Tilborg, Jewish Leaders 1–7.

Punkt c) die Austauschungen bei Mt gegenüber seinen Quellen gesammelt. Im Abschnitt 1.2. sind die verschiedenen Zusammenstellungen von einzelnen Gruppen aufgelistet, während es im Abschnitt 1.3. um die näheren Charakterisierungen einzelner Gruppen oder bestimmter Zusammenstellungen von Gruppen bei Mt geht, die in seinen Quellen fehlen.

1.1 Die einzelnen führenden Gruppen
Die Belege der einzelnen führenden Gruppen
Zunächst soll das Vorkommen dieser fünf Gruppen jeweils für sich dargestellt werden. Dabei ist folgendes Verfahren angewandt:
An den **fett** gedruckten Stellen tritt die jeweilige Gruppe alleine auf, ansonsten geht es immer um mindestens zwei Gruppen.
Die anderen Markierungen beziehen sich auf die Quellenfrage: <u>Unterstrichene</u> Belege übernimmt Mt aus seinen Quellen, also aus Mk oder aus Q, *kursiv* gedruckte hat Mt in Texte aus seinen Quellen Mk und Q eingefügt.[50] Belege, bei denen eine Entscheidung, ob Mt sie eingefügt hat oder ob sie aus seinem Sondergut (SMt) stammt, nicht sicher möglich ist, erscheinen in normaler bzw. **fetter** Schrift. Bei der Auswertung wird in diesem Punkt aber nicht unterschieden; auch wenn Mt einen Text aus seinem Sondergut übernimmt, ist davon auszugehen, dass dieser Text redaktionelles Interesse wiedergibt.
Die Begriffe verteilen sich im MtEv folgendermaßen, aufgelistet in der Reihenfolge ihres ersten Auftretens:

ἀρχιερεῖς: 18   Belege   (2,4;   16,<u>21</u>;   20,<u>18</u>,   21,15;   21,<u>23</u>;   21,45; 26,3.**<u>14</u>**.<u>47</u>.**<u>59</u>**[51]; 27,<u>1</u>.3.6.<u>12</u>.<u>20</u>.<u>41</u>.62; 28,**11**),
     wobei die Passionsgeschichte (ab 26,1 einschließlich 28,11) mit 5 Hinzufügungen den Schwerpunkt bildet; zuvor nur in der Magierperikope (2,4), in zwei Leidensankündigungen (16,21; 20,18), bei der »Tempelreinigung« (21,15) und im Zusammenhang der Parabeltrilogie (21,23.45).
     Neben den Hohenpriestern als Gruppe ist der amtierende Hohepriester Kajafas zu nennen (nur in der Passionsgeschichte: 26,3.<u>51</u>.<u>57</u>.<u>58</u>.<u>62</u>.<u>63</u>.<u>65</u>).

---

50   Mit »Einfügungen« sind solche Stellen gemeint, an denen Mt einzelne *Begriffe* in seine Quellen einfügt, nicht ganze Sätze (z.b. 21,45) oder längere Passagen (z.b. 21,14–17), weil hier jeweils zu klären wäre, ob es sich um redaktionelle Erweiterungen oder um SMt handelt. Belege in längeren Einfügungen erscheinen also in normaler Schrift.
51   Hier die Hohenpriester mit dem »ganzen Synhedrion«.

γραμματεῖς: 19 Belege (2,4; 5,20; 7,**29**; 9,**3**; 12,*38*; 15,**1**; 16,**21**; 17,**10**; 20,**18**; 21,15; 23,**2**.[52]13.[53]15.23.25. 27.29; 26,**57**; 27,**41**), mit einem Schwerpunkt auf Mt 23; in der Passionsgeschichte nur 2 Mal, aber auch in zwei Leidensankündigungen (16,21; 20,18). Außer als Gruppenbezeichnung gibt es auch 2 Belege für einzelne Schriftgelehrte (8,19[54]; 13,52[55]) und einen für Schriftgelehrte als Gesandte Jesu (23,34)[56].

Φαρισαῖοι: 29 Belege (3,7;[57] 5,20; 9,**11**.**14**.**34**; 12,**2**.**14**.[58]24.**38**; 15,**1**.12; 16,**1**.**6**.11.12; 19,**3**; 21,45; 22,**15**.**34**.**41**; 23,**2**.13.[59]15.**23**.**25**.26.27.29; 27,62), davon nur einer in der Pas-

---

52 Die Quellenlage zu Mt 23,1–12 ist verworren; aber es scheint doch ein Einfluss von Mk 12,38f par Lk 20,45–47 und von Lk 11,43 (=Q?) vorzuliegen; Mt hätte dann aus den beiden Quellen die beiden Gruppen kombiniert: aus Mk 12,38f die Schriftgelehrten und aus Lk 11,43 die Pharisäer. Mt selbst scheint nicht zwischen den beiden Gruppen zu differenzieren, und zwar im Unterschied zu Mk, vgl. Mk 2,16 und Luz, Mt III 299. Aber auch bei Mk zeigt sich schon eine vereinheitlichende Tendenz, vgl. Mk 7,5 (οἱ Φαρισαῖοι καὶ οἱ γραμματεῖς) im Unterschied zu Mk 7,1: οἱ Φαρισαῖοι καί τινες τῶν γραμματέων. Zu den Pharisäern bei Mk vgl. Lührmann, Pharisäer.
53 Mt 23,13 hat eine entfernte Parallele in Lk 11,52, die anstelle des οὐαὶ δὲ ὑμῖν, γραμματεῖς καὶ Φαρισαῖοι ὑποκριταί den wohl ursprünglicheren Text bietet: οὐαὶ ὑμῖν τοῖς νομικοῖς, falls nicht zwei unabhängige Traditionen vorliegen; wahrscheinlich hat Lk die Q-Fassung erhalten, vgl. Polag, Fragmenta 56. Dies gilt mutatis mutandis auch für die weiteren Belege in Mt 23: Die Paarung »Schriftgelehrter/Pharisäer« stammt ganz von Mt.
Der Begriff νομικός erscheint bei Mt nur an einer (allerdings textkritisch unsicheren) Stelle (Mt 22,35), vgl. dazu Metzger, Commentary 48 gegen Luz, Mt III 269. 23,14 ist textkritisch sekundär; s. den Apparat Nestle-Aland[27].
54 Es handelt sich hier um einen Schriftgelehrten, der sich für die Nachfolge Jesu interessiert; der Ausdruck εἷς γραμματεύς fehlt in der Parallele Lk 9,57, könnte also auf mt Redaktion zurückgehen. Leider bleibt unklar, was die mt Intention dabei ist; will er andeuten, dass aus dem Kreis der Schriftgelehrten Jünger zu Jesus gestoßen sind bzw. zur Zeit des Mt zur Gemeinde kommen oder kommen sollen (vgl. 8,21: ἕτερος τῶν μαθητῶν)?
55 13,52 (πᾶς γραμματεὺς μαθητευθεὶς τῇ βασιλείᾳ τῶν οὐρανῶν) klingt wie eine Selbstbeschreibung des Evangelisten Mt; vgl. Bornkamm, Enderwartung 46; Fiedler, Gottesherrschaft 91.
56 Diese Schriftgelehrten sendet der mt Jesus zu Israel, damit sie das Gericht herbeiführen; vgl. S. 90.
57 Mt 3,7 ist schwierig zu beurteilen; Lk hat in der Parallele Lk 3,7 τοῖς ὄχλοις , was Mt geändert haben könnte, weil er die ὄχλοι nicht zu Beginn seines Evangeliums negativ darstellen wollte. Auf jeden Fall entspricht es der mt Tendenz, die Führer vom Volk zu trennen (vgl. S. 72), das zu Johannes kommt, um sich taufen zu lassen (3,5), auch wenn die Wendung sich nicht sicher als redaktionell erweisen lässt.
58 Es fehlen gegenüber Mk 3,6 die Herodianer, im Unterschied zu Mt 22,16, wo Mt sie aus Mk 12,14 übernimmt.
59 Mt 23,14 ist textkritisch sekundär.

sionsgeschichte (27,62). Wie auch im MkEv, fehlen die Pharisäer in den drei Leidensankündigungen.

Σαδδουκαῖοι: 7 Belege (3,7; 16,1.6.11.12; 22,23.34), keiner in der Passionsgeschichte oder in einer Leidensankündigung. Die Sadduzäer treten immer in Zusammenhang mit den Pharisäern auf, entweder gemeinsam mit ihnen (3,7; 16,1ff) oder als ihre »Vorgänger« im Gespräch (22,23.34).

πρεσβύτεροι: 11 Belege (16,21;[60] 21,23; 26,3.47.57; 27,1.3.12.20.41; 28,12), wobei die Verteilung mit 6 Hinzufügungen in der Passionserzählung (einschließlich 28,12) sehr der der ἀρχιερεῖς ähnelt; sie fehlen aber in der Magierperikope und bei der »Tempelreinigung«.

Auslassungen von einzelnen führenden Gruppen durch Mt[61]
Auslassungen gegenüber Mk
Weil in Mt 9,14 der erste Teil von Mk 2,18 fehlt, fehlen auch οἱ Φαρισαῖοι, was aber nur eine stilistische Änderung darstellt, denn in Mt 9,14 übernimmt Mt sie aus dem zweiten Teil von Mk 2,18; die Frage stellen aber bei Mt nur die Jünger des Johannes.
In Mt 12,14 οἱ Φαρισαῖοι gegenüber οἱ Φαρισαῖοι εὐθὺς μετὰ τῶν Ἡρῳδιανῶν (Mk 3,6).
In Mt 17,14 fehlen gegenüber Mk 9,14 οἱ γραμματεῖς.[62]
In Mt 21,23 fehlen gegenüber Mk 11,27 οἱ γραμματεῖς.
In Mt 26,3f fehlen gegenüber Mk 14,1 οἱ γραμματεῖς.
In Mt 26,47 fehlen gegenüber Mk 14,43 οἱ γραμματεῖς.
In Mt 26,57 fehlen gegenüber Mk 14,53 οἱ ἀρχιερεῖς (im Unterschied zu Mt 26,59/Mk 14,55, wo Mt sie belässt).
In Mt 27,1 fehlen gegenüber Mk 15,1 οἱ γραμματεῖς.
In Mt 27,18 fehlen gegenüber Mk 15,10 οἱ ἀρχιερεῖς (vgl. aber den Rückbezug zu Mt 27,1f durch das subjektlose παρέδωκαν in 27,18).

---

60 Mt 15,2 ist hier zu vernachlässigen, weil es (wie in der Quelle Mk 7,5; vgl. schon Mk 7,3) um die »Überlieferung der Alten« geht; es ist zwar nicht ganz klar, was damit gemeint ist (s. dazu Luz, Mt II 418f), aber sicher geht es nicht um die »Ältesten« als zeitgenössisch-führende Gruppe.
61 Auch hier geht es nur um einzelne Begriffe, nicht längere Texte (z.B. die Auslassung von Mk 11,18–19 mit οἱ ἀρχιερεῖς καὶ οἱ γραμματεῖς).
62 Die Perikope ist zwar insgesamt stark gekürzt, die Auslassung von οἱ γραμματεῖς fällt aber dennoch auf, weil so die Klage Jesu (Mt 17,17) die »ungläubige Generation« *nur* mit der Volksmenge aus Mt 17,14 verknüpft. Das ist für die Deutung des mt ὄχλος-Konzeptes wichtig; vgl. dazu S. 68ff.

Mögliche Auslassungen aus Q[63]

Nur Φαρισαῖοι übernimmt Mt mit einiger Wahrscheinlichkeit aus Q (Mt 23,6 par Lk 11,43; Mt 23,23 par Lk 11,42; Mt 23,25 par Lk 11,39), für Σαδδουκαῖοι/Φαρισαῖοι ist es in Mt 3,7 par Lk 3,7 möglich, aber unwahrscheinlich, weil diese Verbindung historisch unmöglich ist und nirgends außerhalb des MtEv erscheint. ἀρχιερεῖς, Σαδδουκαῖοι und πρεσβύτεροι[64] fehlen in Q. Abgesehen von Mt 3,7 par lässt sich also keine Auslassung aus Q und auch keine Austauschung gegenüber Q nachweisen.

Ersetzungen gegenüber Mk

In Mt 9,11 οἱ Φαρισαῖοι für οἱ γραμματεῖς τῶν Φαρισαίων Mk 2,16.

In Mt 9,34/12,24 οἱ δὲ Φαρισαῖοι statt οἱ γραμματεῖς οἱ ἀπὸ Ἱεροσολύμων (Mk 3,22).

In Mt 22,34f wird gegenüber Mk 12,28 εἷς τῶν γραμματέων durch οἱ Φαρισαῖοι ersetzt.[65]

Fazit: Es fällt auf, dass die Pharisäer zwar die mit Abstand am häufigsten genannte Gruppe sind, dass sie aber nur an einer einzigen Stelle mit der Passion Jesu in Verbindung gebracht werden, und zwar in der Perikope von den Grabwächtern (27,62–66). Die Sadduzäer erscheinen gar nicht in Zusammenhang mit der Passion, obwohl sie von 3,7 her zusammen mit den Pharisäern unter der Anklage Jesu stehen.

Die treibenden Kräfte der Verurteilung Jesu sind, soweit dies anhand dieser Zusammenstellung schon erkennbar ist, die drei anderen Gruppen. Die Hohenpriester und die Ältesten erscheinen fast nur als verfolgende Gruppen in den Leidensankündigungen und in der Passionsgeschichte (mit jeweils 5 bzw. 6 Hinzufügungen), während die Schriftgelehrten auch in anderen Passagen des MtEv als Gruppe mit verschiedenen Funktionen erscheinen.

Bezüglich der Auslassungen ist die deutlichste Tendenz, dass Mt die Schriftgelehrten gegenüber Mk aus der Passionsgeschichte heraushalten will. Er fügt sie an keiner Stelle in seine Tradition ein (außer 12,38, wo er seine häufige Kombination Pharisäer/Schriftgelehrte bildet), lässt sie aber an drei Stellen innerhalb der Passionsgeschichte weg (Mt 26,3f par Mk 14,1; Mt 26,47 par Mk 14,43; Mt 27,1 par Mk 15,1), und zwar je-

---

63 Für die Rekonstruktion oder Logienquelle »Q« ist, wenn nichts anderes angegeben ist, auf Polag, Fragmenta Bezug genommen.

64 Im LkEv sind zwei der vier Belege für πρεσβύτεροι (7,3; 9,22; 20,1; 22,52) nicht von Mk übernommen:

Lk 22,52 geht über Mk 14,48 hinaus, allerdings als Nachtrag des ausgelassenen Mk 14,43b; Lk 7,3 bietet die Formulierung πρεσβυτέρους τῶν Ἰουδαίων, die sonst im NT nur noch Act 25,15 belegt ist, was darauf schließen lässt, dass sie lk ist; vgl. Jeremias, Sprache 152; Schulz, Q 238 A 410.

65 νομικός in Mt 22,35 ist textkritisch unsicher, aber wohl ursprünglich; vgl. Luz, Mt III 269 A 1.

weils an entscheidenden Punkten: Weder beim Beschluss der Tötung
Jesu (Mt 26,1–5), noch bei der Gefangennahme (Mt 26,47ff) noch bei
der Auslieferung an Pilatus (Mt 27,1f) sind die Schriftgelehrten nach Mt
beteiligt.

1.2 Zusammenstellungen der einzelnen Gruppen

Interessant sind nicht nur die Verteilungen der einzelnen Begriffe und
die Änderungen gegenüber der Tradition, sondern v.a. die Tatsache,
dass Mt die Gruppen gerne zusammenstellt, und zwar v.a. in Zweier-
gruppen. Folgende Kombinationen sind gegeben (wobei die Reihenfolge der Begriffe innerhalb einer Kombination unberücksichtigt bleibt):

2er-Kombinationen
Von den zehn möglichen Kombinationen finden sich bei Mt sechs:[66]
ἀρχιερεῖς/γραμματεῖς:
Bei Mt gibt es drei Belege: 2,4; 20,18; 21,15.
    Diese Kombination findet sich auch Lk 20,19 gegen Mk 12,12
ohne Parallele bei Mt und außerdem Mk 11,18 par Lk 19,47 (fehlt
bei Mt); Mk 14,1 par Lk 22,2 (Mt 26,3f: οἱ ἀρχιερεῖς καὶ οἱ
πρεσβύτεροι τοῦ λαοῦ); Mk 15,31 (Mt fügt die Ältesten hinzu).
ἀρχιερεῖς/Φαρισαῖοι:
Diese Kombination ist bei Mt zweimal belegt (21,45; 27,62). Sie findet
sich weder bei Mk noch bei Lk.
ἀρχιερεῖς/πρεσβύτεροι:
Bei Mt finden sich acht Belege: 21,23; 26,3.47; 27,1.3.12.20; 28,11f.
    Auch diese Kombination fehlt bei Mk und Lk, bei Mt ist sie die
entscheidende Größe während der Passionserzählung: *Tötungsbeschluss* (26,3), Verhaftung (26,47), Übergabe an Pilatus (27,1),
die »Überredung« der Volksmenge (27,20), sowie die Verbrei-
tung der Lüge vom Leichendiebstahl (28,11f) gehen auf ihr
Konto.
    Bei Mt ist sie 4 Mal mit dem Zusatz τοῦ λαοῦ versehen, jeweils
gegen den mk Kontext.[67]
γραμματεῖς/Φαρισαῖοι:
Zehn Belege im MtEv: 5,20; 12,38; 15,1; 23,2.13.15.23.25.27.29.
    Davon hat nur Mt 15,1 einen Anhalt an der Tradition.[68]
    Diese Kombination gibt es im MkEv nur Mk 7,5 ohne Parallele

---

66 Nicht belegt sind bei Mt folgende Kombinationsmöglichkeiten:
ἀρχιερεῖς/Σαδδουκαῖοι
γραμματεῖς/Σαδδουκαῖοι
πρεσβύτεροι/Σαδδουκαῖοι
πρεσβύτεροι/Φαρισαῖοι
Keine dieser vier Kombinationen findet sich bei Mk oder Lk.
67 Mt 21,23; 26,3; 26,47; 27,1.
68 Mt 15,1: ἀπὸ Ἱεροσολύμων Φαρισαῖοι καὶ γραμματεῖς; Mk 7,1: οἱ Φαρισαῖοι
καί τινες τῶν γραμματέων ἐλθόντες ἀπὸ Ἱεροσολύμων.

bei Mt; vgl. auch Lk 5,21 gegen Mk 2,6 (ähnlich Lk 5,17 gegen
Mk 2,2); Lk 5,30 gegen Mk 2,16; Lk 6,7 gegen Mk 3,2; Lk 7,30
(mit οἱ νομικοί); 11,53;[69] 15,2[70].

γραμματεῖς/πρεσβύτεροι:
Von dieser Kombination gibt es überhaupt nur einen Beleg: 26,57, wo
Mt aus der 3er-Kombination Mk 14,53 die ἀρχιερεῖς weglässt. Diese
Kombination fehlt bei Mk und Lk.

Φαρισαῖοι/Σαδδουκαῖοι:
Diese Kombination ist innerhalb des NT überhaupt nur im MtEv belegt,
hier aber sechs Mal: 3,7; 16,1.6.11.12; 22,34[71].
  Zu beachten ist aber auch Act 23,6ff, wo der Gegensatz zwischen
diesen Parteien betont ist. Dies spricht m.E. dafür, dass man diese
Kombination nicht der Logienquelle zutrauen sollte, weshalb sie
Mt 3,7 redaktionell sein dürfte.

3er-Kombinationen
Von den ebenfalls 10 möglichen 3er-Kombinationen begegnet im MtEv
nur:
ἀρχιερεῖς/γραμματεῖς/πρεσβύτεροι:
Davon gibt es zwei Belege (16,21; 27,41).
  Mt 16,21 übernimmt Mt diese Kombination (fast[72]) unverändert
aus Mk 8,31; Mt 27,41 fügt er gegenüber Mk 15,31 die
πρεσβύτεροι ein.
  Vgl. diese Kombination auch Mk 11,27 und 14,43, wo Mt (21,23
und 26,47) jeweils die γραμματεῖς weglässt.

Auswertung: Allein die Sadduzäer sind nur mit *einer* Gruppe, nämlich
mit den Pharisäern zusammengestellt, außerdem fehlt noch die Verbindung der Ältesten mit den Pharisäern. Abgesehen davon sind alle möglichen 2er-Kombinationen vorhanden.
So könnte zunächst der Eindruck entstehen, dass die Führer Israels wie
eine »homogene Einheit«[73] erscheinen. Das ist zwar hinsichtlich der
Ablehnung Jesu richtig, es sind aber auch einige Unterschiede zu bemerken. Schon von der Statistik her lassen sich zwei Tendenzen feststellen:
Die Verantwortung für den Prozess gegen Jesus wird in unterschiedlicher Weise auf zwei 2er-Kombinationen konzentriert, nämlich
ἀρχιερεῖς/πρεσβύτεροι und γραμματεῖς/Φαρισαῖοι, die erstgenannten als

69 Lk 11,53f ist redaktioneller Abschluss der lk Weherede; vgl. Bovon, Lk II 222;
Jeremias, Sprache 210.
70 Das ist die wohl lk Einleitung zu dem Gleichnis vom verlorenen Schaf, das in
Mt 18,12–14 seine entfernte Parallele hat.
71 Hier allerdings keine gemeinsame Gruppe bildend, vielmehr lösen die Pharisäer
die Sadduzäer ab.
72 Es fehlen (wie in Lk 9,22) zwei Artikel gegenüber Mk 8,31.
73 Dazu Walker, Heilsgeschichte 13 u.ö.; Meiser, Reaktion 242 A14.

treibende Gruppen der Verfolgung Jesu, die letzteren als entscheidende Gegner im Gespräch, denen explizit in Mt 23 das Gericht angekündigt wird.

Die ungewöhnlichste Kombination ist die der Pharisäer mit den Sadduzäern; Mt kennzeichnet sie (historisch wohl zutreffend) in 22,23–34 als in einem wesentlichen Punkt[74] voneinander getrennte Gruppen, aber in 3,7 und 16,1ff werden sie gemeinsam genannt.

Mit der einzigen 3er-Kombination gibt Mt sein Verständnis von der Zusammensetzung des Synhedrions wieder, wobei der Vergleich von 26,59; 27,1 und 27,41 zeigt, dass die Schriftgelehrten nicht eigens genannt sein müssen.

1.3 Charakterisierungen der führenden Gruppen im Matthäusevangelium, die in den Quellen fehlen

a) Der Zusatz τοῦ λαοῦ

Mt fügt τοῦ λαοῦ einmal zu der Kombination ἀρχιερεῖς/γραμματεῖς hinzu:

     Mt 2,4 in der Magierperikope.

Sonst vier Mal zu der Kombination ἀρχιερεῖς/πρεσβύτεροι:

     Mt 21,23 gegen Mk 11,27
     Mt 26,3 innerhalb einer längeren mt Einfügung in Mk 14,1
     Mt 26,47 gegen Mk 14,43
     Mt 27,1 gegen Mk 15,1

Bei Mk fehlt der Genitiv-Zusatz τοῦ λαοῦ ganz, bei Lk findet er sich nur 19,47[75] und 22,66[76].

b) Führende Gruppen als »Blinde«

Die Pharisäer als τυφλοί:

     Mt 15,14 par Lk 6,39[77]; von Mt 15,1 her ist Mt 15,14 indirekt

---

74   Nämlich in der Frage der Lehre über die Auferstehung; Mt folgt darin im Prinzip Mk 12,18–28, wenn auch mit einigen wichtigen Änderungen, v.a. ist es bei Mk 12,38 εἰς τῶν γραμματέων, der zu Jesus kommt, nachdem er gesehen hatte, wie gut Jesus den Sadduzäern geantwortet hat. Die Frage der Auferstehung trennt auch nach Act 23,8 die beiden Gruppen.

75   Lk 19,47b: οἱ δὲ ἀρχιερεῖς καὶ οἱ γραμματεῖς ἐζήτουν αὐτὸν ἀπολέσαι καὶ οἱ πρῶτοι τοῦ λαοῦ.

76   Lk 22,66 (τὸ πρεσβυτέριον τοῦ λαοῦ) ist eine auffällige Übereinstimmung von Lk und Mt gegen Mk (»minor agreement«), πρεσβυτέριον nur hier bei Lk; außerdem Act 22,5 und 1.Tim 4,14.

77   Bei Lk allerdings nicht auf die Pharisäer bezogen. Die Zugehörigkeit von Mt 15,14 par Lk 6,39 zu Q ist strittig; vgl. Luz, Mt II 417, der mit mündlicher Tradition rechnet.

Das Thema »Pharisäer als Blinde« fehlt bei Mk und Lk, es findet sich in den Evangelien außer bei Mt nur bei Joh (9,39–41), ebenfalls als Polemik: Weil die Pharisäer sagen, dass sie sehend sind, bleibt die Sünde bei ihnen; vgl. Berger, Johannes 288. Mgl. greift Paulus (Röm 2,19) mit dem Stichwort ὁδηγὸς τυφλῶν das Selbstverständnis der Pharisäer an; vgl. Wilckens, Römerbrief I (EKK V/1), 148 A381.

auch auf die Schriftgelehrten bezogen, ein Zeichen dafür, dass Mt einerseits nicht zwischen Pharisäern und Schriftgelehrten differenziert, andererseits die Pharisäer als die gegenwärtigen Gegner hervorhebt.

Die Pharisäer und Schriftgelehrten als τυφλοί:

Mt 23,16–22 (3 Mal τυφλοί), der einzige Weheruf in Mt 23 ohne direkte Anrede, aber vom Kontext her auf die Pharisäer und Schriftgelehrten bezogen.

Mt 23,24: Ende des vierten Weherufes, adressiert an die Pharisäer und Schriftgelehrten.

Mt 23,26: Im fünften Weheruf, ausdrücklich auf »Pharisäer« bezogen.

c) Führende Gruppen als »böse«

An einer Stelle werden zwei der führenden Gruppen direkt als »böse« bezeichnet, und zwar Mt 12,34, da von 12,24 und 12,38 her die Pharisäer bzw. die Pharisäer und Schriftgelehrten als anwesend gedacht sind.

Die Pharisäer und Schriftgelehrten bzw. Sadduzäer und die γενεὰ πονηρά:

In beiden mt Versionen der Zeichenfrage werden zwei führende Gruppen mit der »bösen Generation« verbunden: Die Phariäser und Schriftgelehrten in Mt 12,38–42 (vgl. 12,45) und die Pharisäer und Sadduzäer in Mt 16,1–4.[78]

Die πονηρία der Pharisäer:

Mt ändert gegenüber Mk 12,15 (εἰδὼς αὐτῶν τὴν ὑπόκρισιν) in γνοὺς τὴν πονηρίαν αὐτῶν (Mt 22,18). Nur hier ist innerhalb der Synoptiker das Stichwort »Bosheit« direkt auf Gegner bezogen.[79]

d) Die Pharisäer und Schriftgelehrten als ὑποκριταί:[80]

In Mt 15,7 übernimmt Mt aus Mk 7,6 die Bezeichnung der von Mt 15,1 par Mk 7,1 her angeredeten Pharisäer und Schriftgelehrten als ὑποκριταί.

Ebenso in Mt 22,18 par Mk 12,15, bezogen auf die Pharisäer und Herodianer (Mt 22,15f par Mk 12,13, wo aber die Pharisäer fehlen).

---

78 Zu γενεὰ πονηρά vgl. S. 70f.

79 πονηρία sonst noch Mk 7,22 (Mt lässt es in der Parallele Mt 15,19 aus) und Lk 11,39 (auch hier fehlt es in der ähnlichen Stelle Mt 23,25). Zu πονηρός vgl. noch Mt 13,38: ὁ δὲ ἀγρός ἐστιν ὁ κόσμος, τὸ δὲ καλὸν σπέρμα οὗτοί εἰσιν οἱ υἱοὶ τῆς βασιλείας· τὰ δὲ ζιζάνιά εἰσιν οἱ υἱοὶ τοῦ πονηροῦ.

80 Die ὑποκριταί in Mt 6,2.5.16 sind nicht näher auf eine bestimmte Gruppe bezogen, aber es geht um Themen, die bei den Pharisäern eine Rolle gespielt haben dürften; vgl. Pantle-Schieber, Auseinandersetzung 146f, mit weiterer Literatur.

In den Weherufen stereotyp (23,13.15.23.25.27.29) ohne lk Parallele. Von daher wird Mt auch in 6,2.5.16 v.a. an Pharisäer und
Schriftgelehrte gedacht haben.

Führende Gruppen als γεννήματα ἐχιδνῶν:
Mt 3,7 par Lk 3,7 bezogen auf die Pharisäer und Sadduzäer (bei Lk die
Volksmengen).

Mt 12,34 ohne klare Adressaten, aber wohl bezogen auf die von 12,24
und 12,38 her anwesenden Pharisäer bzw. Schriftgelehrten und
Pharisäer.[81]

Mt 23,33 am Ende des letzten Weherufes gegen die Pharisäer und
Schriftgelehrten.

Bei Mk fehlt dieser Ausdruck ganz.

Führende Gruppen als »Versucher«
Nach der Versuchungsgeschichte (Mt 4,1–11), in der der Teufel als
»Versucher« bezeichnet wird, erscheint πειράζω bei Mt nur noch
in Bezug auf die Pharisäer[82] bzw. die Pharisäer und Sadduzäer[83]
oder die Pharisäer und Herodianer.[84]

Mt lässt keinen Beleg aus seiner Tradition aus[85] und fügt eine
Form von πειράζω an einer Stelle[86] ein.

Auswertung: Die Hohenpriester, die Ältesten und einmal auch die
Schriftgelehrten werden durch den typisch mt Zusatz »des Volkes« her-
vorgehoben, d.h. sie werden dadurch zugleich mit dem Volk verbunden
und von ihm unterschieden. Dass man, wenn man überhaupt von »Repräsentation« sprechen darf,[87] zugleich auch die Differenzierung zwischen den führenden Gruppen und dem λαός beachten muss, zeigen Mt
26,5 par Mk 14,2 und, nach Mt 27,25, Mt 27,64.
V.a. die Pharisäer und Schriftgelehrten werden mit kritisierenden Bei-
wörtern belegt, nur die Sadduzäer werden außerdem einmal mit der
»bösen Generation« verbunden. Sehr auffällig ist, dass Mt genau die
Gruppen, die er in erster Linie mit der Verantwortung für die Verurtei-

---

81   Mt 12,34a: γεννήματα ἐχιδνῶν, πῶς δύνασθε ἀγαθὰ λαλεῖν πονηροὶ ὄντες;
82   Mt 19,3 par Mk 10,2; Mt 22,35 par Mk 12,28 (hier fehlt bei Mk πειράζω).
83   Mt 16,1 (Pharisäer und Sadduzäer) par Mk 8,11 (nur Pharisäer).
84   Mt 22,18 par Mk 12,15 (Pharisäer und Herodianer).
85   Weitere Belege bei den Synoptikern nur Lk 4,2 par Mk 1,13 (Versuchung) und
Lk 11,16 (vgl. auch Lk 10,25 ἐκπειράζων par Mt 22,35 πειράζων). Höchstens bei Lk
11,16 könnte man fragen, ob dieser Satz zu Q gehörte, aber es ist nicht zu vermuten,
dass Mt ihn ausgelasssen hätte; vgl. Bovon, Lk II 168: »Lk 11,16, ohne Parallele, ist
redaktionell.«
86   Mt 22,35 par Mk 12,28.
87   Besonders nachdrücklich tut dies Walker, Heilsgeschichte 11–37.
Zur Kritik vgl. Schenk, Sprache 128: »Der moderne Gedanke der ›Repräsentation‹
mit seinem klar gefüllten Sinn ist nicht beschreibungsadäquat für die mt intendierte
Verhältnisbestimmung.«

lung Jesu belastet (die Hohenpriester und die Ältesten), nicht mit negativen Charakterisierungen versieht.

1.4 Zusammenfassung

Bezogen auf die Ablehnung Jesu bilden die führenden Gruppen zwar eine Einheit, aber es sind auch Differenzierungen zu erkennen. Hinsichtlich der Verantwortung für die Verurteilung Jesu werden fast ausschließlich die Hohenpriester und die Ältesten belastet, während die Pharisäer und Schriftgelehrten die Gegner Jesu im Gespräch sind. Daraus lässt sich schließen, dass die mt Gemeinde mit den Pharisäern in aktuellen Auseinandersetzungen steht. Deshalb konzentriert Mt die Gerichtsankündigung Jesu auf die Pharisäer und Schriftgelehrten (Mt 23), und deshalb sind diese beiden Gruppen negativ charakterisiert.[88]
Dies lässt sich auch an einer anderen Beobachtung festmachen: Die Bezeichnung der Pharisäer als »Versucher« Jesu, die diese mit dem »Versucher« aus 4,1–11, mit dem Vaterunser[89] und mit der Warnung vor der Versuchung[90] verbindet, lässt ein aktuelles Interesse vermuten: Wie sie Jesus versucht haben, so sind sie auch in der Situation der mt Gemeinde die Gruppe, die am stärksten in einem Konkurrenzverhältnis zu ihr steht.
Für die mt Darstellung der Ablehnung Jesu in der ersten heilsgeschichtlichen Phase ist festzuhalten, dass alle führenden Gruppen in unterschiedlicher Weise als Gegner Jesu gezeichnet werden. Angesichts der Tatsache, dass die Pharisäer und Schriftgelehrten in der Passionsgeschichte kaum eine Rolle spielen, überrascht es um so mehr, dass gerade die Pharisäer als erste Gruppe den Entschluss fassen, Jesus zu töten.

2 Der Tötungsbeschluss der Pharisäer (Mt 12,14)

Das 12. Kapitel hat innerhalb des MtEv eine zentrale Stellung: Nach der Aussendungsrede in Mt 10 und vor den Aussagen zur Verstockung Mt 13 wird hier auf der Erzählebene die Trennung zwischen Jesus und zwei führenden Gruppen, nämlich den Pharisäern und Schriftgelehrten, als endgültige dargestellt.

---

88 Vgl. dazu Gielen, Konflikt 413; nach ihrer Analyse »bestätigt die in Mt 23 kulminierende und auf 5,20 rückbezogene Erwähnung der Schriftgelehrten und Pharisäer zunächst einmal *grundsätzlich* die verbreitete These, die mt Jesuserzählung spiegele die Auseinandersetzung der mt Gemeinde mit Pharisäern bzw. konkreter mit pharisäischen Schriftgelehrten wider und damit die Entwicklung des gruppenspezifisch geprägten Frühjudentums hin zum einheitlich pharisäisch dominierten Judentum nach 70 n.Chr.« (Hervorhebung im Original)
89 Mt 6,13a: καὶ μὴ εἰσενέγκῃς ἡμᾶς εἰς πειρασμόν.
90 Mt 26,41a: γρηγορεῖτε καὶ προσεύχεσθε, ἵνα μὴ εἰσέλθητε εἰς πειρασμόν. Durch γρηγορεῖτε ist diese Warnung mit der Endzeitrede verbunden (Mt 24,42; 25,13); vgl. Gnilka, Mt II 412.

Hinführend sei auf den Gedankengang in Mt 11 hingewiesen: Nach der Aussendungsrede (Mt 10) kommen die Jünger des Johannes zu Jesus mit der Frage, ob Jesus der ἐρχόμενος sei (11,2f); der mt Jesus antwortet unter Hinweis auf die in Mt 8–9 erzählten Wunder (11,4–6) und schließt daran eine Rede über Johannes an; im Verlauf dieser Rede wird »diese Generation«[91] mit Kindern verglichen, die auf dem Markt sitzen und nicht wissen, was sie wollen (11,16–19).[92] Darauf folgt eine Gerichtsrede gegen einzelne Städte (11,20–24), die mit der Einladung Jesu an die, die sich mühen und die beladen sind, kontrastiert wird (11,25–30). Vor diesem Hintergrund sind die darauf folgenden Debatten Jesu mit seinen Gegnern zu verstehen:
In beiden Gesprächen um den Sabbat (12,1–8: Ährenausraufen am Sabbat; 12,9–13: Heilung am Sabbat) erweisen sich die Pharisäer als nicht bereit, das »Joch« Jesu (11,29) auf sich zu nehmen. Durch ihre Reaktion auf die Heilung Jesu, die doch ein Zeichen der anbrechenden Heilszeit ist, zeigen die sie, dass sie Jesus nicht als den erkannt haben, der er ist, nämlich »der Sohn« (11,27).
Dies ist eine der Stellen, die gleichsam die Kehrseite der (sehr zurückhaltenden) Erwählungsaussagen bilden:[93] Nur der, dem der »Sohn« es offenbaren *will*, kann den »Vater« erkennen; wie später (13,10–13) auf die Volksmengen bezogen, wird hier der »Unglaube« der Pharisäer als letztlich im Willen Gottes begründet dargestellt.[94] Von daher ist es auch nur konsequent, dass hier schon der Tötungsbeschluss der Pharisäer erzählt wird (12,14):

ἐξελθόντες δὲ οἱ Φαρισαῖοι συμβούλιον ἔλαβον κατ᾽ αὐτοῦ ὅπως αὐτὸν ἀπολέσωσιν.

Die Ablehnung Jesu durch die Pharisäer ist schon hier definitiv; die erst später erzählte Passion ist schon angelegt. Das hat aber nicht nur erzählstrategische Gründe. Anders, als dieser Tötungsbeschluss vermuten lässt, spielen die Pharisäer in der Passionserzählung eine sehr geringe Rolle.[95] Die Tatsache, dass Mt narrativ die Pharisäer zum Ausgangs-

---

91 Zu »dieser Generation« S. 70f.
92 Mt 11,16–17 ist schwer verständlich, das mt Verständnis muss primär aus dem Kontext (11,18f) erschlossen werden. Vgl. Luz, Mt II 188: »Die Deutung V 18f ist (…) klarer als das Gleichnis selbst.« Zur Deutung des Gleichnisses ders., a.a.O. 186: »Jesus sagt: Wie spielende Kinder wißt ihr nicht, was ihr eigentlich wollt! Ihr wollt *alles* und könnt euch auf nichts festlegen. Vielleicht steckt dahinter: Ihr entlarvt durch eure Widersprüchlichkeit, dass ihr letztlich gar nicht wollt.« (Hervorhebung im Original)
93 Dazu unten S. 163ff.
94 Vgl. Luz, Mt II 229 (zu Mt 12,1–8): »Von 11,25–30 her gehören die Pharisäer zu den ›Weisen und Verständigen‹, denen Gott die Wahrheit verschlossen hat (…).«
95 Nur in 27,63 erscheinen die Pharisäer, also in einem Text, der durch seine Verbindung mit der Grabwächterperikope (28,11–15) einen starken Bezug auf die mt Gegenwart hat.

punkt der Verfolgung Jesu macht,[96] weist also wohl, gerade in Verbindung mit den Sabbat-Fragen, auf aktuelle Auseinandersetzungen der mt Gemeinde mit den Pharisäern hin.

Anders als die Pharisäer bleiben die Volksmengen im Erzählduktus bei Jesus (12,15). Dass der mt Jesus ihnen befiehlt, nichts von ihm zu sagen (12,16), hat in erster Linie darin seinen Grund, dass Mt daran das große Zitat Jes 42,1–4 anschließen kann (Mt 12,18–21). Dieses Zitat hat seine Pointe in der zweimaligen Erwähnung der Weltvölker: Nicht lange nach der Anweisung Jesu an seine Jünger, nicht zu den Weltvölker zu gehen (10,5b–6), wird hier der Rückzug Jesu und das Schweigegebot in Verbindung gebracht mit der Verheißung, das »Kind« Gottes werde den Weltvölker κρίσις verkünden und die Weltvölker würden auf seinen Namen hoffen (12,18.21).

In Verbindung mit dem Tötungsbeschluss der Pharisäer (12,14) und dem Rückzug Jesu ist dies ein deutliches Signal, das sich am Gesamtverständnis bestätigen wird: Die Hinwendung Jesu zu den Weltvölker ist Folge der Ablehnung, die Jesus in Israel erfahren hat; hier im Kontext sind zwar nur die Pharisäer erwähnt, aber die Ablehnung wird sich auf das ganze Volk ausweiten.

Diese Ausweitung deutet sich auch schon in Mt 12 an, und zwar auf dreifache Weise:

1.) Anders, als der Rückzug Jesu erwarten ließe, sind die Pharisäer in V 24 wieder anwesend; in V 38 tritt aber eine weitere Gruppe auf, nämlich die Schriftgelehrten, die zusammen mit den Pharisäern von Jesus ein Zeichen fordern. So werden die Pharisäer und Schriftgelehrten zu einer Jesus ablehnenden Einheit, die dem Leser des MtEv noch oft begegnen wird.

2.) Die daran anschließende Zeichen-Perikope wird durch die Bezeichnung der Pharisäer und Schriftgelehrten als »diese Generation« gerahmt (V 39.42) und mit der darauf folgenden Perikope von dem zurückkehrenden Geist verbunden (V 45). Der Begriff ἡ γενεὰ αὕτη ist aber letztlich nicht nur auf die Pharisäer und Schriftgelehrten begrenzt, sondern bezieht die ganze Generation die Zeitgenossen Jesu mit ein.[97]

3.) Die dritte Hinsicht, in der die Ablehnung ausgeweitet wird, ist die Unterscheidung der Volksmengen von den Jüngern: Während den Volksmengen in V 23 noch die Erkenntnis Jesu als »Davidssohn« zugetraut wird,[98] werden sie schon in 12,46–50 von den Jüngern klar getrennt:

Die Volksmengen werden in V 46 als anwesend erwähnt, aber die Hand

---

96 Wobei er seiner Quelle Mk 3,1–6 folgt.

97 Zur Zeichen-Perikope, v.a. zur Frage, ob die Auferstehung Jesu, auf die Mt das Jonaszeichen deutet (vgl. Mt 12,40), für Israel nur Gerichtszeichen ist oder nicht, vgl. Hoffmann, Zeichen.

98 Vgl. dazu Meiser, Reaktion 267.

Jesu zeigt ausdrücklich auf seine Jünger.[99] *Sie* sind es, die den Willen Gottes tun, und deshalb sind sie Jesu Brüder und Schwestern und seine Mutter. *Warum* die Volksmengen nicht den Willen Gottes tun, wird nicht erzählt; aber der Leser kann sich denken, dass es mit der Antwort der Pharisäer auf die überlegende Aussage der Volksmenge μήτι οὗτός ἐστιν ὁ υἱὸς Δαυίδ; (12,23b) zu tun haben könnte (12,24):

οὗτος οὐκ ἐκβάλλει τὰ δαιμόνια εἰ μὴ ἐν τῷ Βεελζεβοὺλ ἄρχοντι τῶν δαιμονίων.

So deutet Mt an, dass die Volksmengen unter dem Einfluss der Pharisäer nicht zu Jüngern werden, bzw. in der Sicht des Mt gesprochen, *damals* nicht zu Jüngern geworden sind. Später wird Jesus den Pharisäern und Schriftgelehrten vorwerfen (23,13), dass sie die Menschen daran hindern, in das Himmelreich einzugehen.

Die zentrale Stellung von Mt 12 zeigt sich also nicht nur in der hier schon als definitiv erzählten Abwendung der Pharisäer von Jesus, sondern auch daran, dass sich die Unterscheidung der Volksmengen von den Jüngern andeutet: Die Jünger, nicht die Volksmengen tun den Willen Gottes. Nachdem Mt zu Beginn seiner Erzählung vom irdischen Wirken Jesu die Volksmengen und die Jünger parallel als »Nachfolger« gezeichnet hat,[100] wird hier die Konstellation sichtbar, die zur kollektiven Ablehnung Jesu durch Israel führen wird.

3 Die Ausweitung der Ablehnung Jesu (Mt 21–23)

In Mt 12 deutet sich die Ausweitung der Ablehnung Jesu von den führenden Gruppen auf ganz Israel an, erzählerisch dargestellt wird sie aber erst in den Kapiteln 21–23. Diesem Textabschnitt ist das folgende Kapitel gewidmet.

Von Anfang an spielt die Perspektive Jerusalems im MtEv eine entscheidende Rolle. Schon in der Vorgeschichte geht es um die Reaktion dieser Stadt auf das Erscheinen des Messias. Das Wirken Jesu galt bisher ausschließlich ganz Israel. Was wird geschehen, wenn Jesus diese Stadt betritt? Wird sie sich gegen den Willen der führenden Gruppen stellen und sich Jesus öffnen?

3.1 Der Einzug Jesu in Jerusalem und die »Tempelreinigung« (Mt 21,1–17)

Die Stadt Jerusalem ist dem Leser des MtEv vor dem Einzug Jesu in Jerusalem schon mehrmals begegnet: Bei der Geburt Jesu,[101] bei der

---

99 Sowohl die Erwähnung der ὄχλοι (V 46) als auch die der Jünger (V 49) geht auf das Konto des Evangelisten.
100 Vgl. oben S. 38ff.
101 Mt 2,1ff; s. dazu S. 27ff.

Taufe des Johannes,[102] in den Versuchungen Jesu mit der Benennung als »Heilige Stadt«,[103] als Herkunftsort der Jesus nachfolgenden Volksmenge[104] und der Gegner Jesu[105] sowie in den Leidensankündigungen[106] als Ort des drohenden Leidens und Sterbens Jesu. Von der Vorgeschichte sowie der ausdrücklichen Begrenzung des Wirkungsbereiches Jesu her weiß der Leser, dass es jetzt um die Entscheidung geht: Wie wird Jerusalem als Zentrum Israels auf den »Messias für Israel« reagieren?

Mt gestaltet den Einzug so, dass die Akklamation Jesu durch die Volksmengen noch vor der Stadt geschieht,[107] während die Stadt als ganze durch den Einzug erschüttert wird und fragt: τίς ἐστιν οὗτος; (21,10). Damit ist klar, dass der Einzug Jesu ein Ereignis ist, das die ganze Stadt betrifft und das auch von der ganzen Stadt wahrgenommen wird.

Die Antwort erhält die ganze Stadt von den Volksmengen, die mit Jesus eingezogen sind: οὗτός ἐστιν ὁ προφήτης Ἰησοῦς ὁ ἀπὸ Ναζαρὲθ τῆς Γαλιλαίας (21,11). Dies überrascht, denn der Titel »Prophet« hatte bisher noch keine allzu große Rolle im MtEv gespielt.[108] Die Antwort der Volksmenge auf die Frage der Stadt ist kein vollgültiges Bekenntnis zu Jesus als Sohn Gottes, sondern sie ist bezogen auf Jerusalem: Jesus wird von der Volksmenge gegenüber der Stadt als Prophet bezeichnet, und so sind die nun anbrechenden Ereignisse als Entscheidungssituation qualifiziert.[109]

Nach dem Einzug in Jerusalem geht Jesus direkt in den Tempel,[110] um von dort die Verkäufer und Käufer auszutreiben sowie Kranke zu heilen

---

102 Mt 3,5.

103 Mt 4,5; der gleiche Ausdruck innerhalb des NT nur noch Mt 27,53 und Apk 11,2; 21,2.10; 22,19.

104 Mt 4,25 par Mk 3,8.

105 Mt 15,1; in 9,34/12,24 par Mk 3,22 lässt Mt das mk οἱ ἀπὸ Ἱεροσολύμων aus.

106 Mt 16,21 gegen Mk 8,31; Mt 20,17f (2 Mal) par Mk 10,32f (2 Mal).

107 Die Lokalisierung des Geschehens außerhalb der Stadt findet Mt schon Mk 11,11 vor, Mt führt aber die ὄχλοι als handelnde Gruppe neu ein (Mt 21,9.11).

108 Auf Jesus bezogen findet sich προφήτης nur Mt 13,57 par Mk 6,4; Mt 16,14 par Mk 8,28; vgl. auch Mt 21,46 und die gleiche Formulierung (bezogen auf Johannes den Täufer) in Mt 14,5 par Mk 6,20 sowie Mt 21,26 par Mk 11,32. Zur Prädizierung Jesu als Prophet vgl. Meiser, Reaktion 267–270: »(…) hier ist der Titel nicht gegenüber den Jüngern, sondern gegenüber Jerusalem prädiziert, und Jesus fungiert im Verhältnis zu Israel durchaus auch als Prophet.« (ebd. 269)

109 Dazu Meiser, Reaktion 269: Durch die Anwendung des Prophetentitels hat Mt »die Zeit Jesu im allgemeinen und das Wirken Jesu in Jerusalem im speziellen als Zeit der Entscheidung gekennzeichnet.«

110 Mt ändert dazu die mk Abfolge der Perikopen: Mk lässt Jesus nach dem Einzug zunächst wieder aus Jerusalem herausgehen (Mk 11,11); erst am nächsten Tag (Mk 11,12) macht sich Jesus wieder auf den Weg nach Jerusalem, worauf, noch unterwegs, das Feigenbaum-Wunder und dann die Tempelreinigung folgen (Mk 11,15–19). Vgl. Catchpole, Entry 319–321, mit weiteren Belegen dafür, dass der Einzug eines Herrschers in Jerusalem im Tempel endet.

(21,12–14). Erst hier kommt der Einzug Jesu zu seinem eigentlichen Ziel. Der Tempel soll in seiner ursprünglichen Intention als Bethaus wieder hergestellt werden. Dies unterstreicht Mt noch durch die Einfügung von πάντας gegenüber Mk 11,15: *Alle*, die im Tempel kaufen und verkaufen, vertreibt Jesus.

Auch die Heilungen Jesu im Tempel stellen die Entscheidungssituation heraus. Jesus ist der von der Menge beim Einzug akklamierte Sohn Davids insbesondere insofern, als er Kranke heilt. Spätestens seit 11,2–6 sind dem Leser die Heilungen Jesu als Zeichen der messianischen Heilszeit vertraut: Jesus ist der ἐρχόμενος (11,3); jetzt kommt der Heilswille Gottes für Israel zu seiner endzeitlichen Fülle, und der Tempel steht wieder als Bethaus im Zentrum Israels. Die jüdischen Führer, hier die Hohenpriester und Schriftgelehrten,[111] erkennen den Anspruch, der mit den Heilungen verbunden ist, und treten in Erscheinung. Aber nicht etwa in Anerkennung des Anspruches Jesu, sondern »entrüstet« über die Lobgesänge der Kinder (21,15f). Die Chance zur Heilswende ist vertan. Die führenden Gruppen kennen die Schrift nicht,[112] und sie erkennen nicht, dass in Jesus das Heil Gottes zu ihnen kommen will. Jesus lässt sie im Tempel stehen und verlässt die Stadt, um in Bethanien zu übernachten. Das Scheitern des Wirkens Jesu in Israel und die darauf folgende Strafe künden sich an: Wie Jesus nach dem Einzug in den Tempel diesen wieder verlässt, weil er bei den führenden Gruppen auf Ablehnung stößt, so wird er ihn nach der Weherede erneut verlassen – und mit ihm wird die Gegenwart Gottes dem Tempel genommen werden.

Die »Tempelreinigung«[113] ist also wie die Titulierung Jesu als Prophet innerhalb des Erzählzusammenhanges zu interpretieren: Sie ist die letzte warnende Zeichenhandlung für die Stadt Jerusalem, den Tempel angesichts des einziehenden Messias nicht länger zu missbrauchen. Noch sind es nur die führenden Gruppen, die explizit als Gegner Jesu dargestellt sind, aber dies wird sich ändern: Am Ende von Mt 23 ist keine Unterscheidung zwischen den Volksmengen, der Stadt Jerusalem und den führenden Gruppen mehr zu erkennen.

3.2 Das Feigenbaum-Wunder und die Frage nach der Vollmacht Jesu (Mt 21,18–27)
Nun folgt die zuvor von Mt gegenüber Mk ausgelassene Erzählung vom Feigenbaum. Diese ist nicht mehr, wie bei Mk, direkt mit der Tempel-

---

111 Das ist die Kombination, die auch schon in der Magierperikope (2,4) für die Gegner Jesu steht.
112 Jesus antwortet den Hohenpriestern und Schriftgelehrten mit einem Psalmzitat (Psalm 8,3 LXX), eingeleitet duch das polemische οὐδέποτε ἀνέγνωτε (vgl. 12,3.5; 19,4; 21,42; 22,31).
113 Diese Bezeichnung der Tempelaktion Jesu ist zwar fest etabliert, aber auch problematisch, weil sie eine unsichere Interpretation als sicher suggeriert (vgl. Luz, Mt III 185–187); sie wird deshalb hier nur in Anführungsstrichen verwendet.

reinigung verknüpft;[114] dennoch soll der Leser merken, dass das Wunder mit dem Konflikt in Jerusalem zu tun hat: Es sind nach der zu vermutenden Jahreszeit gar keine Früchte an einem Feigenbaum zu erwarten,[115] und selbst wenn dem so wäre, ist es nicht einzusehen, warum Jesus den Feigenbaum durch ein Fluchwort[116] belegt, das in Ewigkeit bestehen bleiben soll.[117] Besonders die Formulierung εἰς τὸν αἰῶνα geht über den direkten Bezug auf den Feigenbaum hinaus und lässt nach einem metaphorischen Sinn des Wunders fragen. Dies legt die Deutung des Mt, die er an die Verfluchung anfügt, zunächst zwar nicht nahe, denn dabei hebt er nicht direkt auf den dem Wunder inhärenten Gerichtsaspekt ab,[118] sondern legt dieses als eine Vorbildtat Jesu aus.[119] Jeder, der »Glauben hat und nicht zweifelt«, kann solche und noch größere Wunder tun:

ἀποκριθεὶς δὲ ὁ Ἰησοῦς εἶπεν αὐτοῖς· ἀμὴν λέγω ὑμῖν, ἐὰν ἔχητε πίστιν καὶ μὴ δια- κριθῆτε, οὐ μόνον τὸ τῆς συκῆς ποιήσετε, ἀλλὰ κἂν τῷ ὄρει τούτῳ εἴπητε· ἄρθητι καὶ βλήθητι εἰς τὴν θάλασσαν, γενήσεται· καὶ πάντα ὅσα ἂν αἰτήσητε ἐν τῇ προσευχῇ πιστεύοντες λήμψεσθε (21,21–22).

114 Im Ablauf des MkEv verlässt Jesus Jerusalem nach dem Einzug, um in Bethanien zu übernachten (Mk 11,11); am nächsten Morgen, auf dem Weg wieder nach Jerusalem, verflucht Jesus den Feigenbaum (Mk 11,12–14), worauf sich die »Tempelreinigung« anschließt (Mk 11,15–18); während Jesus mit seinen Jüngern dann wieder nach Bethanien geht, findet das Gespräch über das Feigenbaum-Wunder statt (Mk 11,19–25).
115 Mt lässt die diesbezügliche Bemerkung Mk 11,13 (ὁ γὰρ καιρὸς οὐκ ἦν σύκων) weg; will er dadurch die Reaktion Jesu verständlicher machen? Aber auch Mt und seine Leser werden über die Reifezeiten des Feigenbaumes informiert gewesen sein; m.E. war für Mt die Bemerkung überflüssig, weil es ihm auf die Deutung des Wunders ankam, die er in den Vv 21ff anfügt.
116 Zur Gattung »Fluchworte« vgl. Berger, Formgeschichte 308. εἰς τὸν αἰῶνα kann Bestandteil des Fluchwortes (Dtn 13,17), aber auch des Segens sein (z.B. Dtn 12,28); vgl. Gnilka, Mt II 212.
117 Mt 21,19b: μηκέτι ἐκ σοῦ καρπὸς γένηται εἰς τὸν αἰῶνα.
118 Dieser Gerichtsaspekt lebt v.a. vom Bildmaterial: Die »Frucht« kennen die Leser aus der bisherigen Lektüre des MtEv als Bild für die richtigen Taten des Menschen (3,8.10; 7,16–19; 12,33 sowie im Gleichnis vom Sämann und seiner Deutung 13,8 und 13,26). Der Feigenbaum kann Metapher für Israel sein, ist aber keine konventionalisierte Metapher, d.h. die Bedeutung ist nicht festgelegt; für Belege s. Luz, Mt III 201 A29–31.
119 Vgl. Merklein, Jesusgeschichte 184: »Die Verfluchung des Feigenbaums (…) wird bei Mt zu einer puren Demonstration der Glaubensstärke (21!). Den Charakter symbolischen Gerichts kann man bestenfalls aus Markus einlesen.« Ganz anders Davies-Allison, Mt III 154: »With the old house of prayer gone, it was appropriate to give instruction on prayer in the new temple, the Christian community.« Von einem »new temple« spricht Mt allerdings nirgends; an einen »neuen Tempel« lässt höchstens 26,61 denken, wo aber nur von der *Möglichkeit* Jesu, ihn zu bauen, die Rede ist; vgl. Gnilka, Mt II 426f, und Hummel, Auseinandersetzung 106–108.

Das Feigenbaum-Wunder und seine Deutung stehen aber nicht unver-
bunden im mt Kontext. Denn einerseits leitet die Perikope durch ihren
provaktiven Charakter über zur letzten Auseinandersetzung Jesu mit
seinen Gegnern, die in 21,23[120] beginnt, und andererseits ist sie durch
das Thema »Gebet« mit der »Tempelreinigung« verbunden: Auch wenn
Jesus auf der Textebene durch die »Tempelreinigung« versucht hat, den
Tempel wieder zum »Haus des Gebetes« zu machen, weiß doch der Leser, dass dies gescheitert ist. Das ist der Grund, warum Mt im Anschluss
daran die Aussage über die weiterhin gegebene Möglichkeit des Gebetes aus Mk[121] übernimmt, verbunden mit der Zusage der Erhörung auch
für die ungewöhnlichsten Bitten an die Adresse der Jünger Jesu.[122]
Von daher erhält auch umgekehrt die Metapher vom Feigenbaum eine
Präzisierung: Wie der Feigenbaum »in Ewigkeit« keine Frucht mehr
bringen soll, so ist auch von diesem Tempel nichts Gutes mehr zu erwarten, und zwar bis in alle Zeiten nicht.[123]
Die darauf folgende Perikope hat Brückenfunktion: Die Frage der Führer nach der Vollmacht Jesu, in der er »dies« tut, verbindet sie mit den
soeben geschilderten Ereignissen. Die Gegenfrage Jesu nach der Vollmacht des Täufers verknüpft mit den Täufer-Perikopen[124] und gibt
zugleich den Auftakt zu den drei folgenden Gleichnissen, deren erstes
inhaltlich auf den Vorwurf Jesu zurückgreift, die Führer Israels hätten
Johannes nicht geglaubt. Narrativ sind die drei Gleichnisse als zweite
Gegenfrage Jesu angeknüpft.

3.3 Die drei Gleichnisse (Mt 21,28–22,14)

Die drei nun folgenden Gleichnisse sollen in ihrer Funktion innerhalb
des Erzählzusammenhanges betrachtet werden.[125]
Sie sind narrativ eingebettet in die mit 21,23 beginnenden Auseinandersetzungen Jesu mit den führenden Gruppen. Worauf das ganze hinaus-
läuft, zeigt schon ein Blick auf den Fortgang der Erzählung nach den
Gleichnissen: Die Pharisäer gehen weg und fassen einen Plan, Jesus mit

---

120   Das ταῦτα in der Frage nach der Vollmacht Jesu (21,23) bezieht sich nicht nur
auf das Lehren Jesu im Tempel (ebenfalls 21,23), sondern auch auf die zuvor geschilderten Taten Jesu; vgl. Frankemölle, Mt II 321f.
121   Mk 11,22–24
122   So zeigt sich, dass die Auslegung von Merklein (s. A119) ins Leere geht, denn
gerade die mt Deutung des Feigenbaum-Wunders als »Demonstration der Glaubensstärke« verschärft den Gerichtsaspekt: Glaubensstärke und Gebetserhörung gibt es
nur noch bei Jesus und seinen Jüngern, nicht mehr in Zusammenhang mit dem
Tempel.
123   Frankemölle, Mt II 317–318, lehnt eine symbolische Deutung auf die Zerstörung des Tempels oder die Verwerfung Israels ab. Er übersieht aber die starke Wirkung des Kontextes bei Mt: Unmittelbar zuvor geht es um den Tempel und um das
Gebet, unmittelbar nach der Feigenbaum-Perikope setzt sich der Konflikt mit den
jüdischen Führern fort.
124   Vor allem mit Mt 3,1–12, aber auch mit 11,7–19.
125   Eine stärker am Inhalt der Gleichnisse orientierte Untersuchung folgt S. 78ff.

einem Wort zu fangen.[126] Damit wird der nächste (und letzte) Gesprächsgang eröffnet, zugleich aber auch das Resümee aus dem vorangegangenen gezogen, indem der erste *Tötungsbeschluss*[127] wieder aufgegriffen und präzisiert wird.

Wie ist nun die Funktion der Gleichnisse näher zu bestimmen? Dem Leser ist eigentlich schon bekannt, dass der Versuch Jesu, Jerusalem zu überzeugen, scheitern wird, denn Jesus hatte schon zweimal sein in Jerusalem bevorstehendes Ende angekündigt.[128] Aber die Reaktion der Stadt Jerusalem auf den Einzug Jesu wird von Mt noch sehr offen geschildert, und auch in der ersten Auseinandersetzung Jesu mit seinen Gegnern scheint der negative Ausgang noch nicht definitiv festzustehen: Die Gegner lassen sich immerhin überhaupt noch auf ein Gespräch ein, anstatt Jesus nach der Vorfällen des ersten Tages in Jerusalem gleich zu verhaften. Auch ist innerhalb des ersten Gleichnisses der Vorwurf Jesu »nur« auf den Unglauben der Gegner gegenüber Johannes den Täufer bezogen.

Die Gleichnisse sind also m.E. innerhalb des Erzählganges als letzter Versuch Jesu zu werten, seine Gegner durch Drohworte noch zu überzeugen: Wenn ihr euch jetzt wirklich verweigert, handelt ihr wie ein Sohn, der erst seinem Vater Gehorsam zusagt, ihn dann aber verweigert (21,28–32); ihr seid wie Weingärtner, die dem Besitzer die ihm zustehende Frucht nicht abliefern (21,33–44); ihr verhaltet euch wie Gäste einer Hochzeit, die der Einladung nicht folgen wollen (22,1–14).

Aber die Gegner Jesu schlagen seine Warnungen in den Wind, obwohl sie genau erfassen, dass die Gleichnisse auf sie bezogen sind (21,45). So jedenfalls stellt es sich aus der Sicht des Lesers dar, der davon überzeugt ist, dass der Anspruch Jesu zutreffend ist. Die Gegner haben natürlich innerhalb der Erzählung eine andere Logik: Da sie den Anspruch Jesu ohnehin ablehnen,[129] fassen sie die in den Gleichnissen enthaltenen Drohungen Jesu als weiteren Beweis dafür auf, dass Jesus beseitigt werden muss (22,15).

Unter diesem Vorzeichen stehen also die nun folgenden Gespräche.

---

126 Mt 22,15: τότε πορευθέντες οἱ Φαρισαῖοι συμβούλιον ἔλαβον ὅπως αὐτὸν παγιδεύσωσιν ἐν λόγῳ. Der Vers ist redaktionell, er greift aber das Ende von Mk 12,13 auf (ἵνα αὐτὸν ἀγρεύσωσιν λόγῳ).
127 Mt 12,14, dort ebenfalls durch die Pharisäer.
128 Mt 16,21; 20,17–19; ohne Jerusalem: 17,22f.
129 Die Gründe dafür, dass die Gegner Jesu ihn ablehnen, reflektiert Mt kaum. Nur der heidnische Pilatus weiß, warum ihm Jesus von den Führern Israels ausgeliefert wurde, nämlich aus Neid (27,18: ᾔδει γὰρ ὅτι διὰ φθόνον παρέδωκαν αὐτόν; vgl. Mk 15,10).

3.4 Letzte Gespräche Jesu mit den Sadduzäern und Pharisäern (Mt 22,15–46)

Die Pharisäer selbst ziehen sich zurück und schicken »ihre Jünger mit den Herodianern«[130] zu Jesus, um ihn in der Steuerfrage zu einer verfänglichen Aussage zu verführen. Doch dieser Versuch scheitert, ebenso auch der darauffolgende der Sadduzäer, die Jesus mit ihrer Überzeugung konfrontieren, es gebe keine Auferstehung. Auch sie sind nicht in der Lage, Jesus in ihre Gedankengänge so zu verstricken, dass sie einen Anlass finden, ihn verhaften zu können.

Etwas überraschend erscheinen hier wieder die ὄχλοι als Zuhörer, aber Mt denkt ja sicher nach wie vor an das Lehren Jesu im Tempel (21,23), den er erst nach den Weherufen verlässt (24,1). Sie sind, wie schon nach der Bergpredigt (7,28), überrascht von der Lehre Jesu, was wohl eher eine positive Reaktion andeuten soll, denn sie bleiben als Zuhörer weiterhin anwesend (23,1). Erst später lassen sie sich auf die gegnerische Seite ziehen.[131] Hier sind sie noch Repräsentanten des »damals« von Jesus – letztlich vergeblich – erreichten Israel.

Die Pharisäer scheinen die Bemühungen der Saddzuäer abgewartet zu haben und treten erst jetzt wieder, und zwar zum letzten Mal, auf den Plan, um Jesus zu »versuchen«.[132] Aber auch ihr Anlauf, mit Hilfe der Frage nach dem höchsten Gebot Jesus zu überführen, scheitert, und zuletzt ist es Jesus, der die Pharisäer vor eine Frage stellt:

εἰ οὖν Δαυὶδ καλεῖ αὐτὸν κύριον, πῶς υἱὸς αὐτοῦ ἐστιν;

Die Pharisäer können nicht antworten, und sie wagen es auch nicht mehr, weitere Fragen zu stellen. Somit ist klar: Jesus hat die Angriffe seiner Gegner mit Hilfe der Schrift abgewiesen, und seinen Fragen haben sie nichts entgegen zu halten. Die Ablehnung Jesu durch die Gegner hat das Zeugnis der Schrift gegen sich, aber sie lassen sich durch nichts davon überzeugen. Es bleibt also nur noch, dies zu konstatieren und das »Wehe« über die Gegner auszurufen.

---

130   Die Frage, wer die Jünger der Pharisäer und wer die Herodianer sein sollen, scheint Mt nicht zu interessieren. Es geht ihm nur um die Schilderung der gegnerischen Anläufe, Jesus zu »fangen«. Vgl. zu den Einzelfragen Luz, Mt III 253f.

131   Nämlich 27,24f. Walker, Heilsgeschichte 44, will sie hier schon auf der Seite der Gegner Jesu ausmachen: »Das Volk steht auf der Seite der Sadduzäer, deren Anliegen zugleich das Anliegen Israels ist (...)«. Dagegen zu Recht Luz, Mt III 267 A37.

132   Mt 22,35: πειράζων αὐτόν. So verweist Mt zurück auf die Perikope von der Versuchung Jesu (Mt 4,1–11) und rückt damit die Gegner Jesu in die Nähe des dortigen »Versuchers«.
Hier ist der Analyse Walkers, Heilsgeschichte 45, zuzustimmen, der aus dem Vergleich mit Mk 12,28–34 folgert: »Die ›positiven‹ Züge des Markus-Textes sind konsequent unterdrückt. In der Perikope vom größten Gebot tritt (...) die Härte und Systematik des Evangelisten in seiner Israel-Darstellung besonders schroff zutage.«

3.5 Die Weherede und der Rückzug Jesu aus dem Tempel (Mt 23,1–24,2)

So wie die Gegner Jesu ihn nicht mehr fragen, spricht Jesus sie nicht mehr an. Adressaten seiner letzten Rede sind die Volksmengen und die Jünger.[133] Der Redegang geht über die Anerkennung der Lehrautorität der Pharisäer und Schriftgelehrten (23,2–3a) und über ihre »Benutzung« als negatives Gegenbild zum mt Gemeindebild (23,3b–12) hin zu den sieben Weherufen, die mit der Ankündigung des nicht mehr abwendbaren Gerichtes über »diese Generation«[134] und über Jerusalem[135] enden. Jesus erklärt seine Bemühungen um Jerusalem für gescheitert (23,37b). Er verlässt den Tempel, um den Jüngern das notwendige Wissen über die Endereignisse mitzuteilen.[136] Die Volksmengen werden nicht mehr erwähnt, auch nicht ihre Reaktion auf die Rede Jesu;[137] sie treten erst wieder auf der Seite der Gegner in Erscheinung (27,20.24).

Hier endet das bisher konsequent durchgehaltene Konzept des Mt, zwischen dem Volk Israel und seinen Führern zu differenzieren. Bis hierher blieb das Bild weitgehend beibehalten, das Mt zu Beginn des Wirkens Jesu gezeichnet hatte: Jesus wendet sich an ganz Israel, und er hat damit auch – abgesehen natürlich von seinen Jüngern – bei den Volksmengen Erfolg. Die führenden Gruppen bilden von Anfang an in unterschiedlichen Zusammensetzungen die Gegner Jesu und auch die letzten Versuche Jesu, sie in Jerusalem zu überzeugen, scheitern.

Das Verschwinden der Volksmengen als Nachfolger wird fast unmerklich in die Erzählung integriert: Weil sie beim Einzug noch auf der Seite Jesu stehen, müssen die Hohenpriester und Pharisäer zunächst noch auf sie Rücksicht nehmen, so dass sie Jesus noch nicht verhaften können (21,46). Nach dem letzten Gleichnis lassen die Pharisäer diese Rücksicht aber fallen und beschließen, Jesus zu »fangen«. Der Leser kann schon ahnen, dass die Volksmengen bei der Verhaftung keine Schwierigkeiten machen werden. Nach dem Gespräch Jesu mit den Gegnern zeigen sie zwar noch einmal die gleiche Reaktion wie nach der Bergpredigt (22,33),[138] aber diese Reaktion kommt gleichsam zu früh: Die große, eigentlich der Bergpredigt parallele Rede in Jerusalem kommt erst noch, nämlich in Mt 23, und die Volksmengen hören sie auch, aber sie reagieren nicht mehr auf sie. Jesus lässt sie im Tempel stehen und geht mit seinen Jüngern hinaus.

Bei der Verurteilung Jesu zeigt sich auf der narrativen Ebene, wie sich das Blatt gewendet hat. Dies kommt aber für den Leser nicht überraschend, da der Evangelist ihn in besprechend-reflektierenden Texten

---

133 Mt 23,1: Τότε ὁ Ἰησοῦς ἐλάλησεν τοῖς ὄχλοις καὶ τοῖς μαθηταῖς αὐτοῦ. Es sind also die gleichen Zuhörer wie bei der Bergpredigt (Mt 5,1; 7,28).
134 Mt 23,34–36; vgl. dazu S. 90ff.
135 Mt 23,37–39; vgl. dazu S. 104ff.
136 Mt 24–25.
137 Das ist der entscheidende Unterschied zu der Parallele bei der Bergpredigt.
138 Diese Notiz hat keine Parallele bei Mk.

schon auf diese Wendung vorbereitet hat. Wie, das soll im nächsten Kapitel gezeigt werden.

4 Die Volksmengen, das Volk Israel und die Verurteilung Jesu

Die mt Erzählung vom Wirken des irdischen Jesus in Israel läuft auf die letztliche Ablehnung durch das »ganze Volk« zu (27,25). Das schon vor der Bergpredigt gemalte Bild von dem Wirken Jesu in Israel kommt darin zu seinem Ende. Dieses Kapitel geht der Frage nach, wie Mt den Leser auf die Wendung der Volksmengen gegen Jesus vorbereitet und welche Funktion die Volksmengen also im MtEv haben.[139]
Der Begriff ὄχλος ist im Singular und Plural jeweils etwa gleich häufig vertreten, wobei deutlich ist, dass Mt in der Bedeutung zwischen Singular und Plural nicht unterscheidet.[140]
An einigen Stellen könnte ὄχλος nur eine Umschreibung von »viele Leute«[141] sein, aber aufs Ganze gesehen bezeichnet der Begriff eine bestimmte Gruppe, einen kollektiven Handlungsträger.[142] Dabei ist nicht gemeint, Mt wolle seinen Lesern vermitteln, dass in einem historischen Sinn immer an die selben Menschen zu denken ist. Es geht darum, dass dieser kollektive Handlungsträger ein Bestandteil der Erzählung ist, der immer eine bestimmte Funktion inne hat. Wenn dem so ist, dann ist zu fragen, welche Funktion diese Gruppe innerhalb der Erzählung des Mt hat und wie Mt sie mit anderen israeltheologischen Begriffen verknüpft.

4.1 Die Volksmengen als von den Jüngern unterschiedene Nachfolger
Schon bei der ersten Erwähnung der Volksmengen vor der Bergpredigt sind sie durch das Verb ἀκολουθέω mit den Jüngern Jesu verbunden (4,25). Auch im weiteren Verlauf des MtEv werden die Volksmengen als Nachfolger Jesu gezeichnet:

ἠκολούθησαν bezieht sich in 4,20 auf Simon und Andreas, in 4,22 auf Jakobus und Johannes und in 4,25 und 8,1 auf ὄχλοι πολλοί. 8,1 ist darüberhinaus eine wörtliche Wiederaufnahme von 4,25: ἠκολούθησαν αὐτῷ ὄχλοι πολλοί[143]. Diese Formulierung findet sich außerdem in 12,15[144]; 14,13; 19,2; 20,29 (ὄχλος πολύς).

---

139 Vgl. hierzu Strecker, Weg 107; van Tilborg, Jewish Leaders 142–165; Meiser, Reaktion 244–263.
140 Von 50 Belegen bei Mt 30 Mal im Plural, 20 Mal im Singular.
Dass Mt nicht zwischen Singular und Plural unterscheidet, zeigt sich z.B. Mt 13,2, wo Mt einmal den mk Singular in einen Plural ändert und ihn ein einmal belässt; vgl. Frankemölle, Mt II 339: »(...) das ›Volk‹ (...) und die ›Volksscharen‹ (... werden) offensichtlich synonym verwendet (...)«; ebenso auch Meiser, Reaktion 246. Zwischen Singular und Plural unterscheiden will Schenk, Sprache 349–352.
141 Mt 9,23.25 (die aufgeregte Menge *im Haus*); 26,47.55 (von den Soldaten, die zur Verhaftung kommen).
142 Vgl. Luz, Mt I 176; Meiser, Reaktion 261 u.ö.; zur literaturwissenschaftlichen Kategorie »Handlungsträger« s. Egger, Methodenlehre 119ff.
143 Vgl. dazu den textkritschen Zuwachs zu 9,35.
144 Allerdings textkritisch unsicher.

Interessant ist Mt 8,10 par Lk 7,9: anders als bei Lk 7,9 fehlt zu τοῖς ἀκολουθοῦσιν das direkte Bezugswort, es sind aber wohl von Mt 8,1 her noch die Volksmengen gemeint.

Schwebend ist die Formulierung in 21,9: οἱ δὲ ὄχλοι οἱ προάγοντες αὐτὸν καὶ οἱ ἀκολουθοῦντες ἔκραζον λέγοντες· ὡσαννά …; οἱ ἀκολουθοῦντες könnte substantiviert und eigenständig sein, im Sinne von: die Nachfolgenden (wobei man dann an die Jünger denken würde, die hier ja auffälligerweise nicht erwähnt werden), ist aber doch wohl auf οἱ δὲ ὄχλοι zu beziehen. Eine Form von ἀκολουθέω ist also etwa 7 Mal auf ὄχλοι bezogen.

Etwa gleich oft, nämlich 6 Mal, steht ἠκολούθησαν bzw. das entsprechende Partizip in Zusammenhang mit den Jüngern: 4,20.22; 8,23; (9,27 und 20,34: zwei Blinde); 16,24 (in einer an die Jünger gerichteten Rede); 19,27.28; 27,55 (die Frauen).

So sehr aber die Volksmengen aus Israel terminologisch in die Nähe der Jünger gerückt werden, so deutlich werden sie gleichzeitig von ihnen unterschieden.

Dies kann dem Leser schon in 12,46–50 deutlich werden: Obwohl Jesus gerade noch mit den Volksmengen sprach (12,46), zeigt er dann doch *nur* auf seine Jünger und nennt sie seine Mutter und seine Brüder (12,46–49f).

Im quellenkritischen Vergleich wird die Differenzierung zwischen den Jüngern und den Volksmengen auch in Mt 16,24 par Mk 8,34 sichtbar: Während in Mk 8,34 Jesus die Volksmengen mit seinen Jüngern herbeiruft, um sie über die Bedingungen wahrer Nachfolge zu belehren, spricht Jesus genau dies nur zu seinen Jüngern.[145]

Besonders deutlich wird die Trennung zwischen den Volksmengen und den Jüngern im Blick auf die letzten Erwähnungen der ὄχλοι: Zunächst erscheinen sie in 23,1 noch neben den Jüngern als Zuhörer der letzten öffentlichen Rede Jesu, wobei sie gleichzeitig von den Führern des Volkes dadurch unterschieden werden, dass diese nach 22,46 nicht mehr direkt angeredet werden.[146] Am Ende der Rede Mt 23 werden sie aber nicht mehr erwähnt, was gerade im Vergleich zur Bergpredigt ein klares Signal ist (vgl. 7,28). Danach, in der Passionserzählung, finden sie sich eindeutig auf der Seite der Gegner Jesu wieder.[147]

Auch die Entwicklung, dass die Volksmengen letztlich mit den führenden Gruppen zusammen zu Gegnern Jesu werden, kündigt sich schon im Verlauf des MtEv an.

---

145 Vgl. Luz, Jünger 385; Meiser, Reaktion 261; Cousland, Crowds.
146 Obwohl die Rede Mt 23 zu einem großen Teil an führende Gruppen gerichtet ist: γραμματεῖς καὶ Φαρισαῖοι 23,13.15.23.25.27.29.
147 Die beiden Belege 26,47 (par Mk 14,43) und 26,55 können hier außer Betracht bleiben, da Mt wohl an eine militärische Abordnung denkt, vgl. Davies-Allison, Mt III 507.515, und Meyer, ThWNT V 583.587 (zu Mk 14,43). Vielleicht soll der Leser aber doch schon eine Andeutung davon erhalten, was bald mit den ὄχλοι geschehen soll.

*4.2 Die Volksmengen und die führenden Gruppen als »diese Genera-
tion«*
Zu Beginn des öffentlichen Wirkens des irdischen Jesus stehen die
Volksmengen auf der Seite Jesu. Doch schon in Mt 11 ist angedeutet,
dass die Volksmengen letztlich so wie die führenden Gruppen zu »dieser Generation« zählen, wenn 11,7 die Volksmengen als Zuhörer eingeführt werden und der mt Jesus sie in 11,16 als »diese Generation« an-
spricht.
Die Zuordnung von Volksmengen und führenden Gruppen zu »dieser
Generation« wird bestätigt, wenn man 17,14–20 einbezieht und mit den
Ergebnissen zu den führenden Gruppen Israels abgleicht: Während führende Gruppen in beiden Versionen der Zeichenfrage als »böse Generation« bezeichnet werden,[148] sind es hier kontextuell die Volksmengen,
zu denen gesagt ist (17,17):

ἀποκριθεὶς δὲ ὁ Ἰησοῦς εἶπεν· ὦ γενεὰ ἄπιστος καὶ διεστραμμένη, ἕως
πότε μεθ᾽ ὑμῶν ἔσομαι; ἕως πότε ἀνέξομαι ὑμῶν; φέρετέ μοι αὐτὸν ὧ
δε.

Die Volksmengen sind eine »ungläubige und verdrehte Generation«;
dadurch werden sie nicht nur negativ gekennzeichnet, ohne dass noch
eine Hoffnung auf Veränderung erkennbar wäre, sondern sie werden
über den Begriff »Generation« auch mit den führenden Gruppen
verbunden.[149]
So ist also die Unterscheidung zwischen Volksmengen und führenden
Gruppen nicht mehr streng durchgeführt. Darüber hinaus gibt es auch
schon während der Erzählung Hinweise auf die endgültige Abkehr der
Volksmengen von Jesus. In der Gleichnisrede wird die Abkehr der
Volksmengen vorgreifend theologisch als Verstockung gedeutet, wie im
Folgenden gezeigt wird.

4.3 Die Verstockung der Volksmengen (Mt 13,1–17)
Mt hat die Gleichnisrede (13,1–17) gegenüber seiner Vorlage aus Mk 4
so zugespitzt, dass die Volksmengen als verstockt erscheinen, und deshalb, weil sie verstockt sind, Jesus zu ihnen in Gleichnissen redet. Die
Gleichnisrede greift also über den unmittelbaren Erzählduktus schon

---

148 Vgl. die Materialsammlung S. 54f und unten zu Mt 27,25 S. 107ff.
149 Vgl. Luz, Mt II 523; der Bezug zu den Volksmengen ergibt sich daraus, dass
sie von 17,14 her anwesend sind, in 17,17 den Kranken zu Jesu bringen und Jesus
ihnen antwortet. Erst ab 17,19 spricht Jesus zu den Jüngern. Ihnen wirft er nicht
»*Un*glauben« (wie 17,17 »dieser Generation«), sondern »*Klein*glauben« vor (17,20).
Wie sehr der Text über den unmittelbaren Kontext hinausgeht, zeigt sich daran, dass
sich einer aus den Volksmengen gerade erwartungsvoll an die Jünger Jesu gewandt
hatte (17,16); worin also sollte ihr Unglaube bestehen?

hinaus auf das Scheitern der Bemühungen des irdischen Jesus um das Volk Israel.[150] Gegenüber dem Mk-Text lässt sich das mt Verständnis der Gleichnisse als Verstockungsrede am besten an den Änderungen in 13,12f erkennen: Die Jünger sind es, denen im Unterschied zu den Volksmengen die »Geheimnisse des Himmelreiches gegeben« sind (13,11), jenen aber, zu denen das Gleichnis geredet ist (nämlich die Volksmengen, 13,2), sind diese Geheimnisse nicht geben. Damit ihnen aber auch das, was sie haben, genommen werde, redet der mt Jesus in Gleichnissen (13,13):

διὰ τοῦτο ἐν παραβολαῖς αὐτοῖς λαλῶ, ὅτι βλέποντες οὐ βλέπουσιν καὶ ἀκούοντες οὐκ ἀκούουσιν οὐδὲ συνίουσιν.

Mt ändert das mk finale ἵνα in das kausale ὅτι ab, so dass das Sehen, welches ein Nicht-Sehen ist, und das Hören, welches ein Nicht-Hören ist, der *Grund* dafür ist, dass Jesus zur Volksmenge in Gleichnissen redet.[151] Die Gleichnisse haben nach Mt nicht die Funktion, Kommunikation zu ermöglichen, sondern sie sollen im Gegenteil die Unmöglichkeit bzw. Sinnlosigkeit der Kommunikation beweisen, die als gegeben vorausgesetzt wird.[152] Wenn dies mit Blick auf die Jünger mit einer Form von Erwählungstheologie begründet wird, nämlich durch die schon zitierte Aussage »euch sind die Geheimnisse gegeben, jenen aber nicht« (13,11), so bedeutet dies umgekehrt für die Volksmengen, dass ihr Nicht-Sehen und Nicht-Hören im letzten in einem Handeln Gottes begründet ist.[153] In der Sicht des Mt gesprochen: Dass »damals« der Großteil Israels sich dem Wirken Jesu verschlossen hat, ist letztlich in dem erwählenden Handeln Gottes begründet. Die »Verstockung« betrifft die damalige

150 Vgl. zu diesem Phänomen Luz, Mt II 311 (zu Mt 13,10–23): »Unser Text ist ein Musterbeispiel dafür, dass sich das Matthäusevangelium manchmal nicht erschließt, wenn man es nur auf der Ebene der ›story‹ liest.«
151 Vgl. zur Gleichnisrede Mt 13 Gnilka, Verstockung 89–115, zum kausalen ὅτι ebd. 93.97; BDR § 456 und Davies-Allison, Mt II 392: »Matthew's ὅτι makes the parables a *response* to unbelief: they are uttered *because* people see and do not see, because they hear and do not hear.« (Hervorhebungen im Original)
152 Ich folge hier der Auslegung von Luz, Mt II 311–314, mit dem Unterschied, dass ich die Volksmenge von Mt 13,2 als die von der Verstockungsaussage gemeinte ansehe.
153 Gnilka, Verstockung 91 (zu Mt 13,11): »Die letzte Ursache liegt bei Gott. Er hat es so verfügt, den einen die Erkenntnis der ›Geheimnisse des Himmelreiches‹ zu geben, den anderen nicht (…).« Anders Strecker, Weg 230: »Ihre Verantwortlichkeit für das Nicht-Sehen ist ausdrücklich vorausgesetzt.« Damit ist aber Pointe der Verstockungsaussage nicht getroffen.
Mt kann aber auch die Schuld der Menschen herausstellen, vgl. die Aussagen vom Nicht-Wollen, Mt 22,3; 23,37.

Volksmenge, und dies hat sich in der Ablehnung Jesu (und in der darauf folgenden Strafe)[154] gezeigt.[155]

4.4 Die Grabwächter und die »Lehre« vom Leichendiebstahl (Mt 27,62–66; 28,11–15)

Die beiden Perikopen von den Grabwächtern sind zwar durch die Erzählung von den Osterereignissen (28,1–10) voneinander getrennt, aber durch so viele Verknüpfungen miteinander verbunden, dass sie als eine Einheit betrachtet werden müssen.[156] Nachdem Mt den Tod und die Grablegung Jesu berichtet hat (27,50.57–61), wird der Leser nun von der negativen Außensicht her auf den Bericht der Auferstehung Jesu vorbereitet: Die Hohenpriester und Pharisäer[157] versammeln sich am Sabbat bei Pilatus und bitten ihn, das Grab Jesu versiegeln zu lassen, damit die Jünger nicht den Leichnam Jesu stehlen können.[158] Sie fürchten, dass die Jünger dann »dem Volk« (τῷ λαῷ, 27,64) sagen könnten, Jesus sei auferstanden.[159] Das ist eine absichtsvoll subtile Formulierung des Mt. Bisher hatte Mt den Begriff λαός immer im Sinne von »auserwähltes Volk Israel« ver-

---

154   Nämlich in der Zerstörung Jerusalems, vgl. S. 77ff.

155   Mt 13,14f sind möglicherweise als Glosse anzusehen. Zur Diskussion vgl. Davies-Allison, Mt II 393f, die sich für die Annahme einer Glosse entscheiden, a.a.O. S. 394: »Along with many other, however, we think it slightly more likely than not that the lines (sc. Mt 13,14f; G.G.) are a (very early) post-Mathean interpolation.«
Sollte Mt 13,14f aber keine Glosse sein (so z.B. auch Luz, Mt II 301f, aber mit anderer Auslegung), dann deutet sich an ihrem Ende wohl eine heilvolle Wendung für Israel an; vgl. dazu Karrer, Und ich werde sie heilen 268 A 62. Er konstatiert »(...) einen vorzüglichen Sinn für Mt 13: Jesus erzählt ›großen Mengen‹ Gleichnisse (13,2). Sie verstehen nicht und sind damit in der von Jes(aja) beschriebenen Situation der Verstockung. Sie sind aber in ihr nicht heillos behaftet – der Herr wird sie heilen (13,15).«
So auch, im Anschluss an Karrer, Vahrenhorst, Gift oder Arznei 162: »Vom Duktus der vor- und nachneutestamentlichen Rekurse auf Jes 6,9 f. bietet sich (sc. für Mt 13,14f; G.G.) eine Lektüre mit positiver Perspektive an. Philogisch ist sie ebenfalls möglich. Zugleich – und das gibt den Ausschlag – entspricht sie ähnlich akzentuierten Aussagen im Evangelium.«

156   Vgl. Gnilka, Mt II 487: »Die Perikope, die als Sonderüberlieferung des Mt von der Sicherung des Grabes Jesu mit Siegel und Wache erzählt, gehört mit 28,11–15 zusammen.«

157   Diese Kombination findet sich bei Mt nur noch Mt 21,45; sie könnte hier für die Zusammensetzung des Synhedrions stehen (so Gnilka, Mt II 485), was aber unwahrscheinlich ist, weil Mt die Pharisäer sonst nicht mit dem Synhedrion verbindet. Die Pharisäer erscheinen hier, weil es sich bei der »Lehre« vom Leichendiebstahl um ein aktuelles Problem der mt Gemeinde in Auseinandersetzung mit den Pharisäern handelt.

158   Das ist eine polemische Spitze gegen die Pharisäer, von denen der Leser weiß, dass sie lehren, man dürfe am Sabbat nicht arbeiten. Die Sabbat-Frage ist nach Mt 12,9–14 Anlass für die Absicht der Pharisäer, Jesus zu töten.

159   Vgl. dazu Hengel, Begräbnis Jesu, v.a. 179f.

wendet.[160] Auch in dieser Perikope unterscheidet Mt zwischen den jüdischen Führern und dem Volk Israel. Diese nennen es aus ihrer eigenen Perspektive so, wie Mt selbst es bisher bezeichnet hatte. Daraus darf man nicht folgern, dass Mt diese Bezeichnung nicht mehr für zutreffend hält.[161] Eher wirkt das wie ein Selbstbekenntnis der führenden Gruppen: Das heilige Volk ist immer noch das heilige Volk, dem jetzt aber die führenden Gruppen gegenüberstehen. Sie sagen zwar nicht ausdrücklich, dass sie nicht mehr zu diesem Volk dazugehören, aber eine gewisse Distanz lässt sich doch nicht leugnen.

Dass die Hohenpriester und Pharisäer befürchten, die Jünger könnten mit ihrer »Lüge« von der Auferstehung Jesu Erfolg haben, zeigt auf der Textebene ihre Nervosität und könnte historisch missionarische Erfolge der mt Gemeinde reflektieren.[162]

In der zweiten Perikope von den Grabwächtern und dem leeren Grab (28,11–15) wird der Bezug auf die Gegenwart der mt Gemeinde explizit. Die Wachen eilen in die Stadt, um den Hohenpriestern zu berichten, dass ihr Versuch, das Grab zu bewachen, gescheitert ist. Die Hohenpriester beschließen zusammen mit den herbeigerufenen Ältesten, die Soldaten zu bestechen, dass diese das Gerücht verbreiten, die Jünger hätten den Leichnam Jesu gestohlen während sie selbst, die Wachen, schliefen (28,15).

Die historischen Schwierigkeiten stören Mt nicht (hätten die Soldaten wirklich sich selber so ein schlechtes Zeugnis ausgestellt? Warum berichten die Wachen den Hohenpriestern und nicht dem Pilatus?). Wichtig ist für ihn allein, das wohl im Umfeld seiner Gemeinde tatsächlich vorhandene Gerücht vom Leichendiebstahl auf den Betrug der damaligen führenden Gruppen zuückzuführen. Dass er das Umfeld seiner Gemeinde »Juden« nennt, ist nicht mit allzu großem Gewicht zu versehen. Mt nennt diese Leute so, wie sie sich wohl selbst nennen.[163] Zwar fällt auf, dass Mt hier zum ersten und einzigen Mal im MtEv die Bezeich-

---

160 S. dazu S. 45ff.

161 In der älteren redaktionskritischen Forschung wurde Mt 27,64 gelegentlich übersehen und deshalb vom »Ende Israels als Gottesvolk« gesprochen; vgl. z.B. Strecker, Weg 115–117; Frankemölle, Jahwebund 211 A81.
Anders in neuester Zeit Meiser, Reaktion 243 A16 (zu Mt 27,64): »Dass Mt 27,64 λαός statt ὄχλος steht, dürfte zunächst mit der den Eliten in den Mund gelegten Sicht Israels als Gottesvolk zu begründen sein, für das sie die Verantwortung tragen (ähnlich Mt 26,5).« Aber Mt sagt nirgends, dass er diese »Sicht Israels als Gottesvolk« für falsch hält.

162 Anders Gnilka, Mt II 488, allerdings ohne Argumente zu nennen: »Man wird hier nicht einen missionarischen Erfolg der Jünger angezeigt sehen, weil das jüdische Volk (λαός) angesprochen ist.«

163 Zu Ἰουδαῖοι als Selbstbezeichnung Gollinger, Lehre 370 A61; lange wurde der fehlende Artikel übersehen, dazu ebd., 369f. Bedauerlicherweise geschieht des gelegentlich auch heute noch, vgl. Hengel, Begräbnis Jesu 179.

nung Ἰουδαῖοι nicht im Munde eines Heiden[164] verwendet, aber andererseits hat die Bezeichnung an keiner Stelle einen abwertenden Charakter: Wenn etwa Pilatus Jesus fragt, ob er der König der Juden sei, heißt das nicht, dass Mt diesen Anspruch ablehnt, im Gegenteil. Man kann also auch in 28,15 nicht eine abschließend negative Außensicht des Volkes Israel einlesen.

Am stärksten ist die Trennung zwischen »den« Juden und den anderen Völkern durch die Erzählstruktur impliziert: Bei Juden hält sich, so 28,15, »bis auf den heutigen Tag«[165] das Gerücht vom Leichendiebstahl der Jünger, während die Jünger in der darauf folgenden Perikope vom auferstandenen Jesus zu »allen Völkern« gesandt werden, das Evangelium zu verkündigen.

So kommt auf der narrativen Ebene die spannungsvolle mt Konzeption zu ihrem Endpunkt: Nach der ausschließlichen Hinwendung Jesu zu Israel und der Ablehung Jesu durch das »ganze Volk« werden die Jünger nun zu »allen Völkern« ausgesandt. Genau dies war in der Aussendungsrede (Mt 10) ausdrücklich ausgeschlossen worden.[166]

4.5 Auswertung

Mit seinem Volksmengen-Konzept zeigt Mt, dass Jesu Hinwendung zu Israel nicht von vornherein gescheitert ist, sondern dass es immer eine Volksmenge aus Israel gab, die Jesus zugehört hat. Letztlich kam Jesu Hinwendung aber dennoch zum Scheitern. Dies deutet Mt, unter zuspitzendem Rückgriff auf seine Quelle MkEv, mit Hilfe der Verstockungsvorstellung. Er bezieht sie aber dezidiert nur auf die Volksmenge, die in der Zeit der Wirksamkeit des irdischen Jesus eine Rolle gespielt hat.

Erzähltechnisch können deshalb die Volksmengen nicht als Stellvertreter der in der mt Gegenwart angeredeten Adressaten gelten. Man kann von den ὄχλοι nur in einem historisierenden Sinn sagen, sie seien die »potentielle Kirche«;[167] sie sind ein personifiziertes Darstellungsmittel der mt Geschichtsdeutung: ganz Israel *hätte* zur »Kirche« werden können und sollen, weil Jesus in ganz Israel gewirkt hat, – aber die mt Wahrnehmung der Geschichte und seiner Gegenwart spricht eine andere Sprache: Mit seinem Wirken in Israel ist Jesus weitgehend gescheitert, – Israel, vertreten durch die Volksmengen, hat sich ihm verweigert.[168]

---

164   Außer Mt 28,15 noch Mt 2,2 (die Magier) und in der Passionsgeschichte (27,11: Pilatus; 27,29: Soldaten des Pilatus; 27,37: Aufschrift auf dem Kreuz).
165   Zur Textkritik vgl. Metzger, Commentary 61.
166   Vgl. dazu S. 39ff.
167   So Luz, Mt III 92, mit Verweis auf ders., Mt I 180; ähnlich ders., Mt II 286 A4: Die Volksmengen sind »relativ neutral (Noch-)Nicht-Anhänger Jesu.«
168   So auch Meiser, Reaktion 278: »Die ὄχλοι stehen nicht mehr wie bei Markus zusätzlich als missionarisches Umfeld der Gemeinde, als Reservoir der nachösterlich potentiell Glaubenden; diese Funktion hat der Begriff ἄνθρωποι übernommen (…).«

Im Fortgang seiner Jesuserzählung deutet Mt aber an, dass nicht das Volk Israel als ganzes von der Verstockung betroffen ist: Die Gegenüberstellung »ὄχλοι – Führer des Volkes« setzt sich nach der Verurteilung Jesu in der Gegenüberstellung »λαός – Führer des Volkes« fort. Dies ließ sich an 27,62–66; 28,11–15 zeigen.

III Zusammenfassung

Der Hauptteil C ist der Frage nachgegangen, wie Mt die in der Vorgeschichte geweckte israelorientierte Leseerwartung in seiner Deutung *des Wirkens der irdischen Jesus* einlöst. Dabei waren zwei Tendenzen zu beobachten:
Einerseits gestaltet Mt eine Konzentration des irdischen Jesus auf das Wirken in Israel, sowohl in Hinsicht auf die Jünger und die Volksmengen aus Israel (C.I.1) als auch in Hinsicht auf die Begrenzung des Wirkungsbereiches Jesu und seiner Jünger (C.I.2).
Andererseits schildert Mt die von den führenden Gruppen ausgehende, sich zuletzt auf das ganze Volk ausweitende Ablehnung Jesu, die in der Konsequenz zur Hinrichtung Jesu führt (C.II.1 – C.II.4).
Die Schnittstelle dieser beiden Tendenzen wird durch die Volksmengen gebildet, die zunächst als Nachfolger Jesu eingeführt werden, dann aber mit den führenden Gruppen als »diese Generation« bezeichnet werden und zuletzt als Gegner Jesu erscheinen. Theologisch deutet Mt dies mit Hilfe der Verstockungsvorstellung.
Auch nach der kollektiven Ablehnung hält aber Mt in seiner Erzählung an der Bezeichnung Israels als λαός fest (C.II.4.4). Weil dies mit den Ostereignissen verbunden ist, ergibt sich hier der Übergang zur zweiten Phase des mt heilsgeschichtlichen Schemas. Der Betrachtung dieser zweiten Phase ist der folgende Hauptteil D gewidmet.

Anders van Tilborg, Jewish Leaders 164, und Gielen, Konflikt 416; Gielen unterscheidet ebd. zwischen den »Jerusalemern« und den »nicht aus Jerusalem stammenden Volksscharen« und schließt daraus auf die »Strategie des realen Autors, (...) auf jede weitere, weil nutzlose Diskussion mit den führenden Leuten der Synagoge zu verzichten, sich aber um die »ὄχλοι« zu bemühen, um so einen Keil zwischen sie und ihre Führer zu treiben und wenigstens sie vor dem Ausschluss aus der Basileia zu bewahren.« Diese Deutung scheitert aber a) an der Bestimmung der Volksmengen als »nicht aus Jerusalem stammend«, denn Mt unterscheidet gerade nicht, vgl. die Herkunftsangabe 4,25 (»aus Jerusalem«) und den Einzug der Volksmengen in die Stadt (21,8.9.11), und b) an der Deutung von Mt 27,25 bei Gielen, Konflikt 386, als nur auf das Volk aus Jerusalem zu beziehen.

D Die Zeit zwischen dem Wirken des irdischen Jesus und der Parusie

Die zweite Phase des heilsgeschichtlichen Schemas ist qualifizert als »Reich des Menschensohnes« und ist eröffnet durch die Auferstehung Jesu.[1] Sie umschließt die Gegenwart der mt Gemeinde. Auch diese Phase deutet Mt im Verlauf seines Evangeliums, allerdings in anderer Weise als die v.a. narrativ gedeutete erste Phase. Die mt Deutung seiner Gegenwart ist besonders aus theologisch besprechenden Texten zu erheben.

Von der Leseerwartung aus der Vorgeschichte her stellt sich die Frage, wie Mt für seine Zeit und seine Gemeinde die Hinwendung Jesu zu Israel und die Ablehnung Jesu durch Israel in der Vergangenheit verbindet: Welche Auswirkung hat es auf die mt Gegenwart, dass Israel mehrheitlich den irdischen Jesus abgelehnt hat?

Drei Momente dieser Deutung sollen im Folgenden herausgestellt werden, die israeltheologische Relevanz besitzen: Die Zerstörung Jerusalems als innergeschichtliches Gericht über Israel (D.I), die Wendung zur Weltvölkermission (D.II) und der bleibende Auftrag zur Israelmission (D.III).

I Die Zerstörung Jerusalems als innergeschichtliches Gericht über Israel

Aus drei Textkomplexen soll das mt Verständnis der Zerstörung Jerusalems[2] gewonnen werden, nämlich aus der Parabeltrilogie (D.I.1), aus dem Ende der Weherede mit dem Auszug Jesu aus dem Tempel (D.I.2) und aus dem »Blutruf« des Volkes vor Pilatus (D.I.3).

Die Funktion dieser drei Textbereiche für das narrative Konzept und die Deutung des irdischen Wirkens Jesu wurde oben schon angesprochen,

---

1 Vgl. S. 145ff.
2 Zur Ereignisgeschichte vgl. Schwier, Tempelzerstörung 4–54. Der Begriff »Zerstörung Jerusalems« ist sachlich ungenau, weil Jerusalem im Jahr 70 n.Chr. nicht wirklich zerstört worden ist. Es geht um die Zerstörung des Tempels und die Eroberung der Stadt; die Bezeichnung »Zerstörung Jerusalems« hat sich aber eingebürgert (vgl. Fascher, Untergang; Becker, Zerstörung; Döpp, Zerstörung) und soll hier beibehalten werden.
Zur Sache vgl. jetzt auch Hahn (Hrsg.), Zerstörungen des Jerusalemer Tempels (2002).

und dabei wurde jeweils auch der Kontext in den Blick genommen.[3]
Wir können uns hier also auf die Einzelauslegung konzentrieren, sofern
sie für die Fragestellung »Zerstörung Jerusalems als Gericht« relevant
ist.

1 Die Strafe für die Ablehnung Jesu in der Parabeltrilogie (Mt 21,28–22,14)

Innerhalb des Erzählduktus sind die drei Gleichnisse ein letzter Versuch
Jesu, seine Gegner durch eindringliche Warnung vor dem Ausschluss
aus der Basileia zu bewahren. Zugleich enthalten sie aber auch eine Geschichtsdeutung, und dieser wollen wir uns nun zuwenden.[4]

1.1 Das Gleichnis von den beiden Söhnen (Mt 21,28–32)

Das erste der drei zu behandelnden Gleichnisse findet sich innerhalb
einer Perikope, die nur zu Hälfte aus diesem Gleichnis besteht: Nach der
einleitenden Frage (21,28a) erzählt Jesus das Gleichnis (21,28b–29),
während die zweite Hälfte der Perikope von einem Gespräch Jesu mit
seinen Gegnern gebildet wird (21,30–31).[5]
Das Gleichnis führt dem Leser einen Vater mit seinen zwei Söhnen vor
Augen. Er fordert den ersten Sohn auf, im Weinberg zu arbeiten, dieser
weigert sich zunächst, bereut dies dann aber und geht doch an die Arbeit. Umgekehrt der zweite Sohn: Dieser sagt dem Vater zu, geht aber
nicht an die Arbeit.
Die Zuhörer, also auf der Textebene die Hohenpriester und Ältesten des
Volkes (vgl. 21,23), sollen nun die Frage beantworten, wer den Willen
des Vaters getan habe, und sie antworten zutreffend: ὁ πρῶτος (21,31).
Damit haben sie aber das Urteil über sich selbst gesprochen, denn in
einem feierlichen Amenwort droht Jesus den Angeredeten an:

---

3 Vgl. S. 64ff.
4 Zur Parabeltrilogie vgl. Roloff, Kirchenverständnis 345–350; Münch, Gleichnisse Jesu 222f u.ö.
5 Das textkritische Problem von Mt 21,28–32 ist zwar kompliziert, kann aber mit
der Argumentation von Luz, Mt III 204f, als gelöst gelten. Neben der von Luz als
ursprünglich angesehenen Textform (wie sie auch von Nestle-Aland seit der 26.
Auflage wiedergegeben wird) gibt es zwei andere Fassungen. Die eine dreht die
Reihenfolge der beiden Söhne um (so B, Θ, f[13], u.a.), wobei hierbei der Versuch
einer heilsgeschichtlichen Periodisierung vorliegen kann: Israel weigert sich trotz
der Erwählungsgeschichte, die Weltvölkern bereuen ihren früheren Unglauben.
Die andere (vertreten v.a. von D und sy[s]) legt den Adressaten eine unsinnige Antwort in den Mund, indem sie, bei der Reihenfolge des ursprünglichen Textes (also
zuerst Nein-Sager, dann Ja-Sager) antworten: ὁ ἔσχατος. Das nimmt dem Text die
Pointe, die in dem »paradigmatischen Rechtsentscheid« (Berger, Formgeschichte
52) der Gegner Jesu besteht.
Schwieriger ist die Entscheidung für V32 (οὐδέ oder οὐ) zu treffen; vgl. dazu A11.

ἀμὴν λέγω ὑμῖν ὅτι οἱ τελῶναι καὶ αἱ πόρναι προάγουσιν ὑμᾶς εἰς τὴν βασιλείαν τοῦ θεοῦ. (21,31)

Dieses Drohwort passt streng genommen nicht recht zum Gleichnis,[6] denn in diesem geht es um eine klare Alternative, während das Drohwort von einem zeitlichen Nacheinander spricht:[7] Die Zöllner und Huren gehen *vor* den Hohenpriestern und Ältesten in das Reich Gottes ein.[8] Mt (oder die vormt Tradition[9]) scheint dies auch empfunden zu haben und hat wohl deshalb noch eine weitere Erklärung angefügt. Diese bringt zwar neue Schwierigkeiten mit sich,[10] klärt aber den entscheidenden Punkt: Die Zöllner und Huren haben Johannes geglaubt, die Hohenpriester und Ältesten damals und auch später nicht,[11] und, so wird der Leser folgern müssen, deshalb werden die Hohenpriester und Ältesten auch nicht in das Reich Gottes eingehen.

So ist das Gleichnis eine weitere Reaktion Jesu auf die Weigerung der Hohenpriester und Ältesten, ihm seine Frage nach der Vollmacht des Täufer zu beantworten (21,27): Nicht nur damals, zur Zeit des Wirkens

6 Zwischen dem Gleichnis und dem darauf bezogenen Gespräch gibt es einige Spannungen, die darauf schließen lassen, dass Mt das Gleichnis aus seinem Sondergut übernommen und das Gespräch angefügt hat, wobei zu bedenken ist, dass auch die beiden Worte, die Mt anfügt (21,31b und 21,32) wegen der unten (s. A10) angeführten Ungereimtheiten wohl nicht ganz von Mt stammen können. Zur genaueren Analyse vgl. Luz, Mt III 207, der allerdings 21,32 für mt hält; anders m.E. zu Recht Gnilka, Mt II 220: 21,31b–32 ist vormt Tradition (evtl. aus Q).
7 Davies-Allison, Mt III 169f, wollen mit Verweis auf Mt 23,13 die Schwierigkeit ausgleichen:»The contrast implies exclusivity: one group enters (or will enter), the other does not (or will not).« Diese Bedeutung ist aber für das Wort προάγω nicht belegt, s. Bauer 1406.
8 προάγουσιν εἰς τὴν βασιλείαν τοῦ θεοῦ ist hier wie auch sonst bei den Gleichnissen vom Hineingehen futurisch zu verstehen; vgl. dazu 23,13.
9 21,32 enthält zwar einige mt Formulierungen (s. Luz, Mt III A20), kann aber wegen der unten genannten Schwierigkeiten (A10) nicht ganz von Mt stammen.
10 Warum wirft Jesus seinen Gegnern nur vor, dass sie Johannes nicht geglaubt haben, nicht, dass sie ihn selber ablehnen? Will Mt damit andeuten, dass die Entscheidung auf der Erzählebene noch offen ist (vgl. dann 23,37b)?
Und: Wo berichtet Mt davon, dass die Zöllner und Huren Johannes geglaubt hätten? Nur Jesus bringt er mit ihnen in Zusammenhang: Mt 9,9–11 par Mk 2,13–16; Mt 11,19 par Lk 7,34; jeweils aber τελῶναι und ἁρματωλοί (Mt kennt die Zöllner aber auch als abschreckendes Beispiel: Mt 5,46 gegen Lk 6,32; Mt 18,17). πόρναι tauchen bei den Synoptikern (außer im Gleichnis vom barmherzigen Vater, Lk 15,30, und vielleicht Lk 7,36ff) überhaupt nicht auf; gegen Luz, Mt III 212.
Zu den Zöllnern vgl. aber Lk 3,12; 7,29: Zöllner kommen zur Taufe des Johannes.
11 ὑμεῖς δὲ ἰδόντες οὐδὲ μετεμελήθητε ὕστερον τοῦ πιστεῦσαι αὐτῷ. ὕστερον eröffnet eine Zeitspanne (»*auch später* habt ihr nicht bereut«), die aber nicht bis in die Gegenwart des Mt reichen kann, denn da spielen die Hohenpriester und Ältesten keine Rolle mehr. οὐδέ ist textkritisch unsicher (s. den Apparat in Nestle-Aland[27] und Metzger, Commentary 46), verdient aber den Vorzug, weil οὐ den Vorwurf *nur* darauf konzentrieren würde, dass sie *später* nicht bereut haben. Mit Metzger, Commentary 46, gegen Luz, Mt III 204 A1.

des Johannes, sondern auch jetzt noch verweigern sie sich seiner Botschaft. Die Botschaft des Johannes und die Jesu ist aber letztlich identisch,[12] und wer sich ihr verweigert, wird nicht in das Reich Gottes eingehen. Das nächste Gleichnis greift dies auf und führt den Gedanken in spezifischer Weise weiter.

1.2   Das Gleichnis von den bösen Weingärtnern (Mt 21,33–44)

Nach der Einfügung des Gleichnisses von den beiden Söhnen in den Mk-Duktus folgt nun Mt wieder seiner Quelle, indem er aus Mk 12,1–12 das Gleichnis von den bösen Weingärtnern übernimmt. Es bietet sich zunächst ein Blick an auf die wichtigsten Änderungen gegenüber Mk innerhalb des Gleichnisses und in den das Gleichnis deutenden Texten:[13]

– Der Weinbergbesitzer ist ein οἰκοδεσπότης[14] (21,33; fehlt in Mk 12,1)
– Der verreiste Weinbergbesitzer sendet zweimal mehrere Diener[15] zu den Weingärtnern, die beide Male geprügelt, getötet oder gesteinigt werden (21,34f; Mk 12,2–5: er schickt erst dreimal einen Diener und dann viele, die jeweils misshandelt oder getötet werden)
– Den zuletzt gesandten Sohn des Weinbergbesitzers werfen die Weingärtner erst hinaus und töten ihn dann (21,38; Mk 12,8 umgekehrt)
– Die Zuhörer werden stärker in den das Gleichnis fortführenden Text einbezogen, indem sie
a) auf die bei Mk rein rhetorische Frage (Mk 12,9a) antworten und den notwendigen Schluss des Gleichnisses benennen:
λέγουσιν αὐτῷ, κακοὺς κακῶς ἀπολέσει αὐτοὺς καὶ τὸν ἀμπελῶνα ἐκδώσεται ἄλλοις γεωργοῖς, οἵτινες ἀποδώσουσιν αὐτῷ τοὺς καρποὺς ἐν τοῖς καιροῖς αὐτῶν (21,41).
b) in einer zweiten Erklärung[16] des Gleichnisses direkt angeredet werden mit dem Drohwort:
διὰ τοῦτο λέγω ὑμῖν ὅτι ἀρθήσεται ἀφ᾽ ὑμῶν ἡ βασιλεία τοῦ θεοῦ καὶ δοθήσεται ἔθνει ποιοῦντι τοὺς καρποὺς αὐτῆς (21,43).[17]

---

12   Vgl. zur Parallelisierung von Jesus und Johannes Frankemölle, Johannes, mit der These (a.a.O. 216), dass »Jesus dem Täufer angeglichen und jener nicht christianisiert wird.«
13   Zum Winzergleichnis im MkEv und seiner Vorgeschichte vgl. ausführlich Mell, Winzer 74–188.
14   Das gleiche Wort auch Mt 13,27; 20,1.11; 24,43 in übertragener Bedeutung.
15   Beim zweiten Mal »mehr« als beim ersten Mal (ἄλλους δούλους πλείονας τῶν πρώτων), wobei beim ersten Mal vielleicht wegen der drei Relativsätze (35b) an drei Boten zu denken ist, die dann die drei Sendungen eines einzelnen Boten bei Mk zusammenfassen würden; vgl. Mußner, Winzer 129.
16   Nach dem aus Mk 12,10 wörtlich übernommenen Psalmzitat aus Ps 118.
17   Zu Mt 21,44 vgl. die Diskussion bei Davies-Allison, Mt III 186 A65, die sich gegen Mt 21,44 als ursprünglichem Text aussprechen: »If v. 44 was original, why was it omitted?«

– Mt betont durch die Benennung der Gegner (Hohepriester und Pharisäer) und durch die Voranstellung ihrer Erkenntnis, dass das Gleichnis dezidiert auf sie abgezielt ist (21,45 gegen Mk 12,12). Die Schlüsselfrage für die Auslegung des Gleichnisses ist mit Blick auf unser Thema die genaue Bedeutung von 21,43. Mt fügt dieses Drohwort in den mk Kontext ein, es gibt also in besonderer Weise das mt Verständnis wieder. Auf den ersten Blick ergeben sich folgende Aspekte in Zusammenhang mit dem Gleichnis: Das Drohwort knüpft kontextuell direkt an die von den Hörern gegebene Schlussfolgerung (21,41)[18] an, d.h. es wird der Weinberg mit dem Reich Gottes parallelisiert, die ersten Weingärtner mit den Angeredeten und die anderen Weingärtner mit dem »Volk«, das seine[19] Früchte bringt. Die Herrschaft Gottes wird also mit einem Weinberg verglichen, dessen Weingärtner sich aber alles andere als bewährt haben, und der deshalb anderen Weingärtnern gegeben werden soll.

Das würde an sich eine ganz kohärente Auslegung des Gleichnisses ergeben, wenn nicht folgende Punkte unklar wären:

– Die βασιλεία τοῦ θεοῦ ist im MtEv eine zukünftige Größe; es gibt zwar auch präsentische Aspekte,[20] doch die sind nirgends so betont wie in diesem Gleichnis und (anscheinend) in seiner mt Anwendung. Man spricht deswegen öfters von der »Anwartschaft« der Führer Israels auf die Herrschaft Gottes,[21] aber das könnte eine Verlegenheitslösung sein, die außer eben vielleicht 21,43 keinen weiteren Anhalt am Text des MtEv hat.[22]

– Wer sind die »anderen Weingärtner« im Gleichnis, d.h. wer ist das Volk, dem die Herrschaft Gottes gegeben wird? Oft wird in der Auslegungsliteratur dieses Volk mit der Kirche identifiziert, aber weder

---

Anders Roloff, Winzerparabel 250, der sich für die Ursprünglichkeit von Mt 21,44 ausspricht: Der textkritische Befund spricht eher für die Ursprünglichkeit, und ein (z.B. von Davies-Allison angenommenes) sekundäres Eindringen aus Lk 20,18 sei wegen der Unterschiede zwischen Mt 21,44 und Lk 20,18 ebenfalls unwahrscheinlich.

Zur Deutung von Mt 21,44 vgl. Roloff, a.a.O. 262: Mt fügt an 21,43 die Straf- und Gerichtsandrohung 21,44 an, »weil sie durch den Duktus des Gleichnisses gefordert ist und weil sie überdies im Deutungszusammenhang der frühchristlichen Stein-Topik fest verankert war (Röm 9,33; 1Petr 2,7f). Er setzt sie jedoch offensichtlich von den VV. 42–43 ab, die er als Heilsankündigung versteht. Die Geschichte Jesu erfährt hier eine Deutung im Rahmen des Tun-Ergehens-Zusammenhanges: Diejenigen, die Jesus verworfen haben, werden dem Gericht Gottes verfallen. Es sind dies die in V. 45 ausdrücklich benannten ›Hohenpriester und Pharisäer‹.«

18 κακοὺς κακῶς ἀπολέσει αὐτοὺς καὶ τὸν ἀμπελῶνα ἐκδώσεται ἄλλοις γεωργοῖς, οἵτινες ἀποδώσουσιν αὐτῷ τοὺς καρποὺς ἐν τοῖς καιροῖς αὐτῶν.

19 δοθήσεται ἔθνει ποιοῦντι τοὺς καρποὺς αὐτῆς (21,43b); αὐτῆς ist dabei auf die Basileia zu beziehen: Ein Volk, das die Früchte der Herrschaft Gottes bringt.

20 Mt 11,12 und Mt 12,28. Lk 17,21 [Q?] fehlt bei Mt.

21 Luz, Mt III 226, mit Verweis auf Schmid, Mt 306.

22 Zu Mt 8,12 (οἱ υἱοὶ τῆς βασιλείας) S. 150f.

kennt Mt sonst den Gedanken, dass die Kirche die Herrschaft Gottes »hat«, noch nennt er sie irgendwo ἔθνος.
– Das wirft drittens die letzte und m.E. wichtigste Frage auf, nämlich die nach dem hinter der mt Anwendung stehenden Zeitverständnis: Wann wird den Angeredeten die Herrschaft Gottes weggenommen und dem »Volk« gegeben?
Zunächst muss aber die Frage geklärt werden, wer eigentlich die Angeredeten sind. Von Mt 21,23 her weiß der Leser die Hohenpriester und Ältesten des Volkes anwesend; eine nicht näher benannte Zuhörergruppe soll wohl auch als vorhanden gedacht werden, denn Jesus war ja gerade dabei, im Tempel zu lehren (21,23). Aber auf der anderen Seite gibt Mt in 21,45 genau an, wer das Gleichnis zu Recht auf sich bezogen hat, nämlich die Hohenpriester und Pharisäer.[23]
Es geht Mt im Kontext also um die führenden Gruppen Israels, die im Gleichnis durch die »alten« Weingärtner abgebildet sind. Sollte also mit der Übergabe des Weinberges auf die Übergabe einer leitenden Verantwortung angespielt sein? Aber was sollte mit der leitenden Verantwortung des »Volkes« gemeint sein?[24] Und wie hätte Mt das mit der Vorstellung vom Weinberg abgeglichen: Soll der Weinberg Israel darstellen, um das sich die Führer nicht richtig gekümmert hätten, und wäre damit Israel mit der Herrschaft Gottes identifiziert?[25] Oder hat Mt hier die Führer so sehr mit Israel identifiziert, dass Israel in der Gleichnisdeutung gar nicht auftauchen muss?[26] Das geht auch kaum an: Weder ist die Identifizierung der Führer Israels mit dem ganzen Volk im MtEv

---

23   Dies ist ein Beleg dafür, dass Mt nicht konsequent zwischen den einzelnen führenden Gruppen differenziert. Von einer Anwesenheit der Pharisäer war vorher nicht die Rede, während die Ältesten hier nicht mehr erwähnt werden, und 22,15 auch die Hohenpriester nicht mehr.

24   Von dieser Fragestellung her denken manche Ausleger daran, dass Mt mit dem »Volk« (21,43) eine leitende Gruppe *innerhalb der mt Gemeinde* gemeint habe (z.B. Saldarini, Community 58–63), doch dafür bietet das MtEv sonst keinen Anhaltspunkt. Außerdem würde dies bedeuten, dass nur die leitende Gruppe die Basileia bekommen würde.

25   Wenn man an der metaphorischen Gleichung Weinberg = Israel festhält, ohne mit der Identifizierung von Israel und Herrschaft Gottes zu rechnen, ergibt sich eine auch nicht sehr einleuchtende Auslegung: Die *Herrschaft über Israel* wird den Führern weggenommen und einem anderen Volk gegeben (so Pamment, Kingdom 231, mit Verweis auf weitere Literatur). Das würde zwar in gewisser Weise zu Mt 19,28 passen, aber κρίνειν ist in 19,28 nur auf die Zwölf bezogen, es heißt nicht »herrschen« und es geht in Mt 19,28 nicht um die mt Gegenwart; vgl. S. 185ff.
Für die ursprüngliche Fassung des Gleichnisses ist diese Intentionsbestimmung aber vielleicht zutreffend, vgl. Wehnert, Teilhabe 91–93.

26   So Luz, Mt III 226, der von 27,25 her auslegt: »Das ganze Volk wird in den Tod Jesu mit verstrickt, so dass vom Schluss des Evangeliums her der Verlust des Reiches, den Jesus den bösen Führern ankündigt, für das ganze Volk Folgen haben wird.«

so konsequent durchgehalten[27], noch würde diese Deutung zum Bildmaterial des Gleichnisses passen:[28] Der Weinberg ist traditionell Bild für Israel, Israel würde also sich selber weggenommen werden.

Mt hat hier offenbar eine Deutung eingefügt, die weniger zum Gleichnis passt, als dass sie sein eigenes Verständnis wiedergibt, das wir aus dem Vergleich mit anderen Aussagen gewinnen müssen. Die vorgestellten Versuche, die Beziehungen zwischen dem Gleichnis selbst und der von Mt intendierten Aussage klar festzulegen, scheinen zum Scheitern verurteilt.

Welche anderen mt Aussagen lassen sich zur Erhellung heranziehen? Die semantisch-syntaktischen Verknüpfungen von 21,43 innerhalb des MtEv gehen in zwei verschiedene Richtungen:

Zum einen besteht durch die Verknüpfung der Israel-Metaphorik des Gleichnisses mit dem Stichwort βασιλεία eine Nähe zu 8,11f; zum anderen erinnert 21,43 durch seine Struktur (Haben-Wegnehmen-Geben) an 13,12 und 25,29.

Mt 25,29 als Deutung des Gleichnisses von den Talenten weist auf das Endgericht, und bei diesem Endgericht wird dem, der nichts hat, auch das genommen werden, was er hat. Die gleiche Struktur weist auch 13,12 auf, wo allerdings vordergründig nicht das Endgericht im Blick ist, sondern die Verstockung der Volksmengen.[29] Aber auch hier geht es letztlich um das Endgericht oder zumindest um Vorentscheidungen. Auch den Volksmengen wird etwas genommen, was sie nicht haben, nämlich die Erkenntnis der Geheimnisse des Gottesreiches.

So erklärt sich auch 21,43: Den führenden Gruppen wird etwas genommen werden, was sie zwar bekommen könnten, aber noch nicht haben, nämlich das Reich Gottes. Über das Eingehen in das Reich Gottes wird aber erst im Endgericht entschieden.[30] Den führenden Gruppen wird der Ausschluss aus dem Reich Gottes angekündigt; »bekommen« kann das Reich Gottes nur, wer die entsprechenden Früchte bringt.

Das »Volk«, das diese Früchte bringt, korrespondiert zwar insofern mit der Ekklesia, als die Nachfolge Jesu Voraussetzung für das Früchtebrin-

---

27 Zu beachten ist auch, dass Mt im unmittelbaren Kontext die Volksmengen erwähnt, die die Führer (noch) an der Verhaftung Jesu hindern (21,46).

28 Der Weinberg als Metapher für Israel: Jes 5,1–7.

29 Vgl. S. 70ff.

30 Zur endgerichtlichen Deutung von Mt 21,43 vgl. schon Bornkamm, Enderwartung 40: »(Das Motiv der erst künftigen Scheidung) spricht sich (…) in aller wünschenswerten Klarheit im Matth.-Schluss des Winzergleichnisses aus, das bei Mk 12,1ff offensichtlich die *geschehene* Verwerfung Israels und die *erfolgte* Übertragung des Weinbergs an andere zum Inhalt hat, bei Matth. dagegen ins Zukünftige übertragen wird, so dass nun die Jüngerschaft selbst in das Gericht einbezogen und ihr damit die vorerst noch offene Frage gestellt wird, ob sie das Volk ist, das seine Früchte bringt (21,43).« (Hervorhebungen im Original)

gen ist;[31] die Zugehörigkeit zu ihr bedeutet aber keine Garantie, wie anhand des Konzeptes von den Erwählten gezeigt werden wird.[32] Wenn Mt hier von einem »Volk« spricht, hat er also weniger die Kirche im Blick als das eschatologische Heilsvolk nach dem Endgericht.

Für die Frage nach der Bestrafung Israels bedeutet dies, dass von einer Verwerfung Israels nur insofern geredet werden kann, als einem bestimmten Teil der künftige Ausschluss aus dem Reich Gottes angekündigt wird. Wenn 21,41 eine Anspielung auf die Zerstörung Jerusalems sein sollte, was m.E. nicht sicher ist, dann nur so, dass die, die in der Zerstörung Jerusalems schon bestraft wurden, im Endgericht nochmals bestraft werden sollen.

Auch die terminologische Nähe von 21,43 zu 8,10–12 weist in diese Richtung: »Die Söhne des Reiches«, denen der Ausschluss aus dem Reich Gottes angekündigt wird, sind die Menschen aus Israel, die die Botschaft Jesu und seiner Boten nicht angenommen haben; das gleiche Schicksal droht den anderen »Söhnes des Reiches«, die sich in der Nachfolge Jesu nicht bewähren.[33]

1.3 Das Gleichnis vom Hochzeitsmahl (Mt 22,1–14)

Wenn wir nun zum dritten und letzten der drei Gleichnisse kommen, wird sich das aus 21,33–44 erhobene Gerichtsverständnis bestätigen, wobei dieses dritte Gleichnis einige neue Aspekte einbringt.

Das Gleichnis vom Hochzeitsmahl unterscheidet sich von seiner Parallele in Lk 14,16–24 in mehreren markanten Punkten.[34] Ein Zug des Gleichnisses fällt aber auch abgesehen vom quellenkritischen Vergleich ins Auge, dass nämlich der König, der das Hochzeitsmahl für seinen Sohn ausrichtet, »diese Mörder« tötet und »ihre Stadt« zerstört (22,7):

ὁ δὲ βασιλεὺς ὠργίσθη καὶ πέμψας τὰ στρατεύματα αὐτοῦ ἀπώλεσεν τοὺς φονεῖς ἐκείνους καὶ τὴν πόλιν αὐτῶν ἐνέπρησεν.

Innerhalb der erzählten Welt des Gleichnisses ist diese Strafaktion völlig unvorstellbar, denn der König würde die ganze Stadt der Menschen zerstören, die er soeben eingeladen hat.[35] Gerade dies geschieht aber

---

31   Das ergibt sich u.a. aus der paränetischen Auslegung von Mt 22,1–10 in 22,11–14.

32   Vgl. S. 163ff.

33   Vgl. zu Mt 8,10–12 S. 150ff.

34   Zu den Unterschieden der beiden Fassungen und zur Quellenfrage vgl. Hoppe, Gastmahlgleichnis.

35   Dabei ist vorausgesetzt, dass der König nur *eine* Stadt hat, und dass in dieser das Fest stattfinden soll; dagegen könnte sprechen, dass der König ausdrücklich von »ihrer« Stadt spricht (22,7: τὴν πόλιν αὐτῶν ἐνέπρησεν). Sollen die Leser beim Ausdruck »König« selbstverständlich an einen normalen König mit mehreren Städten denken, oder an Gott mit seiner *einen* Stadt Jerusalem, von der er sich dann in

innerhalb des Gleichnisses nicht, denn der König sagt *nach* der Zerstörung der Stadt, dass die Hochzeit bereit sei.[36] Dem Leser muss an dieser Stelle auffallen, dass hier die gemeinte Wirklichkeit die Erzählung des Gleichnisses bestimmt, dass Mt also hier die Zerstörung Jerusalems in das Gleichnis mit einbaut. Das Gleichnis erhält so eine heilsgeschichtliche Dimension, wie sie sich vom Kontext[37] und auch vom Bildmaterial[38] her ohnehin nahelegt.

Kurz gesagt könnte also der Erzählduktus dieses Gleichnisses mit seinen intendierten Bezügen zur gemeinten Wirklichkeit so nachgezeichnet werden: Die zuerst Eingeladenen, also das Volk Israel vor der Zerstörung Jerusalems,[39] wollen nicht auf die Einladung der Boten des Königs hören. Bei den Boten des Königs sollen die Leser wohl auch an die Gesandten Jesu denken.[40] Einige wenige der Eingeladenen bleiben gleichgültig, die übrigen misshandeln und töten die Boten des Königs. Das mit dem irdischen Jesus zeitgenössische Israel hat sich in seiner Mehrheit dem Wirken Jesu verschlossen, in dem sich Gott seinem Volk zugewandt hat, und die Zerstörung Jerusalems ist die Strafe für diese Ablehnung, wie der König im Gleichnis »diese Mörder« tötet und ihre Stadt verbrennt.

Damit sind aber nicht alle Fragen, die dieses Gleichnis in Bezug auf die Zerstörung Jerusalems betreffen, geklärt. Wie verhalten sich die Menschen, die nun eingeladen werden, zu den zuerst Eingeladenen? Schließen sich diese beiden Gruppen gegenseitig aus? Auf unsere Frage nach dem Gericht über Israel zugespitzt: Will Mt seinen Lesern erklären, dass und warum Israel nun nicht mehr zu den Eingeladenen gehört, oder ist an eine andere Verhältnisbestimmung gedacht?

Innerhalb des Gleichnisses selbst sperren sich folgende Züge gegen eine zu klare Festlegung: Der König lässt nur »diese Mörder« töten, also nur die Menschen, die die Boten misshandelt oder getötet haben, und das sind nicht *alle*, die zuerst eingeladen wurden; die Boten sollen nach der Zerstörung der Stadt *alle* Menschen einladen, die sie finden, nicht etwa nur Menschen, die vorher nicht eingeladen waren und die außerhalb der Stadt wohnen,[41] denn der Ort, an den die Boten nun gehen sollen, ist nicht klar festgelegt. Dies ist durch den nicht sicher identifizierbaren Sinn der Formulierung ἐπὶ τὰς διεξόδους τῶν ὁδῶν begründet.

---

radikaler Weise distanziert, indem er sie als »ihre Stadt« bezeichnet (so wie der mt Jesus im Jerusalemwort vom Tempel als »ihrem Haus« spricht)?
36   Mt 22,8a: τότε λέγει τοῖς δούλοις αὐτοῦ, ὁ μὲν γάμος ἕτοιμός ἐστιν.
37   Vgl. die Plazierung innerhalb des Abschnittes Mt 21–25 (etwa auch im Unterschied zu Lk).
38   Das Hochzeitsmahl als Bild für das eschatologische Freudenmahl oder für das Reich Gottes; vgl. Luz, Mt III 236.
39   Dieser Bezug ergibt sich aus dem mt Aufriss, dass Jesus ausschließlich zu Israel gesandt sei.
40   Vgl. S. 90ff.
41   Mt 22,9: καὶ ὅσους ἐὰν εὕρητε καλέσατε εἰς τοὺς γάμους.

Das Problem besteht darin, dass die Bedeutung des Wortes διεξόδος verschiedene Schwerpunkte haben kann, dass es für unsere Formulierung διεξόδοι τῶν ὁδῶν so gut wie gar keine Belege außer 22,9 gibt,[42] und dass das Gleichnis selbst verschiedene Möglichkeiten nahezulegen scheint. Für die Bestimmung der Bedeutung von διεξόδος sei darauf hingewiesen, dass es zu den (im NT nicht seltenen) Komposita mit zwei Präpositionen gehört.[43] Der Ton kann dabei entweder mehr auf δι-liegen, was dann mehr »Durchgang« bedeuten würde, und bei einem Beleg ist sogar die Bedeutung »Durchgangsweg«[44] möglich, oder mehr auf -ἐξ-, also auf dem Moment des »Ausganges«, was sowohl »Anfang« als auch »Ende« bedeuten kann.[45] Folgende Lösungen werden vorgeschlagen:
a) »Kreuzungen der Straßen«, so z.B. Schlatter, Mt 637; Bill. I 881; jeweils mit der Angabe, dem entspreche die rabbinische Formulierung פרשות דרכים; die Übersetzung »Straßenkreuzungen« ist die traditionelle Übersetzung.[46] Meistens sind damit Orte außerhalb der Stadt anvisiert, so dass die Auslegung lautet:»Der Gegensatz ist nicht der, statt der Reichen werden die Armen berufen, sondern statt der Bürger werden die Fremden zu Gästen des Königs.« (Schlatter, Mt 637) Das Problem ist aber, dass die Bedeutung von διεξόδος als »Schnittpunkt« nicht nachweisbar ist.[47]
b)»Anfangs- oder Endpunkte der Straßen«. Hier denkt man entweder b1) an »städtische Plätze«, auf denen mehrere Straßen zusammenlaufen, so Klostermann, Mt z.St., oder b2) an »Endpunkte« der Straßen am Rande der Stadt, so z.B. Michaelis, ThWNT V 112, oder am Rande des Königreiches, so Luz, Mt III 243.
c)»Durchgangsstellen der Straßen«, abgeleitet von der häufigen Verwendung von διεξόδος als »Quelle«, z.B. Ps 1,3 LXX, im Sinne von einem Punkt,»an dem der bisher verdeckte Wasserlauf den Erdboden *durch*bricht und frei *heraus*tritt (...).«[48] Auch hier kann an den Stadtrand bzw. die Stadttore oder an den Rand des Königreiches gedacht werden.
Während die Möglichkeit a) aus lexikalischen Gründen ausfällt,[49] scheint mir Möglichkeit b1) gar nicht mit der Bildwelt des Gleichnisses zu harmonieren, denn die Stadt soll ja als zerstört vorgestellt werden. Die beiden zuletzt genannten Möglichkeiten b2) und c) sind nicht sehr weit voneinander entfernt; sie fassen den gleichen Punkt unter verschiedenen Perspektiven auf: während bei b2) mehr daran gedacht ist, dass die Straßen *aufhören* und somit das *Verlassen* der Stadt bzw. des Königreiches betont wird, denkt c) eher an die Übergangsstellen, wo man sowohl Menschen von innerhalb als auch von außerhalb erreichen kann.

Als Fazit ist festzuhalten, dass die Bedeutung von διεξόδοι τῶν ὁδῶν nicht eindeutig feststeht, also wohl Mt nicht so präzise formuliert hat,

---

42   Die einzige Stelle ist textkritisch unsicher, nämlich Herodot, Hist 1,199, und sie verbindet die beiden Wörter nicht unmittelbar.
43   BDR § 116.4 mit A4; im NT gibt es 90 solche Wörter, davon 70 Verben.
44   Nämlich bei dem Beleg aus Herodot, wo an »Durchgangswege innerhalb des Tempelbezirkes« gedacht ist; Michaelis, ThWNT V 112.
45   Michaelis, a.a.O. 112.
46   Luz, Mt III 243, mit altkirchlichen Belegen.
47   Michaelis, a.a.O. 112 A17.
48   Michaelis, a.a.O. 113, mit einem Zitat aus dem Wörterbuch von Preuschen-Bauer (5. Auflage 1958). So auch Bauer 390: »(...) die Stelle, wo die Straße, die Ortsgrenze *durch*schneidend, in die offene Landschaft *aus*mündet (...).« (Hervorhebungen bei beiden Zitaten im Original)
49   Gegen die Übersetzung mit »Kreuzungen« sprechen sich aus: Gnilka, Mt II 240; Luz, Mt III 243; Davies-Allison, Mt III 203.

wie man sich das als Ausleger vielleicht wünscht; dies zeigt sich auch daran, dass im Ausführungsbericht nur noch von den »Straßen« die Rede ist. Die Aussage, dass nun niemand mehr von innerhalb der Stadt eingeladen werden soll, hätte Mt jedenfalls deutlicher machen können.[50] Ausgesagt ist nur, dass die Boten nicht nur aus der Stadt, sondern auch von außerhalb Menschen einladen sollen. Die Frage, ob es um ein Verlassen der Stadt oder gar um das Verlassen des Königsreiches[51] geht, spielt im Gleichnis selbst keine Rolle.

Die Stadt wird zwar zerstört, aber nicht alle ihre Bewohner werden getötet, wie auch nicht gesagt ist, dass *alle* Bewohner der Stadt eingeladen waren und somit die Einladung abgelehnt hätten. Diese Züge sind von Mt bewusst offengehalten, denn von Mt 10 her wissen die Leser, dass der Auftrag zu Israelmission nicht mit der Zerstörung Jerusalems endet, sondern bis zur Parusie weiterhin gilt.[52] Auch spricht Mt in seiner eigenen Gegenwart nach wie vor von Jerusalem als der »Heiligen Stadt«,[53] und aus einigen biblischen Texten können die Leser des MtEv wissen, dass der Zorn Gottes nicht für immer bestehen bleibt.[54]

Mt deutet also das Gleichnis vom Hochzeitsmahl zwar in Richtung einer Abbildung der Heilsgeschichte mit kollektivierenden Zügen. Er führt diese Deutung aber nicht so konsequent aus, dass man im Sinne des Mt von einem Ausschluss der Juden von der Mission oder gar von »Ende Israel« reden könnte. Das hätte Mt deutlicher sagen müssen, zumal das Bildmaterial des Gleichnisses ihm die Möglichkeit dafür gegeben hätte, und es sprechen zu viele Züge des MtEv gegen diese Sicht.

Unter Berücksichtung der offen gehaltenen Bezüge ergibt sich folgende Lesart: Israel hat in der Zerstörung Jerusalems die Strafe für die Ablehnung Jesu und seiner Boten empfangen. Jetzt sollen *alle* Menschen eingeladen werden, denn die zuerst Eingeladenen haben sich als unwürdig erwiesen.[55] Aus der Sicht des Mt und seiner Leser bezieht sich die Aussage über die »Unwürdigkeit« auf die Generation Israels zur Zeit Jesu und zur Zeit der Mission in Israel vor der Zerstörung Jerusalems.

---

50 Nach außerhalb der Stadt weist nicht die Formulierung καὶ ἐξελθόντες οἱ δοῦλοι (Mt 22,10), wie die Parallele Lk 14,21 zeigen kann; hier soll der Knecht »hinaus auf die Plätze und Gassen der Stadt« gehen. Einziger Hinweis darauf, dass es Mt nur um Menschen von außerhalb der Stadt geht, könnte sein, wenn ὁδός *nur* »Landstraße« heißen würde, was aber nicht nachweisbar ist; dagegen könnte Mt 21,18 sprechen: *Während* Jesus in die Stadt geht, sieht er einen Feigenbaum ἐπὶ τῆς ὁδοῦ.

51 So Luz, Mt III 243 A63.

52 Diesem Thema ist ein eigenes Kapitel meiner Arbeit gewidmet, S. 125ff.

53 Und zwar (neben Apk 11,2; 21,2.10; 22,19, wobei sich alle Stellen außer wohl 11,2 auf das himmlische Jerusalem beziehen) als einziger neutestamentlicher Autor: Mt 4,5; 27,53.

54 Zum Motiv des Zornes vgl. Preuß, Theologie II 288: »Man wußte, dass JHWHs Zorn kein immerwährender ist (Ps 30,6; vgl. Ex 34,6f.; Ps 37,8; 60,3; 85,4.6; 90,11; 103,9).« Zum Zorn Gottes in Mt 22,7 vgl. auch Berger, Theologiegeschichte 338.

55 Mt 22,8b: οἱ δὲ κεκλημένοι οὐκ ἦσαν ἄξιοι.

Das Gleichnis vom Hochzeitsmahl enthält zwar nicht ausdrücklich eine Aufforderung zur Fortsetzung der Mission in Israel, schließt sie aber nicht aus, auch wenn der Gerichtsaspekt kontextbedingt[56] stark betont ist.

2 Das Ende der Weherede und der Auszug Jesu aus dem Tempel

Die Rede gegen die Pharisäer und Schriftgelehrten mit ihren sieben Weherufen (23,13–33) findet ihren Abschluss in der mit 23,34 beginnenden doppelten Gerichtsankündigung (23,34–36.37–39). Der erste Teil dieser Gerichtsankündigung (23,34–36) soll nun näher betrachtet werden, denn er bildet die Grundlage für unsere These von der speziellen Israelmission mit Gerichtsfunktion. Dazu erfolgt nun ein Blick auf den Kontext. Dabei können wir teilweise auf Beobachtungen unserer Betrachtung dieser Kapitel in narrativer Hinsicht zurückgreifen.[57]

In 23,1–3a wird die Lehre der Schriftgelehrten und Pharisäer uneingeschränkt positiv gesehen und für verbindlich erklärt.[58] Prägend für den weiteren Verlauf der Rede ist aber der Umschwung in 23,3b; ab hier dienen die Schriftgelehrten und Pharisäer als abschreckendes, negatives Vorbild: Sie handeln nicht nach ihrer Lehre, also sollen die Angeredeten sich nicht an ihren Taten orientieren.

Ab 23,13 ändert sich die Perspektive: Jetzt redet Jesus nicht mehr *über* die Schriftgelehrten und Pharisäer, sondern scheint sie direkt anzusprechen, was aber mit der Angabe in 23,1 in Spannung steht, da die Pharisäer nicht mehr als Zuhörer anwesend sind. Schon daran lässt sich erkennen, dass es nicht mehr, wie noch in 21–22, um konkrete Auseinandersetzungen zwischen Jesus und seinen Gegnern geht. Es geht um definitive, abschließende Vorwürfe, die nur noch konstatiert werden können. Das Verhalten der Gegner ist eben so, und es ist keine Möglichkeit der Änderung in Sicht.

Deswegen sind auch schon vom ersten Weheruf an Gerichtsterminolo-

---

56 Und aus ätiologischen Gründen: Das Gleichnis beleuchtet das Phänomen der Verstockung der Jesus zeitgenössischen Volksmenge von einer anderen Seite als Mt 13,1–15, und zwar unter dem Gesichtspunkt des »Nicht-Wollens« (καὶ οὐκ ἤθελον ἐλθεῖν, Mt 22,3).

57 Vgl. S. 64ff.

58 Mt 23,1–3a steht damit in – wohl nicht auflösbarem – Widerspruch zu Mt 16,5–12; vgl. Luz, Mt III 301f, zu Mt 23,3: »Es ist m.E. unmöglich anzunehmen, daß Mt seine Gemeinde wirklich zum Gehorsam gegen alle Lehre der Schriftgelehrten und Pharisäer aufgefordert hat. Es kommt ihm vor allem auf den zweiten Teil des Logions an (…). V 3a ist dagegen nur rhetorische Vorbereitung auf dieses große ›Aber‹ von V 3b. (…) V 3 bleibt also eine rhetorisch wirksame Formulierung, die V 4 vorbereitet, inhaltlich aber den Evangelisten zum Teil in Widersprüche zu sich selbst verwickelt.«

gie bzw. pauschale Verurteilungen zu erkennen.[59] Der sechste Weheruf ist wohl als Höhepunkt dieser Vorwürfe gedacht: Wie ein geschmücktes Grab zwar schön aussieht, aber nur Knochen enthält, so scheinen die Schriftgelehrten und Pharisäer zwar vor den Menschen gerecht, sind aber voller Heuchelei und Gesetzlosigkeit.[60] Der siebte Weheruf liefert die Begründung für diese vernichtende Aburteilung nach: Die Gegner sind »Söhne ihrer Väter«, d.h. obwohl sie sich verbal vom Verhalten ihrer Vorfahren distanzieren, tun sie dennoch das gleiche wie sie, indem sie, so muss der Leser eintragen, auch den Prophet[61] Jesus und seine Boten ablehnen und töten.[62] Auch sie töten also die Propheten wie ihre Väter, und sie sollen es auch weiterhin tun, damit das Maß der Väter voll werde. Das Ende in der Hölle ist ihnen so gut wie sicher, nur dass eben das Maß noch nicht voll ist.

Dieser siebte und letzte Weheruf (23,29–33) hat in Lk 11,47–48 eine Parallele, die zwar nur wenige Wortlautübereinstimmungen aufweist, aber wohl dennoch auf eine gemeinsame Q-Vorlage zurückzuführen ist, denn viele Unterschiede lassen sich als mt Redaktion erklären.[63] Insbesondere dürfte sicher sein, dass Mt diesen Weheruf redaktionell abgeschlossen hat, indem er die an die Täuferpredigt (3,7) erinnernde Frage angefügt hat (23,33):

ὄφεις, γεννήματα ἐχιδνῶν, πῶς φύγητε ἀπὸ τῆς κρίσεως τῆς γεέννης;

Während die Redeform des Weherufes an sich noch offen lässt, ob es sich um eine definitive Gerichtsankündigung oder um eine letzte Umkehrrede handelt,[64] verschärft sich also der Gerichtston gegen Ende der Weherufe und findet seinen Höhepunkt schon vor der abschließenden rhetorischen Frage in der ironischen Aufforderung[65] an die Angeredeten, das Maß der Väter voll zu machen (23,32):[66]

καὶ ὑμεῖς πληρώσατε τὸ μέτρον τῶν πατέρων ὑμῶν.

Die Frage, die den letzten Weheruf abschließt (23,33), erweist sich endgültig als rhetorische Frage, auf die die (negative) Antwort schon vor-

---

59 23,13: Sie werden nicht in das Reich Gottes eingehen; 23,15: Sie machen die Proselyten zu zweimal so schlimmen Höllensöhnen wie sie selbst es sind; 23,16–26: Sie sind blinde Wegführer (2 Mal) bzw. blind (3 Mal).

60 23,28: οὕτως καὶ ὑμεῖς ἔξωθεν μὲν φαίνεσθε τοῖς ἀνθρώποις δίκαιοι, ἔσωθεν δέ ἐστε μεστοὶ ὑποκρίσεως καὶ ἀνομίας.

61 Zu Jesus als Prophet vgl. Mt 13,57; 16,14; 21,11.46.

62 Vgl. Luz, Mt III 344.

63 Zur Quellenfrage Luz, Mt III 342.

64 Dazu näher Berger, Formgeschichte 202–207.

65 Vgl. Gnilka, Mt II 296, der auf Am 4,4 als Parallele hinweist.

66 Zum »Maß der Väter« vgl. Stuhlmann, Eschatologisches Maß, zu Mt 23,32 ebd. 103–105.

gegeben ist, durch die an sie angeschlossene doppelte Gerichtsankündigung (23,34–36.37–39).[67] Damit gehen die Wehesprüche zuende, aber die Gerichtsankündigung im engeren Sinn steht noch aus. Von der Gattung »Wehespruch« her wäre zu erwarten, dass die einzelnen Wehesprüche jeweils mit einem Gerichtswort enden. Mt hat aber eine große, zusammenhängende Einheit geschaffen, an deren Ende das umfassende Gerichtswort steht.[68]

2.1 Die Zerstörung Jerusalems und die Aussendung von Jesus-Boten (23,34–36)

Wir wenden uns nun also dem ersten der beiden Gerichtsworte zu, die die Weherede abschließen.[69] Dazu ist an das Ende des letzten Wehespruchs zu erinnern, denn 23,34–36 wird kausal (διὰ τοῦτο) an den letzten Weheruf angeschlossen: Aus diesem Grund, damit das Maß der Väter voll werde, sendet Jesus zu seinen Gegnern[70] Propheten, Weise und Schriftgelehrte (23,34). Dieser finale Zusammenhang ist durch zwei semantisch-formgeschichtliche Beobachtungen zu begründen.

Zum einen durch die schon erwähnte Einleitung mit διὰ τοῦτο: Nicht nur rein semantisch gesehen wird durch diese Formulierung eine durch das zuvor Gesagte begründete Folgerung eingeleitet, sondern dieser Ausdruck ist in der LXX regelmäßig Übersetzung von לָכֵן (»deshalb«).[71]

Es ergibt sich also am Übergang vom letzten Weheruf (23,29–33) zum ersten Gerichtswort folgender Gedankengang: Weil die Angeredeten sich nicht von ihren propheten-mordenden Vätern distanzieren und sich so in ein Unheils-Erbe hineinstellen, kann darauf nur das unabwendbare

---

67   Gegen Frankemölle, Mt II 382, der meint, der Anschluss von Mt 23,34 sei so zu verstehen: »Worauf zielt das ›darum‹? (…) Damit ihr dem Gericht der Hölle entkommt, um euch zur Besinnung zu bringen.« Zur Begründung vgl. meine Arbeit 74. Steck, Israel 293, geht in die entgegengesetzte Richtung zu weit, wenn er zu Mt 23,39 schreibt: »(…) an eine Endbekehrung des zum Judentum gewordenen Israel als solchen darf dabei nicht gedacht werden; sie ist durch V. 33 ausgeschlossen.« Mt 23,33 bezieht sich aber nur auf die Pharisäer und Schriftgelehrten bzw. »diese Generation«.

68   Zur näheren Begründung vgl. Gnilka, Mt II 281; Luz, Mt III 316f; vgl. ebd. 317: »Die ganze Weherufreihe ist also auf die Gerichtsankündigung V 34–39 hin angelegt.« Als literarisches Vorbild für eine solche Struktur ist Jes 5,18–24 anzusehen: Auf fünf Weherufe (Jes 5,18–23) folgt in Jes 5,24 die Gerichtsankündigung; die Struktur ist so wohl schon in Q angelegt; vgl. Pantle-Schieber, Auseinandersetzungen 153 A43 mit weiterer Literatur.

69   Als neuerer Forschungsbeitrag zu diesem Gerichtswort und seiner Bedeutung in der Logienquelle sei genannt: Strotmann, Weisheitschristologie 153–175. Vgl. außerdem, v.a. zu Mt 23,35, Schwemer, Vitae Prophetarum 283–303, v.a. 291f.

70   Das πρὸς ὑμᾶς in V34 bezieht sich zunächst auf die angeredeten Schriftgelehrten und Pharisäer, aber es kündigt sich zugleich auch schon die Ausweitung der Adressaten an, denn Jesus sendet seine Boten zu ganz Israel, vgl. Luz, Mt III 371.

71   Dies gilt beispielsweise auch für die Weherufreihe Jes 5,18–24 am Beginn von V 24; zum Gebrauch von διὰ τοῦτο in der LXX vgl. Hatch/Redpath 297f.

Gericht folgen. Weil aber das »Maß der Väter« (V 32) noch nicht voll ist, »bedürfen« die Angeredeten weiterer Untaten. Damit ihnen diese »ermöglicht« werden, sendet der mt Jesus zu ihnen weitere Gesandte. Von diesen werden sie »einige töten und kreuzigen und einige auspeitschen in ihren Synagogen und von Stadt zu Stadt verfolgen.«[72] So werden sie das »Maß der Väter« voll machen, das in 23,35 noch einmal als Unheilszusammenhang beschrieben ist, der die ganze bisherige Geschichte Israels umgreift.[73]

Zum anderen ist diese Benennung des Unheilszusammenhanges (V 35) so an die Ankündigung der Aussendung von Boten angeknüpft, dass sie das Gericht als *Ziel* dieser Sendung kennzeichnet: Die Angeredeten werden den Gesandten die erwähnten Untaten antun, *damit* das gerechte Blut auf sie komme, das von Beginn der Schöpfung vergossen wurde: ὅπως ἔλθῃ ἐφ' ὑμᾶς πᾶν αἷμα δίκαιον (23,35). ὅπως mit Konjunktiv Aorist ist finale Konjunktion;[74] sie greift sowohl auf 23,34a zurück, gibt also die beabsichtigte Folge der Sendung von Propheten, Weisen und Schriftgelehrten an, als auch auf 23,34b, also auf die Misshandlungen der Gesandten. Die angekündigten Ereignisse werden mit Zwangsläufigkeit dem hier dargestellten Plan folgen.

In diesem Sinne fasst die abschließende Bestätigung (23,36) dieses erste Gerichtswort zusammen:

ἀμὴν λέγω ὑμῖν, ἥξει ταῦτα πάντα ἐπὶ τὴν γενεὰν ταύτην.

Der Leser, der von Mt 10 her eine ganz andere Ausrichtung der Israelmission der Jünger Jesu kennt, erfährt hier, am Ende der mt Weherede, dass der mt Jesus seine Jünger nun zu Israel sendet, damit das Gericht als Strafe für alle Untaten Israels kommen kann. Über das Verhältnis dieser beiden Aussendungsaussagen zueinander muss genauer nachgedacht werden, und zwar in Zusammenhang mit der Frage nach der weiterhin gültigen Israelmission.[75] Zuvor soll aber der Gedanken des Gerichts über »diese Generation« weiter verfolgt werden.

Wie die folgenden Abschnitte (2.2–3.3) zeigen werden, kann Mt so bewusst von einer speziellen Mission in Israel mit Gerichtsfunktion schreiben, weil aus seiner Sicht und aus der Sicht der Leser dieses Gericht bereits eingetroffen ist. Ebenso wird zu zeigen sein, dass dieses

---

72 Mt 23,34b: ἐξ αὐτῶν ἀποκτενεῖτε καὶ σταυρώσετε καὶ ἐξ αὐτῶν μαστιγώσετε ἐν ταῖς συναγωγαῖς ὑμῶν καὶ διώξετε ἀπὸ πόλεως εἰς πόλιν.
73 Diese Ausweitung der Anklage in die vergangene Geschichte Israels hinein korreliert mit der Ausweitung der Adressaten der Gerichtsankündigung; dazu S. 106f.
74 So Bauer 1169; BDR §369; vgl. auch Schenk, Sprache 310: »Das unbedingte göttliche Planziel ist auch 23,35 (…) verstärkt ausgedrückt: Sie werden die Propheten/Gerechten ausrotten, *damit unbedingt* das Vorsehungsziel, die vernichtende Strafe, über sie kommt.«
75 S. 125ff.

Gericht für Mt ein innergeschichtliches, nicht ein eschatologisches Gericht ist.

Für wen dieses Gericht gelten soll, erfährt der Leser schon hier, nämlich für »diese Generation«, wobei dieser Ausdruck allerdings mehrdeutig ist, so dass wir uns ihm noch näher zuwenden müssen. Wer ist mit ἡ γενεὰ αὕτη gemeint? Die Vorwürfe der Weherede waren dezidiert an die Schriftgelehrten und Pharisäer adressiert. Wie kommt es jetzt zur dieser Ausweitung auf »diese Generation«? Ist es überhaupt eine Ausweitung, oder sind damit auch nur die »Schriftgelehrten und Pharisäer« gemeint? Und wenn es als Ausweitung gedacht ist, wie weitgehend ist sie dann zu verstehen? Auf die »jetzt lebende Generation«, oder geht es um »ganz Israel«, weil »diese Generation« die letzte Generation Israels ist?

Die Texte, die der Leser schon kennt,[76] geben darauf eine nur halb befriedigende Antwort: ἡ γενεὰ αὕτη ist die Generation der Jesus zeitgenössischen Israeliten in ihrer Gesamtheit, sofern sie Jesus ablehnend gegenüberstehen. Der Übergang von den »Schriftgelehrten und Pharisäern« zu »dieser Generation« ist also schon vorbereitet und deshalb nicht so hart, wie es auf den ersten Blick scheinen mag. Die ὄχλοι gehören narrativ zwar noch nicht dazu, aber das wird sich im Zuge der Passionsereignisse ändern, und die Gerichtsankündigung in Mt 23 greift schon dorthin vor.[77] Vom mt Gerichtsverständnis her ist also die Anwesenheit der Volksmenge als Zuhörer bei der Weherede darin begründet, dass sie die Adressaten der Gerichtsankündigung repräsentieren.

Ganz befriedigen kann diese Interpretation aber deshalb noch nicht, weil keine klare Auskunft über die Dimension der Zeit zu gewinnen ist. Ist »diese Generation« die letzte Generation Israels?

Dies kann hier nicht geklärt werden, denn dazu bedarf es einer Gesamtsicht des MtEv, die hier noch nicht möglich ist;[78] aber immerhin ist jetzt deutlich geworden, dass es in Mt 23 um Gerichtsankündigung gegen »diese Generation« geht, nicht nur gegen die ausdrücklich genannten Gegner. Die Angeredeten haben keine Möglichkeit mehr, dem Gericht der Gehenna zu entfliehen, denn es *soll* ihnen keine Möglichkeit mehr dazu gegeben werden. Im Gegenteil, die Aufforderung, das Maß der Väter voll zu machen, ist eigentlich als Ankündigung zu verstehen: Weil die Angeredeten sich als Angehörige einer Unheilsgemeinschaft erwiesen haben und weiterhin erweisen, soll nun abschließend das Gericht über sie herbeigeführt werden. Diesem Zweck dient die Aussendung von »Propheten, Weisen und Schriftgelehrten« (23,34), und des-

---

76   Belege für ἡ γενεὰ (αὕτη) im MtEv: 11,16; 12,(39.)41.42.45; (16,4;) (17,17;) 23,36; 24,34.

77   Wie das in anderen Texten zu »dieser Generation« auch schon der Fall ist, vgl. 11,16ff; 12,39–45. Dabei spielen im Kontext von Mt 12,3–9–45 die Gegner Jesu eine entscheidende Rolle. Mt 17,17 ist der entscheidende Text, in dem die Volksmengen mit der »Generation« verbunden werden.

78   Dazu mehr im Abschnitt »Die Reichweite des Gerichtes« S. 117ff.

halb ist diese Aussendung eine »Mission mit Gerichtsfunktion«. Worin für Mt dieses Gericht besteht, erfährt der Leser in den nächsten Versen, die auf 23,34–36 folgen.

2.2 Das Jerusalemwort (Mt 23,37–39)

Das Jerusalemwort (23,37–39) hat für das Thema dieser Arbeit zentrale Bedeutung; deswegen soll zunächst in einem Exkurs der Frage nach der Herkunft dieses Wortes nachgegangen werden, um dann in einem zweiten Schritt das mt Verständnis zu erheben.

Exkurs II: Die Herkunft des Jerusalemwortes

a) Der Wortlaut des Jerusalemwortes in der Logienquelle
Mt 23,37–39 hat in Lk 13,34–35 eine fast wörtliche Parallele. Das führt unter Voraussetzung der Zwei-Quellen-Theorie unmittelbar zu der Vermutung, dass sowohl Lk als auch Mt dieses Wort in der Logienquelle vorgefunden haben. Daran sind in der Forschung auch so gut wie nie Zweifel geäußert worden, sofern die Zwei-Quellen-Theorie anerkannt wird.[79]
Der Wortlaut unseres Textes in der Logienquelle lässt sich relativ sicher rekonstruieren, da nur wenige Unterschiede zwischen Mt und Lk vorliegen, von denen die meisten sich als red. Änderungen erklären lassen:

Mt 23,37–39		Lk 13,34–35
37 Ιερουσαλὴμ Ἰερουσαλήμ,	(1)	34 Ιερουσαλὴμ Ἰερουσαλήμ,
ἡ ἀποκτείνουσα τοὺς προφήτας καὶ	(2)	ἡ ἀποκτείνουσα τοὺς προφήτας καὶ
λιθοβολοῦσα τοὺς ἀπεσταλμένους	(3)	λιθοβολοῦσα τοὺς ἀπεσταλμένους
πρὸς αὐτήν,	(4)	πρὸς αὐτήν,
ποσάκις ἠθέλησα ἐπισυναγαγεῖν	(5)	ποσάκις ἠθέλησα ἐπισυνάξαι
τὰ τέκνα σου	(6)	τὰ τέκνα σου
ὃν τρόπον ὄρνις ἐπισυνάγει	(7)	ὃν τρόπον ὄρνις
τὰ νοσσία αὐτῆς ὑπὸ τὰς πτέρυγας,	(8)	τὴν ἑαυτῆς νοσσιὰν ὑπὸ τὰς πτέρυγας,
καὶ οὐκ ἠθελήσατε.	(9)	καὶ οὐκ ἠθελήσατε.

[79] Eine wichtige Ausnahme ist Steck, Israel. Er äußert ebd. 283 A1 Zweifel, ob Mt und Lk hier aus der gleichen Quelle geschöpft haben können. Seine Argumente sind der angeblich fehlende vorredaktionelle Kontext (vgl. ebd. 48) und seine Theorie zum Entstehungsalter des Jerusalemwortes, vgl. ebd. 238: »… ein zwischen 66 und 70 n.Chr. in oder nahe Jerusalem gesprochenes jüdisches Gerichtswort …«. Mt habe es aus QMt (zu »QMt« vgl. ebd 22 A1), für Lk lässt Steck die Frage offen (ebd. 283 A1). Christ, Jesus Sophia 136, folgt Steck, ohne neue Argumente zu nennen.
Neuerdings wird die Herkunft von Mt 23,37–29 aus Q bestritten von Newport, Sources 153–155, mit der These, Mt und Lk hätten dieses Wort aus verschiedenen Quellen, und Mt habe es nicht wegen des Schlusssatzes (Mt 23,39b), sondern wegen der Anklage gegen den Tempel in sein Evangelium aufgenommen (a.a.O. 154). Newport hält auch für das Jerusalemwort die Abhängigkeit des LkEv von Mt für möglich (a.a.O. 155); dagegen spricht aber eindeutig, dass der Kontext im MtEv wesentlich kohärenter ist als im LkEv.

Mt 23,37–39

38 ἰδοὺ ἀφίεται ὑμῖν ὁ οἶκος ὑμῶν
ἔρημος.
39 λέγω γὰρ ὑμῖν, οὐ μή με ἴδητε
ἀπ' ἄρτι ἕως ἂν εἴπητε,
εὐλογημένος ὁ ἐρχόμενος ἐν ὀνόματι
κυρίου.

Lk 13,34–35

(10) 35 ἰδοὺ ἀφίεται ὑμῖν ὁ οἶκος ὑμῶν.
(11)
(12) λέγω (δὲ) ὑμῖν, οὐ μὴ ἴδητέ με
(13) ἕως ἥξει ὅτε εἴπητε,
(14) εὐλογημένος ὁ ἐρχόμενος ἐν ὀνόματι
(15) κυρίου.

Bevor die Unterschiede zwischen der Mt- und der Lk-Fassung besprochen werden, sollen einige Probleme der Textkritik erörtert werden, die für die Auslegung von Bedeutung sind:
Das Wort ἔρημος in Mt 23,38 fehlt (vor allem)[80] im Codex Vaticanus, so dass es in der früheren Ausgabe Nestle[25] in den Apparat verwiesen wurde. Auch in der exegetischen Literatur wird es immer wieder als nachmt Hinzufügung behandelt.[81] Begründet wird dies mit folgenden Überlegungen: ἔρημος störe den Gedankengang bei Mt, weil so die Fortsetzung in V39 nicht mehr gut passe, und sei deshalb nachträglich (evtl. als Angleichung an Jer 22,5 (LXX)) eingefügt worden.[82] Diese Argumente lassen sich aber auch umkehren: Auch Mt kann an Jer 22,5 angeglichen haben,[83] und es ist eher wahrscheinlich, dass spätere Abschreiber bzw. Übersetzer den Gedankengang als unklar empfunden haben und durch das Weglassen von ἔρημος verbessern wollten, als umgekehrt. Vielleicht hat dabei auch die Lk-Parallele einen Einfluss ausgeübt.[84]
Darüber hinaus zeigt sich, dass gerade die Hinzufügung von ἔρημος sehr gut zum mt Gerichtskonzept passt. Es sollte also nicht mehr bezweifelt werden, dass ἔρημος zum urspünglichen Mt-Text gehört.[85]
Ein weiteres textkritisches Problem von Interesse liegt in dem insgesamt ziemlich uneinheitlich überlieferten Vers Lk 13,35 vor:

80 Außerdem in der Majuskel L (Codex Regius, 8. Jh), ff[2], dem Syrus Sinaiticus, der sahidischen und einem Teil der Zeugen der bohairischen Übersetzung. Gnilka, Mt II 299 A14, gibt zu ἔρημος versehentlich einen Teil der Zeugen an, die der Variante ἑαυτῆς zu αὐτῆς in Mt 23,37 zugeordnet sind.
81 Z.B. Trilling, Israel 86 A72; Hummel, Auseinandersetzung 89; Hoffmann, Studien 172; Christ, Jesus Sophia 137; Schulz, Q 346, von denen allerdings keiner eine ausführliche Argumentation liefert.
82 So Trilling, Israel 86 A72.
83 Es ist aber mehr als fraglich, ob dabei gerade Jer 22,5 im Blick gewesen ist, denn dort fehlt ἔρημος; vgl. Garland, Intention 200 A120, der die gründlichste Analyse des textkritischen Problems bietet und für Ursprünglichkeit plädiert.
84 So Davies-Allison, Mt III 321 A62; andererseits fällt auf, dass in einer großen Anzahl Handschriften (D E G H Δ Θ Ψ f[13] und viele Minuskeln, s. den Apparat zur Aland-Synopse) der Lk-Text dem Mt angeglichen wurde.
85 So z.B. Gnilka, Mt II 299, und Davies-Allison, Mt III 321, die sich auf Garland, Intention 200 A120 berufen. Allerdings ist ἔρημος nicht »superfluous«, wie Davies-Allison ebd. schreiben, es könnte höchstens sein, dass spätere Abschreiber es für überflüssig gehalten haben (so Metzger 51). Im Kommentar selbst vermuten sie ebd. zu Recht, dass Mt damit die Zerstörung Jerusalems von 70 n.Chr. ins Auge fasst. Auch Luz, Mt III 377 A2, hält ἔρημος für »textkritisch sicher ursprünglich«; vgl. auch Metzger 51.

Die Formulierung ἕως ἥξει ὅτε εἴπητε wird nur von der Majuskel D 05 (Codex Bezae Cantabrigiensis) geboten, dem Hauptzeugen für den sog. »westlichen« Text. Bei den anderen Zeugen fehlt ἥξει ὅτε entweder,[86] oder es wird in Angleichung an Mt 23,39 durch ἄν ersetzt.[87] Der »Mehrheitstext«[88] liest eine Kombination aus D 05 und dem mt Text (ἄν ἥξει ὅτε). Die entscheidenden Argumente für die Urprünglichkeit der von D 05 gebotenen Formulierung sind die ungewöhnliche Konstruktion von ὅτε mit dem Konjunktiv Aorist[89] (εἴπητε), die von den anderen Varianten geglättet wird, sowie die Ellipse durch das unpersönliche ἥξει, denn es ist nicht ganz klar, wer oder was da kommen soll.[90]
Alle weiteren in der Ausgabe angegebenen Varianten sind von zu geringem Gewicht oder inhaltlich nicht relevant, so dass also nun der Q-Text rekonstruiert werden kann. Dazu sollen zunächst die Elemente beschrieben werden, die sich als sicher redaktionell erweisen lassen:
Von den ohnehin wenigen Unterschieden zwischen Mt 23,37–39 und Lk 13,34–35 gehen die meisten auf das Konto des Mt. Nun zu den Unterschieden im Einzelnen:
Zeile 5: Die verschiedenen (bedeutungsgleichen) Formen des Infinitiv Aorist müssen auf stilistische Verbesserungen zurückzuführen sein. Es ist nicht zu erwarten, dass Lk den in der Koine häufigeren schwachen Aorist[91] ἐπισυνάξαι gegen seine Quelle bringt; also ist die lk Formulierung die ursprüngliche, die Mt stilistisch verbessert durch den attischen (»starken«) Infinitiv Aorist ἐπισυναγεῖν.[92] Der sonst um gehobenes Griechisch bemühte Lk[93] zeigt sich als stärker an seine Quelle gebunden als Mt.
Zeile 7: Der Frage, ob die Wiederholung des Verbs aus der Sachhälfte des Vergleiches in der Bildhälfte bei Mt ursprünglich ist, hat insbesondere Odil Hannes Steck viel Ausmerksamkeit gewidmet. Er kommt zu dem Ergebnis, dass die von Lk gebotene Form die ursprünglichere ist, da sie seltener zu finden sei.[94] Vielleicht darf man vermuten, dass Lk hier wie auch sonst weniger in seine Quelle eingreift, während Mt seiner Neigung zur Parallelisierung folgen könnte.[95]
Zeile 8: Von inhaltlichen Gewicht ist der Unterschied, dass Mt den Plural des Wortes τὸ νοσσίον (Küken),[96] Lk dagegen ἡ νοσσιά (das Nest, die Nestbrut) bietet. Die diesbezüglichen Beobachtungen von Steck[97] werden in der Regel zu leichtfertig

---

86 P[75] B L 892 und wenige weitere Minuskeln.
87 P[45] a (Θ) f[13] 205 und weitere Minuskeln.
88 Mit den Handschriften A W (Ψ f[1] 1006) 1342.
89 Nach BDR § 382.2 wird ὅτε außer in Lk 13,35 erst in späterem Griechisch mit Konjunktiv Aorist konstruiert.
90 Diese Formulierung ist so ungewöhnlich, dass sie auch nicht von Lk kommen kann, also wohl den Q-Text wiedergibt; vgl. Schulz, Q 346; Luz, Mt III 377 A4; Bovon, Lk II 446.
91 BDR § 75.
92 So z.B. Bovon, Lk II 446.
93 Vgl. BDR § 3.
94 Steck, Israel 49 A2.
95 Luz, Mt I 33; vgl. dazu aber Schürmann, Untersuchungen 175 A83, der zu dem Ergebnis kommt, dass Lk oft Parallelismen streicht.
96 Vgl. Bauer 1100.
97 Vgl. Steck, Israel 49:»Da in Lk 13,34 unter νοσσιά die Vogeljungen im Nest zu verstehen sind, kann diese Nestbrut natürlich nicht *ge-*, sondern nur *ver*sammelt werden, und zwar unter *den* Flügeln des Muttertiers, das bereits über dem Nest mit seinen Jungen sitzt (…). Anders Mt, der von (flüggen) Vogeljungen spricht; demnach lockt das Muttertier seine herumlaufenden oder -fliegenden Vogeljungen zu-

abgetan:[98] Bei Mt ist die Vorstellung die, dass die Henne die Küken, die frei herumlaufen, unter ihren Flügeln versammeln will, und das bedeutet übertragen: dass Jesus und seine Boten. (Mt 23,34) umherlaufend Israel versammeln wollen; bei Lk hingegen ist das Bild eher eine Henne, die, auf dem Nest sitzend, die »Nestbrut« unter ihren Flügeln zum Schutz sammeln will. Die mt Formulierung passt sehr gut zum mt Konzept der Mission in Israel, so dass sie gut als Änderung verständlich ist.

Zeile 11: Wie Lk 21,20 zeigt, bringt Lk in Zusammenhang mit Jerusalem das Stichwort ἐρήμωσις, es hätte also für ihn wohl kein Grund bestanden, ἔρημος hier gegenüber seiner Quelle zu streichen; es ist also ein mt-redaktioneller Eingriff in den Text.

Zeile 12: γάρ verknüpft die Aussage des λέγω ὑμῖν-Satzes so mit dem vorangehenden, dass das Nicht-mehr-Sehen des Sprechers die Begründung für die Ankündigung des Verlassenwerden des »Hauses« liefert. Das entspricht der mt Immanuel-Christologie und dürfte so noch nicht in der Quelle des mt Textes vorgelegen haben. Außerdem hat λέγω δὲ ὑμῖν Lk 13,34 summierenden Charakter[99], was unlk und deshalb ursprüglich ist.[100]

Zeile 13: Typisch mt ist der Ausdruck ἀπ᾽ ἄρτι, denn er ist innerhalb der Synoptiker nur bei Mt nachgewiesen.[101] Diese mt Hinzufügung wird uns später direkt ins Zentrum des mt Verständnisses unserer Perikope führen.[102]

Zeile 13: Die bei Lk zu findende Formulierung ἕως ἥξει ὅτε mit folgendem Konjunktiv Aorist kann kaum von Lk stammen. ἕως als temporale Konjunktion mit Futur ist so ungewöhnlich,[103] dass Lk seine Quelle sicher nicht dahingehend geändert hat. Das gleiche gilt für ὅτε mit Konjunktiv Aorist: ὅτε steht sehr häufig mit Indikativ Aorist,[104] manchmal auch mit anderen Zeiten,[105] aber nur an unserer Stelle mit Konjunktiv Aorist, was also auch nicht von Lk stammen wird.

So kann also gesagt werden, dass Lk das Jerusalemwort ohne Veränderung seiner Quelle wiedergibt. Das wird wohl auch für die unterschiedliche Stellung des enkliti-

---

sammen, um sie schützend unter *die* Flügel zu sammeln.« (Hervorhebungen im Original)

Steck, Israel 292f:»Mt denkt (...) an Jesus und die von ihm Gesandten, die durch das jüdische Gebiet ziehen, Umkehr predigen und das nahe Gottesreich ankündigen (4,17), um vor dem Gericht zu bewahren (23,33).«

98 Z.B. von Gnilka, Mt II 303:»Man wird die Differenz von Plural (Mt) und Singular (Lk) nicht pressen dürfen (...).«

99 Jeremias, Sprache 235.

100 Nach Schulz, Q 346, ist λέγω (δε) ὑμῖν als »kommentierende Abschlußwendung in Q häufig«, während verknüpfendes γάρ eine mt Eigentümlichkeit darstelle (bei Mt 124mal, bei Mk 64mal, Lk 97mal; vgl. ebd.). Vgl. auch Luz, Mt I 38 (γάρ ist mt Vorzugsvokabel).

101 Außer Mt 23,39 noch 26,29 und 26,64; auch ἄρτι allein ist ein mt Vorzugswort (3,15; 9,18; 11,12; 26,53), das bei Mk und Lk fehlt. ἀπ᾽ ἄρτι im NT außer bei Mt noch: Joh 13,19; 14,7; Apk 14,13.

102 Vgl. S. 106.

103 Laut BDR § 383.1 und Bauer s.v. nur an unserer Stelle innerhalb des NT. Dass diese Konstruktion nicht einfach fehlerhaft ist, zeigt Judith 10,15.

104 BDR § 382.1 (z.B. Lk 2,21.42; 6,3; 15,30).

105 Futur (z.B. Lk 17,22), aber auch Präsens (z.B. Joh 9,4), Imperfekt (z.B. Mk 14,12) und Perfekt (nur 1. Kor 13,11); vgl. BDR § 382.1 A1 und Bauer s.v.

schen Personalpronomens με gelten (Zeile 12), das Mt wahrscheinlich vor das Verb gezogen hat, um es stärker zu betonen.[106] Damit ist mit Sicherheit anzunehmen, dass Mt und Lk den wörtlich gleichen Text als Quelle benutzt haben. Dieser Befund lässt kaum einen anderen Schluss zu, als dass das Jerusalemwort in der Logienquelle enthalten war. Das muss nun erhärtet werden im Blick auf den hypothetischen Kontext des Jerusalemwortes in der Logienquelle.

b) Der Kontext des Jerusalemwortes in der Logienquelle
Bei der Frage nach dem Kontext des Jerusalemwortes in der Logienquelle sind grundsätzlich drei Alternativen zu diskutieren: Entweder hat Mt mit der Abfolge Mt 23,34–36 (par Lk 11,49–51) und Mt 23,37–39 die Q-Abfolge bewahrt (a), oder Lk behält in Lk 13,20–35 die Q-Reihenfolge bei (b), oder weder der mt noch der lk Kontext ist ursprünglich (c).

Zu a)
Diese Möglichkeit wird schon lange als die richtige angesehen[107] und findet auch bis heute Vertreter.[108] Zwei Argumente lassen sich zu ihren Gunsten nennen: Die beiden Worte, die bei Mt aufeinander folgen, sind Weisheitsworte und passen von ihrem Gedankengang gut zusammen. Zudem wirkt der lk Zusammenhang gekünstelt, weil zwischen Lk 13,33 und 13,34f nur ein Stichwortzusammenhang besteht,[109] was dann als Beweis dafür angesehen wird, dass hier die redaktionelle Arbeit des Lk erkennbar sei. Fazit: Der mt Zusammenhang sei stimmig und also ursprünglich, bei Lk sei es umgekehrt.
Diese Argumente können aber nicht überzeugen, und zwar aus folgenden Gründen: Gerade der stimmige Gedankengang bei Mt ist eher ein Hinweis auf die Arbeit des Mt, denn wenn dieser Zusammenhang in der Logienquelle schon bestanden hätte, hätte ihn Lk ohne Not aufgelöst, was nicht sehr wahrscheinlich ist (s. unten zu b)). Es wird sich später bei der Auslegung vielmehr zeigen, dass die Aussagen und Vorstellungen der beiden Worte 23,34–36 und 23,37–39 nur in der mt Interpretation so gut zusammenpassen,[110] aber selbst dann noch erhebliche Unterschiede zwischen beiden Worten bestehen bleiben,[111] was eine gemeinsame Herkunft ebenfalls unwahrscheinlich macht.
Es ist also nach der Argumenten für und gegen Lösung b) zu fragen.
Zu b)
Zuerst zum wichtigsten Gegenargument: Die Stichwortanschluss zwischen Lk 13,33 und 13,34 zeige die Arbeit des Evangelisten und mache es wahrscheinlich, dass Lk das Jerusalemwort hierher eingefügt habe. Das ist aber überhaupt nicht zwingend, denn Lk hätte sich dadurch große Schwierigkeiten bereitet. Der Ort das Jerusalemwortes ist nämlich an dieser Stelle im Duktus des LkEv äußerst unpassend: Jesus war noch nicht in Jerusalem und spricht die Stadt aus der Ferne an,[112] wobei

---

106 Hier ist aber eine sichere Entscheidung nicht möglich. Das gleiche Phänomen (unterschiedliche Reihenfolge von Verb und Objekt in einem Nebensatz bei sonst wörtlicher Übereinstimmung) findet sich z.B. auch in Mt 9,38 par Lk 10,2.
107 Vgl. Strauss, Weheruf 89; Bultmann, Synoptische Traditon 120.
108 Z.B. Neirynck, Evangelica II 446.
109 Mit dem Stichwort Ἰερουσαλήμ.
110 Beispielsweise muss Mt dazu das Futur ἀποστελῶ (Lk 11,49) in das Präsens (Mt 23,34) abändern.
111 Mt 23,34–36 kündigt die Aussendung von Propheten, Weisen und Schriftgelehrten an, Mt 23,37–39 blickt darauf schon zurück.
112 Nämlich nach Lk 13,31 im Herrschaftsgebiet des Herodes; vgl. dazu Bovon, Lk II 448–450.

er ihr vorwirft, seine zahlreichen Bemühungen um sie seien vergeblich gewesen. Welche Bemühungen sollen das gewesen sein? Dieses Problem ergibt sich jedenfalls, wenn man die Anrede »Jerusalem, Jerusalem« nur auf die Stadt bezieht. Fasst man sie in einem weiteren Sinn als Symbol für Israel auf, werden die Schwierigkeiten nicht kleiner: Die Ankündigung Jesu, Israel werde ihn nicht mehr sehen, ergibt keinen Sinn, denn Jesus zieht sich nach dieser Ankündigung keineswegs zurück. Auch der letzte Teil des Jerusalemwortes ist innerhalb der lk Erzählung nicht einleuchtend, denn beim Einzug in Jerusalem wird Jesus zwar mit den Worten εὐλογημένος ὁ ἐρχόμενος ὁ βασιλεὺς ἐν ὀνόματι κυρίου begrüßt (Lk 19,38),[113] aber weder von Jerusalem als Stadt noch von seinen Gegnern, sondern von einer großen Menge an Jüngern (ἅπαν τὸ πλῆθος τῶν μαθητῶν, Lk 19,38). Wenn Lk also wirklich das Jerusalemwort aus dem angeblichen Zusammenhang mit Lk 11,49–51 par Mt 23,34–36 gelöst hätte, so wäre er mit der Platzierung in Lk 13 nicht sehr geschickt gewesen.

Es gibt aber eine andere, m.E. überzeugende Erklärung für den Stichwortanschluss von Lk 13,34f an Lk 13,31–33, die das entscheidende Argument für Lösung b) enthält: Nicht der Ort des Jerusalemwortes, sondern der der Herodes-Episode ist lk-redaktionell. Lk hat Lk 13,31–33 in den ihm vorgegebenen Q-Kontext Q 13,24–30.34f eingefügt, und zwar (unter anderem) wegen des Stichwortes »Jerusalem« in Q 13,34. Dafür spricht nicht nur, dass die Texte Q 13,24–29.34f eine relativ geschlossene thematische Sammlung bilden (Mahnungen und Drohungen im eschatologischen Horizont[114]), sondern vor allem, dass Mt offensichtlich die Texte Q 13,24–30.34f auch in dieser Reihenfolge kennt. Sie erscheinen nämlich bei Mt in genau der gleichen Reihenfolge, wie wir sie bei Lk finden (Lk 13,24 par Mt 7,13f; Lk 13,25–27 par Mt 7,22f; Lk 13,28f par Mt 8,11f; Lk 13,30 par Mt 19,30; LK 13,34f par Mt 23,34–36).[115] Wenn also auf diese Weise deutlich geworden ist, dass in Q 13, 24–30.34f der Kontext des Jerusalemwortes in der Logienquelle gegeben ist, braucht die Lösungsmöglichkeit c) nicht mehr in Betracht gezogen werden. Denn das wichtigste Argument für c) ist der angeblich »fehlende vorredaktionelle Kontext«.[116]

c) Die Bedeutung des Jerusalemwortes in der Logienquelle

Mit der Verortung des Jerusalemwortes in dem Kontext Q 13,24–30.34f ist das wichtigste Argument für eine primär an der Weisheitsvorstellung orientierte Auslegung hinfällig geworden, nämlich die Verbindung zu Q 11,49–51. Dennoch ist das

---

113 Die lk Einfügung ὁ βασιλεύς ist merkwürdig; vielleicht will Lk so den Bezug zu Lk 13,34 abschwächen.

114 Vgl. dazu Zeller, Logienquelle 85–89.

115 Dies hat Garland, Intention 193f, mit guten Gründen dargelegt, wobei er sich auf Beobachtungen von Knox, Sources II 78.83, bezieht. Luz, Mt III 378, urteilt genauso und mit den gleichen Argumenten wie Garland, ohne auf ihn zu verweisen. Unklar ist nur Q 13,30, denn dieser Spruch hat auch eine Mk-Parallele (Mk 10,31), und Mt bringt ihn im Mk-Kontext Mt 19,23–30 par Mk 10,23–31 und (mit einer kleinen Veränderung) am Ende seines Sondergut-Gleichnisses Mt 20,1–16.

116 Neben den Argumenten, die von der späten Datierung der Entstehung des Jerusalemwortes abhängen; vgl. Steck, Israel 238: »Demnach scheint doch alles dafür zu sprechen, dass das Jerusalemwort ein zwischen 66 und 70 n.Chr. in oder nahe Jerusalem gesprochenes jüdisches Gerichtswort ist.« Auch Luz, Mt III 380f, vermutet eine relativ späte Entstehung des Jerusalemwortes, ohne allerdings an seiner Herkunft aus Q zu zweifeln; ganz anders Theißen, Lokalkolorit 235, für den Q 13,34f ein Argument für die Frühdatierung der Logienquelle ist.

Wort weisheitlich geprägt, sowohl durch das Bild von der Henne und den Küken,[117] als auch durch die Vorstellung von der in Jerusalem weilenden Weisheit,[118] die sich nach vergeblichen Bemühungen von Israel zurückzieht.

Aber andere Aspekte dieses Wortes sind aus anderen Vorstellungskreisen heraus zu erklären: Die Anklage gegen das Propheten-mordende Israel aus der dtr Prophetenmord-Aussage,[119] das Verlassenwerden des Hauses aus der Tempeltheologie;[120] für die Ansage der Wiederbegegnung konnte m.E. bisher noch keine ganz plausible Ableitung benannt werden, aber am wahrscheinlichsten scheint doch die Verbindung mit der Menschensohn-Vorstellung.[121]

Die vielfältigen Probleme, die sich aus diesen Ableitungsversuchen ergeben, sollen nicht einzelnen verfolgt werden. Uns geht es im Wesentlichen um die Frage, ob Q 13,34f als ein reines Gerichtswort aufgefasst werden muss, oder ob es andere Interpretationsmöglichkeiten gibt.

Zur Verdeutlichung soll nun die Aufmerksamkeit auf eine Debatte in der neueren deutschen Q-Forschung gelenkt werden, die im Kern ziemlich genau unser Problem zum Gegenstand hat, nämlich die Frage, wie das Ende von Q 13,34–35 aufzufassen ist.

Friedrich Wilhelm Horn hat in einem Aufsatz[122] die Stellung der Logienquelle zur Frage des Verhältnisses von Christentum und Judentum untersucht. Er ordnet dabei innerhalb eines fünfstufigen Wachstumsmodelles der Logienquelle[123] das Jerusalemwort der zweitjüngste Phase zu, in welcher er die »Redaktion(en) der Hauptsammlung« verortet.[124]

Zu Q 13,35 Horn ist der Meinung, dass »dieser Begrüßungsruf, den die Juden bei der Parusie anstimmen werden, im Sinn einer Akklamation gemeint ist. Jedoch ist damit für Israel kein Hoffnungsschimmer eröffnet. Dagegen spricht die Form des Unheilswortes. (...) Dies bedeutet: eine Akklamation bei der Parusie wird Jesus als Menschensohn anerkennen und zugleich der Verkündigung der Tradenten beipflichten, diese Zustimmung hat jedoch keine heilvolle Bedeutung mehr. Sie kommt zu spät.«[125]

Die Argumente für sein Urteil gewinnt Horn einerseits aus dem Vergleich mit äthHen 61,7; 62,6, wobei er voraussetzt, dass in der Akklamation »gelobt sei, der da

---

117 Vgl. Steck, Israel 234, mit Verweis auf Sir 1,15; dagegen Luz, Mt III 379 A16 und A17: ein Bild für den Schutz Gottes.

118 Vgl. Steck, Israel 235 mit Verweis auf Sir 15,7; auch hier widerspricht Luz, Mt III 379: »(...) eine Aussage über Gott: Er, nicht die Weisheit wird den Tempel verlassen.«

119 Vgl. dazu Steck, Israel 234f.

120 Vgl. Ez 9–11 und dazu Luz, Mt III 382.

121 Mit Steck, Israel 236, der (unter Verweis auf äthHen 61,7 und 62,6) eine Herleitung aus der Menschensohn-Vorstellung in Betracht zieht; so auch z.B. Horn, Logienquelle 362; aber auch das ist eine Verlegenheitslösung, wie schon die Formulierung bei Steck, Israel 236, zeigt, wo es nach Ausschluss anderer Möglichkeiten heißt: »Bleibt nur die Menschensohnvorstellung. Ist hier die Anwendung von Ps 118,26 auch nicht belegt, so ist doch nicht auszuschließen, dass diese Wendung als Begrüßungsruf für den sein Amt antretenden Menschensohn-Weltrichter im Spätjudentum verwendet wurde (...).«

122 Horn, Christentum und Judentum in der Logienquelle (1991)

123 A.a.O. 345: »1. das älteste Spruchgut; 2. frühe thematische Redesammlungen; 3. die Hauptsammlung; 4. die Redaktion(en) der Hauptsammlung; 5. Zwischenrezensionen vor der Evangelientradition.«

124 A.a.O 360.

125 A.a.O. 362.

kommt im Namen des Herrn«»Momente von Ps 118,26 mit denen der Menschensohnvorstellung« konvergieren.[126] Andererseits, wie zitiert, aus der Form des Jerusalemwortes[127] sowie aus dem Kontext der jüngeren Schichten der Logienquelle,[128]
insbesondere da es»zum Überlierferungsgut der Logienquelle (gehört), dass vor
dem zukünftigen Menschensohn nur derjenige anerkannt wird, der sich zu Lebzeiten
zu ihm bekannt hat (Lk 12,8f par).«[129]
Zu einem ganz anderen Ergebnis im ganzen[130] und vor allem auch in Bezug auf das
Jerusalemwort kommt Karrer.[131]
Anders als Horn sieht Karrer am Ende des Jerusalemwortes einen heilvollen Ausblick angedeutet. Seine Auslegung stützt sich auf zwei[132] Beobachtungen: Einerseits
werde durch das Zitat aus Ps 118,26 auf Tempeltradition zurückgegriffen, denn es
werde dort derjenige begrüßt, der zum Tempel kommt. Dies kann Karrer dann auf
die heilvolle Funktion zurückbeziehen, die der Tempel in der Q-Fassung der Versuchung Jesu nach seiner Analyse hatte.[133] Andererseits behalte Q bewusst den
schwebenden Bezug des Ausdruckes»im Namen des Herrn« in Ps 118,26 sowohl
auf den Kommenden als auch auf den Vorgang des Segnens bei:»So trägt der Name
des Herrn den ganzen Vorgang, auf den Q ausblickt (...).«[134] So kommt Karrer zu
folgendem Ergebnis:»Die Tempeltradition mit der in ihr verankerten heilvollen
Heiligkeit des Namens des Herrn erlaubt, die Härte des Gerichts am Ende zu brechen.«[135]
Sowohl Karrer als auch Horn stehen jeweils mit ihrer Beurteilung der Tendenz des
Jerusalemwortes als Gerichtswort[136] einerseits und als einen heilvollen Ausblick

---

126   Ebd. mit einem Zitat von Steck, Israel 236 (nicht, wie Horn ebd. A35 angibt,
Steck, Israel 236 A7).
127   A.a.O. 362 unter Verweis auf Strecker, Weg 114f, und Sato, Q 159; zur Gattung des Jerusalemwortes vgl. S. 102f.
128   A.a.O. 362f: Mt 7,13f par; 5,47 par; 6,32 par; 8,11f par u.a.
129   Ebd.
130   Vgl. das Fazit von Horn, a.a.O. 363f, in das er auch den umstrittenen Text Lk
22,28–30 par als»Rahmen der Logienquelle« (s. dazu S. 97) mit einbezieht:»In der
Zuspitzung jedoch, nun selber Richter über Israel zu sein und in dem Urteil der
Verwerfung, begeben sich die Redaktoren der Logienquelle in einen beträchtlichen
Abstand zu ihrem eigenen Traditionsgut, der Verkündigung Jesu: ›Liebet eure
Feinde‹ (Lk 6,27f par).« (a.a.O. 364)
131   Zu Karrers Gesamtsicht der Logienquelle bzgl. der Israelfrage vgl. sein Fazit,
a.a.O. 162f: Es»tritt uns ein Traditionsträger vor Augen, der seinem Selbstverständnis nach in die Tradition des einen Gottesvolkes gehört. (...) Am Ende erhofft
er heilvolles Gottesrecht unter den Zwölfen, die Jesus bestimmt, für Israel. Überaus
hart bleibt gleichzeitig die Kritk an ›diesem Geschlecht‹ (...). Denn in aller Orientierung an Israel ruft Q das Gottesvolk zur Umkehr als Hinwendung zu Jesus im
heiligen Geist.«
132   Mit Horns Argument aus der Parallele zu äthHen 61,7; 62,6f setzt sich Karrer
a.a.O. 148 A20 auseinander.
133   A.a.O. 147:»Theologisch ist also in die Eröffnungsabschnitte von Q intensiv
eine Vorstellung des Tempels als heiligen, Gott gemäßen und Gott gebührenden
Raums eingebracht.«
134   A.a.O. 149
135   Ebd.
136   So die Mehrheit der Forschung, z.B. Polag, Christologie 94; Hoffmann,
Logienquelle 178; Zeller, Logienquelle 86.

eröffnend[137] andererseits nicht alleine da. Im Großen und Ganzen stellt sich die Problemlage ganz ähnlich dar wie für das MtEv: Beurteilung der Gesamttendenz und Einzelauslegung sind derart interdependent, dass ein Ausweg aus dem hermeutischen Zirkel kaum möglich erscheint.

Dennoch hat dieser Blick in die jüngere Diskussion Aspekte eröffnet, die im folgenden weiter verfolgt werden sollen. Zum einen zeigt sich, dass die Bestimmung der »Form« des Jerusalemwortes auch für Q umstritten ist. Zum anderen ist die Formbestimmung selbst abhängig von der Beurteilung verschiedener Aussageelemente, deren Vorstellungshintergrund nur durch religionsgeschichtlichen Vergleich erhellt werden kann. Zuletzt dürfte deutlich geworden sein, dass die zeitliche Situierung des Jerusalemwortes (jüngere Q-Schicht?) sowohl von exegetischen Urteilen abhängt als auch wiederum unterschiedliche Folgerungen nach sich zieht.

In einem nächsten Schritt ist deshalb der Frage nachzugehen, ob sich näheres über die Herkunft, das Alter, die ursprüngliche Gestalt und die ursprüngliche Bedeutung des Jerusalemwortes sagen lässt.

d) Zur Traditionsgeschichte des Jerusalemwortes

Unter der Voraussetzung der Annahme, dass Mt und Lk einen gleichlautenden und im gleichen Kontext befindlichen Text des Jerusalemwortes als Quelle vorliegen hatten, stellt sich die Frage, ob sich vor der schriftlichen Fixierung Wachstumsprozesse dieses Wortes nachweisen lassen. Dies ist in der Tat schon oft vermutet worden, und zwar v.a. bezogen auf den λέγω ὑμῖν-Satz Q 13,35b.[138] Dies hängt damit zusammen, dass der religionsgeschichtliche Hintergrund von Q 13,34–35a im Zusammenhang mit dem Aussagekreis um den Rückzug der Weisheit gesehen wird. Die Aussage von Q 13,35b, dass die Weisheit wieder zurückkehre und dann begrüßt werde, sei aber in Zusammenhang mit der Weisheit sonst nicht nachweisbar; also müsse, so die Argumentation, dieser Aspekt sekundär zum Jerusalemwort zugewachsen sein.[139] Auf der anderen Seite steht aber die Beobachtung, dass das Jerusalemwort selbst keinerlei Anhaltspunkte für ein sekundäres Wachstum aufweist. So steht also die These vom sekundären Wachstum des Jerusalemwortes unter Beweiszwang, aber auch grundsätzliche Überlegungen sprechen gegen sie: Warum soll ein Wort streng unter Voraussetzung nur eines Vorstellungszusammenhanges (nämlich dem der Weisheit) gesagt sein, während dann Tradenten es erweitert haben könnten durch eine Aussage, die nicht in diesen Vorstellungszusammen passt? Ist nicht auch dem »ersten Sprecher« zuzutrauen, dass er einen Text formuliert, der sich aus verschiedenen Traditionsbereichen speist? Abgesehen davon hängt, wie gesagt, die These, Q 13,35b sei ein sekundärer Zuwachs, mit der Festlegung von Q 13,34–35a auf die Weisheitstradition zusammen; eine Zuweisung allein in den Bereich »Weisheitstradition« kann aber die Enstehung des Jerusalemwortes nicht ausreichend erklären. Es ist also im weiteren davon auszugehen, dass wir im Jerusalemwort einen kohärenten, ohne Wachstumsprozesse überlieferten Text vor uns haben. Bevor wir auf seine Herkunft weiter eingehen, soll die Frage nach der Gattung geklärt werden.

---

137 Dies wird z.B. vertreten von Uro, Sheep 237–240, mit Bezug auf Stanton, Aspects 385–390; Karrer, Israel 149 A23 und A24, verweist auf Uro und Stanton.
138 Einen noch weiter gehenden Dekompositionsvorschlag hat V. Hasler (Amen, 1969) vorgelegt; vgl. Bultmann, Synoptische Tradition. Ergänzungsheft 43.
139 Bultmann, Synoptische Tradition 121, versuchte dieses Problem unter Hinweis auf den »Mythos vom Urmenschen« zu lösen.

e) Die Gattung des Jerusalemwortes

Die gängige Gattungszuweisung des Jerusalemwortes lautet »Gerichtswort«; am gründlichsten hat dies Migako Sato zu begründen versucht.[140] Diese Zuweisung hat aber eine Schwierigkeit, die auch Sato nicht lösen kann: Es müsste sich beim Jerusalemwort, wenn es als reines Gerichtswort verstanden wird, um eine doppelte Gerichtsankündigung handeln: Einerseits wird die »Verlassenheit« des Hauses angekündigt, die durch das Nicht-mehr-Sehen des Sprechers begründet wird, andererseits wird ein zweites Gericht angekündigt, das am Ende der Phase des Nicht-mehr-Sehen zu erwarten wäre.

Für eine solche Aussagestruktur konnte aber bisher keine überzeugende Parallele benannt werden;[141] wenn man dann noch die erhebliche Schwierigkeit bedenkt, die aus der Interpretation von Q 13,35b als Gerichtsankündigung entsteht, sollte man eine andere Gattungszuweisung versuchen. Mein Vorschlag ist, von einem »befristeten Gerichtswort« zu sprechen:[142] Es wird ein Zustand angekündigt, der eine gewisse Zeit andauern wird und der als Gericht aufgefasst ist für ein zuvor genanntes Vergehen, worauf die Benennung des Endes dieses Zustandes folgt.[143]

Ein Beispiel für diese Gattung aus dem Tobit-Buch zeigt deutlich die Funktion dieser Gattung (Tobit 14,4b.5a)[144]: »Und unsere Brüder, die im Land Israel wohnen, werden alle zerstreut werden und in die Gefangenschaft geführt werden aus gutem Land, und das Land Israel wird eine Wüste sein, und Samaria und Jerusalem und das Haus Gottes wird in Trauer sein und verbrannt werden für eine gewisse Zeit. Und Gott wird sich ihrer wieder erbarmen und Gott wird sie zurückbringen in das Land Israel, und sie werden das Haus wieder bauen (…).« Es handelt sich um ein Trostwort angesichts des nahen oder schon eingetretenen Gerichtes.

Den Trostcharakter wird man nicht ohne weiteres auf das Jerusalemwort übertragen können, wenn man den polemischen Kontext beachtet (Q13,34a), aber das genannte Beispiel zeigt, wie Gerichtsankündigung und Befristung miteinander verbunden sein können. Bei der Frage nach der Herkunft des Jeursalemwortes sollte mit der Möglichkeit gerechnet werden, dass hier eine Wort der Gattung »befristetes Gerichtswort« vorliegt.

f) Das Jerusalemwort als Jesuswort

Zur Entstehung des Jerusalemwortes gibt es, sieht man einmal von der unter d) erörterten Möglichkeit eines sekundären Wachstums ab, drei Möglichkeiten:

f1) Die Möglichkeit des Zitates aus einem verlorengegangenen jüdischen Weisheitstext ist uns zwar oben schon unwahrscheinlich geworden,[145] sie soll aber hier dennoch erwähnt werden, denn sie hängt nicht allein an dem Zusammenhang mit dem Weisheitswort Q 11,49–51. Dabei kann zunächst offen gelassen werden, wer diesen Text zitiert hat, Jesus, ein frühchristlicher Prophet oder erst die Redaktoren der Logienquelle.[146] Als jüdisches Wort stünde es ganz im Zusammenhang der

---

140 Sato, Q 156–160.

141 Vgl. S. 203f.

142 In diese Richtung geht auch die – allerdings zu allgemeine – Formbestimmung bei Berger, Formgeschichte 292: »Abfolge von Unheils- und Heilsansagen«.

143 Neutestamentliches Beispiel für diese Gattung wäre Lk 21,24: »Jerusalem wird getreten werden von den Weltvölkern, bis die Zeiten der Weltvölker erfüllt sind.« Vgl. auch Dan 12,7 (Hinweis von Prof. Hermann Lichtenberger).

144 Übersetzung nach Beate Ego (JSHRZ II/6), 1000f.

145 In Zusammenhang mit der Frage nach dem Kontext des Jerusalemwortes in der Logienquelle, S.97ff.

146 Steck, Israel 235, hat die Möglichkeit aufgezeigt, dass auch Q 13,35b als jüdisches Wort verstanden werden kann und seiner Meinung nach verstanden werden

weisheitlich gefassten deuteronomistischen Prophetenaussage, allerdings ohne einen Ausblick auf eine Umkehr Israels, wie Steck es formuliert hat:»Der Trägerkreis des Jerusalemwortes sähe demnach in der erwarteten Zerstörung Jerusalems ein Gericht über das Gottesvolk hereinbrechen, das auch im Endgericht nicht revidiert wird.«[147] Die m.E. unüberwindbare Schwierigkeit dieser These besteht darin, dass nicht erweisbar ist, an welche kommende Gestalt gedacht sein soll, da m.E. eine Festlegung auf den Menschensohn als Richter über die Angeredeten jedenfalls dann ausfällt, wenn man an jüdische Herkunft denkt.[148]

f2) Ein Prophet im Bereich der Tradenten der Logienquelle formuliert dieses Wort neu in der Autorität des erhöhten Jesus. Es würde dann bedeuten: Angesichts der abgewiesenen Verkündigung wird der Stadt Jerusalem mit dem Tempel das Verlassenwerden durch den Propheten und dadurch durch den erhöhten Jesus angekündigt.[149] Dieser Vorschlag hätte für sich, dass, bei einem reinen Gerichtsverständnis, nicht dem eigenen Volk das unausweichliche Gericht angekündigt würde, würde aber dann eine schon radikale Abkehr der Logienquelle vom Judentum implizieren. Wenn man es andererseits (wie oben an dem Vorschlag von Karrer gezeigt), nicht als reines Gerichtswort auffasst, stellt sich die Frage nach einer noch weitergehenden Lösungsmöglichkeit:

f3) Dann wäre nämlich die Möglichkeit zu prüfen, ob dieses Wort nicht in der Verkündigung des historischen Jesus verankert werden kann.[150] Als Jesuswort verstanden, würde dieses Wort bedeuten, dass Jesus sich die Prophetenaussage angeeignet und seinen Auftrag im Licht der Weisheitstradition gedeutet hätte; dieses Wort müsste in einer späten Phase seiner Wirksamkeit angesiedelt werden, und zwar wegen der implizierten mehrmaligen Versuche, in Jerusalem zu wirken,[151] und auch wegen des abschließend negativen Charakters des Wortes (Q13,34bβ). Jesus hätte sich radikal vom Tempel distanziert (er ist »euer Haus«) und ihm den Entzug der Gegenwart Gottes angekündigt, und er hätte seine eigene Abwesenheit und Wiederkehr angekündigt.

Er hätte aber möglicherweise den Angeredeten auch einen Ausblick gegeben darauf, dass das Gericht nicht unbegrenzt ist. Das Jerusalem-Wort ist also durchaus im

---

muss. Deshalb hängt die Theorie, das Jerusalemwort sei ein ursprünglich jüdisches Wort, nicht unbedingt mit der Theorie vom sekundären Zuwachs zusammen.

147 Steck, a.a.O. 237; aus dieser Härte der Gerichtsankündigung gewinnt Steck sein Argument für die Spätdatierung:»Aber ist ein so horrendes Gerichtswort in jüdischer Tradition überhaupt vorstellbar? (...) Begreiflicher wird dieses jüdische Gerichtswort, *das dem eigenen Volk alle Zukunft nimmt*, wenn man bedenkt, dass es unter dem unmittelbaren Eindruck der bevorstehenden Katastrophe Jerusalems gesprochen sein muß.« (ebd.; Hervorhebung G.G.)

148 Der Erklärungsversuch von Steck (s. oben A147) zeigt in aller Deutlichkeit die Probleme auf, die sich kaum durch den Hinweis auf die nahe Zerstörung Jerusalems lösen lassen.

149 Luz, Mt III 380.

150 Dies ist jedenfalls oft vertreten worden, und die Argumente, die dagegen angeführt werden, sind nicht immer überzeugend, etwa dann, wenn mit der Interpretation von Q 13,34f als reinem Gerichtswort argumentiert wird; so z.B. Luz, Mt III 380:»Schwierig ist mir (...) der Gedanke, dass Jesus in diesem Logion für Jerusalem keine Hoffnung mehr sieht. (...) Diese Hypothese (sc. dass es sich um ein Jesus-Logion handelt; G.G.) ist zwar nicht ausgeschlossen, aber unwahrscheinlich.«

151 ποσάκις in Q 13,34 darf nicht übersehen werden, und es bezieht sich eben auf Jerusalem.

Rahmen der Verkündigung des historischen Jesus verstehbar ist.[152] Die verbleibenden Schwierigkeiten sind jedenfalls nicht größer als bei anderen Erklärungsversuchen. Sowohl in der Verkündigung Jesu als auch in der Verkündigung der Q-Tradenten verbindet das Jerusalemwort scharfe Gerichtsankündigung mit dem Ausblick auf eine heilvolle Zukunft.

Wenn wir uns nun dem mt Verständnis des Jerusalemwortes und seiner Funktion innerhalb des MtEv zuwenden, dann ist sowohl nach dem Sinn der mt Eingriffe als auch nach dem Sinn der mt Platzierung des Jerusalemwortes zu fragen. Mit besonderem Blick auf die mt Eingriffe ist also der Gedankengang folgendermaßen nachzuzeichnen:

Mt verbindet das Jerusalemwort mit dem Sendungswort (23,34–36) und setzt dadurch die Ausweitung der Anklage fort: Von den Schriftgelehrten und Pharisäern auf »diese Generation« und dann auf Jerusalem als Zentrum Israels und Synonym für das Volk Israel. Dies wird zumindest aus der Anklage deutlich: Nicht nur die Stadt selbst, sondern das Volk Israel hat die »Propheten getötet und die zu ihr Gesandten gesteinigt.« Es geht zwar wirklich um die Stadt Jerusalem, denn an ihr wird das angekündigte Gericht vollzogen werden.[153] Aber Jerusalem ist nicht irgendeine Stadt in Israel, sondern dessen kultisches und symbolisches Zentrum, und was an Jerusalem geschieht, hat Auswirkungen für ganz Israel.[154]

Sowohl der bisherige Duktus der Weherede mit der Ausweitung der Adressaten von den Schriftgelehrten und Pharisäern in den Weherufen hin zu »dieser Generation« im ersten Gerichtswort (23,36), als auch religionsgeschichtliche Parallelen[155] und die Funktion Jerusalems im MtEv weisen also darauf hin, dass hier keineswegs *nur* die Stadt Jerusalem und ihre Einwohner im Unterschied zu »dieser Generation« gemeint ist. Vielmehr ist Jerusalem hier metonymisch angeredet als Zentrum Israels, und die »Kinder Jerusalems« sind also gleichbedeutend mit »dieser Generation«.[156]

Der Leser soll dabei aber nicht nur (angeleitet durch Rückblick 23,35) an die Verfehlungen Israels in der Geschichte denken, sondern auch an die Misshandlung der Boten, die Jesus ausgesandt hat, und nicht zuletzt auch an das Geschick Jesu selber (vgl. σταυρώσετε 23,34).

Das Wirken Jesu wird nun dem Handeln einer Henne verglichen, die ihre schutzlos umherlaufenden Küken einsammeln will. Aber die Kinder Jerusalems verweigern sich seinem Wirken, wie sie es in der Ge-

---

152 So auch Riniker, Gerichtsverkündigung 490: »Mit leichtem Zagen angesichts der doch sehr einhellig anders lautenden Auffassung der Forschung müssen wir den Schluss wagen, dass das Jerusalemwort authentisch sein wird.« So aber auch Hengel, Jesus 159: Herkunft von Jesus nicht ausgeschlossen.
153 Vgl. S. 120ff.
154 Vgl. für das Alte Testament Preuß, Theologie II 42–55
155 Dies hat v.a. Steck, Israel 227f, herausgearbeitet.
156 Zu »dieser Generation« S. 119ff.

schichte mit den Propheten immer schon getan haben. Dafür kündigt der
mt Jesus die Strafe an, so dass das Jerusalemwort Auskunft gibt, in welcher Weise das in 23,34–36 angekündigte Gericht über »diese Generation« kommen soll: ἰδοὺ ἀφίεται ὑμῖν ὁ οἶκος ὑμῶν ἔρημος. Das
»Haus« der Kinder Jerusalems soll »wüst gelassen« werden, wobei als
primärer Bezug wohl an den Tempel zu denken ist.
Inhaltlich wird dabei die Strafe in zweifache Weise ausgedrückt. Das
»Haus« wird zum Haus der Gegner Jesu: Er nennt es »*euer* Haus« und
distanziert sich damit radikal (noch stärker als 12,6) vom Tempel; dies
hatte sich schon in der mt Komposition in Mt 21 (Einzug in Tempel –
»Tempelreinigung« – Feigenbaumwunder – Wort über die Vollmacht
des Gebets) abgezeichnet. Und das »Haus« wird *wüst* gelassen werden;
indem Mt ἔρημος hinzufügt, schafft er eine etwas holprige Konstruktion,
die auf sein besonderes Interesse an ἔρημος schließen lässt: Das Haus
wird den schuldigen Gegnern überlassen werden, und d.h. dass Gott
dieses Haus verlassen wird, aber es wird eben auch wüst werden, was
der Leser wenig später als Ausdruck für die Zerstörung des Tempels
kennenlernen wird (vgl. 24,15).
Aber auch die Ausdrucksweise »euer Haus soll wüst gelassen werden«
ist in gewisser Weise noch offen.[157] Erst im weiteren Verlauf wird dem
Leser deutlich gemacht, dass damit nicht nur der Tempel, sondern die
ganze Stadt gemeint ist, und dass das »ganze Volk« die Strafe treffen
soll.[158]
Zuvor verbindet der mt Jesus aber die Strafe an dem »Haus« der Kinder
Jerusalems mit seinem eigenen Geschick:

λέγω γὰρ ὑμῖν, οὐ μή με ἴδητε ἀπ᾽ ἄρτι ἕως ἂν εἴπητε· εὐλογημένος ὁ
ἐρχόμενος ἐν ὀνόματι κυρίου.

Mit der kausalen Konjunktion γάρ an die Gerichtsankündigung angebunden, bestätigt dieser Satz sie, denn er nennt den Ermöglichungs-
grund für das Gericht: Der mt Jesus wird sich von den Angeredeten

---

157 Zu den verschiedenen Bedeutungsmöglichkeiten vgl. Luz, Mt III 382 mit A44:
Tempel, Jerusalem oder ganz Israel.
158 Eine ähnliche Verbindung vom vollen Sünden-Maß und der Bedrohung der
Stadt Jerusalem findet sich LAB 26,13 (Pseudo-Philo); vgl. dazu Stuhlmann,
Eschatologisches Maß 103, und Steck, Israel 173–176, v.a. a.a.O. 175: Es ist zu erkennen, »dass PsPhil die Zerstörung Jerusalems 587 v.Chr. und entsprechend 70
n.Chr. gemäß dem dtrGB (sc. deuteronomistischen Geschichtsbild, G.G.) als Gericht über die die ganze Geschichte kennzeichnende, nunmehr ins Vollmaß gekom-
mene und so dies Gericht auslösende Sünde des Volkes verstanden hat. (...) Die
Ereignisse 70 n.Chr. versteht PsPhil nicht als definitive Verwerfung des Volkes
(...); das Endgericht (...) und die nahe (...) Heilswende für Israel steht noch bevor.«
Die Datierung des LAB ist umstritten, Steck datiert auf das Ende des 1. Jahrhunderts n.Chr. (a.a.O. 173), während es nach Maier (Zwischen den Testamenten 113)
»(...) wohl erst nach dem 2./3. Jh. n.Chr. entstanden ist (...).«

zurückziehen, so dass sie ihn nicht mehr sehen können. Dies erst ermöglicht das Gericht, denn mit dem »Immanuel« Jesus weicht auch die Gegenwart Gottes aus dem »Haus«, so dass dieses schutzlos und letztlich auch sinnlos werden wird.

Diese aus dem mt Immanuel-Konzept[159] zu erschließende Vorstellung setzt Mt in erzählte Geschichte um, indem er dieses Gerichtswort als das letzte Verkündigungswort Jesu an die Volksmenge aus Israel kennzeichnet, an das sich unmittelbar die eschatologische Rede anschließt, die durch die Ankündigung der Tempelzerstörung eingeleitet ist.

Dass es Mt aber nicht nur um ein damaliges Ereignis geht, sondern um etwas, das bis in die (eschatologisch bestimmte) Gegenwart hinein gilt, macht er durch seine Hinzufügung von ἀπ' ἄρτι deutlich. Diese typisch mt temporale Bestimmung kennzeichnet an ihren drei Belegen jeweils den Übergang von der Zeit des irdischen Jesus in die eschatologisch bestimmte Zukunft.[160] Wenn man also den mt Standpunkt berücksichtigt, der auf die Zerstörung des Tempels schon zurückblickt, ergibt sich zusammenfassend folgender Gedankengang:

In seiner letzten öffentlichen Rede kündet der mt Jesus zunächst den Schriftgelehrten und Pharisäern das Gericht an. Gegen Ende der Rede wird aber der Adressatenkreis ausgeweitet; nun ist »diese Generation« (23,36) im Blick, und diese Ausweitung steht in Verbindung mit der Ausweitung der Schuldvorwürfe. Das Gericht, im Sendungswort umschrieben mit »dem Kommen des gerechten Blutes über euch«, wird hier als Tempelzerstörung (23,38) angekündigt, wobei neben der Schuld »dieser Generation« der Rückzug des Immanuels Jesus aus dem Tempel die Voraussetzung ist.

Zugleich gibt das Jerusalemwort auch einen Ausblick auf die Zeit nach dem Nicht-mehr-Sehen (23,39b); dieser Ausblick muss mit seinen Implikationen unten näher untersucht werden unter der Fragestellung »Israel im Endgericht«.[161]

Zuvor sollen aber weitere Gründe für unsere These genannt werden, dass Mt die Zerstörung Jerusalems als Gericht über Israel deutet, indem noch weitere Texte mit einbezogen werden, nämlich der Auszug Jesu aus dem Tempel (D.I.2.3) und der sogenannte »Blutruf« vor Pilatus (D.I.3). Die Beschäftigung mit dem zuletzt genannten Text wird dann zur Frage nach der Reichweite des Gerichtes führen (D.I.3.3).

2.3 Der Auszug Jesu aus dem Tempel (Mt 24,1–2)
Mt verstärkt den Zusammenhang zwischen der letzten öffentlichen Rede Jesu (Mt 23) und dem Auszug Jesu aus dem Tempel, indem er die bei

---

159 Als Textbasis: Mt 1,23; 8,23–27; 14,22–33; 18,20; 28,19 vgl. dazu Luz, Mt III 290.
160 Vgl. außer Mt 23,39 noch 26,29 und 26,64; zur Frage der Naherwartung s. S. 159ff.
161 S. S. 184ff.

Mk dazwischen liegende Perikope vom Scherflein der Witwe aus-lässt.[162] So folgt bei Mt auf die Rede Mt 23 mit ihrer abschließenden Gerichtsankündigung gegen »Jerusalem« unmittelbar der Auszug Jesu aus dem Tempel (24,1–2) und sein Rückzug mit den Jüngern auf den Ölberg (24,3).

Damit ist der Zustand, dass ihn die Kinder Jerusalems nicht mehr sehen, narrativ bereits eingetreten, und er hält, unterbrochen nur von der Passion Jesu, bis in die Zeit der Leser an.
Aber das ist noch nicht alles. Gemäß der mt Konzeption des »Gott-mit-uns«-Jesus verlässt mit Jesus auch Gott selbst den Tempel. Diese Verlassenheit des Tempels wiederum ist die Voraussetzung für seine Zerstörung, die Jesus in 24,2 ankündigt: ἀμὴν λέγω ὑμῖν, οὐ μὴ ἀφεθῇ ὧδε λίθος ἐπὶ λίθον ὃς οὐ καταλυθήσεται.
So interpretieren die Verse 24,1–2 die zunächst noch unklaren Aussagen von 23,37–39 auf die Verlassenheit des Tempels und seine darauffolgende Zerstörung, und es ergibt sich ein kohärenter Zusammenhang: Wie schon die früheren Generationen die Propheten getötet haben, so lehnt auch »diese Generation« die Bemühungen Jesu ab und tötet die, die Jesu zu ihnen sendet. Deshalb zieht sich Jesus von ihnen zurück, so dass sie ihn nicht mehr sehen; mit Jesus verlässt Gott den Tempel, der so seines Sinnes und seines Schutzes beraubt ist und zerstört werden wird.

3 Der »Blutruf« des Volkes vor Pilatus (Mt 27,24f)

In einem anderen Zusammenhang haben wir uns schon mit Pilatus und seiner Rolle im Prozess gegen Jesus in der mt Darstellung beschäftigt und haben dort gezeigt, dass Pilatus keineswegs als verantwortungslos gezeichnet wird.[163]
Es muss auch aber die Funktion dieser Text-Sequenz für den mt λαός-Begriff und für die mt Israeltheologie überhaupt beachtet werden, und diese Funktion kann in ihrer Bedeutung kaum hoch genug eingeschätzt werden.[164] Mt zeigt sich hier in besonderer Weise als äußert geschickt

---

162 Die Weherede (Mt 23) knüpft an die kurze mk Perikope Mk 12,37b–40 an, und direkt im Anschluss an die Perikope von der Witwe folgt Mt wieder Mk (Mt 24,1–8 par Mk 13,1–8). Dass Mt durch diese Auslassung bewusst den Zusammenhang von Weherede und eschatologischer Rede stärkt, gilt auch, wenn sich für diese Auslassung noch weitere Gründe nennen lassen, denn die enge Verbindung der beiden Rede ist noch dadurch verstärkt, dass Mt nur diese Rede nicht mit einer Abschlussbemerkung beendet (vgl. 7,28; 11,1; 13,53; 19,1). Hier folgt die Abschlussbemerkung erst Mt 26,1.
163 Vgl. S. 72.
164 Forschungsgeschichtlich besonders wirkungsvoll war die Formulierung von Frankemölle, Jahwebund 210: »27,24f ist eine von Mt in Szene gesetzte Ätiologie für das Ende ›Israels‹.« Sie wurde zustimmend rezipiert u.a. von Kampling, Blut Jesu 5; Gnilka, Mt II 459 A 34; anders jetzt Frankemölle, Mt II, 484.

gestaltender Tradent, der seiner ihm vorgegebenen Überlieferung eine eigene Ausprägung gibt.[165] Während Mt die Szene »Jesus oder Barabbas« im Großen und Ganzen im Anschluss an Mk wiedergibt,[166] fügt er vor der Auslieferung Jesu zur Kreuzigung (Mt 27,26 par Mk 15,15) folgende Passage ein (27,24–25):[167]

ἰδὼν δὲ ὁ Πιλᾶτος ὅτι οὐδὲν ὠφελεῖ ἀλλὰ μᾶλλον θόρυβος γίνεται, λαβὼν ὕδωρ ἀπενίψατο τὰς χεῖρας ἀπέναντι τοῦ ὄχλου λέγων· ἀθῷός εἰμι ἀπὸ τοῦ αἵματος τούτου· ὑμεῖς ὄψεσθε. καὶ ἀποκριθεὶς πᾶς ὁ λαὸς εἶπεν· τὸ αἷμα αὐτοῦ ἐφ᾽ ἡμᾶς καὶ ἐπὶ τὰ τέκνα ἡμῶν.

Wegen der besonders großen Bedeutung, die diese Szene für das Israelthema hat, soll sie ausführlich besprochen werden.

Bevor wir aber den Ort von 27,25 im Gesamtgefüge der mt Israeltheologie zu bestimmen versuchen, sollen die einzelnen Aussageelemente je für sich untersucht werden.

3.1 Die einzelnen Elemente von Mt 27,25

a) πᾶς ὁ λαός

Zum mt Verständnis von λαός ist oben schon das Nötige gesagt worden, und zwar in Zusammenhang mit der Volksmenge:[168] Bislang stand sie neben den Jüngern und nur partiell von ihnen unterschieden auf der Seite Jesu; unmittelbar vor der Verurteilung Jesus ändert sich dies aber. Den Hohenpriestern und Ältesten gelingt es, sie dazu zu überreden, dass sie die Freilassung des Barabbas fordert, nicht die Freilassung Jesu (27,20). In dem Moment aber, da sie von Pilatus explizit die Hinrichtung Jesu fordert, und artikuliert, dass sie von seiner Schuld überzeugt ist, nennt Mt sie nicht mehr »Volksmenge«, sondern πᾶς ὁ λαός.

Von der festgelegten mt Terminologie[169] her kann dies für die mt Sicht nur bedeuten: Die Menschen, die »damals« vor Pilatus standen und den Tod Jesu forderten, standen stellvertretend für das ganze auserwählte Volk. Nur hier ist innerhalb des MtEv das *ganze* Volk erwähnt ist. Dies korrespondiert sowohl mit der mt Konstruktion, dass die zuvor erwähnten Volksmengen (27,15.20.) das Jesus zeitgenössische Israel insgesamt vertreten,[170] als auch mit dem mt Gerichtsverständnis, welches umgekehrt auch durch unsere Stelle gestützt wird.

---

165   Es ist allerdings zu fragen, ob Mt für die äußerst negativen Wirkungen dieses Textes nicht wenigstens mitverantwortlich ist.
166   Mt 27,15–23 par Mk 15,6–14; der größte mt Eingriff besteht in der Einfügung von Mt 27,19, der Botschaft der Frau des Pilatus.
167   Neuere Literatur: Fornberg, Deicide and Genocide.
168   Vgl. S. 72f.
169   Vgl. S. 45f.
170   Vgl. zu den Volksmengen S. 42ff.

Die Wendung πᾶς ὁ λαός sollte aber nicht einseitig von einem bestimmten alttestamentlichen Textzusammenhang her abgeleitet werden, denn sie ist in der LXX regelmäßig verwendet, um das Volk Israel in seiner Gesamtheit zu benennen.[171] Man sollte also nicht von einem »Fluch« sprechen, denn die Bezeichnung von Mt 27,25 als »Selbstverfluchung« lässt sich nur durch die traditionsgeschichtliche Ableitung dieses Spruches aus Dtn 27,15–26 begründen, was aber nicht überzeugend gelingt.[172] Der Einwand mancher Ausleger, das *ganze* Volk sei gar nicht in Jerusalem gewesen, deshalb könne es sich nur um die eben gerade anwesenden Leute handeln,[173] kann nicht überzeugen. Es geht Mt um Deutung der Geschichte, und zwar hier anhand der Repräsentation des ganzen Volkes durch die konkret Handelnden.[174]

b) τὸ αἷμα αὐτοῦ ἐφ᾽ ἡμᾶς

Zum Beweis dafür, dass das Volk von der Schuld Jesu überzeugt ist, ruft es das Blut auf sich und seine Kinder herab. In welchem Sinn soll der Leser dies verstehen?

Auch wenn das Stichwort Blut im Kontext zuletzt in 26,28 zu lesen ist, ist als stärkste Verbindung innerhalb des MtEv die zu 23,34–39 anzusehen, weil dort »dieser Generation« bzw. Jerusalem vorgeworfen wird, immer schon unschuldiges Blut vergossen zu haben. Dort wird das Gericht in der Form angesagt, dass »dies alles«, nämlich das unschuldig vergossene Blut aus der Geschichte Israels, über diese Generation kommen werde. Während dort vom Tod Jesu und somit von *seinem* unschuldig vergossenen Blut nur andeutend die Rede war, erfährt der Leser hier, dass auch und v.a. das Blut Jesu zu diesem »dies alles« zu rechnen ist.

So erklärt sich der mt Gedankengang unmittelbar aus dem Kontext mit 23,34–39, und er erweist sich als kohärent.

---

171 Ca.180 Mal.

172 Frankemölle, Jahwebund 209, versucht dies, aber die terminologischen Berührungen sind nicht stichhaltig genug, insbesondere fehlt in Mt 27,24f die Fluchterminologie von Dtn 27,11–16 (ἐπικατάρατος und γένοιτο); vgl. die Kritik von Gnilka, Mt II 459 A35, an Frankemölle, Jahwebund 209–211. In seinem Mt-Kommentar urteilt Frankemölle z.St. viel differenzierter, hält aber an der Herleitung von Mt 27,25 aus Dtn 27,15–26 fest (ders., Mt II 481f).

173 So z.B. Haacker, Blut Jesu 50 A12: »Die Bedeutung der Vokabel *laós* (sic.) in theologischen Grundsatzaussagen über Israel darf jedoch nicht in einen narrativen Text hineingelesen werden, der vom Verhalten eines begrenzten Personenkreises, nämlich des Publikums beim Prozess Jesu, redet.« Ähnlich Gielen, Konflikt 386.

174 Die Frage, ob überhaupt und wie Mt sich die Anwesenheit des »ganzen Volkes« vor Pilatus konkret vorgestellt hat, gilt analog auch für Aussagen wie: Mt 4,23 (θεραπεύων πᾶσαν νόσον καὶ πᾶσαν μαλακίαν ἐν τῷ λαῷ); 4,24 (προσήνεγκαν αὐτῷ πάντας τοὺς κακῶς ἔχοντας); auch hier dürfen keine historisierenden Überlegungen davon abbringen, die mt Aussageintention zu erfassen: So wie Jesus »alle« Krankheiten im Volk geheilt hat, so hat auch das »ganze« Volk Jesus abgelehnt.

Aus der Religionsgeschichte ist aber eine Parallele hinzuzuziehen, die das Verständnis dieses Textes erhellt. Dabei soll aber nicht ein neuer Vorschlag für den religionsgeschichtlichen Hintergrund von 27,25 mit Blick auf das Thema »unschuldig vergossenes Blut« ausgearbeitet werden,[175] sondern bereits Erarbeitetes[176] zusammengetragen werden, das aber oft übersehen wird.[177]

Am nächsten an den Gedankengang des herbeigerufenen Blutes in 27,25 kommt nämlich Jos 2,19 heran, auch wenn in der LXX das entscheidende Stichwort »Blut« fehlt:[178] Die Kundschafter versichern Rahab und die, die in ihr Haus kommen, ihres Schutzes, indem sie das Blut derer über sich rufen, die zu Schaden kommen sollten.

Die Ähnlichkeit zu 27,25 besteht darin, dass die Betroffenen selbst diese Aussage machen, deren Sinn allgemein so formuliert werden kann: »Der mit einem solchem Spruch Bedrohte und Belastete muss die Verantwortung und Strafe für seine Tat tragen. Er ist selber schuld am Tod als einer Strafe.«[179] Wie Jos 2,19 sind die Israeliten in Mt 27 davon überzeugt, dass diese Gefahr ihnen nicht droht, aber damit liegen sie in der Logik des Mt und seiner Leser im Irrtum. Deshalb sind sie »selbst schuld am Tod als einer Strafe« (Schelkle), die Frage ist nur, inwiefern die Vorstellung durch das als nächste zu besprechende Element modifiziert bzw. ausgeweitet wird. Denn die Kinder werden in den Schuldzusammenhang mit hineingezogen. Dem ist im nächsten Abschnitt nachzugehen, zuvor aber muss noch auf einen anderen Hintergrund verwiesen werden, der in eine ganz andere Richtung verweist.

Die schon öfter[180] vorgeschlagene Verbindung von 27,25 zu 26,28 hat

---

175 Für verschiedene Herleitungen vgl. van Tilborg, Jewish Leaders 92–95: Susanna-Erzählung, v.a. Sus 46 nach Theodotion; Haacker, Erwägungen 48f: Dan 6; Frankemölle, Jahwebund 204–211: Dtn 21,1–9; 27,15–26 (zur Kritik vgl. Gnilka, Mt II 458 A35); Schelkle, »Selbstverfluchung« 148f: Jos 2,19 (s. dazu unten A178)

176 Nämlich von Schelkle, »Selbstverfluchung« 148f.

177 In der Literatur ist des öfteren die (ungenaue) Auskunft zu lesen, es gebe keine alttestamentliche Analogie dafür, dass jemand fremdes Blut über sich selbst herbeirufe; vgl. Gnilka, Mt II 458, und (wohl von Gnilka abhängig) Karrer, Jesus Christus 99. Richtig dagegen Strecker, Weg 295; Schweizer, Mt 333.

178 Was Schelkle, »Selbstverfluchung« 148, übersieht. Die LXX übersetzt mit ἔνοχος (vgl. Mt 26,66 par Mk 14,64) und ἀθῷος (vgl. Mt 27,4.24; die beiden einzigen Belege im MtEv).

179 Schelkle, »Selbstverfluchung« 148.

180 Z.B. Schweizer, Mt 333 (»Vielleicht«); Mußner, Traktat über die Juden 309, in einer Art historisierender Sachkritik: Es muss gesagt werden, dass »es sich bei dem Sondergut Mt 27,24f. ganz gewiss nicht um eine historische ›Reportage‹ handelt, sondern um eine sekundäre Traditionsbildung, deren Tendenzen allzu durchsichtig sind. (…) Von der Abfassungszeit des Evangeliums her ist es wahrscheinlich, daß der Evangelist den Ruf des Volkes ›sein Blut auf uns und unsere Kinder!‹ in der Katastrophe des Jahres 70 erfüllt sah. (…) Dann wäre aber das Kreuzesblut Jesu nicht als Erlöserblut, sondern als Rächerblut aufgefasst, was der Soteriologie des Neuen Testaments widerspricht (…). Darüber hinaus vergesse man nie, daß Jesus am Kreuz nach Lk 23,34 für seine Gegner gebetet hat: ›Vater, vergib ihnen,

Timothy B. Cargal durch folgende Überlegungen zu untermauern versucht: In Zusammenhang mit der These, Mt wolle Pilatus zu Lasten Israels als unschuldig darstellen, wird Dtn 21,1–9 als Hintergrund für die Handwaschung des Pilatus gesehen.[181] Ausgehend von der Einschätzung, dass Mt Pilatus aber gerade *nicht* als unschuldig darstellen will, schlägt nun Cargal vor, Dtn 21,1–9 umgekehrt als Hintergrund von Mt 27,25 zu sehen: Nicht die Unschuld des Pilatus wolle Mt herausstellen, sondern vielmehr wolle er die Möglichkeit, um Sühne für unschuldig vergossenes Blut zu bitten, gerade für Israel offenhalten.[182] Man sollte diese Möglichkeit nicht vorschnell von der Hand weisen; es wird sich unten zeigen müssen, ob und wie sie sich in das Gesamtverständnis des MtEv integrieren lässt.[183] Nun aber zur Frage nach dem Einbezug der folgenden Generationen.

c) ἐπὶ τὰ τέκνα ἡμῶν

Durch die Formulierung ἐπὶ τὰ τέκνα ἡμῶν werden die Kinder der Sprecher mit in das Geschehen einbezogen, und es stellt sich die Frage nach der Reichweite der Verantwortung und Haftung. Innerhalb des AT wird diese Frage erörtert im Zusammenhang des Problems der falschen Zeugen, welches ja auch mit dem Thema von Mt 27,25 übereinstimmt. Dies wird in Dtn 19,16–21 behandelt, und da heißt es (19,19):

καὶ ποιήσετε αὐτῷ ὃν τρόπον ἐπονηρεύσατο ποιῆσαι κατὰ τοῦ ἀδελφοῦ αὐτοῦ καὶ ἐξαρεῖς τὸν πονηρὸν ἐξ ὑμῶν αὐτῶν.

Der falsche Zeuge soll also mit der Strafe bedacht werden, die er dem fälschlich Angeklagten hatte zufügen wollen. An eine Einbeziehung der Kinder oder weiterer Generationen ist nicht gedacht. An einer anderen Stelle im Deuteronomium wird dagegen jede Form von »Sippenhaftung« explizit ausgeschlossen (Dtn 24,16):[184]

οὐκ ἀποθανοῦνται πατέρες ὑπὲρ τέκνων καὶ υἱοὶ οὐκ ἀποθανοῦνται ὑπὲρ πατέρων ἕκαστος τῇ ἑαυτοῦ ἁμαρτίᾳ ἀποθανεῖται.

---

denn sie wissen nicht, was sie tun!‹ Wird Gott die Bitte seines Sohnes nicht erhört haben? Auch Israel steht bleibend unter dem Kreuz und Jesu Blut sühnt seine Schuld, so groß sie auch sein mag.«
181 So z.B. Gnilka, Mt II 457f.
182 Cargal, His Blood 111:»It seems likely that the author is wanting the readers to recall this passage (sc. Dtn 21,1–9; G.G.) and to apply its prayer to the people who shed Jesus' innocend blood.« Aufgenommen bei Döpp, Zerstörung 25 A44; Mayordomo-Marín, Anfang 328 A644.
183 Vgl. S. 116f.
184 Hierauf wird 2.Kön 14,6 (4Kön 14,6 LXX) ausdrücklich zustimmend Bezug genommen.

Dennoch wird im AT an einigen Stellen berichtet, dass auch die nachfolgende Generation mit in die Verantwortung und Strafe einbezogen wurde, aber (mit einer Ausnahme)[185] immer nur die *eine* direkt nachfolgende Generation. Es handelt sich hierbei, wie Haacker herausgearbeitet hat,[186] um folgende Texte:

1) 1.Kön 21f: Wegen des Justizmordes an Nabot wird dem König Ahab und seinen »Nachkommen«[187] sowie seiner Frau Isebel das Gericht angesagt (1Kön 21,21–24). Dieses Gericht wird aber nicht an Ahab selbst vollzogen,[188] sondern erst an seinem Sohn Ahasja (2.Kön 1), seinem Sohn Joram sowie an seiner Frau Isebel (2.Kön 9) und an seinen weiteren Söhnen (2.Kön 10,1–11).[189]
Wenn allerdings der Justizmord an Nabot tatsächlich als religionsgeschichtlicher Hintergrund zu 27,25 anzusehen ist, könnte aus dieser Parallele auch geschlossen werden, dass nach der mt Vorstellung die Generation der Zerstörung Jerusalems die letzte Generation Israels war,[190] denn es wurden *alle* Nachkommen Ahabs getötet, so dass sich die Frage nach dem Geschick weiterer Generationen nicht stellt.[191]
2) Im Buch Ester wird erzählt, dass der Judenfeind Haman zur Strafe für seine mörderischen Pläne selber hingerichtet wird, und zwar an eben dem Galgen, den er Mordechai zugedacht hatte.[192] Auch seine Söhne werden später deswegen getötet.[193] Von einer länger währenden Schuld ist nicht die Rede.

---

185 Nämlich 1.Kön 2,33 (3.Kön 2,33 LXX), wo aber ausdrücklich von εἰς κεφαλὴν τοῦ σπέρματος αὐτοῦ εἰς τὸν αἰῶνα die Rede ist. In Mt 27,25 fehlt sowohl das Stichwort σπέρμα αὐτοῦ als auch εἰς τὸν αἰῶνα; vgl. Haacker, Sein Blut 48.
Auf 1.Kön 2,33 könnte sich auch Sanh 4,5 beziehen (vgl Bill. I, 267): »(...) Bei Vermögensstreitigkeiten kann ein Mensch Geld geben, und es wird ihm Sühnung (für seine falsche Aussage); aber bei Kapitalprozessen haftet sein (des Hingerichteten) Blut und das Blut seiner (möglichen) Nachkommen an ihm (dem falschen Zeugen) bis ans Ende der Welt (...).« Auch hier haftet aber nur der falsche Zeuge selbst.
186 Vgl. Haacker, Sein Blut 48.
187 אַחֲרֶיךָ 1.Kön 21,21; LXX (3.Kön 20,21): ὀπίσω σου »hinter dir« (in der LXX ist die Kapitelfolge von 1.Kön 20–21 MT umgedreht).
188 Wegen der Reue des Königs Ahab, 1.Kön 21,29. Diese Aussage steht allerdings in Spannung zu 1.Kön 22, der Erzählung von Ahabs Untergang im Krieg gegen die Aramäer.
189 Diesen Text übersieht Haacker a.a.O.; Hos 1,4 bezieht sich zwar auf diese Tat, aber wohl nicht als (ca. 100 Jahre später eintreffende) Strafe für diese Tat, sondern die Tötung wird eher gesehen als »Ausgangspunkt bzw. Modell eines Blutvergießens, das die Gestalt des Königtums in Hoseas eigener Zeit prägt.« (Jeremias, Hosea 31)
190 Dazu unten mehr, s. S. 117f.
191 Dies gegen Haacker, Sein Blut, der diesen Aspekt übergeht.
192 Est 7,10 LXX.
193 Est 9,10.13 LXX.

3) Dan 6,25: Die Männer, die Daniel verklagt hatten, werden von König Darius nach der wunderbaren Rettung des Daniel selbst in die Löwengrube geworfen, und zwar mit ihren Frauen und Kindern. Alle drei Texte zeigen, dass trotz des Verbotes von Dtn 24,16 über die jeweils schuldige Person auf ihre Familie hinausgehender Schuldzusammenhang und entsprechender Strafvollzug gedacht und erzählt wurde.[194] In der prophetischen Tradition wird diese Vorstellung wiederum kritisiert,[195] und keiner der erzählenden Texte spricht explizit davon, dass die Schuld sich über mehrere Generationen hin vererben würde, was aber daran liegt, dass jeweils alle Nachkommen getötet werden.[196]

In traditionsgeschichtlicher Hinsicht könnte allenfalls auf Ex 34,6f verwiesen werden als Ursprung der Vorstellung des Endes von Israel, wenn man den »negativen«, zweiten Teil der Gnadenaussage heraushebt: Die Schuld der Väter soll heimgesucht werden an den Kindern und an den Kindeskindern (Ex 34,7). Mt 27,25 spricht aber *nur* von den Kindern, und es spricht nichts dagegen, dass dies wörtlich gemeint sein soll.

Auch ein Blick auf den mt Gebrauch von τέκνον / τέκνα trägt nicht zu einer Klärung bei, weil die Belege entweder selbst unklar und in ihrer Interpretation vom Gesamtverständnis und also auch von 27,25 abhängig sind[197] oder vom Kontext her eindeutig auf »Kinder« im wörtlichen Sinn, also die direkten Nachkommen, bezogen sind.[198]

3.2 Mt 27,25 im Kontext des Matthäusevangeliums

Während bisher nur einzelne Elemente von 27,25 untersucht wurden, soll nun ein Blick auf den Ort den ganzen Verses und seiner Perikope innerhalb des MtEv erfolgen.

---

194 In ähnlicher Weise und für Mt 27,24f ebenfalls interessant ist dies auch in Jer 26,15 zu sehen, wo Anklage und Gerichtsansage auf die ganze Stadt Jerusalem ausgedehnt werden.
195 Vgl. Ez 18,1–4.19f; Jer 31,29f. Zum Themenkomplex im Alten Testament vgl. Preuß, Theologie II 187: »(...) die mit dem atl. Ganzheitsdenken (...) zusammenhängenden Fragen nach der Schuld einzelner in ihrem Verhältnis zur Gesamtheit (...), wie die von vergangener Schuld und gegenwärtiger Straferfahrung, werden notvoll bedacht und schließlich, dies aber als ein eindeutiges Novum, verneint (...).«
196 Der Textvergleich führt also genau zum gegenteiligen Ergebnis dessen, was Haacker belegen wollte; vgl. Haacker, Blut Jesu 47f.
197 Dies gilt für 2,18; 3,9; und 23,37.
198 Mt 7,11; 9,2; 10,21 (2x); 15,26 (hier schwingt kontextuell eine heilsgeschichtliche Nuance mit); 18,25; 19,29; 21,28 (2x); 22,24 (2x).
So ähnlich argumentiert auch Wong, Interkulturelle Theologie 136, der aber, bedingt durch sein Gerichtsverständnis, die gegenteilige Konsequenz daraus zieht, vgl. ebd.: »Das Gericht über Israel geschah in der Zerstörung des Tempels, damit ist für Mt auch Israels besondere Rolle als Volk Gottes beendet.«

Unbestritten ist dabei, dass es sich hier um eine Geschichtsreflexion handelt, nicht etwa um einen historischen Bericht. Auch ein »historischer Kern« ist nicht auszumachen.[199] Als Hintergrund bei der Gestaltung von 27,24f insgesamt mag Jer 26,11–19 (LXX: 33,11–19) Einfluss ausgeübt haben:[200] Der Prophet Jeremia sieht nach seiner Verhaftung (Jer 26,8) der drohenden Verurteilung entgegen und warnt seine Ankläger davor, ihn zu töten: »Wenn ihr mich tötet, bringt ihr unschuldiges Blut über euch, über diese Stadt und ihre Bewohner.«[201] Während man hierauf von Jeremia ablässt, ist es in der mt Darstellung des Prozesses gegen Jesus im entscheidenden Augenblick das ganze Volk, das das Blut Jesu fordert.

a) Mt 27,25: Keine »Selbstverfluchung«

Die Frage, ob 27,25 als »Selbstverfluchung« zu verstehen ist, hat eine breite Forschungsdebatte ausgelöst.[202] Um diese Frage beantworten zu können, muss zwischen der Funktion im unmittelbaren Erzählkontext einerseits und der Funktion im Rahmen des gesamten MtEv andererseits unterschieden werden. Im näheren Kontext ist aber deutlich zu sehen, dass das Volk aufgrund der Überredung von Seiten führender Gruppen den Tod Jesu fordert, in dem Glauben, dieser sei wirklich schuldig.[203] Der Ruf des Volkes ist textintern im Sinne der Sprecher also keine Selbstverfluchung, weil das Volk von der Schuld Jesu und somit von der eigenen Unschuld überzeugt ist.

In der Sicht des Mt und auch in der Sicht der von Mt intendierten Leser[204] ist die Überzeugung des Volkes, dass Jesus schuldig ist, natürlich falsch, und deshalb kommt dieser Ruf im mt Sinn faktisch einer Selbstverurteilung gleich. Schon vom ersten Vers seines Evangeliums an gibt Mt zu erkennen, dass für ihn Jesus als Sohn Davids und Sohn Abrahams der rechtmäßige »König der Juden« ist.

Der Spruch des Volkes in 27,25 ist also doppeldeutig, weil der Leser mehr weiß, als die textinternen Aktanten, die innerhalb des Textes die

---

199 Mit Kampling, Blut Jesu 7, gegen die ebd. A45 genannten Autoren, z.B. H. Kosmala, »His Blood on us and our Children«, ASTI 7 (1970), 94–126.
200 So Karrer, Jesus Christus 99, mit Verweis auf J.B. Bauer, »Sein Blut komme über uns« (Mt 27,25), KNA – ÖKI 28, 1991, S. 18f.
201   Jer 26,15 Einheitsübersetzung.
202 Vgl. Meiser, Reaktion 254 A29. Zum Stichwort »Selbstverfluchung« vgl. auch Kampling, Blut Jesu 6 A4, mit weiterer Literatur; Strecker, Weg 116; Luz, Mt III 374.
Auch Frankemölle, Jahwebund 326.354, bezeichnet Mt 27,25 als »Selbstverfluchung«, insofern ist also die Bemerkung Gnilkas, Mt II 459 A35, einzuschränken: »Frankemölle (...) vermeidet zwar den Begriff Selbstverfluchung (...), sieht aber die Folgen, die sich aus seiner (...) Interpretation ergeben, nicht ab.«
203 Im Kontext ist nicht zu erkennen, warum das Volk den Tod Jesu fordert; aber Mt zeichnet nicht so, also würde das Volk den Tod Jesu *gegen* seine eigene Überzeugung fordern.
204 Zum »intendierten Leser« vgl. Egger, Methodenlehre 38.

Verantwortung für die Verurteilung Jesu übernehmen, und weil der Leser deshalb auch deren Überzeugung nicht teilt. Der Leser weiß, dass Jesus unschuldig ist, und der Leser weiß auch, dass die vom Volk indirekt herbeigerufene Strafe für den Fall eines Fehlurteiles bereits eingetreten ist.[205] Dennoch ist die Bezeichnung »Selbstverfluchung« unangemessen, weil sie den Aspekt der Absicht einschließt.[206]

b) Der Wechsel von den »Volksmengen« zum »ganzen Volk«
Aus der zunächst vor Pilatus versammelten Volksmenge (27,20.24) wird in 27,25 πᾶς ὁ λαός, was angesichts der sehr überlegten mt Terminologie auf keinen Fall übersehen oder weg-interpretiert werden darf. Aber wie verhält sich dies genau zu unserer Bestimmung des Volksmengen-Konzeptes? Warum also wechselt Mt überhaupt in seiner Terminologie von 27,20.24 zu 27,25, und warum lässt er nicht die ὄχλοι den »Blutruf« sagen? Mit den ὄχλοι hätte Mt doch, wenn unsere Analyse dieses Begriffes zutrifft,[207] einen Terminus zur Verfügung gehabt, der genau dem oben dargelegten Sinn von 27,25 entsprochen hätte: Die Volksmengen sind die literarischen Stellvertreter des damaligen Israel, das insgesamt von der Verkündigung Jesu erreicht wurde. Insofern hätte Mt diesen Begriff beibehalten können.
Hier zeigt sich aber die Kunst des Mt, genau zu formulieren. Durch den Wechsel von ὄχλοι zu λαός wird die Unterscheidung zwischen den Volksmengen und den führenden Gruppen Israels aufgehoben, und eben das *ganze* Volk kommt auf der Seite der Gegner Jesu zu stehen. Dies ist für das mt Gerichtsverständnis zentral: Die Zerstörung Jerusalems und des Tempels ist Strafe am ganzen Volk, wie auch das ganze Volk die Hinrichtung Jesu gefordert hatte.

c) Die Funktion von Mt 27,25 als vaticinium ex eventu
Formgeschichtlich[208] betrachtet handelt es sich bei 27,25 um ein vaticinium ex eventu: Nach der Zerstörung Jerusalems legt Mt dem »damaligen« Volk eine Aussage in den Mund, die als deren Voraussetzung aufgefasst werden soll, d.h. die Schuld, als deren Strafe die Zerstörung Jerusalems aufgefasst ist. Wie es auch sonst in antiken Texten anzutreffen ist, hat die Szene vor Pilatus mit dem »Blutruf« des Volkes also folgende Funktion: Ein in der Situation des Autors und der Leser bereits eingetretenes Ereignis wird als in einer »Vorzeit«, hier in der Zeit des irdischen Jesus, angekündigtes dargestellt.

---

205 S. dazu S. 77ff.
206 Zumal, wie oben A172 dargelegt, die Herleitung aus Dtn 27,11–26 fragwürdig ist.
207 Vgl. oben S. 68ff.
208 »Formgeschichte« ist hier nicht im klassischen Sinn (nach Dibelius/Bultmann) verstanden als »Geschichte der Formen und Gattungen in der vorschriftlichen Überlieferung«, sondern bezogen auf die Funktion der Form des vorliegenden Textes; vgl. Berger, Formgeschichte 12.

Für den Leser enthält dies die Botschaft: Hinter der Geschichte steht eine gültige Gesetzmäßigkeit, die sich auch in diesem betreffenden Fall bewährt hat. Das unschuldig vergossene Blut Jesu ist auf die Verantwortlichen gekommen, so wie Jesus dies angekündigt hat (23,34–36), und wie es die Verantwortlichen selbst in ihrer Verblendung gefordert haben (27,25). Wenn der Leser vom Gleichnis vom Hochzeitsmahl (22,1–14) her diesen Gedankengang interpretiert, und dies dürfte von Mt selbst durchaus beabsichtigt sein, dann wird ihm diese »Gesetzmäßigkeit« nicht nur als wirksames Schicksal erscheinen, sondern als Gottes Handeln in der Geschichte.[209] Denn im Gleichnis ist es der König selbst, der »diese Mörder« töten und »ihre Stadt« zerstören lässt.

d) Das »Blut Jesu« und die Vergebung der Sünden (Mt 26,28)

Das Blut Jesu ist in 27,25 als unschuldig vergossenes Blut verstanden, das als Strafe auf die Täter zurückkommt; eine Verbindung mit dem Vergebung wirkenden Blut Jesu der Abendmahlstradition (26,28) ist also von Mt nicht explizit angezeigt, sie kann aber vom Gesamtverständnis des MtEv her diskutiert werden.[210]

Der oben dargelegte Gerichtsaspekt schließt diese Deutung zunächst aus: Das Gericht ist in der Sicht des Mt so eingetroffen, wie es die fiktiven Sprecher herbeigerufen haben; im Rückblick kann es keinen Raum mehr für eine Hoffnung geben, denn das Gericht an ihnen ist ja bereits vollzogen. Abgesehen davon kann das Blut Jesu im Rahmen der Abendmahlstradition natürlich nur für die sündenvergebend wirken, die den Wein des Abendmahles trinken.[211]

Wenn man denn eine Beziehung zur Abendmahlstradition in Betracht zieht, verstärkt sich auf den ersten Blick eher der Gerichtsaspekt in der Wahrnehmung der Leser: Gerade weil dem Blut Jesu in der Abendmahlstradition sühnende Wirkung zugesprochen wird, ist es umso

---

209 Zur Frage nach dem Verhältnis von »schicksalwirkender Tat« und dem Handeln Gottes in der Geschichte vgl. die Debatte in 60ger Jahren zwischen Klaus Koch und Henning Graf Reventlow, v.a. Reventlow, Sein Blut 311–312. 325–327, und Koch, Sein Blut 396–397.414–416.

210 In diese Richtung gehen Überlegungen von Merklein, Jesusgeschichte 216; Karrer, Jesus Christus 100; vgl. S. 110.

211 Wobei nicht der Wein an sich sündenvergebend wirkt, sondern der Tod Jesu: »Durch den *einen* Becher, der unter den Jüngern kreist, wird der Bezug auf Jesus betont: Auf *seinen* Tod gründet sich der Bund; an *seinem* Tod haben alle, die aus diesem Becher trinken, Anteil; *sein* Tod verbindet sie alle. (...) Πολλοί ist (...) zunächst aus dem unmittelbaren Kontext zu deuten: Der Becher kreist unter den vielen zu Tisch liegenden Jüngern, und so kommt die sühnende Kraft des Opfertodes des einen Christus vielen zugute: Mit den aus dem einen Becher trinkenden Jüngern identifiziert sich die das Herrenmahl feiernde Gemeinde, die bei περὶ πολλῶν in erster Linie an sich selber denken wird.« (Luz, Mt IV 114ff; Hervorhebungen im Original)

schlimmer, dass das »ganze Volk« in seiner Verblendung das Blut Jesu über sich ruft als Beweis dafür, dass es von Jesu *Schuld* überzeugt ist. Auf der anderen Seite kann man Mt und seiner Gemeinde nicht absprechen, sie hätte Hoffnung gehegt in die Richtung, dass einzelne Juden sich ihrem missionarischen Wirken öffnen und dann (als Mitglieder der Gemeinde) an der Sündenvergebung des Blutes Jesu im Wein partizipieren. Das ist aber ein Aspekt des Fragekomplexes »weiterhin gültiger Auftrag zur Mission in Israel«, und von 27,25 her kann diese Hoffnung nicht *begründet* werden.[212]
Wenn aber unsere Bestimmung des Gerichtes als auf die Generation der Zeitgenossen Jesu und ihre Kinder bezogen zutrifft, dann kann diese Schuld als gesühnt gelten.[213] So kann eine Beziehung zu der von Mt 1–2 geweckten Leseerwartung gesehen werden, Jesus sei gekommen, sein Volk Israel von ihren Sünden zu befreien. Dies kann aber nur im eschatologischen Kontext dargestellt werden in Zusammenhang mit der spezifisch mt Konzeption vom dreifach gegliederten Endgericht und der damit verbundenen Hoffnung auf die Wiederherstellung Israels.[214]

e) »Über uns und unsere Kinder«
Die Herbeirufung des Blutes Jesu auf »unsere *Kinder*« ist wörtlich gemeint: Das »damalige Volk« hat im Sinne des Mt nur *eine* nachfolgende Generation in die Verantwortung mit einbezogen, und genau auf diese Generation ist das Gericht gekommen; für weitere Generationen Israels soll dieser Ruf nicht gelten. Dies soll nun mit einem Blick auf des MtEv insgesamt unterstrichen werden.

3.3 Die Reichweite des Gerichtes und »diese Generation« im MtEv
Dass die Deutung der Zerstörung Jerusalems als Strafe nicht unbedingt mit einer Verwerfung des Volkes Israel einhergehen muss, lässt sich anhand eines Vergleiches mit jüdischen Aussagen zur Zerstörung Jerusalems zeigen.[215] Damit lässt sich aber zunächst die Möglichkeit nicht ausschließen, dass Mt eine von den zeitgenössischen jüdischen Deutungen abweichende Konzeption entwickelt hat.[216]
Bei 27,25 kann es sich entweder a) um eine Gerichtsdrohung nur für die

---

212 Vgl. dazu unten zu Mt 10, S. 125ff.
213 Dies würde mit unserer Auslegung des Gleichnisses vom Hochzeitsmahl übereinstimmen: *Nach* der Zerstörung der Stadt und der Tötung »dieser Mörder« werden *alle* Menschen eingeladen.
214 Vgl. S. 184ff.
215 Dazu ausführlich Döpp, Zerstörung.
216 Becker, Zerstörung 59–73, vergleicht die mt Deutung mit den Deutungen rabbinisch-jüdischer Texte, übergeht dabei aber einige Aspekte der mt Theologie und wichtige Texte, z.B. übersieht er den Vers Mt 23,39, wenn er, a.a.O. 60, schreibt: »Der *Schluß* des Jerusalemwortes präzisiert im matthäischen Kontext die Gerichtsankündigung von V. 36: das Haus, der Tempel, wird ›öde zurückgelassen werden‹.« (Hervorhebung G.G.) Mt 23,38 ist nicht der Schluss des Jerusalemwortes.

konkret anwesende Menschenmenge handeln, oder b) um eine Aussage über das »Ende« des Volkes Israel in seiner heilsgeschichtlichen Sonderstellung als ganzes und für alle Zeit, oder c) »nur« um ein Gericht über die Generation des Volkes Israel der Zeit Jesu und die nachfolgende Generation. Die beiden zuerst genannten Möglichkeiten haben wir oben schon ausgeschlossen.[217] Die verbleibende Möglichkeit c) muss aber, abhängig von der Bestimmung des mt Zeitverständnisses und seines Missionskonzeptes, nun differenziert werden. Wenn man für das MtEv von einer starken Naherwartung ausgeht[218] und somit davon, dass die Generation Israels der Zeitgenossen Jesu in einem apokalyptischen Sinn die »letzte« Generation Israels war,[219] dann wäre das Gericht über Israel in der Zerstörung Jerusalems entweder als eine Art Endgericht aufzufassen,[220] oder zumindest als ein Vorgriff auf dieses in dem Sinn, dass das Endgericht für Israel nur die Bestätigung des innergeschichtlichen Gerichtes bringen werde.[221] Wenn man den Aspekt der Naherwartung nicht als das ganze MtEv prägend akzeptiert,[222] bleiben (je nach der Auslegung von 28,19)[223] folgende drei Möglichkeiten: Israel könnte wegen der Ablehnung Jesu als unter die Völker nivelliert gedacht sein,[224] oder Israel könnte ganz von der Mission ausgeschlossen sein,[225] oder Mt stellt für Israels ein eigenes Missionskonzept bereit. Ein Blick auf den mt Gebrauch von ἡ γενεὰ αὕτη kann hier weiterhelfen.

---

217 Vgl. zur Auslegung von λαός nicht nur als die anwesende Menge S. 108f und zur Bedeutung von τὰ τέκνα ἡμῶν nicht auf alle weiteren Generationen S. 111.
218 Zur Frage nach der Naherwartung im MtEv vgl. S. 159ff.
219 So z.B. Schenk, Sprache 129: »(...) der temporale Zusatz ›über uns und unsere Kinder‹, der sich im Zug der mt Naherwartung wie der Israel-Verwerfung im Untergang des Tempels nur auf die nächste Generation beziehen kann (...).«
220 So Walker, Heilsgeschichte 108f.
221 So Luz, Mt III 389f: »Das Gericht, das über Israel in der Zerstörung Jerusalems ergeht, ist für Mt ein innergeschichtliches Gericht, allerdings ein Gericht, das Gottes Antwort auf die *ganze* bisherige Unheilsgeschichte Israels darstellt (...). Im Endgericht wird dann dieses innergeschichtliche Urteil Gottes besiegelt (23,39).«
222 Wie dies m.E. auch geboten ist; s.S. 159ff.
223 Vgl. dazu S. 121f
224 So z.B. Wong, Interkulturelle Theologie 136 u.ö.
225 Das ist aber eine nur theoretische Möglichkeit, die, soweit ich sehe, nicht vertreten wird, weil i.d.R. das Gericht über Israel in einem heilsgeschichtlichen Sinn entweder mit der Naherwartung (so Luz, Antijudaismus 316) oder mit der Nivellierung Israels unter die Weltvölker verbunden wird.

a) »Diese Generation« im MtEv

Abgesehen von den 4 Belegen am Ende des mt Stammbaumes (1,17)[226] erscheint der Begriff γενεά im MtEv 9 Mal,[227] davon an 6 Stellen mit dem Demonstrativpronomen αὕτη verbunden[228] und 4 Mal mit negativen Adjektiven belegt.[229] Die Überschneidung ergibt sich durch 12,45fin: οὕτως ἔσται καὶ τῇ γενεᾷ ταύτῃ τῇ πονηρᾷ. In dem Begriff »Generation« verbindet Mt Gruppen, die er ansonsten aus verschiedenen Gründen als getrennte Größen behandelt. »Diese Generation« vereint in sich sowohl die Volksmengen[230] als auch die führenden Gruppen[231] und versieht sie mit abwertenden Bezeichnungen.[232] Aus anderen Zusammenhängen haben wir geschlossen, dass die beiden Gruppen im mt Konzept dem Gericht verfallen sind.[233]

Somit ergibt sich ein klares Bild: In dem Gericht über »diese Generation« (23,36) ergeht das Gericht über die Volksmengen und die führenden Gruppen Israels, also über das »ganze Volk« (27,25) und die folgende Generation, eben die Kinder der Zeitgenossen Jesu.[234] Auch aus dem Befund zur mt Verwendung des Begriffes γενεά lassen sich keine Argumente gewinnen, die für eine weitergehende Reichweites des Gerichts sprechen als konkret die Generation der Zeitgenossen Jesu und ihre Kinder. Eine Nivellierung Israels unter die Völker und also das Ende Israels in seiner heilsgeschichtlichen Sonderstellung lässt sich von 27,25 her nicht begründen.

b) »Diese Generation« im Endgericht

Auf der anderen Seite ist aber festzustellen, dass die Generation Israels, die den irdischen Jesus abgelehnt hat, in der mt Sicht *nicht nur* in der Zerstörung Jerusalems bestraft wurde, sondern auch durch die Bestrafung im Endgericht bedroht wird. Dies geht eindeutig aus 12,41f hervor:

---

226 Hier lernt der Leser den Begriff kennen in der Bedeutung »Generation«, und diese Bedeutung behält er auch, abgesehen von Mt 24,34; hier, und nur hier, ist er auf die Jünger bezogen, was durch den Kontext eindeutig markiert ist, vgl. S. 161f. Aus Mt 1,17 ist aber nicht zu schließen, dass es sich bei dieser Generation um die »letzte Generation Israels« handeln würde; gegen Schenk, Sprache 126. Der Sinn der Einteilung in dreimal 14 Generationen lässt sich nicht so klar festlegen; vgl. Luz, Mt I 95.

227 11,16; 12,39.41.42.45; 16,4; 17,17; 23,36; 24,34.

228 11,16; 12,41.42.45; 23,36; 24,34.

229 12,39 γενεὰ πονερὰ καὶ μοιχαλίς und genauso, nur umgedreht, 16,4. Anders 17,17: γενεὰ ἄπιστος καὶ διεστραμμένη.

230 Vgl. zu Mt 17,17 S. 70f.

231 Vgl. Mt 12,39 (die Schriftgelehrten und Pharisäer, 12,38) und 16,4 (die Pharisäer und Sadduzäer, 16,1).

232 Mt 12,45 bezieht sich kontextuell auf die führenden Gruppen (vgl. 12,39) und die Volksmengen (vgl. 12,46).

233 Vgl. S. 68ff.

234 Mt 24,34 fällt aus diesem Befund heraus, weil nur an dieser Stelle die Jünger als »diese Generation« angeredet sind; vgl. oben A226.

Im Gericht werden Weltvölker gegen diese Generation aufstehen und sie verurteilen. Insofern ist also der Auslegung von Luz zuzustimmen.[235] Dies gilt auch für ganze Städte, die Jesus oder die Jesusboten ablehnen, wie 10,14 und 11,21–24. Weil aber »diese Generation« nicht die letzte Generation Israels ist, kann nicht von einer Verurteilung ganz Israels die Rede sein. Dies muss im Rahmen der mt Eschatologie näher begründet werden.[236]

c) Die Zerstörung Jerusalems als innergeschichtliches Gericht

Wir können also zusammenfassen. Die traditionelle Auslegung des mt Israelverständnis als Ablösung Israels durch die Kirche hatte in 27,25 einen wichtigen Haftpunkt: Das Volk als ganzes habe Jesus abgelehnt und deswegen seine Sonderstellung verloren. In der Folge sei im MtEv nicht mehr von »Israel« die Rede. Gerade dies ist aber zu bestreiten. Vielmehr trifft die Aussage ἐπὶ τὰ τέκνα ἡμῶν genau das Gerichtsverständnis, wie es dem Leser schon aus 23,34–39 vertraut ist: Die Zerstörung Jerusalems als Strafe für die Ablehnung Jesu trifft genau die Generation, die hier mit »unsere Kinder« angesprochen ist.

Es handelt sich um eine Verantwortungsübernahme für die Folgen eines Fehlurteiles, das die Sprecher aber nicht erwarten, weil sie von der Schuld des Angeklagten überzeugt sind. In diese Verantwortung ziehen die Sprecher auch »ihre Kinder« mit hinein, und das heißt: die konkret folgende Generation. Mt gibt keinen Hinweis darauf, dass er einen hiervon abweichenden Sinn in diesen Vers hineinlegen will, insbesondere nicht im Sinne einer Ausweitung der Verantwortung auf alle folgenden Generationen Israels.

Weil solche Hinweise an dieser und an anderer Stelle fehlen, muss der Leser sich an das halten, was Mt tatsächlich sagt; hier ist der bleibende Auftrag zur Mission in Israel nach Mt 10 zu nennen[237] sowie die in der Gegenwart des Mt nicht zurückgenommene Bezeichnung Israels als λαός.[238] Wenn aber die Strafe für die Ablehnung Jesu so explizit auf die Zerstörung Jerusalems bezogen ist, kann der Leser daraus schließen, dass dadurch diese Schuld abgetan ist. Dies eröffnet einen Blick auf eine neue Hinwendung des Evangeliums an Israel, wie wir es unten in unserer Auslegung von Mt 10 zu zeigen versuchen.

Zuvor soll aber, allerdings nur überblicksartig, die zweite Folge der Ablehnung Jesu untersucht werden, nämlich der Auftrag zur Weltvölkermission.

---

235 Vgl. A221: Das Endgericht bringt die Bestätigung des innergeschichtlichen Gerichtes für ganz Israel.
236 Vgl. 184ff.
237 Vgl. S. 125ff.
238 Zu λαός in Mt 27,64 und Ἰουδαῖοι in Mt 28,15 vgl. S. 72f.

II Die Weltvölkermission

1 Die Beauftragung zur Weltvölkermission durch den auferstandenen Jesus (Mt 28,16–20)

Die Beauftragung der Jünger mit der Weltvölkermission am Ende des MtEv stellt auf der Erzählebene einen radikalen Umbruch dar: Wie Jesus selbst nur in Israel gewirkt hat, sollten auch seine Jünger während der von Mt erzählten irdischen Wirksamkeit Jesu nur innerhalb Israels wirken.[239]
Jetzt aber, nach der Auferstehung Jesu, gilt diese Einschränkung nicht mehr. Im Gegenteil: Ohne dass Israel noch erwähnt wird, gilt die Hinwendung nun allen Weltvölkern (28,19a):

πορευθέντες οὖν μαθητεύσατε πάντα τὰ ἔθνη

Die Frage, was in 28,19 genau mit dem Ausdruck πάντα τὰ ἔθνη gemeint ist, lässt sich vom Missionsauftrag her nicht eindeutig beantworten. Diese Frage wird uns im Zusammenhang der mt Eschatologie näher beschäftigen, wir müssen aber schon hier kurz unsere Lösung andeuten.[240]
Es bieten sich zwei Interpretationsmöglichkeiten an, wobei aber die zuerst genannte noch in zwei gegensätzliche Auslegungen differenziert werden muss.

a) Mt könnte mit πάντα τὰ ἔθνη alle Völker im Sinne von »*alle Weltvölker*« unter Ausschluss von Israel bezeichnen wollen. Das könnte für das Gesamtverständnis zwei verschiedene Konsequenzen haben:
a1) Israel könnte von den zukünftigen Missionsbemühungen der Jünger ausgeschlossen sein. Dies ließe sich nur von einem entsprechenden Gerichtsverständnis her begründen, das wir aber oben widerlegt haben.[241]
a2) Wenn man die Züge stärker betont, die gegen die endgültige Verwerfung Israels sprechen, ließe sich der Missionsauftrag in Mt 28, zu allen Weltvölkern zu gehen, auch so verstehen, dass die Mission in Israel davon gar nicht berührt ist, sondern von Mt 10 her weiterhin fortgesetzt werden soll. Weiter unter soll ausführlich dargelegt werden, warum wir diese Interpretation vertreten.[242]
b) Rein semantisch ist es auch möglich, dass Mt das Volk Israel in 28,19f unter die »Völker« rechnen will.[243] Das würde bedeuten, dass für Mt Israel zu einem Volk unter den anderen geworden wäre; es hätte

---

239 Vgl. S. 39ff.
240 Vgl. S. 172ff.
241 Vgl. S. 117ff.
242 Vgl. zu Mt 10 S. 125ff.
243 Vgl. zu Mt 25,31 S. 172ff.

zwar seine Sonderstellung verloren, wäre aber nicht endgültig verurteilt, sondern hätte wie alle anderen Völker weiterhin die Möglichkeit, das Evangelium zu hören und nach ihm zu leben. Eine solche Nivellierung kommt aber nach unserer Analyse anderer Aspekte des MtEv nicht in Frage.[244]

Am Ende des MtEv werden die Jünger von dem auferstandenen Jesu dazu aufgefordert, alle Weltvölker zu Jüngern zu machen. Aber auch wenn dies auf der Erzählebene einen radikalen Umbruch bedeutet, kommt diese Wendung zur Weltvölkermission doch nicht unvorbereitet. Immer wieder hat Mt im Verlauf seines Evangeliums mehr oder weniger versteckte Hinweise auf die erst am Ende erzählte Wende eingebaut. Diese sollen im folgenden überblicksartig aufgelistet werden; eine detaillierte Auswertung ist für unser Interesse nicht erforderlich, da die Tatsache, dass Mt die Weltvölkermission überhaupt vertritt, ohnehin fast[245] unbestritten ist.

2 Die Vorbereitung der Weltvölkermission im Verlauf des MtEv

Folgenden Aspekte zeigen, dass Mt seine Leser während des ganzen MtEv auf die am Ende erzählte Beauftragung zur Weltvölkermission vobereiten will:

a) Jesus, der Sohn Abrahams (1,1): Mt beginnt sein Evangelium mit der Bezeichnung Jesu als »Sohn Davids, Sohn Abrahams«. Abraham ist aber in alttestamentlich-jüdischer Tradition der Stammvater Israels insofern, als von Israel eine heilvolle Wirkung auf »alle Völker«[246] ausgehen wird. So setzt Mt schon ganz zu Beginn seines Evangeliums einen deutlichen Akzent hin zu Einbeziehung der Völkerwelt in das heilvolle Jesusgeschehen.

b) Die einzigen Menschen, die zu dem neugeborenen König kommen, um ihn anzubeten, sind Magier aus dem Osten (2,1–12). In Anknüpfung an die Vorstellung von der Völkerwallfahrt zu Zion, die hier israelkritisch gewendet ist, sind diese Angehörige der Weltvölker eine Vorankündigung der später erzählten Hinwendung zur Weltvölkermission.

c) Das Galiläa der Heiden (4,15f): Oben haben wir bereits darauf hingewiesen, dass es Mt neben anderen Inhalten bei dem Zitat aus Jes 8,23–9,1 vor allem auf das Stichwort »Galiläa der Heiden« ankommt.[247] Mt bereitet damit den Leser darauf vor, dass von Galiläa aus, obwohl es

---

244 Vgl. oben zum Gerichtsverständnis S. 119.
245 Eine Ausnahme: Sim, Gentiles 43: »This church would continue to take the Gospel to the Jews, while other Christian groups which hade been taken the responsibility for the Gentile mission would fulfil this role in the eschatological plan.«
246 Vgl. oben zum Stammbaum Jesu S. 22f und unten zu Mt 24,30 S. 177f.
247 Vgl. S. 38.

eindeutig zum Land Israel gehört, die Weltvölkermission ausgehen wird. Um den Auftrag zur Weltvölkermission von Jesus zu bekommen, müssen sie »nach Galiläa auf den Berg«[248] gehen.

d) »Die Menschen« in der Bergpredigt: Während die Bergpredigt textintern an die Jünger und die Volksmengen adressiert ist,[249] erscheinen innerhalb der Bergpredigt an mehreren Stellen »die Menschen« als weitere Gruppe.[250] Diese Gruppe ist als Stellvertreter der Umwelt der mt Gemeinde anzusehen,[251] zu der die Jünger in ein bestimmtes Verhältnis treten sollen; insbesondere sollen die Jünger »den Menschen« vergeben, damit Gott auch ihnen vergibt (6,14).[252] So ist die heidnische Welt als Gegenüber des Handelns der Jünger in der Bergpredigt präsent; die Jünger sollen sich so verhalten, dass »die Menschen« Gott lobpreisen (5,16).[253]

e) Der Centurio von Kafarnaum (8,5–13): Nach der Bergpredigt (5–7) ist die zweite Wundergeschichte die Heilung des Sohnes eines *heidnischen* Centurios. Nicht nur dies, sondern v.a. das schroffe Gerichtswort gegen die »Söhne des Reiches«[254] kündigt den Lesern an, dass es auch außerhalb Israels Hörer des Evangeliums geben kann und wird.

f) Der Gottesknecht für die Völker: Das Zitat aus Jes 42, das Mt nach seinem Exzerpt aus Mk 3,7–12 einfügt (Mt 12,18–21), ist relativ locker mit dem Kontext verbunden. Erst innerhalb des weiteren Kontextes ergibt sich ein klarer Gedankengang: Nach dem Tötungsbeschluss der Pharisäer wegen der Sabbat-Frage (12,14) zieht Jesus sich zurück, heilt die ihm nachfolgende Menge und bedroht sie, dies nicht bekannt zu machen (12,15–16).

Diesen ganzen Vorgang begründet Mt mit dem Jesaja-Zitat, wobei besonders die über den unmittelbaren Kontext hinausgehenden Aussagen auffallen: »Er wird den Völkern Recht verkünden ... und auf seinen Namen hoffen die Völker.« Diese Deutung auf die Völkerwelt hin schießt über den Kontext hinaus und lässt ein Interesse des Mt erkennen, das er hier nur erst ankündigt und dessen Realisierung er eben erst am Ende des MtEv erzählt.

---

248 Mt 28,16a: Οἱ δὲ ἕνδεκα μαθηταὶ ἐπορεύθησαν εἰς τὴν Γαλιλαίαν εἰς τὸ ὄρος οὗ ἐτάξατο αὐτοῖς ὁ Ἰησοῦς.
249 Mt 5,1; 7,28; wegen der narrativen Funktion der Volksmengen (vgl. S. 68ff) ist die Bergpredigt in der Intention des Mt faktisch eine Rede an die Jünger.
250 οἱ ἄνθρωποι: Mt 5,16.19; 6,1.2.5.14.15.16.18; 7,9.12; v.a. wegen des Bezug von Mt 5,19 (καὶ διδάξῃ οὕτως τοὺς ἀνθρώπους) zur Aussendungsrede (28,19f) ist dabei zumindest nicht *nur* an jüdische Zeitgenossen der mt Gemeinde zu denken.
251 Dazu Meiser, Reaktion 261f; so auch Schenk, Sprache 29–31. Vgl. auch S. 135 und S. 138.
252 Es fragt sich, ob dabei von der mt Füllung des Begriffes ἄνθρωπος her in erster Linie an Verfolgungen zu denken ist, wenn man die Ankündigungen Mt 10,17 und Mt 24,9 bedenkt:»Die Menschen« werden die Jünger hassen und ausliefern.
253 Als negative Folie erscheinen »Heiden« an zwei Stellen der Bergpredigt: Mt 6,7.32.
254 Dieses Gerichtswort wird uns weiter unten näher beschäftigen; s. S. 150ff.

g) Der Kosmos als Reich des Menschensohnes: In der mt Deutung des Gleichnisses vom Unkraut unter dem Weizen (13,24–30.36–43) wird der Acker als die Welt gedeutet, auf der der Bauer seinen Samen sät, während der Bauer mit dem Menschensohn gleichgesetzt wird. So zeigt Mt, dass er das Reich des Menschensohnes mit dem ganzen Kosmos, nicht etwa nur mit der Kirche in Verbindung bringen will

h) Das Gleichnis vom Hochzeitsmahl (22,1–14). Dieses Gleichnis hat neben anderen Sinnrichtungen bei Mt auch eine heilsgeschichtliche Aussage: Die »Eingeladenen« waren nicht würdig, jetzt werden andere Gäste gesucht, die zum Fest kommen wollen. Sowohl das Bildmaterial des Gleichnisses selbst als auch der polemische Kontext deuten an, wie Mt das Gleichnis verstanden wissen will: Zumindest die im Kontext angeredeten Führungsgruppen haben die Chance vertan, die sich ihnen in Jesus bot. An ihrer Stelle werden andere Menschen eingeladen werden. Von Weltvölker ist dabei nicht ausdrücklich die Rede, aber eine Tendenz hin zur Öffnung für alle Menschen ist unverkennbar.

i) Die Ankündigung innerhalb der Endzeitrede (24,14): Zum ersten Mal innerhalb des MtEv wird an dieser Stelle die Verkündigung des Evangeliums[255] »in der ganzen Welt«[256] explizit angekündigt. Diese weltweite Verkündigung »zum Zeugnis für alle Völker«[257] ist etwas, das vor dem Ende sicher geschehen wird, denn erst danach kommt das Ende: καὶ τότε ἥξει τὸ τέλος. So stellt Mt hier schon seinen Lesern explizit vor Augen, was auf der Erzählebene erst im Missionsauftrag realisiert ist.

j) Die Salbung in Bethanien (26,13): Ähnliches gilt auch für eine kurze Notiz innerhalb der Perikope von der Salbung in Bethanien, die Mt weitgehend identisch aus Mk 14,9 übernimmt. Das, was die Frau an Jesus getan hat, wird zu ihrem Gedächtnis erzählt werden, »wo immer dieses Evangelium verkündigt werden wird in der ganzen Welt.«[258]

Die Wende hin zur Weltvölkermission ist also durch etliche Ankündigungen innerhalb des MtEv gut vorbereitet und mit dem Gesamttext gut verbunden. Es stellt sich nun aber die Frage, wie sich dazu die Aussendung der Jünger nur in Israel verhält.

---

255   Genauer gesagt: »dieses Evangeliums vom Reich« (κηρυχθήσεται τοῦτο τὸ εὐαγγέλιον τῆς βασιλείας); Mt denkt dabei wohl an das von ihm verantwortete schriftliche Werk. Vgl. Luz, Mt I 182: »Die Identifikation von εὐαγγέλιον mit dem matthäischen Werk ist noch nicht direkt vollzogen, aber sie kündigt sich bereits an.«
256   ἐν ὅλῃ τῇ οἰκουμένῃ
257   εἰς μαρτύριον πᾶσιν τοῖς ἔθνεσιν
258   ὅπου ἐὰν κηρυχθῇ τὸ εὐαγγέλιον τοῦτο ἐν ὅλῳ τῷ κόσμῳ

III Der bleibende Auftrag zur Israelmission

Die Frage nach der Gültigkeit des Auftrages zur Mission in Israel gehört zu den »klassisch« umstrittenen Fragen in der Mt-Exegese. Sie lässt sich nicht von Beobachtungen zu einzelnen Texten oder von traditionsgeschichtlichen Überlegungen zu einzelnen Ausdrücken her klären, sondern ist Teil des Gesamtverständnisses des MtEv. Nur von einem Blick auf das ganze MtEv her kann diese Frage also geklärt werden, und die Beantwortung hängt von der Bewertung zahlreicher Faktoren ab. Dennoch kann gerade der Blick auf Mt 10 hier weiterhelfen, wie im folgenden gezeigt werden soll.

Es mag der Erhellung der Problematik dienen, wenn wir hinführend verschiedene Äußerungen von Luz zu diesem Thema zusammenstellen. Die Tatsache, dass er mehrmals eigene Ansätze differenziert oder auch modifiziert hat, weist auf die Komplexität des Themas hin (in Klammern jeweils die Jahre der Erstveröffentlichung). Sehr differenziert äußert sich Luz schon in seinem Aufsatz »Die Jünger im Matthäusevangelium« (1971):
»Die Jünger werden bei Matthäus (sc. Mt 10) zwar ausgesandt, kehren aber – sicher im Gegensatz zu Markus und vermutlich auch im Gegensatz zur Q-Vorlage – nicht zurück. (…) So wird man sagen können: Bei Matthäus sind die Jünger zu Lebzeiten Jesu gar nicht ausgezogen; sie haben nur seine Anordnungen erhalten. Aber wann sind sie denn ausgezogen? Die Frage scheint Mt nicht zu bekümmern, weil es ihm eben um die Anordnungen Jesu geht. (…) Im zweiten Teil des Kapitels (sc. Mt 10) (wird) deutlich, dass die Zeit, in der die Anordnungen Jesu erfüllt werden, die nachösterliche Zeit ist. (…) Heidenmission und Judenmission scheinen gleichzeitig zu sein (10,18). (…) Dass die Verwerfung seines Messias für Israel Gottes Gericht bedeutet, schließt Mission der Kirche in Israel nicht aus. Im Gegenteil: Im Fiasko der Mission zeigt sich Israels Verwerfung, wird die Schuld Israels und Gottes Gericht bestätigt.«[259]
Luz geht hier also von einer in der Situation des Mt und seiner Gemeinde fortgesetzten Mission in Israel aus, die aber nur immer wieder zu einem Fiasko führt, welches Schuld und Bestrafung Israels bestätigt.
Dem gegenüber ist die Argumentation in den ersten beiden Bänden seines Mt-Kommentar deutlich verändert. Im ersten Band (1985) schreibt Luz: »Der Missionsbefehl des Auferstandenen wird dem Gebot des Irdischen antithetisch gegenübergestellt (28,19f; 10,5f).«[260] »Die matthäische Gemeinde, *deren Mission in Israel zu Ende gekommen ist*, gehört nicht mehr dem Synagogenverband an.«[261] Im zweiten Band (1990), innerhalb des Kommentares zu 10,23, argumentiert Luz wieder vorsichtiger, kommt aber dennoch zu der Hypothese: »Versteht man Israel- und Heidenmission im Sinn von Mt 21,43 als zwei sich zeitlich folgende Epochen und die Geschichte der matthäischen Gemeinde so, dass sie sich von der Israel- zur Heidenmission umorientiert, so ›stimmt‹ unser Logion (sc. 10,23) überhaupt nicht mehr.« Dieser Auslegungsmöglichkeit gibt Luz dann den Vorzug vor anderen: »Wir

---

259 Luz, Jünger 379–381, mit ausführlicher Diskussion.
260 Luz, Mt I 67.
261 Luz, Mt I 70 (Hervorhebung G.G.).

nehmen also an, dass für Matthäus unser Logion teilweise nicht mehr galt.«[262] Das Fehlen des Aussendungsberichts bemerkt Luz hier nur am Rande.[263] Im dritten Band seines Kommentares (1997) kommt Luz dann wieder in die Nähe seiner ersten Auslegung, wenn er in Zusammenhang mit Überlegungen zum »Ort« Israels im Endgericht schreibt:»Von diesem Verständnis[264] her ist es natürlich nicht ausgeschlossen, dass auch z.Z. des Matthäus einzelne Menschen aus Israel für das Evangelium gewonnen werden können und sollen. Allerdings verbinden sich für Mt mit solchen Versuchen kaum große Hoffnungen; nirgendwo im ganzen Evangelium deutet er so etwas an. Auftrag seiner Gemeinde ist die Israelmission nicht mehr.«[265] In einer Fußnote dazu heißt es:»Könnte man die schwierige Stelle 10,23 so verstehen, dass Mt weiß, dass es auch zu seiner Zeit noch Israelmission gibt, er aber damit keine Hoffnungen verbindet, denn in den Städten Israels sind die Jesusboten immer nur verfolgt worden? Dies als Nuancierung und Erweiterung zu Bd. II 117.«[266] Im vierten Band seines Kommentares (Luz, Mt IV 451) formuliert Luz entsprechend:»Der Missionsbefehl des Herrn über Himmel und Erde, d.h. die ganze Welt, ist m.E. *grundsätzlich* universalistisch gemeint und gilt allen Völkern. Er schließt eine weitere Mission in Israel zwar nicht explizit aus, aber große Hoffnungen verbindet Mt damit wohl nicht mehr (…).«
Welche Schwierigkeiten mit dieser Auslegung verbunden sind, zeigt Luz' Auslegung von 23,34:»Das Präsenz ἀποστέλλω und die dann geschilderten Erfahrungen von Verfolgung und Leiden machen den Leser/innen klar, daß Jesus nicht von Dingen spricht, die sich in der Vergangenheit der Geschichte Israels zugetragen haben, sondern von ihrer Zeit und ihren eigenen Erfahrungen.«[267] Dies passt aber weder zu Luz' These vom Ende der Mission in Israel noch dazu, dass der Zweck der Sendung nach 23,34–36 die Herbeiführung des (in der mt Sicht) ja schon vergangenen innergeschichtlichen Gerichtes sei.[268]

---

262   Die beiden Zitate Luz, Mt II 116f. Ganz ähnlich auch die Auslegung in Luz, Jesuserzählung (1993) 157 mit A185:»So denke ich, daß man den Missionsbefehl als eine Wende interpretieren muß: Von nun an sollen sich die Jünger den Heiden zuwenden. (…) Hier hat die an Israel gescheiterte Gemeinde von ihrem Herrn eine neue Aufgabe erhalten. Gemeint ist wohl kaum, dass von nun an jedes Missionieren von Juden verboten werden soll, wohl aber dies, dass die Gemeinde ihre Aufgabe nicht mehr in der Israelmission sehen soll.«
263   Luz, Mt II 154.
264   Dass nämlich das Endgericht über Israel nur das innergeschichtliche Urteil Gottes besiegeln wird, s. Luz, Mt III 390.
265   Luz, Mt III 390.
266   Luz, Mt III 390 A7. Mt dürfte dann aber ebenso mit der Weltvölkermission »keine Hoffnungen« verbinden, denn auch von »allen Völkern« werden die missionierenden Jünger nur gehasst und verfolgt werden (24,9).
267   Luz, Mt III 370.
268   Luz, Mt III 372:»Der matthäische Jesus weiß also, dass die Aussendung erfolglos sein und zu nichts anderem dienen wird als dazu, das Maß der Untaten seiner Gegner voll und das Gericht über sie unausweichlich zu machen.« Weiter unten bestimmt Luz dann dieses Gericht als die Zerstörung Jerusalems (a.a.O. 374 zu Mt 23,36):»Worin das Gericht besteht, wird nicht gesagt. Von 22,6f her (…) werden die Leser/innen aber an die Zerstörung Jerusalems gedacht haben. 23,37–24,2 werden diese Sicht bestätigen.«
Die Luz'sche Position in ders., Mt I⁵ (2002), scheint wieder eher der der vorherigen Auflagen des ersten Bandes zu entsprechen, vgl. ders. Mt I⁵, 91f:»Der Missionsbefehl des auferstandenen wird dem Gebot des irdischen Jesus antithetisch gegenübergestellt (28,19f; 10,5f). (…) Der ganze Ablauf der Jesusgeschichte begründet

Eine These dieser Arbeit ist der bleibende Auftrag zu Israelmission: Mt hat die Aussendungsrede Mt 10 bewusst so gestaltet, dass sie als Aufforderung an seine Gemeinde verstanden werden soll, mit der Israelmission nicht nachzulassen.[269] Diese These ist nun in folgenden Hinsichten zu entfalten: Nach allgemeinen Beobachtungen zum Aufbau der Aussendungsrede und ihrem Ort im Kontext (1.) soll 2.) vom Missionsauftrag (28,16–20) her gezeigt werden, dass die Jünger im ganzen MtEv Identifikationsfiguren für die Leser sind; von daher stellt sich die Frage nach dem Verhältnis von Mt 10 zu 28,16–20. 3.) Die Bitte um mehr Ernte-Arbeiter zeigt das aktuelle Interesse des Mt an der Aussendungsrede 10. 4.) Auch da, wo die Weltvölker in Mt 10 erwähnt werden, bestätigt dies das durchgängig jüdische Milieu der Aussendungsrede. 5.) Die Fortdauer der Mission in Israel bis zur Parusie wird ausdrücklich angekündigt. Die eschatologische Ausrichtung (6.) und schließlich 7.) das offene Ende der Aussendungsrede weisen hin auf ihre bleibende Gültigkeit.

1 Der Aufbau der Aussendungsrede und ihr Ort im Kontext

Nach der Grundsatzrede Jesu an seine Jünger und an die Volksmenge aus ganz Israel (Mt 5–7) folgt im Duktus des MtEv ein Zyklus von Taten Jesu, die weitgehend in Israel lokalisiert sind (Mt 8–9).[270] Abgeschlossen wird dieser Zyklus durch eine summarische Zusammenfassung, die an die zur Bergpredigt hinführende Passage anknüpft (vgl. 9,35 mit 4,23!). Dieses Summarium schließt aber nicht nur den Zyklus Mt 8–9 ab, sondern es leitet zugleich über zur Aussendungsrede, denn

diesen Umbruch (…). Dieser Umbruch in der Jesusgeschichte vollzog sich auch in der Geschichte der Gemeinde, die mit ihrer Israelmission scheiterte, das göttliche Gericht der Zerstörung Jerusalems erlebte und nun in Syrien vom Evangelisten zu einer neuen Aufgabe gerufen wird.«
269 Vgl. die Argumentation von Frankemölle, Mt II 86: »Unter zusätzlicher Berücksichtigung der pragmatischen Textdimension ist aus der besonderen Betonung der Israel-Mission darauf zurückzuschließen, dass die mt Gemeinde gerade dazu besonders motiviert werden mußte.« Ausführlich ausgearbeitet ist diese Sicht in der Arbeit von M. Lohmeyer, Apostelbegriff 364–394, v.a. 386–388; vgl. so auch Gnilka, Mt I 379: »Wie die Welt-, so ist auch die Israel-Mission der Gemeinde als dauernder Dienst übergeben«; Davies-Allison, Mt 192; Weaver, Discourse 153.
Die Auslegung, wie sie oben anhand der Argumentation von Luz dargestellt ist, dass nämlich die Israelmission keine aktuelle Aufgabe der Mt-Gemeinde war, wird etwa vertreten von Anno, Mission; vgl. ebd. 342: »Matthew intends to show the mission to Israel as having been enthusiastically performed by Jesus and his disciples in the past. At present the Matthean Church is the true Israel, while old Israel was abandoned by God.« So auch Park, Mission Discourse 165 und 190.
Zur aktuellen Diskussion vgl. von Dobbeler, Restitution (2000); Stuhlmacher, Mt 28,16–20 (1999/2002); Kvalbein, Has Matthew abandoned the Jews? (1998/2000); Luz, Response (2000); Konrad, Sendung zu Israel (2004).
270 Eine Ausnahme ist die Heilung der zwei besessenen Gadarener (Mt 8,28–34), aber sie bestätigt die Regel; vgl. S. 39.

direkt an 9,35 schließt sich die Aussage über das Mitleid an, das Jesus den Volksmengen gegenüber empfindet (9,36). Zusammen mit 11,1, dem typisch mt Redeschluss,[271] bildet 9,35 eine Art Rahmen um die Aussendungsrede. Dieser Rahmen dient dazu, die Aufgaben, zu denen die Jünger ausgesandt werden, mit dem Wirken Jesu, wie es in 4,23– 9,34 erzählt ist, zu parallelisieren:[272] Wie Jesus in Israel verkündet bzw. gelehrt[273] (Mt 5–7; 9,34; 11,1) und heilend gewirkt hat (Mt 8–9), so sollen auch die Jünger in Israel verkünden (10,7) und heilen bzw. Dämonen austreiben (10,1.8).

Schon am Übergang vom Rahmen (9,35) zur Einleitung der Aussendungsrede (9,36–10,5a) entsteht eine inhaltliche Spannung, die sich nur durch den aktuellen Bezug der Aussendungsrede erklären lässt. Im Summarium (9,35) heißt es, dass Jesus in *allen* Städten und Dörfern das Evangelium vom Reich verkündete und *jede* Krankheiten und *jede* Schwäche heilte, im darauf folgenden Vers ist dagegen von dem Mitleid Jesu der Menge gegenüber die Rede. Daraufhin werden die Jünger ausgesandt, ebenfalls um zu verkündigen und um zu heilen. Hat das nicht Jesus schon überall und in jeder Hinsicht getan? Schon hier soll der Leser auf die Spur gebracht werden, dass es bei der Aussendungsrede, die auf das Mitleid Jesu folgt, um eine gegenwärtige und fortdauernde Aufgabe geht.[274] Doch nun zur Aussendungsrede selbst.

Sie lässt keinen in sich stringenten Gedankenfortschritt erkennen; insbesondere lässt sich nicht sagen, dass nach 10,23 nicht mehr von der Mission in Israel die Rede sei, so dass sich also eine hieran orientierte Zweiteilung der Rede nicht empfiehlt.[275]

Ich übernehme den Gliederungsvorschlag von M. Lohmeyer,[276] der den Vorzug hat, dass er sich primär an formalen Kriterien orientiert: Auf eine

---

271 Vgl. 7,28; 11,1; 13,53; 26,1.

272 So Lohmeyer, Apostelbegriff 365.

273 Zur Frage nach dem Verhältnis von »lehren« und »verkündigen« vgl. den Exkurs »Verkündigen, Lehren und Evangelium bei Matthäus« Luz, Mt I 181f.

274 Dass Mt diese Spannung bewusst herstellt, zeigt der Quellenvergleich: Mt übernimmt die Aussage über das Mitleid Jesu aus einer konkreten Erzählung bei Mk (Speisung der 5000; Mk 6,32–44) und verbindet sie mit seinem Summarium. Dadurch konstrastiert er das umfassende Handeln Jesu mit dem ebenfalls umfassenden Mitleid Jesu, aus welchem sich dann der Auftrag für die Jünger ergibt. In seiner Fassung der Speisungserzählung (Mt 14,13–21) belässt Mt zwar die Aussage über das Mitleid Jesu (Mt 14,14 par Mk 6,34), das Bild von den Schafen ohne Hirten übernimmt er hier aber nicht. Dadurch ist es nicht mehr nur auf die konkrete Menge bezogen, sondern auf das ganze Volk.

275 Die Zweiteilung der Rede in 10,5b–23 und 10,24–42 bei Luz, Mt II 76f, geht von der m.E. falschen Annahme aus, nur bis Mt 10,23 sei von der Mission in Israel die Rede, danach »könne die Gemeinde alle Worte Jesu als direkt in ihre eigene Situation hinein gesprochen verstehen.« (ebd. 77)

276 Lohmeyer, Apostelbegriff 365f, mit ausführlicher Darstellung und Diskussion anderer Gliederungsvorschläge.

Einleitung (9,36–10,5a) folgt die eigentliche, dreigeteilte Rede (10,5b–42).

Zunächst zur Einleitung (9,36–10,5a): Sie besteht wiederum aus drei Teilen, nämlich a) der Aufforderung zum Gebet für mehr Ernte-Arbeiter, die mit dem Mitleid Jesu angesichts der Volksmenge verbunden ist (9,36–38), b) dem Herbeirufen[277] der zwölf Jünger durch Jesus und ihrer Bevollmächtigung zu Dämonenaustreibung und Heilung (10,1) sowie c) der Namensliste der zwölf Apostel (10,2–5a), die mit der Eröffnung der Rede (10,5a) abgeschlossen wird. Die Rede selbst gliedert sich in drei Abschnitte. Entscheidendes Gliederungssignal ist jeweils ein ἀμὴν λέγω ὑμῖν-Satz, der das Ende jedes Abschnittes markiert; die einzelnen Abschnitte bilden in gewisser Hinsicht thematische Einheiten, wenn auch nicht von einer klaren inhaltlichen Zuordnung die Rede sein kann.

a) 10,5b–15. Hier übernimmt Mt Material aus Mk 6,8–11 (par Mt 10,9–14), das vom Verhalten der Jünger bei der Mission handelt, aber er interpretiert es v.a. durch die Beschränkung auf Israel in entscheidender Weise neu. b) 10,16–23. Dieser Abschnitt ist im Wesentlichen eine mt Neufassung von Mk 13,9–13; inhaltlich geht es um die Verfolgung der Jünger in Israel (trotz, oder gerade auch wegen Mt 10,18[278]), den universalistischen Zug von Mk 13,9–13 (vgl. Mk 13,10[279]) ändert Mt in signifikanter Weise ab.[280] c) 10,24–42. Hier ist eine thematische Einheit nicht leicht zu erkennen; jedenfalls geht es nicht nur um »das Leiden der Jünger in der Nachfolge«[281], wenn man Vv 10,32f oder 10,40–42 betrachtet. Eher lässt sich der rote Faden, wenn auch recht allgemein, »Fragen der Jüngerschaft«[282] nennen, bezogen auf die vorher angekün-

---

277 προσκαλεσάμενος ist ein typisch mt Ausdruck: Das Verb προσκαλέομαι kommt bei Mt nur in der Form προσκαλεσάμενος vor (Mt 10,1; 15,10.32; 18,2.32; 20,25), wobei jeweils von Jesus bzw. im Gleichnis (18,32) von dem κύριος die Rede ist. Die Herbeigerufenen stehen jeweils auf der Seite Jesu (eine Besonderheit ist 15,10, wo es um die Volksmengen geht, die hier aber primär das Gegenüber zu den Pharisäern und Schriftgelehrten [15,1] bilden; ähnlich auch in dem Gleichnis Mt 18,32: Es geht um einen Knecht des Herrn, der aber ein »böser Knecht« ist). Dabei kann Mt an Mk anknüpfen (προσκαλεσάμενος Mk 3,23; 7,14; 8,1.34; 10,42; 12,43; 15,44), Mt vereinheitlicht aber, indem er zum einen gegenüber Mk 6,7 (προσκαλεῖται) umformuliert (Mt 10,1 προσκαλεσάμενος), zum anderen mk Belege auslässt, die entweder auf Gegner Jesu bezogen sind (Mk 3,23: Jesus ruft die Schriftgelehrten [3,22] herbei) oder nicht Jesus zum Subjekt haben (Mk 15,44: Pilatus ruft den Zenturion; hier fehlt allerdings bei Mt der ganze Satz). προσκαλεσάμενος ist also bei Mt eine feststehende Bezeichnung Jesu; die Schlussfolgerung, die Schenk daraus zieht, geht allerdings zu weit (ders., Sprache 317): »Es (sc. das Signal προσκαλεσάμενος; G.G.) signalisiert den mt Jesus als herbeirufenden, um das mt Buch versammelnden Herrn (18,20).«
278 Vgl. S. 134ff.
279 καὶ εἰς πάντα τὰ ἔθνη πρῶτον δεῖ κηρυχθῆναι τὸ εὐαγγέλιον.
280 Vgl. zur Umformulierung von Mk 13,9f in Mt 10,17f s. S. 134ff.
281 So Luz, Mt II 118, als Überschrift zu Mt 10,24–42.
282 Lohmeyer, Apostelbegriff 366.

digten Verfolgungen (10,24f) und auf die Folgen der Annahme bzw. Ablehnung Jesu (10,32f) und seiner Boten (10,40–42). Im nächsten Abschnitt wenden wir uns der Frage zu, wer die Adressaten der Aussendungsrede sind. In den Vv 9,36–10,2 werden nacheinander genannt: Die Jünger (9,36), die zwölf Jünger (10,1) und die zwölf Apostel (10,2). Damit ist die Frage gestellt, welches Jüngerbild Mt hat und wie sich die Jünger zu den zwölf Jüngern und den zwölf Aposteln verhalten.

2 Die Jünger als Identifikationsfiguren

Den unmittelbarsten Zugang zum mt Jüngerverständnis kann man gewinnen, wenn man die das MtEv abschließenden Verse betrachtet. Die herausragende Bedeutung der Worte des auferstandenen Jesus an seine Jünger (28,16–20) für das Verständnis des ganzen MtEv ist allgemein anerkannt und braucht hier nicht näher begründet zu werden.[283] Uns kommt es hier nur darauf an, welche Rückschlüsse von diesem Text her auf das Jüngerverständnis des MtEv möglich sind.

Hierfür ist es bedeutsam, dass der mt Jesus hier *seine elf Jünger* dazu auffordert, zu allen Weltvölker[284] zu gehen und auch sie *zu Jüngern zu machen* (28,19a): πορευθέντες οὖν μαθητεύσατε πάντα τὰ ἔθνη.

Mit Blick auf das mt Jüngerbild leistet diese Perikope ein Zweifaches: Einerseits unterstreicht Mt durch die Betonung der *elf* Jünger (28,16), dass es sich bei der Beauftragung durch den auferstandenen Jesus um ein vergangenes Ereignis handelt. Der Auftrag ergeht nicht einfach an »die« Jünger im Allgemeinen, sondern an *die* elf Jünger, die nach dem Verrat und dem Selbstmord des Judas von den zwölf Jüngern übrig geblieben sind.[285] Nicht einmal die Frauen von 28,1–10 sind in den Auftrag eingebunden. So verknüpft Mt auch die Weltvölkermission mit seinem Konzept von den zwölf Jüngern als Ausgangspunkt der Gemeinde aus Israel und aus den Weltvölker. Dies ist ein wichtiges Signal dafür, dass die Jünger als die zwölf bzw. elf Jünger im MtEv »wie die Person Jesu der unwiederholbaren, heiligen Vergangenheit eingeordnet« sind.[286]

---

283   Vgl. schon Otto Michel, Der Abschluß des Matthäusevangelium (1950), in Lange, Matthäusevangelium 125: »Matth. 28,18–20 ist der Schlüssel zum Verständnis des ganzen Buches.«

284   Zur Begründung der Übersetzung von πάντα τὰ ἔθνη mit »alle Weltvölker« vgl. S. 172ff; entscheidendes Argument ist, dass ἔθνη im MtEv immer im Gegenüber zu Israel gemeint ist.

285   In seinem Aufsatz »Die Jünger im Matthäus-Evangelium« geht Luz auf dieses Phänomen nicht ein.

286   Strecker, Weg 194; damit hat Strecker einen wichtigen Aspekt der mt Christologie beschrieben, der bei Luz zu kurz kommt: Der auferstandene ist zwar der irdische Jesus, aber Mt unterscheidet dennoch zwischen der Zeit der Wirksamkeit

Aber andererseits lautet der Auftrag, die Weltvölker zu »Jüngern zu machen«.[287] Gleichzeitig mit der Betonung der Abständigkeit der damaligen Jünger werden sie zu Modellen erklärt, an denen sich zukünftige Jüngerschaft orientieren kann und soll. Spätestens hier muss also dem Leser klar werden, dass die Jüngerschaft, von der fast im ganzen MtEv erzählt wurde, auch für alle später zu Jüngern werdenden Menschen Modellcharakter hat. »Jünger sein« heißt nichts anderes, als so Schüler Jesu zu sein wie die Jünger es waren, von denen das MtEv erzählt. Von vielen anderen Details abgesehen, an denen sich zeigen lässt, dass Mt seine Jesusgeschichte als grund-legend für seine Gemeinde erzählt, ist dies zusammen mit der Christologie[288] der entscheidende Aspekt der Transparenz des MtEv auf die Gegenwart der mt Gemeinde hin. Auch wenn dies erst am Ende des MtEv ausdrücklich so gesagt ist, gilt dies für das ganze MtEv, wie sich schon am Charakter der Bergpredigt als Rede an die Gemeinde zeigen lässt.[289] Die Leser sollen also lernen, sich als Jünger Jesu zu verstehen, und dies äußert sich darin, dass sie, wie die Jünger zur Zeit des irdischen Jesus, *alles* hören, was Jesus gesagt hat, und es zu halten versuchen.[290] Gerade aber dies »alles«, das ja in 28,20 explizit formuliert ist, führt nun zu unserem Problem. Denn zur Lehre Jesu gehört auch Mt 10 mit seiner Begrenzung der Verkündigung der Jünger auf Israel. Wie verhält sich diese Begrenzung zu der Neufassung des Missionsauftrages in Mt 28,16–20, der nur die Weltvölker im Blick hat?

Gegen eine einfache Ablösung des einen Auftrages durch den anderen spricht nicht nur die Rückkopplung des Missionsauftrages an die ganze Verkündigung des irdischen Jesus, sondern auch, dass von einer Beendigung der Mission in Israel innerhalb des MtEv jedenfalls ausdrück-

---

des irdischen Jesus einerseits und der Zeit des Auferstandenen andererseits, die er mit dem Reich des Menschensohnes identifiziert; vgl. S. 145.

287 Zur Übersetzung von ματηθεύω vgl. Strecker, Weg 192. Strecker betont zwar (ebd.) zu Recht, dass dieses Verb nirgends im MtEv auf ein Mitglied des Zwölferkreises bezogen ist, aber er unterschätzt die rückwirkende Bedeutung von 28,19 für die Lektüre des ganzen MtEv; in der Analyse von 28,19 (a.a.O. 212) gibt er für ματηθεύω nur die Bedeutung »in die Schule nehmen« und meidet so den Jüngerbegriff als Aspekt der Ekklesiologie (allerdings ebd. A2: »(…) die zu gewinnenden ›Jünger‹ (…)«, was aber nicht ausgeführt wird), und auch im Abschnitt »Der einzelne« (a.a.O. 226–236) fehlt der Bezug zu Mt 28,19 hinsichtlich des ματηθεύω.

288 Die »Identität« des irdischen mit dem auferstandenen Jesus; vgl. dazu Luz, Mt III 290 mit A27. Diese »Identität« führt aber gerade nicht zur Aufhebung des Unterschiedes zwischen dem irdischen und dem auferstandenen Jesus.

289 Außerdem ist hier an die Reflexion zum erwarteten Leseverhalten zu erinnern (vgl. S. 16f): Das MtEv erschließt sich nicht nur durch eine einlinige Lektüre; gerade Mt 28,16–20 ist eine Aufforderung zur »Relecture« des ganzen MtEv.

290 Man kann sogar (mit Gnilka, Mt I 357) vermuten, dass μαθητής Selbstbezeichnung der Christen der Gemeinde des Mt ist.

lich nicht die Rede war.[291] Eine wirklich antithetisch gedachte Aufforderung könnte auch deutlicher formuliert werden, etwa im Sinne von:
Geht nun nicht mehr nach Israel, sondern ...
Eine nähere Untersuchung von Mt 10 kann zeigen, dass die Mission in
Israel von Mt tatsächlich nicht als beendet gedacht ist. Hierzu ist im folgenden auf einen Aspekt der Einleitung der Aussendungsrede einzugehen, der sich gegen jede Auslegung sperrt, die nicht mit der Fortdauer
der Israelmission rechnet, nämlich die Bitte um mehr Ernte-Arbeiter.
Wenn Mt in der Einleitung zur Aussendungsrede von »seinen Jüngern«
(9,37) über »seine zwölf Jünger« (10,1) zu den »zwölf Aposteln« (10,2;
11,1) übergeht, dann hält er damit einerseits (wie in 28,16) fest, dass es
auf der Erzähloberfläche um einen Vorgang geht, der sich »damals«, in
der Zeit des irdischen Jesus ereignet hat. Deshalb ist die Aussendungsrede Mt 10 auch ein Bestandteil des mt Konzeptes von der Wirksamkeit
des irdischen Jesus in und für ganz Israel. Andererseits ist für die Mt die
Bedeutung der *zwölf* Jünger als symbolischer Ausdruck des Anspruchs
Jesu auf ganz Israel und als Hoffnungszeichen für Israel wichtig. Auch
dies gilt wieder in zwei Hinsichten: Die zwölf Jünger sind der Ausgangspunkt der Sammlung der Jünger-Gemeinde aus Israel und aus den
Weltvölker (28,19f), und sie sind eben auch Hoffnungszeichen für ganz
Israel (19,28).
Daran ändert sich auch dadurch nichts, dass es sich in 28,16 nur noch
um elf Jünger handelt. Mt trägt hier der Tatsache Rechnung, dass mit
Judas einer der zwölf Jünger aus dem Zwölferkreis ausgeschieden ist.
19,28 zeigt aber, dass Mt dennoch an der symbolischen Bedeutung der
Zwölf für Israel festhält.[292]

3 Die Bitte um mehr Ernte-Arbeiter (9,37–38)

Oben in der einleitenden Analyse haben wir gezeigt, dass auf den rah-
menden Vers 9,35 die dreiteilige Einleitung der Rede folgt.[293] Der erste
Teil der Einleitung besteht aus der Benennung des Mitleides Jesu mit
der Menge, die mit Schafen verglichen wird, die keinen Hirten haben,

---

291 Als Argumente dafür, dass Mt vom Ende der Mission in Israel redet, werden
genannt: Mt 21,43 gelte nicht nur für die kontextuell angeredeten führenden Gruppen und beziehe sich nicht auf das Endgericht; gewisse Züge in dem Gleichnis vom
Weinberg (21,33–43) und in dem vom Hochzeitsmahl (22,1–14) werden als heilsgeschichtliche Ablösung verstanden; das Ende der Weherede mit der Ankündigung
der Zerstörung des Tempels (23,34–24,2) weise auf ein endgültiges Gericht über
Israel hin.
292 Vgl. S. 185ff und dazu Wilk, Völker 132: »Dabei sind die Zahlen ›zwölf‹ und
›elf‹ ohne Zweifel symbolisch zu verstehen; das zeigt sich schon daran, daß mit Judas ›einer der Zwölf‹ infolge seines Verrates an Jesus und seines anschließenden
Selbstmordes als ›Israel-Missionar‹ faktisch ausfällt. Symbolisch aber deuten die
Zahlen auf die je andere Eigenart und Ausrichtung der beiden Sendungen hin.«
293 Vgl. S. 127f.

und aus der daran anschließenden Aufforderung Jesu an seine Jünger, auf die es uns hier ankommt (9,37–38):

τότε λέγει τοῖς μαθηταῖς αὐτοῦ· ὁ μὲν θερισμὸς πολύς, οἱ δὲ ἐργάται ὀλίγοι· δεήθητε οὖν τοῦ κυρίου τοῦ θερισμοῦ ὅπως ἐκβάλῃ ἐργάτας εἰς τὸν θερισμὸν αὐτοῦ.

Die Reaktion Jesu auf seine Wahrnehmung der Menge ist seine Rede von der »Ernte«. Die »Ernte« kann zwar ein Bild für das Gericht am Ende der Zeiten sein,[294] und auch Mt verwendet es an einer anderen Stelle in diesem Sinn,[295] aber an unserer Stelle ist dieses Bild so stark vom Kontext geprägt, dass andere Verknüpfungen nicht direkt in Betracht kommen.[296] Sowohl durch die Verbindung mit der vorangehenden Wahrnehmung der Volksmenge durch Jesus, als auch durch die folgende Aussendungsrede ist das Bild von der »Ernte« als etwas primär heilvolles gefüllt: Die Ernte ist die Verkündigungs- und Heilungstätigkeit in Israel, zu der die Jünger ausgesandt werden.[297] Dennoch bleibt sowohl der eschatologische Aspekt als auch der Gerichtsaspekt des Bildes von der Ernte erhalten. In den eschatologischen Kontext verweisen die Umstellungen aus Mk 13 in Mt 10,17–22, die uns weiter unten noch beschäftigen werden.[298] Der Gerichtsaspekt des Bildes von der Ernte ist ebenfalls vorhanden, obwohl es eigentlich um einen heilvollen Vorgang geht. Es gibt nämlich eine Kehrseite des Verkündigungsauftrages, und zwar die mögliche Ablehnung der Jesusboten:

---

294 Und zwar entweder als Gericht über die Völker oder über Israel; Belege: z.B. Gnilka, Mt I 352.

295 13,39b: ὁ δὲ θερισμὸς συντέλεια αἰῶνός ἐστιν, οἱ δὲ θερισταὶ ἄγγελοί εἰσιν. Hier ist das Bild von der Ernte primär durch den (auf das Endgericht bezogenen) Kontext determiniert

296 Das Wort von der Ernte (9,37f) darf also keinesfalls einfach mit dem »Einsammeln der Auserwählten« (24,31) identifiziert werden, wie dies z.B. Berger in seiner Bibelkunde tut; vgl. Preuß/Berger, Bibelkunde des Alten und Neuen Testamentes, Bd 2, S. 254.
Mt vertritt eine gegliederte Eschatologie: Die Mission in Israel ist Teil des Geschehens der Zeit, die Mt als die Zeit des Reiches des Menschensohnes qualifiziert, auf die erst das Endgericht folgen wird; bei *diesem* werden dann die Engel mitwirken wie bei einer Ernte; vgl. dazu S. 167ff.

297 Die Aussage, dass die Ernte »groß« sei (ὁ θερισμὸς πολύς 9,37) bedeutet, dass die *Aufgabe* groß ist. Daraus lässt sich nicht die Ankündigung eines großen Mission*serfolges* ableiten; gegen Lohmeyer, Apostelbegriff 383 A178, die sich auf Levine, Dimensions 39, bezieht. Richtig ist zwar, dass »bei der Judenmission keineswegs mit einem großen Desaster gerechnet« wird (so Lohmeyer, ebd.), aber angesichts der angekündigten Verfolgungen wird man nicht von der Aussicht auf einen großen Erfolg reden können.

298 Vgl. S. 134ff.

Wer die Boten ablehnt, lehnt auch Jesus ab, – und damit letztlich den, der Jesus gesandt hat, nämlich Gott (10,40).[299] Doch bevor die Jünger ausgesandt werden, werden sie dazu aufgefordert, den »Herrn der Ernte« um mehr Arbeiter für die Ernte zu bitten. Was ist damit gemeint? Textintern ergibt diese Aufforderung wenig Sinn, denn Jesus sendet schon im nächsten Vers (10,1) »seine zwölf Jünger« aus, doch wohl eindeutig zu dem, was er zuvor »Ernte« genannt hat. Aber durch nichts versucht Mt den Eindruck zu erwecken, als sei diese Aussendung schon die Folge der Gebete, zu denen Jesus seine Jünger auffordert. Im Gegenteil: Gerade die Jünger, die Jesus zum Gebet auffordert, sind es, die er dann auch aussendet.[300] Die Aufforderung zur Bitte um mehr Ernte-Arbeiter ragt also aus ihrem unmittelbaren Kontext heraus. Wenn wir an das anknüpfen, was wir oben über die Jünger als Identifikationsfiguren gesagt haben, dann ergibt sich, dass diese Aufforderung von Mt als Anrede an die Gemeinde gemeint ist, die sich ja als »Jünger« verstehen soll: Die zwölf Jünger, die Jesus »damals« nach Israel ausgesandt hat, waren nicht genügend Ernte-Arbeiter. Deshalb soll die Gemeinde des Mt um mehr Arbeiter beten, und sich, so wird man vermuten dürfen, auch selbst (weiterhin oder wieder neu?) dieser Aufgabe zuwenden. Dies bestätigt sich auch dadurch, dass der mt Jesus bei der Aufforderung zum Gebet nicht zu den *zwölf* Jüngern, sondern allgemein von »seinen Jüngern« spricht. Die Aufforderung zur Bitte um mehr Ernte-Arbeiter ist also ein erstes Indiz dafür, dass Mt die Israelmission nicht für beendet angesehen hat. Es müssen aber weitere Beobachtungen hinzu kommen.

4 Das jüdische Milieu der Aussendungsrede (Mt 10,17f)

Gerade die Vv Mt 10,17 f werden häufig als Beleg dafür verstanden, dass ab ca. V17 in der Aussendungsrede nicht mehr *nur* von der Mission in Israel die Rede sei, sondern dass hier auch schon die Weltvölkermission im Blick sei.[301] Zwar lässt sich nicht leugnen, dass hier von den Völkern im Sinne von »Heiden« zu lesen ist, doch in genau der ge-

299 Zur Vorstellung, dass Jesus von Gott »gesandt« ist, vgl. Mt 15,24 und das Gleichnis von den bösen Winzern (Mt 21,34.36).
300 So auch Luz, Mt II 83 (zu Mt 10,1):»Dass Jesus zwölf Jünger hat, setzt Matthäus voraus; anders als Mk 3,13–15 erzählt er aber nichts von der Einrichtung des Zwölferkreises.« Höchstens kann man vielleicht mit Gnilka, Mt II 355, vermuten: »Nachdem (...) E (sc. der ›Endredaktor‹, d.h. Mt; G.G.) den Bericht von der Konstituierung des Zwölferkreises nicht eigens erzählt, wird man in dem Herbeirufen eine Art Erinnerung an dieses Geschehen sehen dürfen.«
301 So z.B. Hare, Persecution 108: »(...) this verse refers primarily to Gentile persecution.« Ähnlich Schnelle, Einleitung 262 A246: »Dabei zeigt der Zusatz καὶ τοῖς ἔθνεσιν in Mt 10,18 deutlich, dass diese Auseinandersetzung für den Evangelisten bereits geraume Zeit zurückliegt und er sie in seine universale Konzeption integrierte (...)«

genteiligen Bedeutung: Die Art und Weise, wie sie in Erwähnung gebracht werden, beweist gerade, dass hier *nicht* an aktive Weltvölkermission gedacht werden soll.

Die Aussendungsrede ist so formuliert, dass sie für jede Missionstätigkeit, also auch für die Weltvölkermission *transparent* ist: Die Erfahrungen, die die Jünger in Israel machen werden, sind typische Erfahrungen der missionierenden Gemeinde auch außerhalb Israels. Klares Indiz dafür ist, dass es ganz allgemein »die Menschen« sind, die die Jünger ausliefern werden (10,17):

προσέχετε δὲ ἀπὸ τῶν ἀνθρώπων· παραδώσουσιν γὰρ ὑμᾶς εἰς συνέδρια καὶ ἐν ταῖς συναγωγαῖς αὐτῶν μαστιγώσουσιν ὑμᾶς.[302]

Die »Menschen« sind zwar *hier* durch den Kontext als Juden festgelegt, aber in dem, was sie den Jüngern antun werden, erweisen sie sich als Teil der den Jüngern allgemein feindlich gegenüberstehenden Menschheit.[303]

Dennoch geht es in Mt 10 um Mission in Israel. Das zeigt sich neben der Begrenzung der Aussendung und der Fortdauer der Mission in Israel auch in der Darstellung der Verfolgungserfahrungen, die den Jüngern angekündigt werden. Um dies näher zu begründen, müssen wir zunächst den Kontext von 10,17f näher ansehen, und zwar im quellenkritischen Vergleich.

Dabei ist festzuhalten, dass es uns hier ausschließlich um die mt Sichtweise und um die mt intendierte Leserlenkung geht unhängig von der Frage, ob bzw. in welchem Maß die mt Gemeinde tatsächlich jüdischen Verfolgungen ausgesetzt war. Es ist allerdings zu vermuten, dass Mt ohne jeden Anhalt an eigenen Erfahrungen bzw. Erfahrungen seiner Gemeinde so nicht hätte formulieren können, wenn auch auf der anderen Seite deutlich zu erkennen ist, dass die mt Darstellung von der Passion Jesu her geprägt ist.[304]

---

302 Das entscheidende Stichwort »Menschen« fehlt in der Mk-Parallele (Mk 13,9); Mt hat Mk 13,9a analog Mt 6,1; 7,15; 16,6.11f umformuliert und mit seinem ἄνθρωπος-Konzept verbunden.
Zu ἄνθρωπος im MtEv vgl. Schenk, Sprache 29–31: »Mt hat generell die *Menschheit* im Blick, wie sie sich im Gegenüber zur Schülerschaft im mt Sinn definiert. (...) (Entweder sind es solche,) die *noch zu gewinnen*, die *noch nicht Christen* im Sinne des Mt sind. (...) (Oder sie sind) als die *Außenstehenden* gemeint, wohl sogar als die *feindlich Außenstehenden* (...).« (Zitate ebd. 29f, Hervorhebungen im Original)
303 Vgl. Mt 10,22 mit Mt 24,9!
304 Zur Frage von jüdischen Verfolgungen vgl. die grundlegende Arbeit Hare, Persecution.

4.1 Zur Quellenfrage von Mt 10,17–22

Nach unserer oben[305] dargestellten Gliederung befinden wir uns im
zweiten Hauptteil der Rede (10,16–23), in welchem es um die angekündigten Verfolgungen geht. Von Anfang an werden diese als unvermeid-
lich[306] dargestellt (10,16a): ἰδοὺ ἐγὼ ἀποστέλλω ὑμᾶς ὡς πρόβατα ἐν
μέσῳ λύκων. Die Jünger sollen sich darauf einstellen, indem sie »klug
wie die Schlangen und lauter wie die Tauben« (10,16b) werden.
Hierauf folgt nun die mt Neufassung von Mk 13,9–13.[307] Eine Synopse
der beiden Texte soll die Übereinstimmungen und die mt Bearbeitungen
deutlich machen:

Mk 13,9–13		Mt 10,17–22
9 βλέπετε δὲ ὑμεῖς ἑαυτούς	(1)	17 προσέχετε δὲ ἀπὸ τῶν ἀνθρώπων·
παραδώσουσιν ὑμᾶς εἰς συνέδρια	(2)	παραδώσουσιν γὰρ ὑμᾶς εἰς συνέδρια
καὶ εἰς συναγωγὰς δαρήσεσθε	(3)	καὶ ἐν ταῖς συναγωγαῖς αὐτῶν
	(4)	μαστιγώσουσιν ὑμᾶς·
καὶ ἐπὶ ἡγεμόνων καὶ βασιλέων	(5)	18 καὶ ἐπὶ ἡγεμόνας δὲ καὶ βασιλεῖς
σταθήσεσθε ἕνεκεν ἐμοῦ εἰς μαρτύριον	(6)	ἀχθήσεσθε ἕνεκεν ἐμοῦ εἰς μαρτύριον
αὐτοῖς.	(7)	αὐτοῖς καὶ τοῖς ἔθνεσιν.
10 καὶ εἰς πάντα τὰ ἔθνη πρῶτον δεῖ	(8)	
κηρυχθῆναι τὸ εὐαγγέλιον.	(9)	
11 καὶ ὅταν ἄγωσιν ὑμᾶς παραδιδόντες,	(10)	19 ὅταν δὲ παραδῶσιν ὑμᾶς,
μὴ προμεριμνᾶτε τί λαλήσητε,	(11)	μὴ μεριμνήσητε πῶς ἢ τί λαλήσητε·
ἀλλ᾽ ὃ ἐὰν δοθῇ ὑμῖν ἐν ἐκείνῃ τῇ ὥρᾳ	(12)	δοθήσεται γὰρ ὑμῖν ἐν ἐκείνῃ τῇ ὥρᾳ
τοῦτο λαλεῖτε·	(13)	τί λαλήσητε·
οὐ γάρ ἐστε ὑμεῖς οἱ λαλοῦντες ἀλλὰ	(14)	20 οὐ γὰρ ὑμεῖς ἐστε οἱ λαλοῦντες ἀλλὰ

305 S. S. 127f.
306 Zur »Notwendigkeit« von Verfolgungen vgl. Luz, Mt II 117: »Der Kernpunkt
des ganzen Textes ist die Überzeugung des Matthäus, dass die Verkündigung, und
damit die Jüngerschaft Jesu, *notwendigerweise* Leiden mit sich bringt.«
307 Die Aland-Synopse ist hier sowohl im Mt-Duktus als auch im Mk-Duktus
unbefriedigend: Bei Mt 10,17–25 (Aland 142) wird dazu aufgefordert, Mk 13,9–13
zu vergleichen, aber die beiden Texte sind nicht parallel gesetzt; bei Mk 13,9–13
(Aland 398–400) fehlt Mt 10,22b und somit die vollständige identische Parallele Mk
13,13/Mt 10,22. Außerdem fehlt ebd. 400 zu Mt 24,14 die Parallele Mk 13,10 und
umgekehrt zu Mk 13,10 die Parallele Mt 24,14 (ebd. 398).

Mk 13,9–13		Mt 10,17–22
το πνεῦμα τὸ ἅγιον.	(15)	τὸ πνεῦμα τοῦ πατρὸς ὑμῶν τὸ λαλοῦν
	(16)	ἐν ὑμῖν.
12 καὶ παραδώσει ἀδελφὸς ἀδελφὸν εἰς	(17)	21 παραδώσει δὲ ἀδελφὸς ἀδελφὸν εἰς
θάνατον καὶ πατὴρ τέκνον,	(18)	θάνατον καὶ πατὴρ τέκνον,
καὶ ἐπαναστήσονται τέκνα ἐπὶ γονεῖς	(19)	καὶ ἐπαναστήσονται τέκνα ἐπὶ γονεῖς
καὶ θανατώσουσιν αὐτούς.	(20)	καὶ θανατώσουσιν αὐτούς.
13 καὶ ἔσεσθε μισούμενοι ὑπὸ πάντων	(21)	22 καὶ ἔσεσθε μισούμενοι ὑπὸ πάντων
διὰ τὸ ὄνομά μου. ὁ δὲ ὑπομείνας εἰς	(22)	διὰ τὸ ὄνομά μου· ὁ δὲ ὑπομείνας εἰς
τέλος οὗτος σωθήσεται.	(23)	τέλος οὗτος σωθήσεται.

Angesichts der sonst bei Mt zu beobachtenden Treue zur Textabfolge in seiner Quelle Mk[308] ist es zunächst überraschend, dass Mt einen so weit entfernten Text in sein 10. Kapitel transponiert haben soll, zumal er ja in Mt 24 eigentlich einen Ort für eine direkte Parallele gehabt hätte. Deshalb soll hier gezeigt werden, dass Mt tatsächlich Mk 13,9–13 in seinem Evangelium nach vorne versetzt, und welche eigenen Akzente Mt dabei setzt.

Schon ein Blick auf die Übereinstimmungen kann diese Lösung der Quellenfrage wahrscheinlich machen. Besonders ausgeprägt sind sie am Ende des zitierten Textes (Mk 13,12f/ Mt 10,21f): Ein Abschnitt mit immerhin 32 Wörtern ohne einen einzigen Unterschied, wenn man von der Änderung des mk καί (Mk 9,12) in δέ bei Mt (10,21) absieht.

Aber auch im übrigen Text sind die Unterschiede nicht groß und auf redaktionelle Intentionen des Mt bzw. auf Einfluss der Logienquelle zurückzuführen: Mt 10,17a ist eine typisch mt Formulierung.[309] Auf Mt 10,19 hat wohl ein Q-Text eingewirkt (vgl. Lk 12,11f).[310] Einige Änderungen gegenüber Mk erklären sich durch die mt Intention, die Aussendungsrede mit anderen Texten seines Evangeliums zu verbinden: μαστιγόω (Mt 10,17) kennt Mt aus dem Mk-Text Mk 10,34, von wo aus er es in Mt 20,19 (Leidensankündigung Jesu) übernimmt. Daran, dass den Jüngern schon hier das gleiche Schicksal angekündigt wird wie später Jesus, sollen die Leser erkennen, dass »der Jünger nicht mehr als

---

308 Das gilt v.a. ab Mt 12; vgl. Luz, Mt I 24: »(…) man muß Mt 12–28 als veränderte und erweiterte Neufassung von Mk 2,23–4,34; 6,1–16,8 auffassen.« Gegenüber Q hält sich Mt wesentlich weniger an die ihm vorgegebene Reihenfolge; vgl. dazu Luz, Matthäus und Q 209: »Matthäus hatte also an der Reihenfolge der Jesusüberlieferung in Q kein selbständiges Interesse.«
309 Vgl. Mt 6,1; 7,15; 16,11f und Luz, Mt II 105.
310 So Luz, Mt II 105f

der Lehrer« (10,24) ist. Dieser Gedanke wird, auch terminologisch, von Mt am Ende von Mt 23 wieder aufgegriffen.[311]
Der Vers Mk 13,10 mit der Aussage, dass das Evangelium bei allen Völkern verkündigt werden müsse,[312] passt hier noch nicht in den mt Erzählduktus, denn der mt Jesus hat zu Beginn der Aussendungsrede den Jüngern genau das Gegenteil aufgetragen. Erst in der Eschatologischen Rede, die auch auf der Erzähloberfläche schon auf die Zeit nach Ostern ausblickt, ist diese ausdrückliche Ankündigung der weltweiten Ausbreitung des Evangeliums sinnvoll. Deshalb lässt Mt sie hier aus und bringt sie erst in 24,14.[313]
Es lässt sich also gut zeigen, dass Mt hier Mk 13,9–13 als Quelle benutzt, was auch umgekehrt dadurch bestätigt wird, dass Mt in seiner Eschatologischen Rede (Mt 24–25) Mk 13,9–13 weitgehend überspringt.[314]
Um so aufschlussreicher sind nun aber in inhaltlicher Hinsicht die mt Änderungen gegenüber Mk, wobei es uns hier in erster Linie auf Mt 10,17f ankommt.
Nach der red Einleitung, die diesen Text mit dem mt ἄνθρωπος-Konzept[315] verbindet, folgt Mt dem Mk-Text mit folgenden Änderungen:[316]
– Durch das Pronomen αὐτῶν werden die Synagogen als Orte gekennzeichnet, die »den anderen« gehören; bei aller Konzentration auf Israel ist also auch hier die Distanz zum zeitgenössischen Judentum signalisiert.[317]
– Durch die Änderung von δαρήσεσθε (Mk 13,9) in μαστιγώσουσιν ist einerseits ein Chiasmus innerhalb von 10,17b entstanden, andererseits ergibt sich dadurch eine doppelte Verbindung zum Makrotext des MtEv: Das Schicksal der Jünger wird mit dem Schicksal Jesu parallelisiert (vgl. 20,19), und es wird auf das Ende der Weherede Mt 23 bezogen (vgl. 23,34).
– Wichtig ist aber v.a. die Änderung in Mt 10,18: zu dem mk εἰς μαρτύριον αὐτοῖς (Mk 13,9) setzt Mt καὶ τοῖς ἔθνεσιν hinzu, wobei er wohl von Mk 13,10 beeinflusst ist.[318] Mt greift also die Aussage von Mk 13,10 hier insoweit auf, als sie in sein kontextuelles Konzept von

311 Mt 23,34.
312 Zur Bedeutung von Mk 13,10 innerhalb des MkEv vgl. Gnilka, Mk II 190f.
313 Vgl. S. 142f.
314 Außer Mt 24,9b par Mk 13,13 und Mk 13,10 par Mt 24,14.
315 Vgl. dazu S. 123 und innerhalb der Aussendungsrede Mt 10,32f.
316 Auf kleinere Änderungen ist hier nicht einzugehen; zu εἰς bei Mk 13,9 vgl. BDR § 205 A4 (»εἰς statt ἐν in wörtlichem Sinn«) und Davies-Allison, Mt II 183.
317 Das ist ein eindeutiges Indiz dafür, dass die mt Gemeinde nicht mehr innerhalb des synagogalen Judentums angesiedelt ist.
318 Aus der Tatsache, dass Mt hier das πάντα aus Mk 13,10 weglässt, ist geschlossen worden, dass er hier *nur* die *Weltvölker* unter Ausschluss Israels im Blick hat, während dann ab Mt 24,9 Israel mit zu den Völkern gerechnet wäre; so z.B. Friedrich, Gott im Bruder 252–254. Vgl. aber S. 172ff.

dem auf Israel begrenzten Missionsauftrag passt. Der Gedankengang in
Mt 10,17f lässt sich so skizieren:
Die Jünger werden von den Menschen wegen ihrer Beziehung zu Jesus
(ἕνεκεν ἐμοῦ 10,18) an die Synhedrien ausgeliefert, in den Synagogen
gefoltert und vor Statthalter und Könige gestellt werden; dies wird
»ihnen und den Weltvölkern« ein Zeugnis sein.

Die Frage ist aber nun, wie dies genau zu verstehen ist:
Wie verhält sich die Begrenzung auf Israel zu den »Weltvölkern« und
zu den »Statthaltern und Königen«; ist hier schon von der Mission
außerhalb Israels die Rede, weil heidnische Verfolgung angekündigt ist?
Und ist mit dieser Aussendung überhaupt eine Hoffnung verbunden,
oder deutet die Formulierung εἰς μαρτύριον auf einen reinen
Gerichtskontext hin?

Auf unsere These von dem durchgehend jüdischen Milleu in Mt 10 bezogen, ist also zu klären, inwiefern Mt hier die Aussendung der Jünger
durch den irdischen Jesus als Aufforderung zur fortgesetzten Mission in
Israel deutet.

4.2 Die Statthalter, die Könige und die Weltvölker (Mt 10,18)

Sowohl in quellenkritischer Hinsicht als auch textintern ist das auffäl-
ligste Signal, das Mt setzt, die Hinzufügung von καὶ τοῖς ἔθνεσιν
(10,18). Textintern ist sie deshalb auffällig, weil so eine Spannung zu
10,5b–6 entsteht: Die Jünger sollen zwar nicht zu den Weltvölkern gehen, was ihnen angetan werden wird, wird aber »auch« den Weltvölkern
ein Zeugnis sein. Die Hinzufügung mit καί und dem determinierenden
Artikel lässt vermuten, dass erst ab hier an Weltvölker gedacht werden
soll, und dass mit dem vorangehenden αὐτοῖς also noch keine Angehörige der Weltvölker gemeint sind.

Aus der Sicht der Leser des MtEv bieten sich zwei Verständnismöglich-
keiten an: Entweder denken sie an Angehörige der Weltvölker, die auch
schon in der erzählten Welt des MtEv in Israel anwesend waren, wobei
sowohl an den Centurio von Kafarnaum als auch an die bei der Hinrichtung Jesu beteiligten Heiden gedacht werden kann. Oder die Leser
denken von ihrer eigenen Erfahrung und vom universalistischen Missionsauftrag her daran, dass das, was in Israel mit den Jüngern geschehen
soll oder geschehen ist, auch bei den Weltvölkern außerhalb Israels
bekannt werden wird.

Ein Problem bleibt aber, nämlich dass mit den Begriffen ἡγεμών und
βασιλεύς eher nicht-jüdische Implikationen verbunden sind, denn bei Mt
ist ἡγεμών nur auf den Statthalter Pilatus bezogen, der natürlich kein
Jude ist.[319] βασιλεύς als Bezeichnung von »Gegnern« kennt der Leser

---

319 Einzige Ausnahme ist Mt 2,6.
Schenk, Sprache 276, meint, dass Mt von 10,18 her Pilatus in der Passionsge-
schichte als ἡγεμών einführt: »Mt dürfte die Bezeichnung seit 27,2 direkt von der
Vorhersage 10,18 als (sic!) für eine erste teilweise Erfüllung eingeführt haben (…).«

des MtEv in erster Linie in Bezug auf Herodes.[320] Während also der erste Begriff eindeutig Israel im ethnischen Sinn verlässt, könnte der zweite auf der Grenze zwischen Israel und den Weltvölkern zu stehen kommen, wie der Paulusprozess in der Apostelgeschichte zeigt.[321] Dies wiederum lässt zwei Interpretationsmöglichkeiten zu: Entweder bezieht sich αὐτοῖς *nur* auf die impliziten Subjekte der drei voranstehenden Verben zurück. So ergäbe sich folgender Sinn: »Die Menschen« (d.h. hier: die Juden) werden euch ausliefern und peitschen und vor Statthalter und Könige ziehen, »ihnen« (d.h. sich selber) und auch den Weltvölkern (zu denen dann auch die Statthalter und Könige zählen würden) zum Zeugnis.[322] καὶ τοῖς ἔθνεσιν wäre dann aufzufassen im Sinne von καὶ τοῖς λοιποῖς ἔθνεσιν, wie es Hare vorgeschlagen hat.[323] Diese Deutung leidet aber darunter, dass das Referenzwort von αὐτοῖς syntaktisch doch recht weit entfernt wäre.

Oder: Die ganzen in Vv 17f beschriebenen Vorgänge sind als innerhalb Israels platziert gedacht; dann könnte sich αὐτοῖς auch auf die Statthalter und Könige beziehen, so dass auch die Statthalter und Könige den Weltvölkern gegenüberstehen, die davon (»zum Zeugnis«) erfahren.

Die zuletzt genannte Möglichkeit ist vorzuziehen, weil sie am besten den deutlichen Signalen, die Mt setzt, gerecht wird, dass nämlich die Jünger Israel nicht verlassen sollen und auch mit den Städten Israels nicht zu Ende kommen werden (10,23). Es bleibt bei dieser Deutung aber die Schwierigkeit, »Statthalter und Könige« innerhalb »Israels« ansiedeln zu müssen.[324]

Mt trägt dabei Erfahrungen seiner eigenen Gegenwart, nämlich die Weltvölkermission, in diesen Text ein, ohne dabei die Begrenzung der Aussendung aufzuheben. Dazu nimmt er eine gewisse Härte auf der Textoberfläche in Kauf.[325]

---

320   Mt 2,1.3.9; außerdem auch einmal auf Herodes Antipas (Mt 14,9).

321   Die Spannung, die mit »auf der Grenze stehen« angedeutet ist, formuliert Hare, Persecution 108 A2, folgendermaßen: »While the two Agrippas are included, they are primarily secular rulers, deriving their authority from the emperor in the same way as the procurators.« Der Hinweis auf den Paulusprozess ist übernommen von Luz, Mt II 110.

322   Dieses Auslegung wird als Möglichkeit erwogen von Davies-Allison, Mt II 184: »But it is just as possible that αὐτοῖς harks back to v. 17, ›the Gentiles‹ to v.18a.«

323   Hare, Persecution 108; dagegen Luz, Mt II 111 A38.

324   Es handelt sich dann einfach um »Realitäten der römischen Provinzverwaltung in Palästina«, so Lohmeyer, Apostelbegriff 379, mit weiterer Literatur. Diese Sicht führt neuerdings wieder zu der Konsequenz, das MtEv insgesamt in Palästina anzusiedeln, z.B. Stegemann, Sozialgeschichte 200. Bei der näheren Ausführung (a.a.O. 208) ist aber nur auf 10,17 Bezug genommen, während 10,18 übergangen wird.

325   Vgl. auch Luz, Mt II 111: »Καὶ τοῖς ἔθνεσιν *schließt darum schlecht an*, weil mindestens die Statthalter auch Heiden waren.« (Hervorhebung G.G.) Es ist auch an anderen Stellen zu beobachten, dass Mt Härten auf der »Oberfläche« des Textes um

4.3 »Zum Zeugnis für sie und für die Weltvölker« (Mt 10,18b)

Was ist aber nun damit inhaltlich ausgesagt? Was heißt es, dass die Auslieferung der Jünger »ihnen und den Weltvölker *zum Zeugnis*« sein wird? Auf gramatikalischer Ebene lässt sich das Problem so beschreiben: handelt es sich im mt Verständnis bei εἰς μαρτύριον αὐτοῖς καὶ τοῖς ἔθνεσιν um einen Dativus commodi oder einen Dativus incommodi?[326] Geht es also um ein Zeugnis *für* sie, zu ihrem Nutzen, oder um eines *gegen* sie? Im ersten Fall ginge es also darum, dass die Verfolgung der Jünger denen, die sie betreiben, ein Zeugnis für die Wahrheit des Evangeliums werden soll.[327] Wie sich Mt das genau gedacht haben könnte, ist eine andere Frage. Im zweiten Fall wäre der Gedankengang so, dass die Verfolgung der Jünger ein Zeugnis für die Gerichtsverfallenheit derer wäre, denen sie vorgeworfen wird.

Dass das Verständnis als Gerichtswort für die hier vorliegende Formulierung möglich ist, zeigt mindestens Mk 6,11 mit Sicherheit: Die Jünger sollen da, wo sie nicht aufgenommen werden, weiterziehen und den Staub von den Füßen schütteln εἰς μαρτύριον αὐτοῖς. An ein Verkündigungszeugnis kann hier nicht gedacht sein nach dem Verlassen des Ortes und dem Abschütteln des Staubes.

Mt lässt in seiner Parallele zu Mk 6,7–11 den Ausdruck εἰς μαρτύριον αὐτοῖς zwar aus, ersetzt ihn aber durch das Gerichtswort mit dem überbietenden Vergleich, dem Land Sodom und Gomorra werde es im Gericht besser ergehen als jener Stadt (10,14f).[328] Daraus ergibt sich folgende Alternative: Hat Mt den Ausdruck εἰς μαρτύριον αὐτοῖς wie Mk als Gerichtsterminus verstanden und ihn *deshalb* für den übergeordneten Zusammenhang in Mt 10,17f aufgespart? Oder hat er den Ausdruck durch das Gerichtswort ersetzt, weil er ihn *nicht* als Gerichtsterminus verwenden wollte?

Ein Blick auf die anderen beiden mt Belege von μαρτύριον kann dazu helfen, die Fragestellung zu präzisieren und neue Aspekte einzubringen.[329] Es handelt sich zum einen um die Erzählung von der ersten Hei-

---

ihm wichtiger Inhalte willen in Kauf nimmt (vgl. dazu auch Luz, Mt III 387 A5 mit weiteren Beispielen):
– Die Auflösung des Wochenablaufes in Jerusalem durch die Konzentration auf zwei Tage.
– Die Jüngerrede in Mt 13, 10ff, die schlecht lokalisiert ist: wie können die Jünger zu Jesus kommen, der in einem Boot sitzt (13,1f)?
– Die zwei Reittiere, auf denen Jesus gleichzeitig sitzt (Mt 21,7).
326 Zum dat. commodi / incommodi vgl. BDR §188. Zu unserem Fall vgl. Schenk, Sprache 357f, der pointiert für ein Verständnis als D. incommodi eintritt.
327 So z.B. Luz, Mt II 111: »Μαρτύριον meint wie 8,4 und 24,14 nicht das Gerichtszeugnis gegen die Statthalter und Könige, sondern das Verkündigungszeugnis für sie.«
328 Darauf weist zu Recht Schenk hin; ders., Sprache 358, mit ausführlicher Begründung und weiterer Literatur.
329 μαρτύριον bei Mt (wie auch bei Mk) nur in der Formulierung εἰς μαρτύριον mit folgendem Dativ (Mt 8,4; 10,18; 24,14).

lung nach der Bergpredigt, die durch folgenden Satz abgeschlossen wird
(8,4):

καὶ λέγει αὐτῷ ὁ Ἰησοῦς· ὅρα μηδενὶ εἴπῃς, ἀλλὰ ὕπαγε σεαυτὸν
δεῖξον τῷ ἱερεῖ καὶ προσένεγκον τὸ δῶρον ὃ προσέταξεν Μωϋσῆς, εἰς
μαρτύριον αὐτοῖς.

Mt übernimmt die Formulierung εἰς μαρτύριον αὐτοῖς aus seiner Mk-
Parallele (Mk 1,44), es ist aber hier wie dort umstritten, ein welchem
Sinn sie aufgefasst ist.[330] M.E. legt sich schon hier die Vermutung nahe,
dass die Terminus bei Mt doppeldeutig ist:[331] Innerhalb der Erzählung
als solcher geht es sicher zunächst darum, dass der Geheilte die Nachricht von seiner Heilung den jüdischen Autoritäten »bezeugen« und damit zugleich die Toratreue Jesus unter Beweis stellen soll.[332] Andererseits weiß aber der Leser schon mindestens von einigen Formulierungen
der Bergpredigt her[333] von der Distanz zwischen Jesus und den führenden jüdischen Gruppen. Die weitere Erzählung wird zeigen, wie ver-
härtet die Fronten sind und wie endgültig die Ablehnung Jesu durch die
führenden Gruppen ist. Von daher weiß der Leser auch um die Vergeb-
lichkeit dieses Zeugnisses in einem positiven Sinn und kann ahnen, dass
es hier zugleich auch um das »Zeugnis« in einem gerichtlichen Sinn
handelt: Von Anfang an haben die Gegner Jesu gewusst, wer er ist, und
das wird ihnen im Gericht ein Anklagezeugnis sein.
Ähnlich verhält es sich mit dem anderen Beleg bei Mt, nämlich 24,14:

καὶ κηρυχθήσεται τοῦτο τὸ εὐαγγέλιον τῆς βασιλείας ἐν ὅλῃ τῇ
οἰκουμένῃ εἰς μαρτύριον πᾶσιν τοῖς ἔθνεσιν, καὶ τότε ἥξει τὸ τέλος.

Hier übernimmt Mt aus dem Text Mk 13,9b–10, den er in Mt 10,18 nur
auszugsweise wiedergegeben hat, den ganzen Vers Mk 13,10 mit einigen kleineren Änderungen. Es ist aber ebenfalls umstritten, in welchem
Sinn Mt hier die Wendung εἰς μαρτύριον verwendet.[334] Der kontextuell
vorliegende Bezug zur Verfolgungsthematik (vgl. 24,9–13) lässt ein
Verständnis als bloßes Verkündigungszeugnis nicht wahrscheinlich erscheinen.
Der Gedankengang wäre dann, wenn wir auch hier eine Doppelbedeu-
tung unterstellen, folgendermaßen: Die Jünger sollen zwar, wie am
Ende des MtEv explizit gesagt ist, allen Weltvölkern das Evangelium

330 Vgl. zu Mk 1,44 Gnilka, Mk I 94: »(…) kann im Makrotext des Markus be-
lastend gemeint sein.«
331 So auch Burchard, Matthäus 288.
332 So Luz, Mt II 10.
333 Im Rahmen: Mt 4,23 (»ihre Synagogen«); 7,29 (»ihre Schriftgelehrten«); vgl.
innerhalb der Bergpredigt die Verbindung von »Heuchler« und Synagogen 6,2.5.
334 Vgl. Frankemölle, Mt II 398, der feststellt, dass Mt 24,9–14 »mit einem positiven Ausblick enden.«

verkünden. Insofern ist in einem vordergründigen Sinn von einem Verkündigungszeugnis die Rede. Da aber gleichzeitig deutlich ist, dass nicht mit einem großen Erfolg der Mission bei den Weltvölkern gerechnet wird,[335] hat diese Aussage *auch* die Funktion, die Unentschuldbarkeit der Weltvölker beim Gericht herauszustellen.[336] Mit dieser Bedeutungsfüllung kommt man auch im Kontext der Aussendungsrede m.E. am ehesten an den mt Sinn heran: Es geht bei der Verfolgung der Jünger in Israel um das Verkündigungszeugnis, und auch ihrer »Hingabe« wird Verkündigungsfunktion zugesprochen. Da aber auch hier im Kontext von Verfolgung der Missionare und somit zumindest *auch* vom Misserfolg der Mission die Rede ist, ist dieses Verkündigungszeugnis als vergebliches angesehen, das den Angeredeten zum Gericht werden wird.

Einen radikalen Missionspessimismus bzw. eine reine Mission mit Gerichtsfunktion kann man aber dennoch nicht aus unserem Text herauslesen.[337] Dagegen spricht einerseits die in anderem Zusammenhang herausgearbeitete Zuspitzung des Gerichtsgedankens auf die Zerstörung des Tempels,[338] andererseits die Gestaltung der Aussendungsrede insgesamt insofern, als sie auf einen Neuanfang oder eine Bestärkung bei der Israelmission hinzielt. Am deutlichsten in diese Richtung weist die mt Fassung der Aufforderung zur Bitte um mehr Ernte-Arbeiter, aber auch der im nächsten Abschnitt zu behandelnde Text.

5 Die Fortdauer der Israelmission bis zur Parusie (Mt 10,23)

Mt 10,23 ist einer der umstrittensten Verse des MtEv: Sowohl in Bezug auf seine Herkunft als auch in Bezug auf seinen Ort innerhalb der Theologie des MtEv gehen die Meinungen erheblich auseinander.[339] Hier soll 10,23 aber nur untersucht werden in Hinblick auf die Frage nach der Gültigkeit des Auftrages zur Mission in Israel im mt Verständnis.

Oben im Referat der Äußerungen von Luz zu diesem Thema ist schon deutlich geworden, dass dieser Vers vor allem für jene Exegeten eine Auslegungsschwierigkeit darstellt, die davon ausgehen, dass es in der Gemeinde des Mt keine Israelmission mehr gibt und geben soll.[340] In

---

335   Vgl. Mt 24,9 und unten S. 192.
336   Vgl. S. 182ff.
337   So pointiert Schenk, Sprache 358: » (Dass εἰς μαρτύριον αὐτοῖς im mt Sinn ein Gerichtsterminus ist,) ist weniger auffallend, wenn man sich den Grundsachverhalt klarer vor Augen hielte, dass die mt Israelsendung ja von vornherein nicht als ›Mission‹ zur Gewinnung gedacht ist, sd. nur als *Instrument zum Nachweis der bestehenden Verstockung*, was die formalisierende Überschrift ›Aussendungsrede‹ zu leicht übersehen läßt.« (Hervorhebung G.G.)
338   Vgl. S. 77ff.
339   Vgl. dazu Nepper-Christensen, crux interpretum 161f; Künzi, Matthäus.
340   S. S. 125f.

welchem Sinn sollte Mt in diesem Fall das als gültiges Jesuswort tradiert haben, was der mt Jesus zu seinen Jüngern sagt (10,23):

ὅταν δὲ διώκωσιν ὑμᾶς ἐν τῇ πόλει ταύτῃ, φεύγετε εἰς τὴν ἑτέραν· ἀμὴν γὰρ λέγω ὑμῖν, οὐ μὴ τελέσητε τὰς πόλεις τοῦ Ἰσραὴλ ἕως ἂν ἔλθῃ ὁ υἱὸς τοῦ ἀνθρώπου.

Abgesehen von einer dann nur noch sehr allgemeinen und blassen Aussage über die ständige Gefährdung der missionierenden Gemeinde hätte dieses Wort keine aktuelle Bedeutung mehr.[341]
Nun wird man durchaus mit der Möglichkeit rechnen müssen, Mt habe ein Logion oder auch eine Perikope in sein Werk übernommen, auch wenn der betreffende Text in der Situation der mt Gemeinde nicht mehr in wörtlichem Sinn Geltung haben konnte.[342] Im Folgenden soll aber gezeigt werden, dass dies für 10,23 nicht zutrifft, abgesehen davon, dass in der mt Situation nicht mehr die zwölf Jünger im Blick sind, sondern die Jünger Jesu allgemein. Möglicherweise muss auch in Bezug auf die Bedeutung von Ἰσραήλ mit einer Ausweitung gerechnet werden, so dass es im Blick auf den Gegenwartsbezug von Mt 10 nicht mehr in einem rein geographischen Sinn zu verstehen ist. Diese Schwierigkeiten sind aber gering im Vergleich zu den Problemen, die entstehen, wenn Israel als von der Mission ausgeschlossen oder einfach unter die Völker gerechnet angesehen werden würde.[343]
Im Folgenden soll die Bedeutung von Mt 10,23 innerhalb des MtEv dargelegt werden, und zwar in zwei Hinsichten: a) Die zeitliche Logik von 10,23b oder: was heißt »bis der Menschensohn kommt«? und b) die Bedeutung von Ἰσραήλ im Kontext von Mt 10.

5.1 Die zeitliche Logik von Mt 10,23b

Im Zusammenhang der mt Aussendungsrede kündigt Jesus seinen Jüngern Verfolgungen innerhalb Israels (10,16–18) und Konflikte innerhalb von Familien (10,21–22a) an, und beide Passagen werden jeweils mit

---

341   Vgl. Luz, Mt II 117: »Seine (sc. des Logions Mt 10,23) bleibende Bedeutung liegt für ihn (sc. Mt) darin, dass die Gemeinde dauernd in der Welt gehaßt und verfolgt blieb und ihre Hoffnung auf das Kommen des Menschensohns setzte.«
Aber sollte Mt diese Hoffnung wirklich zu stärken versucht haben durch die Tradierung eines Logions, dessen Ankündigung sich schon in der mt Gegenwart als falsch erwiesen hat, weil es ja gar keine (oder fast keine?) Mission in Israel mehr gab?
342   Dieses Problem wird v.a. in Bezug auf die Tempelzerstörung und den Tempel betreffende Aussagen diskutiert, wobei immer auch die Frage der Datierung des MtEv eine Rolle spielt; vgl. z.B. die Perikope von der Tempelsteuer Mt 17,24–27.
343   Dies gibt auch Luz, Mt II 117, zu: »Liegt also bei der ersten Deutung (sc. Fortdauer der Israelmission; G.G.) das Problem ›nur‹ beim Scheitern der Naherwartung und bei der Aufhebung der Exklusivität der Israelmission (V 5f), so wird bei der zweiten Deutung (sc. Ende der Israelmission; G.G.) V 23 ›falsch‹.«
Zur Frage, ob man bei einer Deutung auf die Fortdauer der Israelmission mit einem »Scheitern der Naherwartung« rechnen muss, vgl. S. 159ff.

tröstenden Worten abgeschlossen: 10,19f verspricht den Jüngern den Beistand des Geistes, 10,22b ordnet die innerfamiliären Konflikte dem allgemeinen »Hass« gegenüber den Jüngern zu und verspricht denen, die ausharren, die endgerichtliche Rettung.

10,23 knüpft über diesen Komplex hinweg wieder an 10,14f an und schließt ihn zugleich mit einem eschatologischen Ausblick ab. Anknüpfungspunkt zu 10,14f ist v.a. das Sichwort πόλις sowie das Thema »Ablehnung der Boten«. 10,23 geht aber über 10,14f hinaus, weil hier nicht mehr nur davon die Rede ist, dass die Boten nicht aufgenommen werden (10,14a), sondern es geht um den Fall, dass sie verfolgt werden. In diesem Fall sollen sie in eine andere Stadt fliehen.

Die logische Verknüpfung von 10,23b mit dieser Aufforderung ist nicht ganz klar. Steht der Gedanke der Flucht im Vordergrund, im Sinne von: »Ihr werdet in Israel immer nur fliehen bis …«? Oder ist an die Mission in Israel als solche gedacht: »Ihr werdet die Mission in Israel nicht beenden bis …«?[344] Mt hat keine dieser Möglichkeiten ausgeschlossen, weil die Formulierung οὐ μὴ τελέσητε τὰς πόλεις τοῦ Ἰσραήλ nicht eindeutig ist, denn das direkte Objekt ist nicht genannt.[345] Der Kontext innerhalb von Mt 10 insgesamt sowie die abschließende Funktion in Bezug auf den Abschnitt Mt 10,16–22 legt aber nahe, auch hier einen tröstenden Skopus zu sehen, der einen ausschließlichen Bezug auf die fortgesetzte Flucht unwahrscheinlich erscheinen lässt. Wenn man also als logisches Objekt die *Mission* in Israel ergänzt, ergibt sich folgender Gedankengang: Wenn man euch in einer Stadt verfolgt, dann flieht in eine andere; die Aufgabe der Mission in Israel ist so umfangreich, dass ihr sie nicht werdet beenden können, bis der Menschensohn kommt.

Welches ist nun aber der genauere Sinn dieser zeitlichen Begrenzung? In der Auslegungsgeschichte wurden schon die verschiedensten Möglichkeiten diskutiert,[346] aber nur eine kommt wirklich in Betracht: Mit der Formulierung ἕως ἂν ἔλθῃ ὁ υἱὸς τοῦ ἀνθρώπου ist die Ankunft bzw. die Wiederkunft des Menschensohnes Jesus zum Gericht am »Ende« der Welt gemeint. Darauf weist zunächst schon der Kontext mit seiner Erwähnung des »Endes« in 10,22.[347]

Vor allem aber ist innerhalb des Makrotextes bei Mt eine sehr genaue Terminologie zu erkennen, die zwischen dem Menschensohn, der »damals« als irdischer Jesus in Israel wirkte, dem Reich des Menschensohnes als Gegenwart der mt Gemeinde und dem »Kommen des Menschen-

---

344   So Luz, Mt II 107 A12, in Auseinandersetzung mit einem Dekompositionsversuch von W. Kümmel: »»Beendigt« werden ja nicht die Städte in Israel, sondern die Mission in ihnen.«

345   Luz spricht (ebd.) von einer »Breviloquenz«.

346   Zur Forschungsgeschichte vgl. Künzi, Matthäus 115–150.

347   Der Ausdruck εἰς τὸ τέλος (Mt 10,22) kann zwar auch adverbial aufgefasst werden als »aushalten bis zuletzt«, im Sinne von »bis zum Tod«; das ist aber nicht zwingend und von der insgesamt eschatologischen Ausrichtung von Mt 10 her auch nicht wahrscheinlich.

sohnes« am Ende der Welt zum Gericht unterscheidet. Dies soll hier mit Blick auf den wichtigsten Text gezeigt werden, nämlich 16,27f.[348] Abgesehen von dem zur Debatte stehenden 10,23 sind nur 25,31 und 16,27f so strukturiert: Das Kommen des Menschensohnes wird für eine textintern noch ausstehende Zukunft angekündigt.[349] Bei 25,31 ist der Fall unbestritten: Hier geht es um das Kommen des Menschensohnes zum Gericht als eschatologisches Ereignis.[350] Etwas anders liegen die Dinge in 16,27f:

μέλλει γὰρ ὁ υἱὸς τοῦ ἀνθρώπου ἔρχεσθαι ἐν τῇ δόξῃ τοῦ πατρὸς αὐτοῦ μετὰ τῶν ἀγγέλων αὐτοῦ, καὶ τότε ἀποδώσει ἑκάστῳ κατὰ τὴν πρᾶξιν αὐτοῦ. ἀμὴν λέγω ὑμῖν ὅτι εἰσίν τινες τῶν ὧδε ἑστώτων οἵτινες οὐ μὴ γεύσωνται θανάτου ἕως ἂν ἴδωσιν τὸν υἱὸν τοῦ ἀνθρώπου ἐρχόμενον ἐν τῇ βασιλείᾳ αὐτοῦ.

Mt übernimmt hier Mk 8,38b–9,1 mit einigen Änderungen, durch welche er sein Konzept vom Reich des Menschensohnes in diesen Text integriert, das in räumlicher Hinsicht auf die ganze Welt bezogen ist und in zeitlicher Hinsicht die mt Gegenwart umfasst.[351] Das heißt für Mt 16,27f: V 27 kündigt das Kommen des Menschensohnes zum Gericht an und bezieht sich damit auf das gleiche »Ereignis« wie 25,31 (und 19,28[352]); in V 28 ist dagegen durch das Possesivpronomen αὐτοῦ das Reich als das des Menschensohnes gekennzeichnet. Der Leser des MtEv kennt dieses aus 13,41 als auf die gegenwärtige Welt bezogen. Konkret ist mit 16,28 dagegen wohl Ostern bzw. die Erscheinung des Auferstandenen (28,16–20) angesprochen.[353] 16,27 und 16,28 beziehen sich also

348 Zur ausführlichen Begründung vgl. Roloff, Reich des Menschensohnes passim, und Müller, Jüngerschaft 137–163.
349 Nicht auf das *zukünftige* Kommen des Menschensohnes, sondern auf das vorbildliche Wirken Jesu ist der einzige andere Beleg bezogen, der ὁ υἱὸς τοῦ ἀνθρώπου mit einer Form von ἔρχομαι verbindet, nämlich Mt 20,28:
ὥσπερ ὁ υἱὸς τοῦ ἀνθρώπου οὐκ ἦλθεν διακονηθῆναι ἀλλὰ διακονῆσαι καὶ δοῦναι τὴν ψυχὴν αὐτοῦ λύτρον ἀντὶ πολλῶν.
350 Vgl. S. 172ff.
351 Vgl. Roloff, Reich des Menschensohnes 291, der zu dem Ergebnis kommt, »daß Matthäus zwischen der βασιλεία der Himmel und dem in der Auferstehung angebrochenen, bis zur Parusie reichenden Reich des Menschensohnes unterscheidet.« Ähnlich Müller, Jüngerschaft 162: »Hinsichtlich seiner *zeitlichen* Dynamik beginnt für Matthäus das Reich des Menschensohns mit der Kreuzigung (und Auferweckung) Jesu. Es erstreckt sich bis zur συντέλεια dieses Äons.« (Hervorhebung im Original)
352 Hier ist zwar nicht vom »Kommen« des Menschensohnes die Rede, aber das »Sitzen auf dem Thron« verweist auf das Endgericht; zu Mt 19,28 vgl. S. 185ff.
353 Vgl. Roloff, Reich des Menschensohnes 288 (zu Mt 16,28): » Sie (nämlich die Jünger; G.G.) sollen schon bald, noch zu ihren Lebzeiten, die machtvolle Gegenwart des Menschensohns ›mit seinem Reich‹ erfahren. Diese Gegenwart wäre die Selbstkundgabe des Auferstandenen vor seinen Jüngern als himmlischer Herrscher, dem

auf zwei unterschiedliche Phasen in der mt Eschatologie, so dass man 16,28 unabhängig von der Frage auslegen kann, ob Mt Naherwartung vertritt oder nicht.

Dies gilt auch für 10,23: ἕως ἂν ἔλθῃ ὁ υἱὸς τοῦ ἀνθρώπου gibt den Endpunkt der Bemühungen der Boten in Israel an und bezieht sich auf die Parusie des Menschensohnes. Bis dahin werden die Boten mit der Mission in Israel nicht zu Ende kommen.

Aus alledem ergibt sich, dass 10,23 im Makrotext des MtEv nicht schwer zu integrieren ist. Das einzige Problem, das sich ergibt, ist die Erweiterung des Bezuges von den kontextuell angesprochenen zwölf Jüngern bzw. Aposteln auf die sich als »Jünger« verstehende mt Gemeinde, aber innerhalb des mt Konzeptes von den Jüngern als Identifikationsfiguren ist dies kein schwerwiegender Einwand.[354]

5.2 Die Bedeutung von Ἰσραήλ in Mt 10,23

Es ist schon angesprochen worden, dass die genaue Bedeutung von Ἰσραήλ in 10,23 schwierig zu erfassen ist: Wenn man vom Erzählduktus und von der Anweisung an die Jünger 10,5bf ausgeht, dürfte es auf den ersten Blick um das Land Israel im geographischen Sinn gehen.

Aber dieses Verständnis stößt auf Schwierigkeiten: Wie sich bei der Liste der Herkunftsgebiete der Volksmengen, die Jesus bei der Bergpredigt zuhören (4,25), gezeigt hat, hat Mt offenbar das Bild eines »Israel in den Grenzen des davidischen Reiches« vor Augen, wie es zur Zeit des irdischen Jesus und auch zur Zeit des Mt längst nicht mehr der politischen Realität entsprach.[355] Dem entspricht, dass Mt in 10,5bf nicht sehr klar formuliert; sowohl εἰς ὁδὸν ἐθνῶν als auch εἰς πόλιν Σαμαριτῶν sind als geographische Angaben konzipiert, aber die positive Richtungsangabe kann nicht nur rein geographisch aufgefasst werden (10,6): πορεύεσθε δὲ μᾶλλον πρὸς τὰ πρόβατα τὰ ἀπολωλότα οἴκου Ἰσραήλ.

Gleich, wo man die Entstehung des MtEv lokalisiert, ob in Palästina oder außerhalb, Mt und seine Leser werden gewusst haben, dass es »verlorene Schafe des Hauses Israels« auch außerhalb des Landes Israel gegeben hat.[356] Von daher lässt sich 10,23 leicht auch auf Mission gegenüber Juden außerhalb Israels beziehen, auch wenn primär an das Land Israel gedacht sein mag.[357]

›alle Gewalt im Himmel und auf Erden‹ übergeben ist. Sein ›Reich‹ ließe sich von da her inhaltlich füllen als seine weltweite Herrschaft über πάντα τὰ ἔθνη (28,19).«
354 Vgl. S. 130ff.
355 Vgl. S. 39f.
356 Noch einmal eine andere Frage ist, ob mit dem Ausdruck »die verlorenen Schafe Israels« auf die Differenz zwischen den Volksmengen und den führenden Gruppen angespielt ist.
357 Vgl. Gnilka, Mt I 379: »Man muß dann die Städte Israels auf alle Städte in der Diaspora ausdehnen, in denen Juden wohnen.«

6 Die eschatologische Ausrichtung der Aussendungsrede

Ein wichtiges Argument für die bleibende Gültigkeit des Auftrages zur Israelmission im MtEv ist die eschatologische Ausrichtung von Mt 10. Es gilt auch dann, wenn man die partielle »Ent-Eschatologisierung« des Bildes von der Ernte beachtet.[358] Denn die Mission in Israel ist – wie überhaupt die Jünger-Existenz – in eschatologischem Kontext zu sehen, weil Mt seine Gegenwart als »Endzeit« qualifiziert. Dies ist in Mt 24 deutlich zu erkennen ist, aber auch Mt 10 ist entsprechend ausgerichtet, wie sich in zwei Richtungen zeigen lässt.

Einerseits werden die Folgen der Ablehnung der Jesus-Boten an mehreren Stellen in endgerichtlicher Terminologie angedroht: Am Tag des Gerichtes wird es Sodom und Gomorra besser ergehen als der Stadt, die die Jesus-Boten ablehnt (10,15); ebenso gilt auch für jeden einzelnen Menschen: wer einen Boten aufnimmt, nimmt auch den auf, der den Boten gesandt hat, und wer einem Propheten zu trinken gibt, bekommt einen unverlierbaren Lohn (10,39–42).[359]

Andererseits stehen auch die Mahnung und der Trost an die Jünger in eschatologischem Zusammenhang: Wer bis zum Ende ausharrt, wird gerettet werden (10,22); viel schlimmer als die Bedrohung durch die Gegner wäre die Strafe für »Leib und Leben« in der Gehenna (10,28); wer sich jetzt zu Jesus bekennt, zu dem wird sich dieser auch vor seinem Vater bekennen (10,32f).

Alle diese Aussagen wären in Mt 10 schlecht platziert, wenn dies in seiner fundamentalen Aussage der Mission in Israel nicht mehr gelten würde.

Wir kommen zum letzten Argument für unsere These, das sich zugleich als Anhaltspunkt für zusammenfassende Überlegungen eignet.

7 Das offene Ende der Aussendungsrede und die verschiedenen Bezugsebenen von Mt 10

Bei unseren Überlegungen zur Frage nach der Gültigkeit des Auftrages zur Israelmission ist uns gleich zu Beginn die Beobachtung begegnet, dass nach der Erzählung des MtEv die Jünger den Auftrag zur Mission in Israel nicht ausführen. Mt übergeht die entsprechenden Texte in seinen Quellen[360] und beendet die Rede Jesu in 11,1 mit einer für ihn typischen Abschlussnotiz.

Dieser Befund hat zu verschiedenen Erklärungen geführt,[361] die aber oft

---

358   Die »Ernte« als Bild für die Missionstätigkeit der Jünger in Israel ist von der »Ernte« als Bild für das Endgericht zu unterscheiden; vgl. S. 132f.

359   Mt 10,26bf sind schwierig, weisen m.E. aber auch auf die Folgen der Bedrohung der Jünger für die Gegner hin.

360   Mk 6,12.30; wohl auch QLk 10,17.

361   Vgl. S. 125.

zu kurz greifen, weil sie übersehen, dass Mt das Problem selbst schafft. Mt übergeht nämlich nicht einfach nur den Bericht über den Weggang der Jünger am Ende seiner Aussendungsrede, sondern auch den Bericht über ihre Rückkehr (Mk 6,30); und zwar streicht er diesen Satz nicht einfach ersatzlos, sondern übernimmt das Verb ἀπήγγειλαν und baut es in sein Ende der Täufer-Perikope ein, so dass es sich jetzt auf die Jünger des Johannes bezieht (14,12).[362]

Aber warum übergeht Mt so konsequent und durchdacht alle Texte, die sich auf die erfolgte Jünger-Mission in Israel beziehen? Mt könnte doch durchaus die *Anweisungen* Jesu betonen, und trotzdem von eine (mehr oder weniger) erfolgreichen Missionstätigkeit der Jünger in Israel berichten.

Eine mögliche Erklärung wäre, dass Mt gerade weil er seine auf Israel konzentrierte Aussendungsrede nicht als aktuelle Aufforderung verstanden wissen will, die Ausführung durch die zwölf Jünger auslässt.[363] Diese Erklärung würde die endgültige Verwerfung Israels und dessen Ausschluss aus den Missionsbemühungen unterstreichen. Aber: Weder die Aufforderung zum Gebet für mehr Ernte-Arbeiter noch die Ankündigung der Israelmission bis zur Parusie lassen sich in diese Erklärung integrieren. Die Antwort muss also m.E. in der genau gegenteiligen Richtung gesucht werden.

Durch das offene Ende der Rede setzt Mt ein Signal, das dem Leser zeigen soll: Dieser Auftrag ist noch gar nicht richtig in Angriff genommen worden. Die Arbeit der Ernte ist immer noch groß, und es sind immer noch zu wenige Ernte-Arbeiter. Die Leser des MtEv, die sich mit den Jüngern der erzählten Welt identifizieren sollen, werden aufgefordert, sich dieser Aufgabe anzunehmen.

Mit dem Missionsauftrag nach 28,16–20 lässt sich dieses Verständnis gut verbinden: Die Mission in Israel ist nicht beendet, obwohl das Israel der Zeit des irdischen Jesus sich mehrheitlich seinem Wirken verweigert hat. Der mt Jesus erklärt die Mission in Israel nirgends für beendet, sondern im Gegenteil: Als Auferstandener bestätigt er ihre Gültigkeit, indem er alle seine Worte für verbindlich erklärt (28,19), und erweitert sie, indem er den Auftrag zur Weltvölkermission hinzufügt.

Bei diesem Verständnis ergeben sich drei Bezugsebenen:
1. Im mt Rückblick auf die Zeit des irdischen Jesus ist Mt 10 Bestandteil seiner heilsgeschichtlich begründeten Konzentration auf Israel: Der

---

362 Dies beobachtet im Prinzip auch Luz, Mt II 389, aber seine Formulierung ist mindestens missverständlich, wenn er zur Quellenfrage der mt Perikope vom Tod des Täufers bemerkt:»Bei Mt, der die Aussendung bereits in Kap. 10 vorweggenommen hatte, fällt der Rahmen weg.« Der Aspekt der Rückkehr der Jünger fehlt nämlich auch in Mt 10.

363 Vgl. in diese Richtung Hare, Persecution 97:»The mission itself is unimportant to Matthew, who not only fails to report the mission and the return (…) but also explicitly states that when Jesus had completed these instructions to his disciples it was *he* who went on from here to teach and preach in their cities (…).«

irdische Jesus hat seine Jünger in sein Wirken mit einbezogen, und so wie er selbst nur zu Israel gesandt war (15,24), sendet er auch seine Jünger nur zu Israel aus. Erst wegen der Ablehnung Jesu (22,1–10) und erst nach Ostern (28,16–20) werden auch die Weltvölker durch einen Befehl des Auferstandenen in die Heilsgeschichte einbezogen.

2. Aufgrund der Funktion der Jünger als Identifikationsfiguren ist Mt 10 transparent für alle Missionstätigkeit der Jünger: Sowohl die Verfolgungen, die ihnen angekündigt werden, als auch die Mahnungen und der Trost, der an sie gerichtet ist, sind nicht auf die Mission in Israel beschränkt.

3. Die Bitte um mehr Ernte-Arbeiter, die Fortdauer der Mission in Israel bis zur Parusie und die nicht berichtete Ausführung verstehen sich als Aufforderung, die Mission in Israel fortzusetzen und zu intensivieren. Sie ist nach der Zerstörung Jerusalems nicht mehr als Gerichtsfunktion aufgefasst.[364]

IV Zusammenfassung und Ausblick: Mt 8,10–12

Bevor wir uns der mt Eschatologie zuwenden, sollen die Ergebnisse des Hauptteiles D zusammengefasst werden. Dies soll anhand eines Textes aus dem MtEv geschehen, der viele der bisher herausgearbeiteten Bezüge in sich enthält und der außerdem als Ausblick auf die Beschäftigung mit der mt Eschatologie dienen kann, nämlich anhand des Logions 8,10–12.

Die Heilung des Sohnes[365] des Centurios von Kafarnaum, in deren Zusammenhang das Logion erscheint, ist die zweite von insgesamt drei Heilungen, die Mt nach der Bergpredigt erzählt: Zuerst bittet ein Aussätziger Jesus um Hilfe; Jesus macht ihn gesund und befiehlt ihm, niemandem davon zu sagen, sondern zum Priester zu gehen und zu opfern »ihnen zum Zeugnis«.[366] (8,1–4)

Hierauf geht Jesus hinein nach Kafarnaum, wo ihn ein Centurio bittet, seinen Sohn zu heilen. Nach einem längeren Wortwechsel hilft Jesus

---

364　Vgl. zur Auslegung von Mt 10 insgesamt Wilk, Völker 128f: »Demgemäß dürfte die Absicht der Jünger-Sendung (sc. nach Mt 10; G.G.) aus der Bezeichnung ihrer Adressaten als der ›verlorenen Schafe des Hauses Israel‹ (10,6) abzuleiten sein; denn damit knüpft Matthäus an 9,36 an, wo er Jesus auf die Volksmengen blicken läßt als auf ›Schafe, die keinen Hirten haben‹. Das Ziel des Wirkens der Jünger unter Israel besteht dann darin, dieses Volk seinem ›messianischen Hirten‹ Jesus zuzuführen. (…) Die Jünger haben demnach zwei verschiedene Aufträge: Sie sollen einerseits Israel um Jesus als den messianischen Hirten sammeln, andererseits die Völker in ihre eigene Gemeinschaft als die der Jünger des Menschensohnes einbinden.«

365　Zur Begründung der Übersetzung von παῖς mit »Sohn« und nicht mit »Knecht« vgl. Luz, Mt II 14 A17.

366　Zu dieser doppeldeutigen Wendung vgl. S. 141f.

auch hier, so dass es am Ende heißt: und sein Sohn wurde gesund in jener Stunde (8,13b).

Dann geht Jesus in das Haus des Petrus und heilt dessen Schwiegermutter, sowie am Abend viele Besessene und Kranke (8,14–16).

Mt deutet diese Heilungen durch ein Zitat aus Jes 53,4 als Erfüllung der Verheißung vom Gottesknecht, der alle Krankheiten von Israel nehmen wird; zumindest ist Israel das ursprüngliche logische Subjekt hinter ἡμῶν in Jes 53,4. Der Bezug auf Israel wird durch die drei Heilungen unterstrichen, und gleichzeitig wird er durch die Erzählung vom Centurio ausgeweitet. So schließt Mt diese Komposition ab[367], deren Sinn die Bestätigung der Vollmacht Jesu ist, wie sie sich schon in der Bergpredigt gezeigt hat: Jesus lehrt nicht nur in Vollmacht, sondern er ist auch der vom Propheten angekündigte Gottesknecht für Israel. Allerdings steht gerade die Erzählung vom Centurio dazu in Spannung, denn dieser ist kein Jude.[368] Durch andere Texte, die im Verlauf des MtEv erst noch folgen und die die ausschließliche Hinwendung Jesu und seiner Jünger zu Israel betonen, wird diese Spannung verstärkt.[369]

Vor diesem Hintergrund ist der Wortwechsel zwischen Jesus, dem Centurio und der zuhörenden Volksmenge zu lesen, den wir zunächst übergangen haben:

Auf die Bitte des Centurio hin erklärt sich Jesus bereit, zu kommen und das Kind zu heilen;[370] der Centurio ist sich aber des Abstandes zwischen dem Juden Jesus und sich selbst als Heide bewusst, und traut zugleich dem Wort Jesu die Macht zu, auch aus der Ferne zu heilen, und zwar auch für ihn, der er ein Heide ist.[371]

Daraufhin spricht Jesus zu denen, die ihm nachgefolgt sind, und das

---

367 Wie gezielt Mt hier komponiert, zeigt der Quellenvergleich: Die erste und die dritte Heilungserzählung übernimmt Mt aus Mk, aber aus einem Mk-Kontext, den Mt eigentlich schon verlassen hat, nämlich Mk 1,40–45 par Mt 8,1–4 und Mk 1,29–31 par Mt 8,14–15. Mt 8,5–13 hat in Lk 7,1–10 eine Parallele und stammt zumindest teilweise aus Q.

368 Vgl. Buchard, Matthäus 278

369 Vgl. S. 39ff.

370 Von den meisten neueren Exegeten wird Mt 8,7 als (ablehnende) *Frage* Jesu aufgefasst: »Soll ich etwa kommen ...?«; so Gnilka, Mt I 301; Luz, Mt II 14; Davies-Allison, Mt II 22. Aber auch als *Ankündigung* Jesu aufgefasst macht Mt 8,7 Sinn; so ist es gerade der heidnische Centurio selbst, der den ausschließlichen Bezug Jesu zu Israel herausstellt; so die Textausgabe Nestle[26] im Unterschied zu Nestle[25]. Mt und seine Leser können Mt 8,7 auch doppeldeutig aufgefasst haben.

371 Der Sinn des Satzes Mt 8,9 ist nicht ganz klar; vieles spricht für die Deutung von Burchard, Matthäus 284f an: Der Ton liegt auf dem letzten Teil des Vergleiches; wie der Centurio auch einem Knecht, der nicht sein Soldat ist, befehlen kann, so möchte Jesus auch einem Heiden helfen, zu dem er eigentlich nicht gesandt ist. Die oben vorgetragene Auslegung von Mt 8,10–12 hängt aber nicht an dieser Interpretation.

sind nach 8,1 zumindest auch die Volksmengen,[372] solchen Glauben habe er bei keinem in Israel gefunden (8,10). Das ist auf der Erzähloberfläche deshalb überraschend, weil das Wirken Jesu in Israel gerade erst begonnen hat. Aber es ist damit ein Faden aufgegriffen, der durch die Erzählfigur des Centurios bereits gelegt ist: Es ist ein Heide, dessen Glaube hier denen in Israel gegenübergestellt wird, und der folgende Satz mit seinem Ausblick auf die Basileia Gottes setzt diese Gegenüberstellung fort. Von Osten und Westen werden Menschen kommen und in die Basileia eingehen, während die »Söhne des Reiches« hinausgeworfen werden.

Dies wurde und wird oft so ausgelegt, dass ganz Israel als die »Söhne des Reiches« den Weltvölkern gegenübergestellt und so der Ausschluss ganz Israels aus der Basileia Gottes angekündigt wird. Aber einige Züge lassen sich so nicht erklären, sondern sprechen für ein offeneres Verständnis:[373] Der Vers 8,10 blickt auf die Wirksamkeit des irdischen Jesus zurück, sagt aber nichts über die Zukunft aus. *Jesus* hat bei seinem Wirken solchen Glauben sonst nicht gefunden, aber dass dies so bleiben muss, ist nirgends gesagt.

Wenn Jesus denen aus Osten und Westen die »Söhne des Reiches« gegenüberstellt, so ist damit sicherlich auf die relative Erfolglosigkeit Jesu und seiner Boten in Israel angespielt. Aber nicht nur darauf: Der Ausdruck υἱοὶ τῆς βασιλείας ist nicht als traditionelle Bezeichnung für Israel nachweisbar.[374] Diese Bedeutung lebt ausschließlich durch die kontextuelle Festlegung. Mt bietet aber in 13,36–43 eine eigene Deutung auf die Christusgläubigen. Auch wenn es hier durch das Bildmaterial von guten und schlechten Samen nicht so aussieht, dass diese Söhne des Reiches gefährdet sein könnten, ist davon 8,12 nicht zu trennen: So wie die »ersten« Söhne in Gefahr waren, so sind es auch die, die »jetzt« Söhne des Reiches sind.

Durch den Begriff »Söhne« ist also eine *potentielle Zugehörigkeit* zum

---

372 Die Jünger Jesu, von Mt 5,1 her Hörer der Bergpredigt, erscheinen erst Mt 8,21 bzw. 8,23 wieder ausdrücklich.

373 Vgl. auch die Auflistung von Gegenargumenten gegen die definitiv-gerichtliche Deutung bei Davies-Allison, Mt II 31.

374 Die Gleichsetzung »Söhne der Basileia« mit Israel wird oft vollzogen, ohne dass traditionsgeschichtlich-terminologische Argumente benannt werden; z.B. Luz, Mt II 13. Tatsächlich ist diese Bezeichnung, soweit ich das sehen kann, überhaupt nur im MtEv belegt; sie fehlt in der LXX und nach Bil I 476–478 in der rabbinischen Literatur, denn der eine Beleg TargQoh 5,8 ist nicht eschatologisch gefüllt.

In die Nähe kommt nur der Ausdruck בְּנֵי־הָעוֹלָם הַבָּא, der aber nur in späteren Texten belegt ist (vgl. Bil I 477 unten). Auch aus sonstigen jüdischen Texten lassen sich nur ähnliche Formulierungen benennen, vgl. Davies-Allison, Mt II 30. Jeremias, Gleichnisse 82 A5, spricht für Mt 8,12 davon, dass wir »hier die traditionelle Deutung auf Israel vor uns« hätten, führt aber gleichfalls keine Belege auf.

Reich Gottes[375] ausgedrückt, die in 8,12 den Israeliten zugesprochen wird, die aber diese zu verlieren in Gefahr sind. Im mt Sinn ist dies durchaus auch als Rückblick auf das Gericht über die Generation Israels zu verstehen, die Jesus mehrheitlich abgelehnt hat. Aber sowohl die Existenz der Jünger Jesu aus Israel als auch der Auftrag an die Gemeinde zur fortgesetzten Mission in Israel stehen einer eindeutigen Deutung im Sinne von »die = *alle* Söhne des Reiches« entgegen.

Mt 8,10–12 ist textintern eine Vorbereitung der Leser auf das überwiegende Scheitern Jesu in Israel, es ist in der mt Situation eine rückblickende Deutung der Geschichte vor dem Hintergrund des innergeschichtlichen Gerichtes, das sich im Endgericht bestätigen wird, – aber es ist auch ein Drohwort an die Jünger und an potentielle jüdische Leser: Solcher Glaube wie der des Centurios ist heilsnotwendig, nämlich der Glaube an die Vollmacht Jesu und der Glauben daran, dass auch die Weltvölker in das Heil einbezogen sind.[376]

Für diese doppelte, ätiologische und paränetisch-drohende Deutung spricht auch die textinterne Adressierung des Wortes mit ἔπεν τοῖς ἀκολουθοῦσιν: Mt lässt es offen, ob er mehr an die Volksmengen von 8,1 denken lassen will oder mehr an die Jünger, die ab 8,21 bzw. 8,23 wieder erscheinen. Die Volksmengen haben im Verlauf des MtEv die Drohung missachtet, die Jünger bzw. als Jünger zu gewinnenden Leser sollen nicht das gleiche Schicksal erleiden müssen.

Dies lässt sich sehr gut in das Verständnis des MtEv integrieren, wie wir es im Hauptteil D erarbeitet haben. Die eigentlichen Söhne des Reiches haben mehrheitlich die Chance, die sich ihnen in Jesus angeboten hat, nicht ergriffen, weil sie den Glauben an seine Vollmacht verweigert haben. Die Jesus zeitgenössische Generation Israels und ihre Kinder sind in der Zerstörung Jerusalems bestraft worden, und die Verkündigung des Evangeliums wendet sich nunmehr auch den Weltvölkern zu.

---

375 Insofern kann man also die Frage von Gnilka, Mt I 300 A10: »Muß Mt ein von ihm geschaffenes Wort immer gleich anwenden?« mit einem eingeschränkten Ja beantworten.

Vgl. Burchard, Matthäus 286: »(Die Söhne der Basileia sind) für Mt nicht ›die‹ Juden (…), sondern) das durch Jesu Erdenwirken angeregte palästinische Israel, und 13,38 spricht dafür, dass sie als von Jesus Angerührte Kinder des Reiches heißen, nicht als Juden. Ihnen wird ewiges Unheil angekündigt.«

Ähnlich auch Wilk, Völker 116: »Auf diesem Hintergrund ist 8,12 als Gerichtsdrohung an die von Jesus angesprochenen Israeliten zu begreifen. ›Söhne des Reiches‹ heißen sie dabei wohl deshalb, weil ihnen ›das Evangelium vom Reich‹ (4,23; 9,35) gilt und sie demgemäß ›Anwärter‹ für den Eingang ins ›Himmelreich‹ (8,11) sind; diese Anwartschaft verspielen sie, wenn sie sich nicht durch den Anschluss an Jesus als Kinder Abrahams erweisen.«

376 Vgl. Buchard, Matthäus 285: »Der große Glaube des Hauptmannes (…) besteht dann nicht einfach im Vertrauen auf Jesu Macht (…), sondern genauer darauf, daß Jesus auch denen Heil bringt, die nicht zu Israel gehören und von Haus aus kein Recht darauf haben. Was den Massen abgeht, ist eben dies.«

E Die matthäische Eschatologie –
Das dreifache Endgericht

Nach der Zeit des irdischen Wirkens Jesu und nach der mt Gegenwart als dem Reich des Menschensohnes wenden wir uns nun der dritten Phase der mt Heilsgeschichte zu, die durch das Endgericht eingeleitet wird.[1] Auch wenn das Thema »Enderwartung« dem ganzen MtEv wie ein roter Faden eingewoben ist,[2] muss die Ausarbeitung des mt Konzeptes vom Endgericht in erster Linie von der letzten Rede Jesu an seine Jünger Mt 24–25 ausgehen, die explizit den Fragen der Eschatologie gewidmet ist. Hier lässt Mt Jesus in einer komprimierten Ausführlichkeit von den »letzten Dingen« reden, wie sie sich sonst im MtEv nicht findet. Den an Mt 24–25 gewonnenen Ergebnissen müssen dann Beobachtungen zu anderen mt Perikopen folgen; dabei muss sich zeigen, ob sich die von Mt 24–25 her entwickelte Sicht insgesamt bewährt.[3] Bevor wir uns aber in diesem Kapitel dem mt Konzept vom Endgericht näher zuwenden können, ist eine Gesamtsicht von Mt 24–25 darzulegen. Denn die einzelnen Aussagen zum Endgeschehen sind in eine zusammenhängende Rede verarbeitet, deren innere Struktur und Aussagegehalt sich nicht unmittelbar erschließt.

I Vorüberlegungen: Der Gedankengang in Mt 24–25

Auszugehen ist von den kompositorischen Signalen, die Mt setzt. Das ist in erster Linie die starke Verknüpfung von Mt 24–25 mit Mt 23, also mit der Rede Jesu gegen die Pharisäer und Schriftgelehrten, die mit der

---

1 Vgl. S. 145ff.
2 Dazu ist nach wie vor der Aufsatz von Bornkamm, Enderwartung, einschlägig, der die Verbindung der Enderwartung mit dem Kirchenverständnis nachweist; vgl. z.B. a.a.O. 13 zu den Redekompositionen: »(Die Redekompositionen des Mt) zeigen durchgängig eine ihm eigentümliche Verbindung von Enderwartung und Kirchengedanken.« Vgl. auch Hahn, Eschatologische Rede 112: »Explizite eschatologische Aussagen sind für das Matthäusevangelium ein konstitutives Element seiner Evangeliendarstellung.«
3 Auch die Vorstellung der »Auferstehung« spielt im MtEv eine Rolle; vgl. dazu 12,41f (die Niniviten stehen im Gericht auf), 22,23–33 (die Sadduzäerfrage) und 27,52 (die Gräber der Heiligen öffnen sich).

Androhung der Tempelzerstörung als Gericht über »diese Generation« endet.[4] Daran knüpft Mt 24 an, wo Mt Jesus aus dem Tempel herausgehen und erneut, und zwar diesmal explizit, von der Tempelzerstörung reden lässt. Jesus zeigt den Jüngern die Gebäude des Tempels[5] und sagt dann zu ihnen:

οὐ βλέπετε ταῦτα πάντα; ἀμὴν λέγω ὑμῖν, οὐ μὴ ἀφεθῇ ὧδε λίθος ἐπὶ λίθον ὃς οὐ καταλυθήσεται (24,2).

Nachdem Jesus sich mit seinen Jüngern auf dem Ölberg gesetzt hat, greifen die Jünger auf diese Aussage Jesu zurück und stellen folgende Frage (24,3):

εἰπὲ ἡμῖν πότε ταῦτα ἔσται καὶ τί τὸ σημεῖον τῆς σῆς παρουσίας καὶ συντελείας τοῦ αἰῶνος;

Auf diese Frage folgt die letzte Rede Jesu (24,4–25,46), und es ist davon auszugehen, dass diese Rede in irgendeiner Form auf die einleitende Frage der Jünger bezogen ist. M.E. stellt sich der Zusammenhang zwischen der Rede Jesu und der Frage der Jünger folgendermaßen dar: Die Jünger stellen eine Doppelfrage, und zwar einerseits nach dem Zeitpunkt, wann »dies«, also die Zerstörung des Tempels, stattfinden wird (πότε ταῦτα ἔσται), und andererseits nach dem Zeichen der Parusie und des Endes der Welt (τί τὸ σημεῖον τῆς σῆς παρουσίας καὶ συντελείας τοῦ αἰῶνος). Beide Fragen werden in der darauf folgenden Rede partiell beantwortet und zugleich korrigiert.
Zunächst zur zweiten Frage. Von einem »Zeichen« ist nach der Frage der Jünger noch zweimal zu lesen, und zwar zuerst in 24,24, wo die »Zeichen und Wunder« der Pseudo-Christusse und Pseudo-Propheten als Verführungsversuche abgetan werden, und dann in 24,30, wo von dem »Zeichen des Menschensohnes« die Rede ist.
Hierin ist die Antwort auf die Frage der Jünger nach dem »Zeichen« der Parusie des Menschensohnes und des Endes der Weltzeit zu sehen: Das Zeichen der Parusie ist das »Zeichen« des Menschensohnes selbst, das von allen Menschen gesehen werden wird.[6] Es wird also zugleich mit der Antwort auf die Frage der Jünger eine Korrektur gegeben: Ein Zeichen im Sinne eines sicheren Vorzeichens für das Kommen der Parusie wird es nicht geben. Wenn das einzige Zeichen, nämlich eben das Zei-

---

4 Mt 23,34–39; vgl. dazu S. 88ff.
5 Mt 24,1: Καὶ ἐξελθὼν ὁ Ἰησοῦς ἀπὸ τοῦ ἱεροῦ ἐπορεύετο, καὶ προσῆλθον οἱ μαθηταὶ αὐτοῦ ἐπιδεῖξαι αὐτῷ τὰς οἰκοδομὰς τοῦ ἱεροῦ.
6 Dies wird schon durch Mt 24,26f vorbereitet: Wenn Menschen sagen, hier oder dort sei die Parusie zu erwarten bzw. bereits eingetreten, ist das Wesen der Parusie falsch verstanden, denn sie wird so stattfinden, dass sie ohnehin alle Menschen sehen.

chen des Menschensohnes kommt, sind die Parusie und die sie begleitenden Ereignisse schon angebrochen.
Wichtig ist aber nun die Frage, was mit dem »Zeichen des Menschensohnes« inhaltlich gemeint ist.

Es stehen sich grundsätzlich zwei Möglichkeiten gegenüber: a) Das »Zeichen des Menschensohnes« ist der Menschensohn selbst oder b) das »Zeichen des Menschensohnes« ist etwas, das vom Menschensohn selbst zu unterscheiden ist.
zu a) Die Deutung, dass das »Zeichen des Menschensohnes« der Menschensohn bzw. dessen Kommen selbst ist, setzt das Verständnis der Genitivverbindung τὸ σημεῖον τοῦ υἱοῦ τοῦ ἀνθρώπου als Gen. epexegeticus voraus.[7]
Diese Deutung[8] hat zwar einen gewissen Anhalt am Kontext, weil sie das »Zeichen-Thema« von 24,24–26 aufnimmt, aber sie kann nicht erklären, warum Mt hier nicht deutlicher formuliert bzw. warum er überhaupt die Vorstellung vom »Zeichen des Menschensohnes« einführt. Er hätte dann schreiben können: Es gibt gar kein Zeichen, der Menschensohn selbst kommt allen sichtbar.[9] Dies führt dazu, die Möglichkeit b) ins Auge zu fassen.
b) Wenn das Zeichen nicht der Menschensohn selbst in seinem Kommen ist, stellt sich die Frage, welches Zeichen sonst gemeint sein könnte. Die Vorschläge reichen vom Kreuz Jesu[10] oder einer Himmelserscheinung[11] bis zum »Zeichen« im Sinne eines Feldzeichens[12].
Aufgrund alttestamentlicher Vorbilder[13] hat m.E. der zuletzt genannte Vorschlag die stärksten Argumente auf seiner Seite, zumal er auch im mt Kontext einen kohärenten Sinn ergibt. So erklärt sich nämlich, warum Mt hier nur von dem Zeichen des Menschensohnes als Auftakt seines Kommens schreibt, dann in 24,30 von den Begleiterscheinungen seines Kommens (alle Stämme sehen ihn, wie er kommt; dabei[14] schickt er seine Engel aus, die die Erwählten versammeln), und erst 25,31 vom Sitzen des Menschensohnes, nachdem er gekommen ist. Durch die Einführung des »Zeichens des Menschensohnes« kann Mt also in den ihm aus Mk vorgegebenen Ablauf einen Zwischenschritt einbringen, der es ihm erlaubt, die Sammlung der Erwählten als einen eigenen Akt des Endgeschehens darzustellen.

---

7 So wird dieses grammatikalische Phänomen üblicherweise in der exegetischen Literatur genannt; in BDR entspricht dem der Gen. appositivus (BDR § 167.2); der Begriff »Gen. epexegeticus« fehlt in BDR.
8 Sie wird vertreten von Grundmann 508; Sand, Matthäus 490; Luz, Mt III 434f, mit ausführlicher Begründung aus dem Kontext.
9 Vgl. Gnilka, Mt II329: »Viele Ausleger wollen heute das Zeichen mit dem Menschensohn identifizieren (…). Dann hätte sich E (sc. Mt; G.G.) letztlich V 30a ersparen können.«
10 So, nach ausführlicher Diskussion, Allison-Davies, Mt III 360: »(…) the eschatological ensign is the cross.«
11 A.J.B. Higgins, The Sign of the Son of Man, NTS 9 (1962/63), 380–382; Beleg bei Gnilka, Mt II 329.
12 So Gnilka, Mt II 330.
13 V.a. durch die Verbindung mit σάλπιγξ, die auch Mt herstellt (24,31); vgl. Jes 18,3 (LXX); Jer 6,1 (LXX); Jer 28,27 (LXX), die Belege bei Luz, MT III 434 A170.
14 Mt 24,30 steht kein τότε, sondern erst wieder (nach dem paränetischen Teil: 24,40; 25,1.7) in Mt 25,31, wo die Schilderung der Endereignisse wieder aufgegriffen wird.

Der Ablauf der Ereignisse wäre demnach nach 24,29–31 folgender: Sofort nach den Wehen der Endzeit kommt es zu kosmischen Erschütterungen (24,29), das Zeichen des Menschensohnes erscheint so, dass alle es unmissverständlich erkennen, dann sehen »alle Stämme«, wie der Menschensohn kommt. Aber erst schickt er seine Engel aus, die Erwählten zu versammeln, bevor er kommt,[15] um sich als Richter der Weltvölker auf den Thron zu setzen (25,31) und alle Weltvölker zu versammeln.

Allerdings hängt diese Ablaufbeschreibung nicht nur an der Auslegung des »Zeichens des Menschensohnes«, da Mt auch durch die »Lokalisierung« des Zeichens ἐν οὐρανῷ ohnehin einen ersten Schritt markiert: Erst erscheint das Zeichen des Menschensohnes *am Himmel*, wo es alle sehen und von woher er dann kommt, um seine Engel zu schicken. Die Funktion, die bei unserer Deutung das Zeichen des Menschensohnes hat, nämlich die Einfügung eines Zwischenschrittes zu erlauben, kann also auch ἐν οὐρανῷ alleine tragen.

Wenn dies, also 24,29–31, die Antwort auf die zweite Frage der Jünger ist, dann ist in 24,29 ein entscheidender Einschnitt in Mt 24 zu sehen: Alles, was zuvor angekündigt worden war, wird unter dem Stichwort θλῖψις τῶν ἡμερῶν ἐκείνων zusammengefasst. *Nach* diesen Tagen der Bedrängnis wird die Parusie des Meschensohnes und somit auch das Ende der Weltzeit kommen.

Daraus ergibt sich wiederum die Vermutung, dass in dem Redegang 24,4–28 die Antwort auf die erste Frage der Jünger nach der Zeitpunkt der Zerstörung desTempels[16] zu sehen ist, und dies bestätigt sich auch durch einen Blick auf den Inhalt dieses Redeteiles:

Die Verse 24,4–8 enthalten erste Warnungen vor Verführungen (24,5) und die Ankündigung von Kriegen und anderen Katastrophen (24,6–7), aber beides wird ausdrücklich vom »Ende« unterschieden und als »Beginn der Wehen« bezeichnet (24,6.8). Die Abschnitte 24,9–14 und 24,15–22 führen dies jeweils näher aus, und beide Abschnitte werden jeweils durch einen Ausblick auf das »Ende« abgeschlossen: 24,14 nennt die (einzige) Bedingung, die vor dem Ende erfüllt sein muss, nämlich die Verkündigung »dieses Evangeliums«[17] in der ganzen Welt, während in 24,22 ausgedrückt ist, dass »jene Tage«, nämlich die der Bedrängnis, wegen der Auserwählten verkürzt werden; auch sie könnten sonst nicht gerettet werden.

Worin besteht nun aber die Antwort Jesu auf die erste Frage nach dem

---

15 Die Menschen sehen in Mt 24,30 den Menschensohn bzw. sein Zeichen *am Himmel* kommen, ohne dass sie schon »versammelt« wären; im Gegenteil, die Pointe ist gerade, dass die Parusie überall sichtbar sein wird »wie ein Blitz vom Osten bis Westen« (24,27); vgl. 171.

16 Die Jünger fragen in 24,3, wann »dies alles« geschehen wird, und dabei ist mit Sicherheit primär an die Aussage Jesu aus Mt 24,2 zu denken, dass bei den Gebäuden des Tempels kein Stein auf dem anderen bleiben werde.

17 Vgl. dazu S. 124.

Zeitpunkt der Tempelzerstörung? M.E. ist sie in 24,15 zu sehen, wo Jesus die Zerstörung des Tempels als Erscheinen des »Greuels der Verwüstung« bezeichnet; ein Zeitpunkt wird dadurch zwar auf der Textebene gerade nicht angegeben, aber die Leser wissen ja, wann die Tempelzerstörung war, so dass für sie die Frage beantwortet ist. Aber nicht das ist das Entscheidende, sondern die Einordnung dieses Ereignisses in eine länger andauernde Zeit der Bedrängnis. Dass diese Zeit der Bedrängnis aus der Sicht des Lesers bereits vorbei ist, lässt sich nicht sagen,[18] vielmehr kommt es Mt darauf an, alle angekündigten leidvollen Erfahrungen (die die Leser des MtEv zum Teil mittlerweile selbst erlebt bzw. von ihnen gehört haben)[19] unter dem Oberbegriff »Bedrängnis« zusammenzufassen, auf die »bald« die Parusie folgen wird. Die Gegenwart der Gemeinde ist also durch die gegenwärtige Bedrängnis, die Verkündigung des Evangeliums und die Erwartung des baldigen Endes bestimmt. Dies korrespondiert mit der spezifisch mt Vorstellung vom Reich des Menschensohnes, die die Gegenwart als Zwischenzeit vor der Parusie qualifiziert.[20] Diese Zwischenzeit wird hier mit der Vorstellung der »Endzeit« und ihren Wehe identifiziert.

Aber die Enderwartung ist nicht auf diese Endzeit gerichtet, sondern auf die sie abschließende Parusie. Erste Aspekte dieser Enderwartung hat schon die Analyse von 24,29–31 zeigen können. Im Verlauf des MtEv folgen hierauf Mahnungen an die Jünger, die die Nähe des Endes betonen und zur Wachsamkeit aufrufen. Diese paränetische Ausrichtung der Mahnungen ist unstrittig; umstritten ist dagegen die Frage, ob man für das MtEv von einer intensiven Naherwartung reden kann. Hiervon hängt für die Bestimmung der mt Israeltheologie einiges ab, denn nach unseren bisherigen Analysen müsste das mt Zeitverständnis Raum lassen für eine erneute Hinwendung zu Israel.

---

18 Dies ließe sich allenfalls aus 24,14 folgern: Die weltweite Verkündigung könnte als ein weiterer Abschnitt der Heilsgeschichte verstanden werden, der auf die Zeit der Bedrängnis folgt; m.E. handelt es sich aber um zwei Aspekte der gleichen Zeit; vgl. Luz, Mt III 436f: »Er (sc. Mt) spricht von der jüngsten Vergangenheit und der eigenen Gegenwart und hält sie eben für die Endzeit. (…) Mt 24 ist nur der Horizont ›dieses Evangeliums‹, das Jesus verkündet hat und das die Gemeinde in dunklen Zeiten weiterverkündet (V14).«
Auch sonst macht die mt Ekklesiologie nicht den Eindruck, als sei sie vor dem Hintergrund des schon eingetretenen Endes der Bedrängnis zu verstehen; vgl. Mt 8,23–27 und dazu Bornkamm, Sturmstillung 51: »(Mt deutet) die Sturmfahrt der Jünger mit Jesus und die Stillung des Sturmes auf die Nachfolge und damit auf das Schifflein der Kirche (…).« Zur Frage der Naherwartung vgl. Hahn, Eschatologische Rede 124f und S. 159ff.
19 Waren Teile der mt Gemeinde an der Flucht aus Jerusalem beteiligt? Dies lässt sich vermuten mit Blick auf den rätselhaften mt (?) Einschub μηδὲ σαββάτῳ (24,20), wenn man ihn als Weissagungsbeweis interpretiert: Die Flucht fand nicht an einem Sabbat statt, wie es von Jesus indirekt geweissagt worden ist. Zum Problem Luz, Mt III 426.
20 Vgl. S. 77 und S. 145f.

Exkurs III: Naherwartung im MtEv?

Innnerhalb des ersten Teiles der eschatologischen Rede ist der entscheidende Einschnitt in Mt 24,29 zu sehen: Nach der gegenwärtigen Zeit der Bedrängnisse, zu denen auch die Zerstörung des Tempels zählt, wird »sogleich« die Parusie kommen. Die rein »endgeschichtliche«[21] Deutung kommt also nicht in Betracht, die davon ausgeht, dass für Mt *alle* Ereignisse, von denen in Mt 24–25 geredet ist, also auch das »Gräuel der Verwüstung«, erst in der Zukunft liegen.[22] Mt schildert seine eigene Gegenwart als Endzeit.

Für die Frage nach der Naherwartung ist zu klären, ob Mt Signale setzt, die auf eine weitere Zeit zwischen seiner Gegenwart und der Parusie hindeuten, ob also durch das »sogleich« eine Zeitspanne angedeutet sein soll. Dies ist aber nicht der Fall. Im Gegenteil ist es gerade das Charakteristikum der Endzeitrede, dass auf alle genannten Ereignisse, die zur Endzeit gehören, unmittelbar die Parusie folgt.

Es hat wenig Sinn, anhand der Bedeutung von εὐθέως über die Frage der Naherwartung nachzudenken; der Übergang zu 24,29 ist so markiert, dass zwischen den Ereignissen, von denen in 24,4–26 geredet ist, und der Parusie gar kein Zwischenraum ist. Wenn εὐθέως hier wie auch sonst im NT »sofort« heißt,[23] muss daraus nicht unmittelbar eine intensive Naherwartung sprechen,[24] sondern nur die Überzeugung, jetzt schon in der Endzeit zu leben.[25]

Die Frage nach der Naherwartung kann sich also ausschließlich auf die Überlegung konzentrieren, ob Mt die *Länge der Endzeit* näher bestimmt. Hierüber scheint Mt tatsächlich Aussagen machen zu wollen, und zwar durch 24,21f und 24,34.

a) Die »große Bedrängnis« und die »Verkürzung der Tage der Bedrängnis« (Mt 24,21–22)

Mit der Verkürzung der Tage der Bedrängnis werden wir uns unten noch in Zusammenhang mit den »Erwählten« beschäftigen,[26] hier geht es um die Frage, ob die »große Bedrängnis« in 24,21 mit dem Jüdischen Krieg identifiziert ist. Sie wäre dann in der Sicht des Mt und seiner Gemeinde schon vorbei, und dies würde dann allerdings auf eine intensive Naherwartung schließen lassen, denn 24,29 greift auf 24,21f zurück und kündigt die darauf unmittelbar folgende Parusie an.[27]

---

21   Vgl. für die verschiedenen Deutungsmöglichkeiten Luz, Mt III 412–417. M.E. ist der Auslegung von Luz zuzustimmen, a.a.O. 436: »Bei Matthäus liegen die zeit-, die kirchen- und die endgeschichtliche Deutung noch ineinander: Er spricht von der jüngsten Vergangenheit und der eigenen Gegenwart und hält sie eben für die Endzeit.«
22   In diese Richtung geht die Auslegung von Gnilka, Mt II 322, im wesentlichen mit folgendem Argument: »Es erscheint unwahrscheinlich, dass Mt – und das Gleiche gilt schon für Mk – nach dem Ausbleiben des Endes die Prophezeiungen seines Vorgängers nochmals wiederholt und also gesagt hätte, dass die Jerusalem-Katastrophe das Weltende einläutet.«
23   Vgl. Luz, Mt III 432 A154.
24   So Luz, Jesuserzählung 142.
25   Frankemölle, Mt II 404, widerspricht der Luz'schen Deutung von εὐθέως als »sofort« und möchte es als Eröffnungssignal verstehen. Es eröffnet aber die Schilderung der *unmittelbar* folgenden Parusie.
26   Vgl. S. 165f.
27   In seinem Buch »Die Jesusgeschichte des Matthäus« (1993) hatte Luz dies so ausgelegt: »(Mt 24) V. 15–22 blicken also zurück und deuten die Ereignisse des Jüdischen Krieges als ›große Trübsal, wie sie nicht geschehen ist vom Anfang der Welt bis jetzt und nicht mehr sein wird‹ (24,21). (…) die große θλῖψις (= Trübsal),

Weil aber Mt 24 isgesamt mt Deutung seiner Gegenwart ist, betrachtet er den Jüdischen Krieg als Aspekt der gegenwärtigen Endzeit, identifiziert die »große Trübsal« aber nicht ausschließlich mit ihm. Sie umfasst vielmehr alle in 24,4–26 angesprochenen Ereignisse und ist also noch nicht vorbei. Die »Verkürzung der Tage der Bedrängnis« blickt auch in der Sicht der Leser nach vorne auf die Parusie des Menschensohnes.

b) »Diese Generation« in Mt 24,34
Der zweite Aspekt, mit dem eine intensive Naherwartung des Mt begründet wird, ist die zeitliche Begrenzung, die Mt der gegenwärtigen Endzeit gibt (24,34):

ἀμὴν λέγω ὑμῖν ὅτι οὐ μὴ παρέλθῃ ἡ γενεὰ αὕτη ἕως ἂν πάντα ταῦτα γένηται.

Diesen Satz übernimmt Mt fast ohne Änderung[28] aus Mk 13,30.
Während für den Ausdruck πάντα ταῦτα relativ klar ist, dass er sich auf die vorher in Mt 24 geschilderten Ereignisse bezieht, die vor der Parusie geschehen sollen, ist der Ausdruck ἡ γενεὰ αὕτη hier sehr umstritten; vier verschiedene Auslegungsmöglichkeiten sind bei Davies-Allison aufgelistet:[29] die Zeitgenossen Jesu, die Kirche, das jüdische Volk, »diese Art« in einem abwertenden Sinn.[30]
Wir haben oben in Zusammenhang mit dem innergeschichtlichen Gericht über Israel die Bedeutung von ἡ γενεὰ αὕτη durchgängig bestimmt als die Jesus zeitgenössische Generation Israels, sofern sie ihm ablehnend gegenüber steht.[31]
Wenn dies auch hier zutreffen würde, denn hieße dies, dass Mt mit der Parusie rechnet, noch bevor alle Angehörigen dieser Generation gestorben sind,[32] und auch

die den messianischen Wehen jüdischer Erwartung vergleichbar ist, ist bereits vorbei.« (a.a.O. 142).
Dagegen Frankemölle, Mt II 404, der auf das Gegenargument gegen die Naherwartung hinweist, nämlich auf die Bedingung, die vor dem Ende erfüllt sein muss, die Verkündigung »dieses Evangeliums« in der ganzen Welt. Auf das entscheidende Argument von Luz, die Parallelisierung des Jüdischen Krieges mit der »großen Bedrängnis«, geht Frankemölle aber nicht ein.
Zuletzt hat Luz seine Sicht modifiziert (ders., Mt III 429, zu Mt 24,21f): »Ist die Drangsal bei der Zerstörung Jerusalems gemeint oder eine Drangsal ›danach‹, also die letzte Machtentfaltung des Bösen vor dem Ende der ganzen Welt? Der Text ist schwebend und gibt keine direkte Antwort.« Auch wenn es Luz hier nicht ausspricht, dürfte dahinter doch die Einsicht stehen, dass eine zu starke Parallelisierung der »großen Trübsal« mit dem (in der mt Gegenwart schon vergangenen!) Jüdischen Krieg bedeuten würde, dass Mt in weiten Teilen von Mt 24 gar nicht von seiner Gegenwart spricht.
28 Nämlich: ἕως ἄν statt μέχρις οὗ (ein »minor agreement«, vgl. Lk 21,32) und umgekehrte Reihenfolge bei πάντα ταῦτα. Zu ἕως ἄν vgl. S. 194ff.
29 Davies-Allison, Mt III 367; sie kommen auf acht Auslegungsmöglichkeiten, weil sie mit verschiedenen Deutungen von πάντα ταῦτα kombinieren.
30 Wong, Interkulturelle Theologie 145, nennt noch eine andere Möglichkeit: »Die Aussage, dieses Geschlecht (...) werde nicht vergehen, bis dass alles geschehe (24,34), sollen die Leser natürlich auf sich selbst beziehen.«
31 Vgl. S. 119ff.
32 Vgl. Davies-Allison, Mt III 368, die ἡ γενεὰ αὕτη hier in diesem Sinn auslegen, zu dem Gegenargument, dass Mt dann eine falsche Prophetie tradiert hätte, denn die Parusie ist nicht in dieser Zeit gekommen: »(...) we can only reply some of Jesus' contemporaries were perhaps still alive when Matthew wrote this, so he did not have the problem we do.« Über ein »vielleicht« kommt man hier allerdings wirklich nicht

dies ist schon eine abschwächende Formulierung, denn von *einigen* noch Lebenden steht im Text nichts. Dass die Parusie noch zu Lebzeiten der Zeitgenossen Jesu kommen würde, hat Mt allerdings an keiner anderen Stelle wirklich gesagt.[33] Die Konsequenz daraus wäre, dass Mt für Israel keinerlei Hoffnung mehr hat, denn »dieser Generation« der Zeitgenossen Jesu ist nicht nur die Bestrafung durch die Zerstörung Jerusalems, sondern auch die Bestrafung im Endgericht angekündigt.[34] Wegen der damit verbundenen Schwierigkeiten muss hier auf eine andere Bedeutung abgezielt sein.[35] Dies lässt sich auch aus dem Kontext begründen: Angeredet sind nur die Jünger (24,1–3), und überhaupt ist die Jesus zeitgenössische Generation im ganzen Umfeld nirgends ausdrücklich im Blick. Das ist an allen anderen Stellen, an denen ἡ γενεὰ αὕτη die fest geprägte Bedeutung hat, anders.[36] Zwar ist der Jüdische Krieg als Aspekt der Endzeit vorausgesetzt, aber nicht in seiner Gerichtsfunktion für die Zeitgenossen Jesu. So ist also wohl doch die altkirchliche Auslegung im Recht, wenn sie hier im mt Sinn von einer weiteren Bedeutung von ἡ γενεὰ αὕτη ausgeht,[37] und zwar, weil keine negative Qualifizierung zu erkennen ist, auf die Jünger bzw. die Kirche.[38]

Damit ist 24,34 tatsächlich weniger ein Hinweis auf die unmittelbare Nähe der Parusie, sondern eher ein Trostwort an die Jünger und somit an die Leser; es steht an der Schwelle von 24,32f, die die Nähe des Endes herausstellen, und 24,35, wo die Zuverlässigkeit der Worte Jesu betont ist.

e) Zusammenfassung des Exkurses

Es gibt keine Anzeichen, die auf eine intensive Naherwartung in der Form schließen lassen, dass Mt schon in allernächster Zeit mit der Parusie rechnen würde. Dies wäre auch kaum mit dem mt Missionskonzept vereinbar, denn am Ende seines Evangeliums ruft der mt Jesus ja erst dazu auf, in die ganze Welt zu gehen. Die Enderwartung des Mt ist nicht so drängend, dass es keinen Raum mehr für weitere Generationen in Israel gäbe, an die sich die Mt-Gemeinde missionierend wenden könnte.

Aber auf der anderen Seite ist die Bedingung, das Evangelium müsse erst in der ganzen Welt verkündet werden (24,14), auch nicht so zu verstehen, dass Mt mit einer noch langen Geschichte rechnet. Ein »Ausbleiben« der Parusie ist dabei nirgends als Problem empfunden.[39] Der analoge Gedanke bei Paulus[40] zeigt, dass man

---

hinaus. Ähnlich auch Luz, Mt III 443 A11: »Es ist wahrscheinlich, dass z.Z. des Mt einzelne Augenzeug/innen noch am Leben waren (...).«

33 Zu Mt 10,23 vgl. S. 143ff; zu 16,28, nicht auf die Parusie bezogen, vgl. S. 145.

34 Vgl. S. 119.

35 Luz, Mt III 445, will aus der Not eine Tugend machen: »Während für die frühere Exegese V 34 in einer Spannung zu V 36 zu stehen schien, scheint V 34 heute V 36 zu bestätigen: Der Irrtum Jesu über den Zeitpunkt macht in der Tat deutlich, dass ›auch der Sohn‹ den Zeitpunkt nicht kannte! Beide Verse zusammen bilden einen pointierten Hinweis darauf, dass Jesus Mensch war – irren ist wirklich menschlich!«

36 Zu 11,16 vgl. 11,7; zu 12,39–45 vgl. 12,46; zu 16,4 vgl. 16,1; zu 17,17 vgl. 17,14 und zu 23,36 vgl. 23,1.

37 Vgl. Luz, Mt III 444.

38 Unter den neueren Exegeten legt so oder zumindest so ähnlich aus: Frankemölle, Mt II 407, unter Verweis auf Erlemann, Naherwartung 140: die »Generation der Endzeit«; Wong, vgl. A30.

39 Im Unterschied zum LkEv; vgl. Lk 20,9 im Vergleich zu Mt 21,33, und zum Problem: Wolter, Israels Zukunft; im MtEv findet sich das »lange Ausbleiben« nur

auch bei Naherwartung an der Verkündigung des Evangeliums in der ganzen Welt festhalten kann.

Es zeigt sich also insgesamt, dass für Mt die Nähe der Parusie unproblematisch ist, so dass er sie argumentativ in der Paränese einsetzen kann, dass aber auf der anderen Seite der Lauf der Geschichte nicht so festgelegt ist, dass gleichsam keine Zeit mehr für Mission in Israel wäre.

Der Mittelteil der Endzeitrede wird durch paränetisches Material gebildet. Insofern folgt Mt seiner Quelle MkEv. Im Unterschied zu seiner Quelle[41] greift Mt aber den Faden der Schilderung der Endereignisse wieder auf und bietet in 25,31–46 eine ausführliche Schilderung eines Gerichtes über »alle Völker«.[42] Allerdings bleiben durch die Art und Weise, wie Mt diese Schilderung ausführt, Fragen offen, von denen einige für unser Thema von Interesse sind.

Die wichtigste Frage entsteht dadurch, dass Mt zu dem 25,31–46 geschilderten Endgericht »πάντα τὰ ἔθνη«[43] versammelt werden lässt, nicht etwa »alle Menschen«[44] oder, wie in 24,30, »alle Stämme«, und es ist die Frage, wie Mt dies genau verstanden wissen will.

Es soll im Folgenden gezeigt werden, dass Mt von einem dreifach gegliederten Endgericht[45] ausgeht, nämlich 1. von der Sammlung der Erwählten als Gericht über die Gemeinde, 2. dem Gericht über die Weltvölker und 3. dem eschatologischen Gericht über Israel.

II. Das eschatologische Gericht über die Gemeinde: Die Sammlung der Erwählten

Mt hat eine klare Vorstellung davon, was er unter den »Erwählten« versteht; die Vorstellung von der Sammlung der Erwählten ist für ihn kein Nebengleis, sondern seine Eschatologie ist entscheidend von ihr geprägt. Dies soll im Folgenden gezeigt werden.

Mt 25,5 im Gleichnis von den Jungfrauen, wo es aber im Dienst der Aussage über die Klugheit steht.

40 Vgl. Röm 11,25 einerseits und Röm 13,11 andererseits.

41 Zur Eschatologie des MkEv vgl. Gnilka, Mk II 179–216.

42 Zu dieser Gliederung vgl. Luz, Mt III 403: Mt 24,32–25,30 als Mittelteil zwischen 24,3–31 und Mt 25,31–46.

43 Mt 25,32a: καὶ συναχθήσονται ἔμπροσθεν αὐτοῦ πάντα τὰ ἔθνη.

44 Wobei allerdings der Terminus »die Menschen« bei Mt auf die Menschen außerhalb der Gemeinde festgelegt ist, vgl. S. 123.

45 Umstritten ist die Frage, ob es in jüdischen Texten die Vorstellung von einem mehrfach gegliederten Endgericht gibt; vgl. Niemand, Rekonstruktion 294 A14.

1 Die paränetische Dimension des mt Konzeptes von den Erwählten

Mt hat dem wohl aus Q[46] übernommenen Gleichnis vom Hochzeitsmahl ein weiteres Gleichnis angefügt, so dass ein zweigeteiltes Gleichnis entstanden ist (22,1–14): Unter den Gästen, die sich schließlich zum Hochzeitsmahl einfinden, findet der König einen, der ohne »Hochzeitsgewand«[47] an der Feier teilnimmt. Der König befiehlt den Dienern, diesen Gast an Händen und Füßen gefesselt hinaus zu werfen in die äußerste Finsternis. Dies deutet Mt, indem er ein Logion anfügt, das keine Parallele in der synoptischen Tradition hat:[48]

πολλοὶ γάρ εἰσιν κλητοί, ὀλίγοι δὲ ἐκλεκτοί (22,14).

Während sich das Verbaladjetiv κλητοί gut durch die Verbindung mit dem Gleichnis erklärt als »die Eingeladenen« im Sinne des Gleichnisses,[49] geht der zweite Ausdruck ἐκλεκτοί über den Kontext hinaus, da er innerhalb des Gleichnisses keine direkte Entsprechung hat. Wer das Gleichnis ohne diese Deutung liest, wird nicht auf die Idee kommen, dass derjenige, der kein Hochzeitsgewand trägt, nicht »auserwählt« sein könnte.

Mt gibt also dem heilsgeschichtlich ausgerichteten Gleichnis vom Hochzeitsmahl durch die Sequenz vom Hochzeitsgewand eine paränetische Spitze: Nur wer sich der Einladung gemäß verhält, darf auch bei dem Hochzeitsmahl bleiben. Nur wer mit einem Hochzeitsgewand zu der Hochzeit kommt, erweist sich als ἐκλεκτός. Mt führt den Begriff ἐκλεκτοί an dieser Stelle neu ein, und er verleiht ihm dadurch eine erste Näherbestimmung.[50]

Die Spannung, dass im Gleichnis *ein* Gast ohne Hochzeitsgewand vom König angetroffen wird, also fast alle Gäste sich angemessen verhalten,

---

46 Das Verhältnis der mt und der lk Fassung (Lk 14,16–24) dieses Gleichnisses zueinander ist umstritten; vgl. S. 84.

47 Mt 22,11.12: ἔνδυμα γάμου.

48 Als näheste Parallele ist 4. Esra 8,3 anzusehen: Multi quidem creati sunt, pauci autem salvabuntur.

49 Vgl. Mt 22,3.4.8.9 καλέω in verschiedenen Formen. Ansonsten findet sich κλητός nicht in den Evangelien, sondern innerhalb des NT nur in zwei Paulusbriefen (Röm 1,1.6.7; 8,28; 1. Kor 1,2.24) sowie Jud 1 und Apk 17,14, wo κλητός und ἐκλεκτός ausdrücklich parallelisiert ist.
Eine explizite Unterscheidung von κλητός und ἐκλεκτός findet sich innerhalb des NT nur Mt 22,14; vgl. K.L. Schmidt, Artikel καλέω κτλ., ThWNT III 496: »Eine crux interpretum bedeutet Mt 22,14, wo zwischen κλητοί und ἐκλεκτοί ein Unterschied gemacht wird, was allen anderen Stellen zuwiderläuft (…).« M.E. erklärt sich diese Schwierigkeit so, dass κλητοί als Bezeichnung für »Christen« in der mt Gemeinde nicht bekannt war und sich hier *nur* auf das Gleichnis bezieht; gegen Strecker, Weg 219 A1, wonach κλητός Selbstbezeichnung der Gemeinde ist.

50 Zu den Auserwählten in der frühjüdischen Literatur vgl. Volz, Eschatologie 351f; Mt ist aber mit seinem Konzept nur von Mk abhängig.

während in der Deutung nur von »wenigen« Erwählten die Rede ist, darf nicht zu sehr betont werden. Der deutende Schlusssatz blickt auf das ganze Gleichnis zurück und denkt auch an diejenigen, die die Einladung nicht angenommen haben.[51] Der Gegensatz zwischen »vielen« und »wenigen« dient der Intensivierung der Mahnung: Was in dem Gleichnis, also in der bildlichen Wirklichkeit, nur ganz selten geschieht, ist in der gemeinten Wirklichkeit eine Gefahr, der alle ausgesetzt sind und der nur wenige widerstehen. Vor dieser Gefahr will Mt warnen.

So ergeben sich schon von einem Blick auf den ersten Beleg her wichtige Aspekte für ein Gesamtverständnis dessen, was Mt mit ἐκλεκτός genau meint. Es fällt auf, dass Mt im weiteren Verlauf seines Evangeliums den Ausdruck ἐκλεκτός verwendet, als müsste er dem Leser nun hinreichend bekannt sein. Nur indirekt lassen sich aus den weiteren Belegen Rückschlüsse ziehen. Sie sollen nun näher betrachtet werden.

An allen drei Stellen übernimmt Mt den Begriff ἐκλεκτός aus Mk mit jeweils kleinen, aber bemerkenswerten Änderungen; alle drei befinden sich innerhalb der eschatologischen Rede Mt 24–25:

2 Die Erwählten in der Eschatologischen Rede

2.1 Die Verkürzung der Tage der Bedrängnis wegen der Erwählten (Mt 24,22)

Die zweite Erwähnung des Begriffes ἐκλεκτός im MtEv findet sich im Zusammenhang der Wehen der Endzeit (24,21–22): Eine große Bedrängnis wird kommen, und »alles Fleisch« könnte nicht gerettet werden, wenn die Tage dieser Bedrängnis nicht verkürzt würden. Aber wegen der Erwählten werden diese Tage verkürzt werden. Mt übernimmt diese Passage aus Mk 13,19–20, der entscheidende Abschnitt lautet im synoptischen Vergleich:

Mk 13,20b: ἀλλὰ διὰ τοὺς ἐκλεκτοὺς οὓς ἐξελέξατο ἐκολόβωσεν τὰς ἡμέρας.
Mt 24,22b: διὰ δὲ τοὺς ἐκλεκτοὺς κολοβωθήσονται αἱ ἡμέραι ἐκεῖναι.

Die Auslassung von οὓς ἐξελέξατο gegenüber Mk zeigt einerseits, dass Mt eine nähere Erklärung dessen, was er unter ἐκλεκτός versteht, nicht für notwendig hält,[52] andererseits aber v.a., dass Mt den Gedanken der göttlichen Erwählung nicht zu sehr betonen will, weil dies seiner parä-

---

51 Vgl. Luz, Mt III 246: »Dieses (sc. das Logion Mt 22,14) bündelt die ganze Parabel: Sowohl für Israel als auch für die Heidenkirche gilt, dass alle eingeladen, nur einige aber errettet werden.«
52 So die Auslegung von Davies-Allison, Mt III 351, die allerdings zu kurz greift: »(…) ›whom he chose‹ is unnecessary (…).« Ganz anders die Erklärung bei Schenk, Sprache 234, s. unten A54.

netischen Intention zuwiderliefe, wie er sie schon durch die Gleichnis-deutung markiert hatte.[53] Außerdem ist die Auslassung von οὓς ἐξελέξατο auch als ein Anzeichen dafür aufzufassen, dass es Mt beim Begriff ἐκλεκτός nicht um eine nur auf das zukünftige »Auswählen« des Menschensohnes beim Gericht bezogene Aussage geht.[54] Wenn es ihm in 25,31–46 um ein universales Gericht über alle Menschen gehen würde, hätte er hier im Relativsatz aus Mk 13,20b den Aorist in ein Futur ändern können. Das ist aber gerade nicht der Fall.

Mt zeigt durch die Übernahme dieses Wortes, dass er (wie auch Mk[55]) eine Vorstellung hat, wer für ihn die Erwählten sind, denn ihretwegen sollen »die Tage« ja verkürzt werden: Es sind die Erwählten, die dem Leser von 22,14 her vertraut sind. Sie sind der Einladung gefolgt und verhalten sich ihr gemäß.

Zugleich erfolgt eine Verknüpfung mit einem anderen Gedankengang der eschatologischen Rede, und zwar durch das Stichwort ἐσώθη in 24,22. Es nimmt den Gedanken aus 24,13 wieder auf, wo es heißt: ὁ δὲ ὑπομείνας εἰς τέλος οὗτος σωθήσεται. Wer bis zum Ende »bleibt«, wird gerettet werden; eben dies wird 24,22 (indirekt) von den Erwählten gesagt.

2.2 Die Verführung der Erwählten (Mt 24,24)

Der nächste Beleg innerhalb der eschatologischen Rede folgt unmittelbar auf den ersten in 24,24. Ein bestimmter Aspekt der Bedrängnis wird nun näher beschrieben, nämlich das Auftreten von Pseudo-Christussen und Pseudo-Propheten. Auch hier folgt Mt seiner Quelle Mk:

Mk 13,22: ἐγερθήσονται γὰρ ψευδόχριστοι καὶ ψευδοπροφῆται καὶ δώσουσιν[56] σημεῖα καὶ τέρατα πρὸς τὸ ἀποπλανᾶν, εἰ δυνατόν, τοὺς ἐκλεκτούς.

Mt 24,24: ἐγερθήσονται γὰρ ψευδόχριστοι καὶ ψευδοπροφῆται καὶ δώσουσιν σημεῖα μεγάλα καὶ τέρατα ὥστε πλανῆσαι, εἰ δυνατόν, καὶ τοὺς ἐκλεκτούς.

---

53 Zumindest innerhalb dieses insgesamt paränetisch ausgerichteten Abschnittes seines Evangeliums; in anderen Zusammenhängen kann Mt den Gedanken der göttlichen Erwählung durchaus hervorheben, sei es von seiner negativen Kehrseite her (Mt 13 zu den ὄχλοι; vgl. S. 70f), sei es positiv auf die Jünger bezogen (11,27bc), wobei hier »der Sohn« der erwählende ist:
καὶ οὐδεὶς ἐπιγινώσκει τὸν υἱὸν εἰ μὴ ὁ πατήρ, οὐδὲ τὸν πατέρα τις ἐπιγινώσκει εἰ μὴ ὁ υἱὸς καὶ ᾧ ἐὰν βούληται ὁ υἱὸς ἀποκαλύψαι.
54 Gegen Schenk, Sprache 234, der u.a. von dieser Auslassung her schließt, dass es Mt *nur* um das »Endauslese« geht.
55 Vgl. Gnilka, Mk II 197f: »Die Erwählten (…) sind für Markus, der dieses Wort nur in der eschatologischen Rede bietet, die Gemeinde.«
56 δώσουσιν ist viel besser bezeugt als ποιήσουσιν, das von Davies-Allison, Mt III 352, ohne Angabe von Gründen vorgezogen wird.

Es kommt uns hier auf die Hinzufügung des καί vor τοὺς ἐκλεκτούς an:[57] Die Verführungsversuche der Pseudo-Christusse und Pseudo-Propheten sind nicht mehr, wie bei Mk, auf die Erwählten beschränkt; vielmehr hebt Mt durch diese kleine Änderung hervor, dass die Pseudo-Christusse und Pseudo-Propheten versuchen werden, *auch*[58] die Erwählten zu verführen.[59] Das bedeutet, dass nach Mt zwar alle Menschen der Verführungsabsicht der Falschprophten ausgesetzt sind, im besonderen Maße aber die Erwählten. Mt denkt also bei dem Begriff ἐκλεκτοί an Menschen, die jetzt in seiner Gemeinde leben; dieser Begriff ist bei Mt nicht nur auf das Endgericht bezogen. Gerade diese kleine Hinzufügung καὶ unterstreicht einerseits den paränetischen Zug (nicht einmal der Erwählten dürfen sich sicher fühlen), andererseits zeigt dies wiederum, dass Mt voraussetzt, dass seine Leser von 22,11–14 her versuchen sollen, solche Erwählten zu sein. Vom Schicksal dieser Erwählten bei der Parusie des Menschensohnes handelt der nächste und letzte Beleg.

2.3 Die Sammlung der Erwählten (Mt 24,31)

»Alsbald« nach dieser Bedrängnis wird unter kosmischen Erschütterungen das Zeichen des Menschensohnes erscheinen und »alle Stämme der Erde«, d.h. alle Menschen,[60] werden es sehen. Sie werden darauf mit Trauer reagieren und den Menschensohn selbst mit den Wolken des Himmels kommen sehen (24,29–30). Während Mt hier das Geschick »aller Stämme« nicht näher betrachtet,[61] treten (wiederum entsprechend der Vorgabe seiner Quelle) zum letzten Mal die Erwählten in Erscheinung:

Mk 13,27: καὶ τότε ἀποστελεῖ τοὺς ἀγγέλους καὶ ἐπισυνάξει τοὺς ἐκλεκτοὺς αὐτοῦ[62] ἐκ τῶν τεσσάρων ἀνέμων ἀπ' ἄκρου γῆς ἕως ἄκρου οὐρανοῦ.

---

57 Die beiden anderen Änderungen sind: zu σημεῖα fügt Mt μεγάλα hinzu und das mk πρὸς τὸ ἀποπλανᾶν ändert Mt in ὥστε πλανῆσαι.
58 Davies-Allison, Mt III 352: »(…) emphatic καί (›even‹ the elect).« Zum verstärkenden καί s. BDR § 442.8.
59 Lässt sich das auch an den unterschiedlichen Verben zeigen? Bei Mk geht es um das »weg-verführen« aus der Gemeinde heraus, bei Mt allgemeiner um das »in die Irre führen«, so dass auch an das Nicht-in-die-Gemeinde-Hineinfinden gedacht sein könnte.
60 πᾶσαι αἱ φυλαὶ τῆς γῆς (24,30); vgl. dazu S. 177f.
61 Vgl. Berger, Theologiegeschichte 67 (zu Mk 13,26fpar):»In einem Parusiegeschehen wird Jesus mit den zu ihm Gehörenden vereinigt. Das betrifft nur diese, über das Geschick der übrigen wird nicht reflektiert.«
62 αὐτοῦ ist textkritisch nicht sicher zu verifizieren; es könnte sich um sekundäre Angleichung an Mt 24,31 handeln, wie einige wichtige Handschriften unter dem Einfluss von Mt 24,31 hinter τοὺς ἀγγέλους ein αὐτοῦ einfügen. Aber weil für Mk

Mt 24,31: καὶ ἀποστελεῖ τοὺς ἀγγέλους αὐτοῦ μετὰ σάλπιγγος μεγάλης, καὶ ἐπισυνάξουσιν τοὺς ἐκλεκτοὺς αὐτοῦ ἐκ τῶν τεσσάρων ἀνέμων ἀπ᾽ ἄκρων οὐρανῶν ἕως τῶν ἄκρων αὐτῶν.

Folgende mt Änderungen sind bemerkenswert: Mt kennzeichnet die Engel explizit als die Engel des Menschensohnes, und bei Mt sind es die Engel, nicht der Menschensohn selbst, die die Erwählten von den Ende der Erde versammeln. Durch die Einfügung von μετὰ σάλπιγγος μεγάλης zeigt Mt, wie sehr er in den Sprach- und Denkkategorien der Apokalyptik verwurzelt ist.[63] Das Kommen des Menschensohnes ist also nicht nur überall sichtbar (24,26f), sondern auch – mit großem Posaunenklang – überall hörbar.

Es ist aber weniger Art und Umfang der mt Änderungen als vielmehr der Umstand der Übernahme dieses Textes aus Mk an sich, der unser Interesse auf sich zieht. Von 22,14 an bis hier, wo Mt die Ereignisse beim Erscheinen des Menschensohnes schildert, zeichnet Mt ein einheitliches Bild von den Erwählten: Sie hören die Einladung und folgen ihr, sie verhalten sich ihr gemäß und bleiben geduldig bei der Liebe, ihretwegen werden die Tage der Bedrängnis verkürzt, während derer sogar die Erwählten verführt werden. Am Ende, wenn der Menschensohn erscheint, werden seine Engel sie aus allen Enden der Erde versammeln.[64]

Mt übernimmt aus Mk die eigentümliche, urchristliche Umdeutung der jüdischen Hoffnung von der Versammlung der Diaspora am Ende der Zeit,[65] die schon bei Mk durch den Begriff ἐκλεκτός auf die Gemeinde bezogen ist.[66] Sie ist bei Mt paränetisch gefüllt, und das zeigt sich ge-

---

ohnehin klar ist, dass für ihn die »Auserwählten die Gemeindemitglieder« sind (so Gnilka, Mk II 202), ist αὐτοῦ nach τοὺς ἐκλεκτούς auch als mk verständlich.
63 Die »Stimme der Posaune« gehört zum Inventar apokalyptischer Endzeitschilderungen, vgl. z.B. Jes 27,13; Joel 2,1; 1.Thes 4,16; 1.Kor 15,51f. Zur allgemeinen Tendenz des Mt, Traditionen apokalyptisch einzufärben, vgl. Stanton, Matthew 222; zur Posaune in jüdisch-apokalyptischen Texten vgl. Volz, Eschatologie 346
64 So auch Balabanski, Eschatology 156: »gathering in of the elect = salvation of ›faithful‹.«
65   Vgl. dazu Volz, Eschatologie 344–348.378.
66 Die Verbindung von der Versammlung der Zerstreuten mit der Erwählungsvorstellung findet sich im NT nur hier und in LXX gar nicht; Gnilka, Mk II 202, verweist auf äthHen 62,13f, Zahn, Mt 671, auf das »Achtzehngebet«, aber dort findet sich nur die »Sammlung der Zerstreuten«, an beiden Stellen fehlt der Begriff der Erwählung.
Am ehesten in diese Richtung geht wohl die Vorstellung von der »erneuten Erwählung« Israels nach der Heimkehr aus dem babylonischen Exil, vgl. v.a. Jes 14,1. Dazu und zu »Erwählung« im AT insgesamt vgl. Preuß, Theologie I 31–42.
Davies-Allison, Mt III 364, gehen zu weit und in die falsche Richtung, weil sie den textinternen Bezug auf Mt 22,14 übersehen, wenn sie zu Mt 24,31 schreiben: »(…) it cannot be excluded that Matthew also thought of faithful Jews being gathered from the diaspora: ›all Israel will be saved‹ (Rom 11:26).«

rade an 24,31: Wenn der Menschensohn kommt, werden seine Engel die (wenigen) Erwählten versammeln; es gilt also jetzt für die Adressaten alles daran zu setzen, zu den Erwählten zu gehören.[67] Der folgende Abschnitt[68] wird zeigen, wie diese Konzeption verbunden ist mit der mt Schilderung des Endgerichtes (25,31–46). Auf der Textebene bricht der Gedankengang nach 24,31 zunächst ab. Die bei Mt folgenden Ausführungen sind nicht mehr, wie 24,29–31, Schilderungen der Endereignisse, sondern Mahnungen. Sie unterstreichen den paränetischen Ton, der schon von 22,1–14 her dem Konzept der Erwählten eigen ist: Keiner kann sicher wissen, ob er zu den Erwählten gehört, und keiner kann sicher wissen, wann das Ende kommt.

3 Die Vorstellung von der Entrückung (Mt 24,40f)

Die Texte, die auf das (vorläufige) Ende der mt Schilderung der Endereignisse folgen, sind paränetisch ausgerichtet und auf verschiedene Themen bezogen. Einer von ihnen, dessen Anliegen die Warnung ist, sich nicht auf ein vermeintliches Wissen über den Zeitpunkt des Endes zu verlassen, verdient unsere besondere Aufmerksamkeit. Niemand außer dem Vater weiß, wann das Ende kommt, nicht einmal der Sohn. Denn die Parusie des Menschensohnes wird wie »die Tage des Noah« sein (24,37). Was Mt mit diesem Vergleich zum Ausdruck bringen will, drückt er mit Hilfe des folgenden Logions aus:

Lk 17,34–35: λέγω ὑμῖν, ταύτῃ τῇ νυκτὶ ἔσονται δύο ἐπὶ κλίνης μιᾶς, ὁ εἷς παραλημφθήσεται καὶ ὁ ἕτερος ἀφεθήσεται·ἔσονται δύο ἀλήθουσαι ἐπὶ τὸ αὐτό, ἡ μία παραλημφθήσεται, ἡ δὲ ἑτέρα ἀφεθήσεται.

Mt 24,40–41: τότε δύο ἔσονται ἐν τῷ ἀγρῷ, εἷς παραλαμβάνεται καὶ εἷ ς ἀφίεται· δύο ἀλήθουσαι ἐν τῷ μύλῳ, μία παραλαμβάνεται καὶ μία ἀφίεται.

Von manchen Auslegern wird auch Mk 13,27 auf die Sammlung Israels gedeutet, z.B. Klappert, Dialog 246, mit Verweis auf Stuhlmacher, Zur Interpretation von Röm 11,25–32, in: Probleme biblischer Theologie, FS für Gerhard von Rad, München 1971, 550–570.
67 Als Gegenargument gegen die hier vorgetragene Deutung kann man auf die vorstellungsmäßige Spannung zu Mt 13,41–43 verweisen; dieser für das mt Gerichtsverständnis zentrale Text zielt aber nicht auf eine Schilderung des Ablaufes des Endgerichts, wie dies in Mt 24,30f der Fall ist. Es geht hier vielmehr um die Universalität des Gerichtes. Die Formulierung in 13,41, der Menschensohn und seine Engeln werden alle Täter der Gesetzlosigkeit »sammeln« (συλλέξουσιν) ist ein Reflex auf die Bildwelt des Gleichnisses vom Unkraut, das in 13,36–43 ausgelegt wird. Vgl. dazu Wilk, Völker 136: »Am ›Ende‹ wird er (nämlich der Menschensohn; G.G.) (...) kommen (10,23), um seine Auserwählten zu sammeln (24,30[f.]) und über sein Reich zu richten (13,41[f.]; 16,27), also auch über Israel (19,28) und die Völker (25,31[–46]), soweit deren Angehörige keine Jünger sind.«
68 S. 172ff.

Dieses Logion stammt aus einem längeren Q-Abschnitt (nämlich Q 17,26–35), den Mt insgesamt in 24,37–44 übernimmt, wobei der Mt-Text erheblich kürzer als der lk ist.[69] Im oben zitierten Text fallen die großen inhaltlichen Unterschiede auf, die sich aber nicht als mt Redaktion nachweisen lassen, weil es keine spezifisch mt Formulierungen gibt:[70] Bei Lk ist von zwei Menschen die Rede, die in einem Bett liegen, und von zwei Frauen an einer Mühle, während bei Mt zwei Männer, die auf dem Acker arbeiten, und zwei Frauen an einer Mühle gegenüber gestellt sind. Die Übereinstimmungen sind aber dennoch so groß, dass die Herkunft aus Q nicht bestritten werden sollte.

Die Verknüpfung dieses Logions mit dem vorhergehenden Vergleich geht auf Mt zurück, und hier zeigt Mt, dass er dieses Drohwort nicht nur als bildhaften Ausdruck der Unwissenheit der Zeit verstanden wissen will. Mt rechnet tatsächlich damit, dass es bei der Parusie so sein wird: οὕτως ἔσται ἡ παρουσία τοῦ υἱοῦ τοῦ ἀνθρώπου (24,39b). Dieses οὕτως weist sowohl auf den Vergleich zurück, als auch auf die beabsichtigte Aussage voraus. *So* wird die Parusie sein, dass die einen »weggenommen« werden, gerade aus der Tätigkeit heraus, bei der sie sich gerade befinden, die anderen nicht.[71]

Dieser paränetische Text fügt sich also von seiner inhaltlichen Seite her zu dem, was wir oben unter dem Stichwort »Erwählte« herausgearbeitet haben: Bei der Parusie werden die Erwählten von den Engeln des Menschensohnes »versammelt«, während die anderen zurückbleiben, obwohl sie, wie von 24,30 her zu schließen ist, den Menschensohn sehen werden (τότε κόψονται πᾶσαι αἱ φυλαὶ τῆς γῆς καὶ ὄψονται …). Aber eben erst dann wird sich zeigen, wer wirklich zu den Erwählten gehört.

Die Nähe dieser Aussagen zur Vorstellung einer Entrückung ergibt sich weniger aus ihrer Terminologie,[72] als vielmehr durch ihre Nähe zu 24,31. Die Erwählten werden bei der Parusie versammelt, und dies wird in 24,40f anhand zweier Beispiele verdeutlicht: Wie innerhalb der Beispiele jeweils einer weggenommen wird, so werden bei der Parusie die Erwählten weggenommen.[73]

---

69 Die Frage, auf wessen Konto die Kürzungen bzw. Erweiterungen gehen, ist umstritten; vgl. Luz, Mt III 446f.

70 Vgl. dazu Luz, Mt III 447.

71 Auf die Ankündigung von der Wegnahme folgt unmittelbar der Vergleich des Tages des Herrn mit einem Dieb in der Nacht; dies ist eine interessante Parallele zu 1. Thes 4,15–5,2, wo es ebenfalls um die Entrückung geht.

72 Obwohl auch in Joh 14,3 παραλαμβάνω als Bezeichnung für eine zumindest ähnliche Vorstellung verwendet ist; vgl. Luz, Mt III 450 A37. In LXX ist wie im NT die Terminologie zur Entrückungsvorstellung nicht festgelegt; z.B. 1.Thes 4,17; Act 8,39; Apk 12,5: ἁρπάζω; Act 1,9: ἐπαίρω; Act 1,11; Mk 16,19: ἀναλαμβάνω; Gen 5,24 LXX: μετατίθημι, zitiert in Hebr 11,5; 4.Kön 2,11 LXX ἀναλαμβάνω.

73 So Friedl, Gericht 153, mit einem ausführlichen Exkurs über die Entwicklung der Entrückungsvorstellung, a.a.O. 153–186; auch Davies-Allison, Mt III 383, und

Für Mt steht also eindeutig die Warnung im Vordergrund, angesichts der stets zu erwartenden Parusie stets wachsam zu sein und sich, um im Bild des Gleichnisses vom Hochzeitsmahl zu bleiben, stets der Einladung gemäß zu verhalten. Auch die zugleich abschließende und weiterführende Warnung 24,42 bezieht sich wieder auf die Ungewissheit des Zeitpunktes: γρηγορεῖτε οὖν, ὅτι οὐκ οἴδατε ποίᾳ ἡμέρᾳ ὁ κύριος ὑμῶν ἔρχεται.

Als Fazit lassen sich auf Grund der Beobachtungen zur mt Vorstellung vom Geschick der Erwählten erste Bausteine eines mt »Dramas«[74] von den Endereignissen benennen: Nach den Wehen der Endzeit kommt »bald« die Parusie des Menschensohnes, aber doch zu einem Zeitpunkt, den keiner außer dem Vater weiß. Kosmische Erschütterungen werden dieses Ereignis begleiten, und der Menschensohn wird so erscheinen, dass ihn »alle Stämme der Erde« sehen werden.[75]

Dann werden die Erwählten von allen Enden der Erde versammelt, was im Sinne einer »Entrückung« zu verstehen ist. Doch dieser Gedanke wird bei Mt nicht weiter verfolgt, wie überhaupt auffällt, dass Mt bei der Schilderung des heilvollen Endzustandes wesentlich zurückhaltender ist als bei der Schilderung der Folgen eines negativen Gerichtsausganges.

Wenn man diese Aussagen beim Wort nimmt, ist nun zu erwarten, dass die »anderen«, die nicht zu den Erwählten gehören, zwar die Ankunft des Menschensohnes sehen, aber sich noch dort befinden, wo sie vor der Parusie waren, und dann erst zum Gericht versammelt werden. Dies wird sich in unserer Analyse von 25,31–46 bestätigen.

Gnilka, Mt II 338, verbinden Mt 24,40f mit 24,31; Davies-Allison deuten in Richtung einer Entrückung (ebd.): »(...) are the righteous taken to meet the Lord in the air?« Ebenso Luz, Mt III 450: »Bei παραλαμβάνεται denken Leser/innen an die Entrückung der Erwählten zum Herrn, von der sie soeben gelesen haben (V 31) und die sie aus jüdischem und christlichem Traditionswissen kennen (...)« und Wiefel 420: »παραλαμβάνεται meint die Entrückung zu Gott (...).«

74 Dieser Begriff ist übernommen von Gnilka, Mt II 331; auch Sand, Mt 490f, versucht die mt Schilderung der Endereignisse als Abfolge verschiedener »Akte« zu verstehen, dreht aber, ohne dies zu begründen, die Reihenfolge von »Sammlung« und Gericht um. Luz, Mt III 547, betont dagegen die »Unausgeglichenheiten« einzelner Vorstellungen, die »in der Verschiedenheit des Quellenmaterials (wurzeln), das Mt aufgenommen hat.«

75 Daraus darf aber nicht geschlossen werden, dass diese Völker schon versammelt seien, wie dies Luz, Mt III 436, tut: »(...) die Völker aus aller Welt, die in Trauer und Entsetzen verfallen, sind ja bereits da.« Die Betonung liegt doch darauf, dass der Menschensohn so sichtbar erscheint, dass ihn alle Völker auf der Welt sehen, wo auch immer sie sind. Zum Gericht versammelt werden sie erst in Mt 25,32.

III   Das eschatologische Gericht über alle Weltvölker (Mt 25,31–46)

Nach Mt 24,31 bricht die Schilderung der Endereignisse ab, und es folgen unterschiedliche Mahnungen zur Wachsamkeit. Erst in 25,31 nimmt Mt den Faden der Schilderung wieder auf und setzt ihn fort:

Mt 25,31–32a: ῞Οταν δὲ ἔλθῃ ὁ υἱὸς τοῦ ἀνθρώπου ἐν τῇ δόξῃ αὐτοῦ καὶ πάντες οἱ ἄγγελοι μετ᾽ αὐτοῦ, τότε καθίσει ἐπὶ θρόνου δόξης αὐτοῦ· καὶ συναχθήσονται ἔμπροσθεν αὐτοῦ πάντα τὰ ἔθνη.

Während in Mt 24,30 von dem *kommenden* Menschensohn die Rede ist (ὄψονται τὸν υἱὸν τοῦ ἀνθρώπου ἐρχόμενον), blickt hier die Fortsetzung der Schilderung schon auf das zukünftige Kommen des Menschensohnes zurück; streng genommen wäre also zu übersetzten: »Wenn der Menschensohn aber gekommen sein wird, dann ...«[76] Es wird nochmals auf die Vorgänge in 24,29–31 zurückgewiesen, um daran das anzuknüpfen, was danach geschehen wird. *Dann* wird sich der Menschensohn setzen[77] und πάντα τὰ ἔθνη werden versammelt werden. Wenn aber Mt hier wirklich an 24,29–31 im Sinne einer Abfolge von Ereignissen anknüpft, wie es unsere These ist, stellt sich die Frage, wen Mt hier mit πάντα τὰ ἔθνη genau meint. Es müssen zwei Alternativen diskutiert werden:

Will Mt hier durch πάντα τὰ ἔθνη anzeigen, dass er nun in einem neuen Anlauf unter Absehung von dem bisher geschilderten Ablauf das Gericht über *alle Menschen* schildern (*universalistische* Deutung), oder denkt Mt hier nur an die Menschen, die (nach 24,31) nicht als Erwählte bereits versammelt sind (*exklusive* oder *partikularistische* Deutung)?

Bei beiden Alternativen ist dann jeweils nach dem »Ort« Israels im Gericht zu fragen: Ist Israel schon endgültig gerichtet, ist es unter »alle Völker« gerechnet oder ist für Israel ein eigenes Gericht vorgesehen?[78]

Die universalistische Deutung von 25,31–46 wurde in letzter Zeit vorgetragen von Christoph Niemand.[79]

---

76   ὅταν mit Konj. Aorist leitet entweder einen Eventualis ein (vgl. Mt 5,11) oder es kennzeichnet, dass das Ereignis des temporalen Nebensatzes zeitlich vor dem das Hauptsatzes geschieht; vgl. Bauer 1190.

77   καθίζω heißt konsequent »sich setzen« und betont hier den Ablaufcharakter der Schilderung. Vgl. zu καθίζω auch Mt 23,2: Die Schriftgelehrten und Pharisäer *haben sich gesetzt* ...; mit Luz, Mt III 299 A32. Hoffmann, Herrscher oder Richter 257 A13 (zu Mt 19,28 mit Verweis auf 25,31b): »καθίζειν und der Aorist akzentuieren den Moment des Sich-Niedersetzens.«

78   Zur Auslegungsgeschichte vgl. die Übersicht in Friedrich, Gott im Bruder 181ff (Teil 2) für den Zeitraum 1775 bis 1975;

79   Niemand, Rekonstruktion 287–326; für die weitere Forschungsgeschichte vgl. Friedrich, Gott im Bruder 181–189; Gray, The Least of My Brothers (1989).Luz, Judgement (1996) 274–286.

Niemand geht dabei so vor, dass er, nach der Benennung des auslegungsgeschichtlichen Horizontes, zunächst die Argumente für eine exklusive Deutung vorträgt.[80] Sodann teilt Niemand die gängigen Argumente gegen die exklusive und für die universalistische Deutung mit:[81] πάντα τὰ ἔθνη kann in der LXX auch Israel einschließen;[82] gerade der universalistische Missionsgedanke (24,14; 28,19) lege ein universales Menschheitsgericht nahe; die textinterne Redesituation (Jüngerrede, vgl. 24,2) zeige, dass die Christenheit besonders angesprochen sei; auch sonst schließe Mt seine Reden mit an die Kirche gewendeten Gerichtsworten; das MtEv vertrete auch sonst das universale Gericht über alle Menschen (16,27), auch für die Kirche als corpus permixtum; mit den notleidenden Menschen (den geringsten Brüdern, 25,40.45) seien die notleidenden Menschen *insgesamt* gemeint, wobei Niemand auf 5,22–26 und 7,3–5 verweist, wo Mt zeige, dass er eine »konkret-universale« Bruder-Terminologie kenne;[83] wenn die notleidenden Menschen nur die Christen bzw. die Missionare unter den Christen seien, rede dieser Gerichtstext nur von den Menschen, die dem Evangelium zwar begegnet sind (sonst könnten sie Christen/Missionare nicht gut oder schlecht behandeln), es aber abgelehnt haben (sonst wären sie Christen und keine Angehörige der Weltvölker), gerade dann sei aber das Kriterium »Behandlung der Christen/Missionare« absurd, nachdem im MtEv sonst nur die Alternative gesehen werde »Annahme der Boten *und* ihrer Botschaft oder Ablehnung der Boten *und* ihrer Botschaft« (10,14.40–42).

Anmerkungsweise fügt Niemand zu diesen Argumenten gegen die exklusive Deutung hinzu: von den Parallelen zu der angeblich bei Mt vorhandenen Vorstellung von »Separatgerichten« in frühjüdischen Texten sei nur TestBenj 10,8–9 einschlägig;[84] der Einschnitt im Textverlauf in 25,31 sei nicht als neue Etappe in einem

---

80 Dabei klammert Niemand die Frage nach dem Ort Israels weitgehend aus; vgl. a.a.O. 290 A5.

81 A.a.O. 293–298; als Vertreter der universalistischen Deutung seien genannt: Trilling, Israel 26f; Bornkamm, Enderwartung 21; Gnilka, Mt II 371f.

82 Niemand fügt hinzu (a.a.O. 293 A12): Wenn Mt eindeutig nur die Heiden hätte benennen wollen, hätte er ἐθνικοί schreiben können.

83 Hierzu führt Niemand außerdem aus (a.a.O. 297), dass man das Kriterium semantischer Konsistenz nicht überstrapazieren dürfe, denn gerade in »poetischen oder symbolischen Texten« dürfe man erwarten, dass »Worte in ihrem semantischen Valeur nicht präzise vordefiniert sind, sondern dieses immer erst im konkreten *Funktionszusammenhang* eines Textes entfalten und ausschöpfen.« (Zitat ebd., Hervorhebung im Original)

84 Zur Frage eines mehrfachen Gerichtes im AT und in frühjüdischen Texten: Hare/Harrington, Make Disciples, 364; Reiser, Gerichtspredigt Jesu; hinführend zur Problematik der »Gerichts«-terminologie in frühjüdischen Texten: Müller, Gott als Richter passim, v.a. 25–30. Schürer, History II, 544–547.
Ob das MtEv »nur« vor dem Hintergrund frühjüdischer Texte verstehbar ist, erscheint mir fraglich, wenn man bedenkt, was Müller a.a.O. 49 schreibt: »Hier wird dann schließlich auch verstehbar, warum das Urchristentum im Gegensatz zu Frühjudentum ein ›Weltgericht‹ kennt (…): anders als das Frühjudentum propagiert das Urchristentum die *Welt*mission, in deren Aufbruch die alte Isaelzentriertheit verlorengeht (…):« Über das »Verlorengehen der alten Israelzentriertheit« kann man diskutieren, aber Müller macht deutlich, dass hinsichtlich der »Gerichtskonzepte« wohl ein erheblicher Unterschied zwischen Urchristentum und Frühjudentum besteht. Eindringlich stellt Müller heraus, dass auf diesem Gebiet noch ein erheblicher Klärungsbedarf besteht; vgl. a.a.O.: »Genau hier fehlt aber bis zur Stunde *eine durchtragende* und auch im Blick auf die *innerjüdische* Entwicklung zufriedenstellende Monographie.«

eschatologischen Ablauf-Schema zu verstehen, sondern nur als Gattungswechsel.[85] Neben dem rein universalistischen Verständnis als Gegenüber zum exklusiven zeigt Niemand auch vermittelnde Positionen auf,[86] die es in verschiedener Form gibt, und zwar zum einen in *diachroner* Fragerichtung: ein vor-mt universalistisches Traditionsstück werde von Mt partikularistisch umgedeutet,[87] oder umgekehrt: es sei ein partikularistisches Traditionsstück von Mt universal ausgeweitet.[88] Zum anderen gibt es auch eine vermittelnde Position in *synchroner* Hinsicht:[89] »Gerichtsobjekt« seien zwar alle Menschen, das Kriterium sei aber das Verhalten gegenüber den christlichen Missionaren, und insofern sei v.a. die Kirche auf ihr Verhalten zu den Wanderpredigern hin angesprochen.

Dem lässt Niemand nun seine eigene Argumentation folgen:[90] »Narratives Bewegungszentrum« sei das *Verwunderungsmotiv,*[91] »rhetorischer Knotenpunkt« sei der »Effekt der *Verunsicherung* der LeserInnen«:[92] Während weder eine eindeutige Antwort auf die »Wann-Fragen« (25,37f.44) noch eine eindeutige Identifikation der »geringsten Brüder« vom Text intendiert und beim Leser ausgelöst werde, sei »fester Bezugspunkt« die schwergewichtig-viermalige Aufzählung der Nöte/Hilfeleistungen; diese sind *jedenfalls* gerichtsentscheidend.«[93] Den im Text angelegten Lese-Effekt umschreibt Niemand folgendermaßen: »Solange in der Schwebe bleibt, wer diese gerichtsentscheidenden Brüder sind, ist es angebracht, (...) grundsätzlich und jedenfalls und möglichst viel Barmherzigkeit an wem auch immer zu erweisen!«[94] Einziges Identifikationsangebot des Textes für die Leser seien mithin die zu richtenden Personen.[95] Der Text, so Niemand, »funktioniert nicht zur tröstenden Identitätssicherung einer sich als bedroht empfindenden Gruppe,«[96] sondern habe einen appellativ-performativen Charakter mit der »deutlichen Wirkabsicht der ethischen Motivation an die eigene Gruppe.«[97]

---

85 A.a.O. 294f A14.
86 A.a.O. 298–300.
87 So z.B. Friedrich, Gott im Bruder 298–307.
88 So v.a. Brandenburger, Recht 133–138.
89 Nämlich Luz, Judgement 288–292.
90 A.a.O. 300–302 berichtet Niemand von einem »Feldversuch«, nämlich von der Konfrontation verschiedener Personen mit Mt 25,31–46, von denen keine diesen Text als exklusiv-partikularistischen »Trosttext« aufgefasst habe.
Hierzu ist m.E. anzumerken, a) dass Mt wohl nicht mit einer ausschließlichen Lektüre von Mt 25,31–46 gerechnet hat, b) dass die Situation der mit diesem Text konfrontierten Personen kaum der der mt Gemeinde entsprach, die sich mindestens als bedroht empfunden hat und es wahrscheinlich auch wirklich war, c) dass Mt bei seinen Lesern zumindest mit einem grundsätzlichen Einverständnis in einen »doppelten Ausgang der Geschichte« rechnen konnte, und d) dass bei partikularistischem Verständnis die Bestimmung als »Trosttext« nur *eine* von mehreren funktionalen Dimensionen des Textes erfasst; vgl. dazu S. 182ff.
91 A.a.O. 307; Hervorhebung im Original.
92 A.a.O. 309; Hervorhebung im Original.
93 A.a.O. 309; Hervorhebung im Original.
94 A.a.O. 310
95 A.a.O. 310
96 A.a.O. 311; im Original teilweise kursiv.
97 A.a.O. 312; diese Gattungs-Definition gewinnt Niemand v.a. vor dem Hintergrund der partikularistischen Auslegung von Stanton, Gospel 221–230, und Sim, Eschatology181–242; vgl. Niemand, Rekonstruktion 311f A34 und A34.

Vor dem Hintergrund dieses Entwurfs soll nun die These vom dreifach gegliederten Endgericht mit Blick auf 25,31–46 insofern entfaltet werden, als hier von einem Gericht über die Weltvölker die Rede ist. Dazu erfolgt nun ein Blick auf den mt Gebrauch von ἔθνος / ἔθνη / πάντα τὰ ἔθνη, erst in quellenkritischer Fragerichtung und dann im Vergleich zu der Wendung πᾶσαι αἱ φυλαί im MtEv. Auszugehen ist zwar von der oben zitierten Einsicht Niemands von der nicht generell voraussetzbaren semantischen Konsistenz.[98] Gegen Niemand ist aber zu betonen, dass der Kontext des ganzen MtEv der konkrete Funktionszusammenhang von 25,31–46 ist, und deshalb, zumindest als ein Schritt, die Teminologie des MtEv insgesamt betrachtet werden muss.

1 ἔθνος / ἔθνη / πάντα τὰ ἔθνη und πᾶσαι αἱ φυλαί im MtEv

1.1 Der quellenkritische Befund zu ἔθνος / ἔθνη / πάντα τὰ ἔθνη
Während die Wendung πᾶσαι αἱ φυλαί nur 24,30 erscheint und nicht aus einer Quelle übernommen ist, sind die Verhältnisse bei ἔθνος / ἔθνη / πάντα τὰ ἔθνη komplexer.
ἔθνος erscheint im MtEv mit insgesamt 15 Belegen[99], davon 3 Mal im Singular[100] und 12 Mal im Plural[101]. Neben diesen Belegen sind auch die Auslassungen gegenüber den Quellen von Interesse, und zuletzt sollen in der folgenden Materialsammlung die vier mt Belege von πάντα τὰ ἔθνη aufgeführt werden.[102]

ἔθνος und ἔθνη ohne πάντα
Eindeutig aus Mk:
 – Mt 20,25: οἱ ἄρχοντες τῶν ἐθνῶν par Mk 10,42: οἱ δοκοῦντες ἄρχειν τῶν ἐθνῶν
 – Mt 24,7 par Mk 13,8 2 Mal: ἐγερθήσεται γὰρ ἔθνος ἐπὶ[103] ἔθνος

Eindeutig aus Q:
 – 6,32 par Lk 12,30: πάντα γὰρ ταῦτα τὰ ἔθνη ἐπιζητοῦσιν

---

98 Vgl. oben A83.
99 Mt 4,15; 6,32; 10,5; 10,18; 12,18.21; 20,19; 20,25; 21,43; 24,7 (2 Mal).9.14; 25,32; 28,19
100 Mt 21,43; 24,7 (2 Mal)
101 Mt 4,15; 6,32; 10,5; 10,18; 12,18.21; 20,19; 20,25; 24,9.14; 25,32; 28,19.
102 Aus den angegebenen Versen sind jeweils nur die entscheidenden Ausschnitte zitiert.
103 Warum beim Mt-Text ἐπί geschrieben wird, im Mk-Text und Lk 21,10 aber ἐπ' (Elision), ist unklar; zur Elision vgl. BDR § 17. Ein Bedeutungsunterschied besteht nicht.

Sicher mt Redaktion:
- 10,18: ἐις μαρτύριον αὐτοῖς καὶ τοῖς ἔθνεσιν; nimmt Mk 13,9 auf, wo aber καὶ τοῖς ἔθνεσιν fehlt
- 21,43: ἀρθήσεται ἀφ' ὑμῶν ἡ βασιλεία τοῦ θεοῦ καί δοθήσεται ἔθνει

Unsicher (Sondergut? Q? Mt-Redaktion?):
- 4,15: Γαλιλαία τῶν ἐθνῶν; Jesaja-Zitat
- 10,5: ἐις ὁδὸν ἐθνῶν μὴ ἀπέλθητε
- 12,18.21 2 Mal: κρίσιν τοῖς ἔθνεσιν ἀπαγγέλει; τῷ ὀνόματι αὐτοῦ ἔθνη ἐλπιοῦσιν; Jesaja-Zitat

Auslassungen:
- Gegenüber Mk:
  Mk 11,17 ὁ οἶκός μου οἶκος προσευχῆς κληθήσεται πᾶσιν τοῖς ἔθνεσιν; in der Parallele Mt 21,13 fehlt πᾶσιν τοῖς ἔθνεσιν, aber auch in der lk Parallele Lk 19,46.
- Gegenüber der Logienquelle lassen sich keine Auslassungen nachweisen; kein Beleg aus dem LkEv, der bei Mt fehlt, dürfte aus der Logienquelle stammen.[104]

Die vier πάντα τὰ ἔθνη-Stellen:
Ein Beleg ist dem mk Kontext hinzugefügt:
- 24,9: τότε παραδώσουσιν ὑμᾶς ἐις θλῖψιν καὶ ἀποκτενοῦσιν ὑμᾶς, καὶ ἔσεσθε μισούμενοι ὑπὸ πάντων τῶν ἐθνῶν διὰ τὸ ὄνομά μου. Aus Mk 13,13 übernommen, wo aber τῶν ἐθνῶν fehlt

---

104 Nicht zu berücksichtigen sind:
– Lk 7,5 (ἀγαπᾷ γὰρ τὸ ἔθνος ἡμῶν), weil bei Mt die ganze Passage Lk 7,3–5 fehlt (vgl. Mt 8,5–7), was wohl auf unterschiedliche Fassungen in der Logienquelle zurückzuführen ist.
– Lk 21,24: καὶ πεσοῦνται στόματι μαχαίρης καὶ αἰχμαλωτισθήσονται ἐις τὰ ἔθνη πάντα, καὶ Ἰερουσαλὴμ ἔσται πατουμένη ὑπὸ ἐθνῶν, ἄχρι οὗ πληρωθῶσιν καιροὶ ἐθνῶν aus SLk.
– Lk 21,25: ἐπὶ τῆς γῆς συνοχὴ ἐθνῶν
– Lk 23,2: τοῦτον εὕραμεν διαστρέφοντα τὸ ἔθνος ἡμῶν
– Lk 24,47: καὶ κηρυχθῆναι ἐπὶ τῷ ὀνόματι αὐτοῦ μετάνοιαν ἐις ἄφεσιν ἁμαρτιῶν ἐις πάντα τὰ ἔθνη.
Der einzige sichere Beleg für ἔθνος in der Logienquelle ist also Mt 6,32 par Lk 12,30. Zum LkEv sei angemerkt, dass hier ἔθνος zweimal ausdrücklich auf das jüdische Volk bezogen ist (Lk 7,5; 23,2).

Ein Beleg ist aus Mk übernommen:
- 24,14: καὶ κηρυχθήσεται τοῦτο τὸ εὐαγγέλιον τῆς βασιλείας ἐν ὅλῃ τῇ οἰκουμένῃ εἰς μαρτύριον πᾶσιν τοῖς ἔθνεσιν, καὶ τότε ἥξει τὸ τέλος.
Gegenüber Mk 13,10 hat Mt hier einige Veränderungen vorgenommen, die v.a. mit seiner »Auslagerung« von Mk 13,9–12 nach Mt 10 zusammenhängen;[105] Mk 13,10 belässt er aber an seinem ursprünglichen Platz. Es ist der einzige Vers, in dem Mt πάντα τὰ ἔθνη aus einer Quelle übernimmt.

Die beiden anderen Belege haben keine synoptische Parallele:
- 25,32: καὶ συναχθήσονται ἔμπροσθεν αὐτοῦ πάντα τὰ ἔθνη
- 28,19: πορευθέντες οὖν μαθητεύσατε πάντα τὰ ἔθνη

Fazit: Von den insgesamt 15 Belegen übernimmt Mt fünf aus Mk (Mt 20,19; 20,25; 24,7 2 Mal; 24,14) und einen aus Q; die anderen sind Sondergut oder redaktionell, wobei drei von diesen aus alttestamentlichen Zitaten stammen (4,15; 12,18.21). Bemerkenswert ist, dass Mt die Wendung πάντα τὰ ἔθνη nur an einer Stelle übernimmt (Mt 24,14 par Mk 13,10) und an einer Stelle möglicherweise auslässt (Mt 21,13 par Mk 11,17), die anderen drei Belege sind ohne Parallele, bei Mt 24,9 in den mk Kontext eingesetzt, zu Mt 25,32 und 28,19 fehlt bei Mk der ganze Kontext.

1.2 πᾶσαι αἱ φυλαὶ τῆς γῆς (Mt 24,30)

Wie die obigen Analyse zeigt, erscheint bei Mt ab 24,9 das Stichwort ἔθνος nur noch in der Verbindung πάντα τὰ ἔθνη, und diese Verbindung verwendet Mt umgekehrt auch nur ab hier.

Umso mehr fällt auf, dass Mt in diesem Abschnitt an einer Stelle die Terminologie wechselt, nämlich in 24,30, der Schilderung der Reaktion der Menschen auf das Kommen des Menschensohnes. Hier spricht Mt nämlich gerade nicht von πάντα τὰ ἔθνη, sondern von πᾶσαι αἱ φυλαὶ τῆς γῆς. Warum? Aufgrund des relativ breiten Bedeutungsspektrums beider Wortverbindungen können sie sich semantisch zwar so weit annähern, dass sie zu Synonymen werden.[106] Bei Mt liegt der Sachverhalt aber anders. Seine differenzierte Terminologie verlangt eine andere Erklärung.

---

105   Vgl. dazu S. 136ff.
106   Vgl. den Wechsel innerhalb Gen 12–28 (LXX): Gen 12,3 und Gen 28,14 πᾶσαι αἱ φυλαὶ τῆς γῆς, dagegen Gen 18,18 und Gen 22,18 πάντα τὰ ἔθνη. Ausdrücklich parallelisiert sind die beiden Wendungen in Ps 71,17b (LXX) durch den Parallelismus membrorum, und dies ist gleichzeitig der einzige weitere Beleg von πᾶσαι αἱ φυλαὶ τῆς γῆς in der LXX außer Gen 12,3 und Gen 28,14:
καὶ εὐλογηθήσονται ἐν αὐτῷ πᾶσαι αἱ φυλαὶ τῆς γῆς πάντα τὰ ἔθνη μακαριοῦσιν αὐτόν.

Bislang kennt der Leser des MtEv den Begriff φυλή nur auf die zwölf Stämme Israels bezogen,[107] wo diese Bedeutung aber nicht am Begriff φυλή selbst hängt, sondern an der ganzen Formulierung »die zwölf Stämme Israels«. In 24,30 dagegen ist die Formulierung so universal wie nur möglich.[108] Diese Formulierung lässt sich nämlich nicht (wie dies häufig geschieht)[109] nur aus der Verbindung von Dan 7,13f und Sach 12,10–14 alleine erklären, denn in diesem Kontext findet sie sich gerade nicht,[110] im Gegenteil: In Dan 7,14 (LXX) hätte Mt[111] gerade die Wendung πάντα τὰ ἔθνη vorfinden können.

Unsere Wendung findet sich in LXX, außer dem schon erwähnten Ps 71,17 LXX, nur in Gen 12,3 LXX und Gen 28,14 LXX. Wegen der auch sonst bedeutsamen Bezugnahme auf Abraham,[112] handelt es sich auch hier höchst wahrscheinlich um einen Rückbezug auf die Abrahamtradition.[113] Im gleichen thematischen Zusammenhang wäre Mt auch die (in Gen wohl bedeutungsgleiche) Formulierung πάντα τὰ ἔθνη zur Verfügung gestanden (Gen 18,18 LXX); Mt wollte aber offenbar die für ihn eindeutiger universalistische Formulierung wählen und *nicht* mit πάντα τὰ ἔθνη vermischen.[114]

Dass Mt unter »allen Stämmen der Erde« wirklich alle Menschen (und nicht etwa »alle Stämme des ›heiligen‹ Landes«)[115] versteht, bestätigt sowohl der Duktus der Endgerichtsschilderung in 24,30, deren Pointe ja gerade die Aussage ist, dass die Parusie von allen Menschen gesehen

---

107   Mt 19,28; vgl. S. 185ff.

108   »Alle Menschen« wäre in diesem Sinne für Mt wohl auch nicht gut möglich gewesen, weil sich ἄνθρωποι bei Mt nur auf Menschen außerhalb der Gemeinde bezieht; vgl. S. 123.

109   Vgl. die Angaben bei Nestle-Aland[27] zu Mt 24,30, wo der Hinweis auf Gen 12,3 und Gen 28,14 fehlt, während der gleiche Ausdruck a.a.O. in Apk 1,7 sogar als Zitat gekennzeichnet ist; Luz, Mt III 409.

110   Davies-Allison, Mt III 360, weisen hin auf einen möglichen Bezug zu Sach 14,17 (»perhaps«), aber das ist doch sehr weit hergeholt.

111   Falls die Formulierung von Mt stammt, was wahrscheinlich ist, da nichts dagegen spricht; so auch Stendahl, School 212–214; Luz, Mt III 409, vermutet, dass Mt »wieder einmal auf schriftgelehrte Bearbeitung des Mk-Stoffes in der Gemeinde zurückgreifen kann,« allerdings ohne Gründe zu nennen.

112   Zur Bedeutung der Abrahamtradition im MtEv vgl. Gollinger, Heil 203f, und S. 22f.

113   Auch Wong, Interkulturelle Theologie 104, führt diese Wendung auf die Abrahamtradition zurück, streitet aber wegen seines Bildes vom mt Gerichtsverständnisses einen Unterschied zu πάντα τὰ ἔθνη ab.

114   Luz übergeht das Problem, indem er πᾶσαι αἱ φυλαὶ τῆς γῆς ohne Erklärung mit »alle Völker« wiedergibt: Luz, Mt III 433.

115   Wie dies Davies-Allison, Mt III 360 A224, vermuten, wobei sie m.E. den universalistischen Kontext unterbewerten: »Zechariah refers to the land Israel. Matthew might too, espacially in view of πᾶσαι αἱ φυλαί (…).«

werden wird,[116] als auch auf der anderen Seite der einzige weitere Belege von φυλή im MtEv,[117] nämlich 19,28: Die zwölf Stämme Israels sind ein Teil aller Stämme der Erde.

Vielleicht liegt hier auch in Antwort auf die schwierige Frage, warum Mt in der Perikope von der Tempelaktion Jesu aus dem Jesaja-Zitat πᾶσιν τοῖς ἔθνεσιν weglässt: Diese Formulierung hätte den Leser auf die Spur gebracht, dass damit alle Völker einschließlich Israel gemeint seien, und dies wollte Mt vermeiden.

1.3 ἔθνος / ἔθνη / πάντα τὰ ἔθνή und πᾶσαι αἱ φυλαί im Makrotext des Matthäusevangeliums

Nun sollen die Ergebnisse der beiden vorherigen Abschnitte miteinander verbunden werden, und zwar mit Blick auf die Frage, ob ein einheitliches mt Konzept erkennbar ist, das die Bedeutung von πάντα τὰ ἔθνη festlegt.

Einer Lösung kann man nur näher kommen, wenn man von verschiedenen Seiten an dieses Problem herangeht: Welchen semantischen Bereich steckt die Wendung πάντα τὰ ἔθνη ab? Welche Bedeutung ist bei den vier Belegen jeweils vom Kontext her die wahrscheinlichste? Welche Hinweise gibt die Endgerichtsschilderung selbst und ihr Ort im Kontext sowie innerhalb der gesamten Jesuserzählung?

Von der Semantik her ist keine eindeutige Lösung zu erreichen; wenn man die Dominanz alttestamentlicher Sprachprägung in Rechnung stellt, so ist festzustellen, dass πάντα τὰ ἔθνη in der LXX zwar fast immer die »Völker um Israel herum«[118] meint, aber es gibt Ausnahmen, bei denen Israel mit eingeschlossen ist oder zu sein scheint.[119]

Um dem, was Mt unter τὰ ἔθνη und πάντα τὰ ἔθνη versteht, näher zu kommen, ist zunächst von den sicher interpretierbaren Texten auszugehen, die auch sicher redaktionelles Interesse widerspiegeln.

Hierbei ist in erster Linie an die Stellen zu denken, an denen Mt einen dezidierten Unterschied zwischen Israel und den Völkern macht, nämlich Mt 10,5b sowie indirekt auch in 15,24. Hier gibt Mt unmissverständlich zu verstehen, dass ihm die Unterscheidung zwischen Israel und den Völkern innerhalb seiner Jesuserzählung aus theologischen Gründen wichtig ist.[120] M.E. bieten diese für die Gesamtanlage des

---

116 Vgl. S. 158f; anders Gnilka, Mt II 330, der allerdings etwas unklar formuliert: »Das Sehen ist auf die Stämme eingeschränkt (...)«; und Maurer, Artikel φυλή, ThWNT IX, 254: »Die Klage der Geschlechter Judas (Sach 12,10ff) wird nach Mt 24,30; Apk 1,7 zur Klage der Heidenvölker angesichts des wiederkommenden Menschensohnes.«

117 Innerhalb der Synoptiker sonst nur noch Lk 2,36 und Lk 22,30 (par Mt 19,28?).

118 Lange, Erscheinen 268.

119 Z.B. Jes 14,26; Jes 56,7 (das Zitat in Mk 11,17); vgl. Meiser, Reaktion 260 A89.

120 Vgl. S. 39ff.

MtEv entscheidenden Stellen den Schlüssel zum Verständnis der Texte, in denen ebenfalls von den ἔθνη die Rede ist: Wenn dem Leser an einer Stelle so deutlich gemacht wird, dass Israel nicht unter die Völker gerechnet ist, müsste er an anderer Stelle ein klares Signal erwarten können dafür, dass diese Unterscheidung aufgehoben sein soll.

Auf sicherem Boden dürfte man sich da bewegen, wo die ἔθνη als Negativ-Folie dazu dienen, abzulehnendes Verhalten zu benennen. Hierher ist auf jeden Fall Mt 6,32 zu rechnen (die Völker trachten nach ... ihr aber), aber auch 20,25 (die Herrscher der Völker) dürfte so aufzufassen sein.

Aber die Völker kommen nicht nur als Negativ-Folie in den Blick, vielmehr wird in zwei Zitaten schon die weltweite Dimension des Jesus-Geschehens angekündigt (4,15; 12,18.21) sowie andererseits auch die Rolle der Völker bei der Passion Jesu (20,25).

Singulär innerhalb des MtEv ist der Gebrauch von ἔθνος in 21,43, weil hier ein »Volk« den führenden Repräsentanten Israels gegenübergestellt wird. Wir sind oben zu dem Ergebnis gekommen, dass hier das eschatologische Heilsvolk, wie es sich erst nach dem Endgericht konstituiert, gemeint sein muss.[121]

Wenn man also von der Dominanz von 10,5 ausgeht, ergibt sich ein einheitlicher Gebrauch des Plurals ἔθνη innerhalb der Kapitel Mt 1–23: Es sind immer die Völker im Sinne von Weltvölkern (= »Heiden«) gemeint, die Jünger und auch Israel sind nicht mit eingeschlossen in diesen Begriff, während an einer Stelle ein Ausblick auf das »neue Volk« nach dem Gericht erfolgt (21,43).

Ab dem Ende von Mt 23 und dem Beginn der Endzeitrede könnte sich dies ändern, denn ab hier sind ausdrücklich weltweite Ereignisse im Blick. Die Auseinandersetzungen Jesu mit Israel sind abgeschlossen, und zwar mit einem harten Gerichtswort, das auf eine möglicherweise nicht ganz klare Zukunft hinausweist (23,34–39).[122]

Der erste Gedankengang, in dessen Zusammenhang hierauf das Stichwort ἔθνος erscheint, ist innerhalb der eschatologischen Rede die Ankündigung, dass sich »ein Volk gegen das andere erheben« werde (24,7). Diese Ankündigung ist Bestandteil der mt Schilderung der Endzeit. Diese Schilderung nimmt in ihrem ersten Abschnitt die weltweiten Geschehnisse in den Blick, während speziell jüdische Bezüge erst ab 24,15 anklingen (»heiliger Ort« 24,15; »Judäa« 24,16; evtl. »Sabbat« 24,20). Es wird also dem Leser in 24,7 kein Signal gegeben, dass er hier bei der Formulierung »ein Volk gegen das andere« an das jüdische Volk denken soll, zumal Israel bis dahin im MtEv noch nie ἔθνος genannt wurde.[123]

---

121 Vgl. dazu S. 81f.
122 Zum zukünftigen Aspekt des Jerusalemwortes vgl. S. 194ff.
123 Mt hat außerdem eine andere Sicht des jüdischen Krieges, nämlich als Strafe Gottes für die Ablehnung Jesu (vgl. S. 77ff); wenn er hier speziell den jüdischen

Bei 24,9 handelt es sich um die Schlüsselstelle, weil hier zum ersten Mal πάντα τὰ ἔθνη im MtEv erscheint. Die Frage ist: Gibt Mt hier nur wieder, was auch Mk schreibt (»ihr werdet von allen verfolgt werden«), oder verändert er den Sinn (»ihr werdet von allen Weltvölkern verfolgt werden«)?

Die Gegenüberstellung von Israel und den Weltvölkern in 10,5 und 15,24, die von Mt im Verlauf des Evangeliums nicht ausdrücklich zurückgenommen wurde, wiegt so schwer, dass Israel auch in den Ausdruck πάντα τὰ ἔθνη nicht eingeschlossen sein dürfte.[124] Schon in Mt 10 kündigt Jesus den Jüngern an, dass sie unter den Juden bei der Mission Misserfolge und Verfolgungen erleiden müssen, die bis zum Kommen des Menschensohnes nicht aufhören werden (10,23). Diese Aussage ist in Mt 24 nicht nochmals erforderlich, und sie erfolgt auch nicht ausdrücklich.

Es gibt also keine eindeutigen Hinweise darauf, dass ab Mt 24 eine Bedeutungsveränderung in Bezug auf den Begriff ἔθνη durch die Hinzufügung von πάντα zu beobachten ist. Angesichts der offensichtlich sehr durchdachten Konzeption, dass ab Mt 24 nur noch von »allen Völkern« die Rede ist, kann man auch davon ausgehen, dass Mt innerhalb dieses Bereiches immer das gleiche damit meint.

Dann ist es aber auch sehr schwierig, auf der anderen Seite bei den in 25,31f zum Gericht versammelten Völkern die Jünger mit gemeint zu sehen. Denn in den Voraussagungen von Leiden[125] und in der Ankündigung der weltweiten Mission stehen die (angeredeten) Jünger diesen ja

---

Krieg meinen würde, müsste er anders formulieren; die Ankündigung »ein Volk wird sich gegen an anderes erheben« ist ein traditioneller Topos, den Mt aus Mk 13,8 übernimmt, der Parallelen in der zeitgenössischen Literatur hat, z.B. 4Esr 13,31f, und dessen Ursprung vielleicht in Jes 19,2 zu sehen ist, vgl. Gnilka, Mk II 188.

Auch Luz, Jesuserzählung 147 A169, spricht davon, dass ein eindeutiger Hinweis darauf fehlt, dass der Leser ab Mt 24 unter ἔθνη auch Israel verstehen soll, wie es sich ihm von 28,19 her bestätigt. In seinem Kommentar argumentiert er aber genau gegenläufig (ders., Mt III 422 zu 24,9): »Im unmittelbaren Kontext ist die dominierende Dimension die universale; es gibt keine Opposition, die andeuten würde, dass hier nur die Heiden im Unterschied zu den Israeliten gemeint wären.«

In der Spannung der beiden Luz'schen Postitionen zeigt sich das Problem, dass Luz a) Israel in Mt 28,19f Israel nicht unter die Völker rechnen will (vgl. S. 125f zum Missionsverständnis), b) Mt 25,31–46 universalistisch deuten will (vgl. Luz, Mt III 531; die Frage nach dem »Ort« Israels im mt Gerichtskonzept lässt Luz aber ausdrücklich offen, vgl. a.a.O. 532 und 547)) und c) die Zerstörung Jerusalems nicht als »Endgericht« über Israel deutet, vgl. S. 118.

124   Alle (angeblichen) mt Aussagen vom Ende Israels lassen sich auch anders interpretieren, nicht aber der bleibende Auftrag zu Israel-Mission in Mt 10, vgl. S. 125ff.

125   24,9: Die Jünger werden von allen Weltvölkern gehasst werden; 28,19: die Jünger sollen »alle Völker« zu Jüngern machen; daraus folgt eigentlich ohnehin unmittelbar, dass die Jünger nicht zu den ἔθνη gehören.

deutlich gegenüber.[126] Die Leser, die sich in 24,9 mit den Jüngern identifizieren, die von allen Weltvölkern gehasst werden, werden sich kaum
in der Endgerichtsschilderung ab 25,31–46 mit ihren Gegnern identifizieren.

Als Ergebnis ist also festzuhalten: Die Erzählstruktur und die innere,
heilsgeschichtlich strukturierte Logik des MtEv ist auf die Unterscheidung zwischen Israel und den Völkern aufgebaut, und diese Unterscheidung wird auch in Mt 24–25 nicht aufgehoben, ebenso wie bis zuletzt
auch die Jünger nicht zu den Völkern gerechnet werden. Mt unterscheidet in Mt 24–25 ebenso sehr sorgfältig zwischen den Aussagen, die auf
alle Weltvölkern bezogen sind, und der Aussage, die *alle Menschen* betrifft, nämlich die allen sichtbare Parusie der Menschensohnes. Dass
sowohl die Gemeinde als auch Israel mit dem Gericht rechnen müssen,
unterstreicht das Verb κόψοντα in 24,30: alle Menschen werden bei dem
Erscheinen des Menschensohnes trauern.

So müsste sich also die Schilderung des Endgerichtes (25,31–46) auslegen lassen als Schilderung des Gerichtes über alle Weltvölker, und es
müsste sich kontextuell sowie im Blick auf das ganze MtEv die Funktion dieser so verstandenen Schilderung zeigen lassen.[127] Dies soll im
Folgenden versucht werden.

2   Die Funktion von Mt 25,31–46 im Matthäusevangelium

Hier kann gleich zu Beginn dem wohl am weitesten verbreiteten Argument gegen die exklusive Deutung von 25,31–46 auf die Weltvölkern
entgegnet werden: Dadurch, dass dieser Text als Gericht nur über die
Weltvölkern ausgelegt wird, ist noch lange nicht gesagt, dass Mt nicht
auch ein Gericht über die Gemeinde kennen würde. Das Gegenteil ist
der Fall: Das mt Konzept von den Erwählten, wie es oben dargestellt
ist,[128] läuft ja ganz zielstrebig auf das Überraschungsmoment zu, dass
bei der Parusie des Menschensohnes eben nicht klar sein wird, wer zu

---

126 Mt 24,9b: καὶ ἔσεσθε μισούμενοι ὑπὸ πάντων τῶν ἐθνῶν διὰ τὸ ὄνομά μου.
127 Dazu ausführlich Stanton, Matthew 221–230, der aber zu einseitig auf den
abgrenzenden Aspekt abhebt, vgl. a.a.O. 229: »God's enemies will not have the last
word, for they will be judged on the basis of their treatment of the brothers of the
Son of man, however insignificant.«
Zur Auslegung von Mt 25,31–46 als Gericht über die Weltvölker vgl. Wilk, Völker
122: »Daß sich gerade in der Existenz der Jüngergemeinschaft *unter den Völkern*
die Verheißung Gottes an Abraham erfüllt, wird zumal in 25,31–46 deutlich: Im
Gericht werden ›alle Völker‹ (V32) danach beurteilt, ob sie den Jüngern als den
›Brüdern‹ des Menschensohns (V. 40), und sei es nur einem der Geringsten von
ihnen (V. 40.45), praktisch geholfen haben oder nicht.« Ebd. A 297 schreibt Wilk zu
dem Ausdruck »alle Völker«: »Gemeint sind nach den Gleichnissen in 24,45–25,30,
die das Endgericht über die Mitglieder der Jüngergemeinschaft vor Augen stellen,
alle ›Heiden‹, die nicht zu dieser Gemeinschaft gehören.« Zur Frage des Gerichts-
kriteriums in Mt 25,31–46 vgl. aber S. 182ff.
128 Vgl S.164ff.

den Erwählten gehört und wer nicht. Die Bedingungen sind bekannt, nämlich das Hören auf die Einladung der Boten und das dieser Einladung entsprechende Verhalten, und die Leser werden *aufgefordert*, diese Bedingungen zu erfüllen, nicht jedoch in sektiererischer Sicherheit eines unumstößlichen Erwählungsbewusstseins bestärkt. So fügt sich das mt Konzept von den Erwählten in die auch sonst zu beobachtende Tendenz des Mt zur endgerichtlich begründeten Paränese.

Am Ende der eschatologischen Rede unterstreicht die Gerichtsschilderung aber die Universalität der Herrschaft des Menschensohnes. *Nicht nur* die Gemeinde, die »zu Jüngern gewordenen« Juden und Weltvölker, sondern auch alle Weltvölker unterstehen dem Gericht, also auch die, die das Evangelium nicht gehört oder abgelehnt haben.[129] So löst Mt sein Programm von 16,27 ein, dass *jeder* nach seinem Tun gerichtet werde.

Und so antwortet Mt auf das mit 24,9 gestellte Problem nach der Gerechtigkeit Gottes angesichts des Hasses durch die anderen: Die Jünger werden zur Feindesliebe aufgefordert (5,44f), die Durchsetzung der Gerechtigkeit können und sollen sie dem zum Endgericht erscheinenden Menschensohn überlassen.[130]

Unter diesen Voraussetzungen zeigt sich m.E. tatsächlich, dass zumindest *ein* Aspekt der Endgerichtsschilderung der ist, dass auch denen, die das Evangelium im mt Sinn nicht angenommen haben, eine Möglichkeit eingeräumt wird, zum Heil zu kommen.[131]

Die Frage nach dem Kriterium des Gerichtes, nämlich nach dem Verhalten gegenüber »diesen meinen geringsten Brüdern«, ist bei keiner Auslegung ganz stringent zu klären, auch bei universalistischem Verständnis nicht, zumal wenn man das Überraschungsmoment mit einbeziehen will. Denn gerade für die Jünger ist ja zu erwarten, dass sie das Kriterium kennen würden. Einerseits lässt sich nicht bestreiten, dass aufgrund der mt Terminologie die »Brüder« Jesu seine Jünger sind,[132] aber auf der anderen Seite scheint durch die ausführliche Schilderung

---

129 Diese Differenzierung kann m.E. offenbleiben; man sollte jedenfalls Mt 24,14 nicht pressen in dem Sinn, dass hier ausgesagt wäre, *jeder Mensch* müsste vor dem Ende das Evangelium in Gestalt des mt Werkes vollständig zur Kenntnis genommen haben.

130 Vgl. Röm 12,14.19f.

131 Ein Aspekt, der sich auch bei universalistischem Verständnis ergibt, dann aber, wenn *alle* Menschen *nur* nach ihren Werken gerichtet werden sollen, in Spannung steht zu Mt 10,32f. Überhaupt dürfen die theologischen Schwierigkeiten, die sich bei universalistischer Auslegung ergeben, auch nicht übersehen werden; vgl. Luz, Mt III 404: »Was ist dann noch die Bedeutung der Zuwendung Gottes zu den Menschen im ›Immanuel‹, wenn am Schluss doch allein das Gericht nach Werken über ewiges Leben bzw. ewige Strafe entscheidet?«

132 Vgl. Mt 12,49: καὶ ἐκτείνας τὴν χεῖρα αὐτοῦ ἐπὶ τοὺς μαθητὰς αὐτοῦ εἶπεν· ἰδοὺ ἡ μήτηρ μου καὶ οἱ ἀδελφοί μου. Dabei ist ἐπὶ τοὺς μαθητὰς αὐτοῦ gegen Mk 3,34 eingefügt. Vgl. außerdem Mt 28,10.

der Nöte und Hilfeleistungen eine Offenheit hin zu allen notleidenden Menschen angedeutet zu sein.[133]
Das Überraschungsmoment in 25,31–46 (»wann haben wir …?«) ist ein literarisches Gestaltungsmittel, und es unterstreicht für die Leser zweierlei, nämlich erstens, dass es hier wirklich *nicht* um die Jünger geht, die ja schon von der Bergpredigt her die Forderung zur Feindesliebe und also auch zur Hilfeleistung gegenüber allen Menschen kennen, und zweitens unterstreicht es auch für die Leser die Dringlichkeit der mt Warnung vor dem Gericht: Der Menschensohn wird ein strenger Richter sein, so wie die Leser es spätestens seit 22,11–14 wissen, und die Strenge gegenüber den »anderen« ist Motivation, alles daran zu setzen, eben zu den Erwählten zu gehören.[134]
Gattungsmäßig wäre also 25,31–46 in der Nähe der Fremdvölkerorakel einzuordnen,[135] und zwar in der Funktion, wie wir sie in Am 1,3–2,16 sehen können: Die Fremdvölkersprüche unterstreichen die Macht Gottes, auch außerhalb Israels Recht durchzusetzen, und sie leiten über zur Gerichtsankündigung gegen Juda und Israel.
Wenn nun diese Beobachtungen zutreffend sind, dann entsteht, gerade angesichts der durch 1,21; 2,6; 10,5bf 15,24 geweckten Leseerwartung, eine Leerstelle: Warum ist von einem Gericht über Israel in Mt 24–25 nicht die Rede?
Im Rahmen meiner These vom dreifach gegliederten Endgericht müsste sich nun zeigen lassen, dass diese Leerstelle von Mt in anderen Zusammenhängen gefüllt ist.

IV Das eschatologische Gericht über Israel

Die Analyse sowohl des Gleichnisses vom Hochzeitsmahl mit dem mt Einschub von der Zerstörung der Stadt (22,7) als auch des Endes von Mt 23 und des sogenannten »Blutrufes« (27,25) haben gezeigt, dass Mt die Zerstörung Jerusalems als Strafe für die Ablehnung Jesu und seiner Boten deutet. Dennoch soll, wie die mt Gestaltung der Aussendungsrede zeigt, die Mission in Israel fortgesetzt werden. Diese Schuld lastet also nicht mehr auf Israel, sondern ist durch die Strafe abgegolten, zumindest in einer innergeschichtlichen Perspektive.[136] Daher stellt sich die Frage nach dem Ort Israels im Endgericht, zumal wenn man bedenkt, dass Mt gerade in Bezug auf Israel deutliche Leseerwartungen weckt.[137]

---

133 Mit Niemand, Rekonstruktion 294–296.
134 Gegen eine Eingrenzung des Gerichtes auf die Weltvölker spricht nicht die Anrede mit »Herr« (so argumentiert Luz, Mt III 532): Die ganze Szene zeigt, dass Jesus der Menschensohn und »Herr« ist; textintern wissen die, über die Gericht gehalten wird, natürlich, dass der vor ihnen sitzende Richter der κύριος ist.
135 Vgl. z.B. Jes 14,22–27 LXX mit πάντα τὰ ἔθνη und ὅλη οἰκουμένη.
136 Berger, Theologiegeschichte 677.
137 Vgl S. 36f.

Die vorherigen Kapitel haben ergeben, dass die Schilderung des Endgerichtes nach 25,31–46 nicht einfach allen Menschen gilt, sondern mit einer zweifachen Einschränkung: Zuvor werden die »Erwählten«, also die in der Nachfolge bewährten Jünger, versammelt,[138] und das Volk Israel ist mit dem Ausdruck πάντα τὰ ἔθνη ebenfalls nicht gemeint.[139] Dieses Kapitel soll nun zeigen, dass die verstreuten Äußerungen zum eschatologischen Gericht über Israel nicht nur am jeweiligen Ort im Kontext ihre Funktion haben, sondern darüber hinaus sich zu einem relativ einheitlichen Bild zusammenfügen, wie Mt sich den Ort Israels im Endgericht vorstellt.

Dazu ist zuerst auf den Text einzugehen, der explizit von einem Gericht über Israel redet.

1 Das Gericht der zwölf Jünger über die zwölf Stämme Israels (Mt 19,28)

In den insgesamt von Mk übernommenen Abschnitt von der Gefahr des Reichtums (Mt 19,16–30 par Mk 10,17–31)[140] fügt Mt ein Logion ein, das nur eine (sehr entfernte) Parallele in Lk 22,30 hat. Auf die (bei Mk nur angedeutete) Frage des Petrus nach dem Lohn der Nachfolge antwortet Jesus nicht nur mit der Zusage, dass die Jünger »Hundertfältiges« und das ewige Leben empfangen werden; zuvor antwortet Jesus mit:

ἀμὴν λέγω ὑμῖν ὅτι ὑμεῖς οἱ ἀκολουθήσαντές μοι ἐν τῇ παλιγγενεσίᾳ, ὅταν καθίσῃ ὁ υἱὸς τοῦ ἀνθρώπου ἐπὶ θρόνου δόξης αὐτοῦ, καθήσεσθε καὶ ὑμεῖς ἐπὶ δώδεκα θρόνους κρίνοντες τὰς δώδεκα φυλὰς τοῦ Ἰσραήλ.

Der Vergleich mit der lk Parallele (Lk 22,28–30) führt zwar nicht zu einer konsensfähigen Rekonstruktion der Q-Fassung dieses Spruches,[141] lässt aber doch einige Eigentümlichkeiten der mt Fassung besser erkennen:

– Durch οἱ ἀκολουθήσαντές μοι ist das Amen-Wort mit der vorhergehenden Frage des Petrus verbunden, die Mt weitgehend unverändert aus Mk 10,28 übernimmt; dadurch ist wahrscheinlich, dass Mt diese Verbindung hergestellt hat.

– Während bei Lk die Zeit, in der die Verheißung in Erfüllung gehen

---

138 Vgl. S. 167f.

139 Zu πᾶσαι αἱ φυλαὶ τῆς γῆς in Mt 24,30 vgl. oben S. 177f.

140 Normalerweise wird diese Perikope unterteilt in »Der reiche Jüngling« (Mt 19,16–22) und »Die Gefahr des Reichtums« (Mt 19,23–30), aber der Zusammenhang zwischen diesen beiden Texten ist doch sehr eng.

141 Es ist sogar umstritten, ob Mt 19,28 und Lk 22,28–30 überhaupt auf einen gemeinsamen Q-Text zurückgehen oder auf unterschiedliche Versionen der mündlichen Tradition; für letzteres plädiert Luz, Mt III 121.

wird, angegeben ist mit ἐν τῇ βασιλείᾳ μου, heißt es Mt 19,28 ἐν τῇ παλιγγενεσίᾳ; Mt kennt zwar auch die Vorstellung vom Reich Jesu,[142] aber diese würde nicht zur der Formulierung passen, durch die der zeitliche Rahmen in Mt 19,28 näher beschrieben ist, nämlich ὅταν καθίσῃ ὁ υἱὸς τοῦ ἀνθρώπου ἐπὶ θρόνου δόξης αὐτοῦ. Ob man gegen die mt und also für die vormt Herkunft von παλιγγενεσία damit argumentieren kann, dass Mt »weniger griechisch«[143] formuliert hätte, erscheint mir zwar fraglich,[144] aber auch unabhängig von der Frage der Herkunft[145] ist doch zu erwarten, dass Mt diesen auffälligen Begriff nicht ohne Grund verwendet hat.

– Die mt Angabe der Erfüllungszeit mit ὅταν καθίσῃ ὁ υἱὸς τοῦ ἀνθρώπου ἐπὶ θρόνου δόξης αὐτοῦ findet sich fast wörtlich auch in Mt 25,31; eine Entscheidung, welche Stelle von welcher abhängig ist und wo Mt eine Tradition übernimmt, ist kaum möglich,[146] aber an der zweimaligen Verwendung ist zu erkennen, dass sie mt Interesse wiedergibt.

– Als letzter Unterschied sei erwähnt, dass Lk 22,30 nur einmal die Zwölfzahl angibt, nämlich bei den Stämmen Israels; für das Fehlen der Zwölfzahl der Throne könnte die Erwähnung des Verrats des Judas kurz zuvor verantwortlich sein,[147] für eine Hinzufügung durch Mt könnte das mt Interesse sprechen, die Verheißung als spezielle Verheißung an die *zwölf* Jünger zu kennzeichnen.

Für unsere Frage nach der Israeltheologie des MtEv müssen folgende Probleme geklärt werden: Ist durch das Stichwort παλιγγενεσία herausgestellt, dass es dann, wenn der Menschensohn sich auf seinen Thron setzten wird, zu einer Wiederherstellung Israels kommen wird, und wenn dem so ist, ist dies als für Israel heilvolles Ereignis gedacht? Und: Wie ist die Verheißung an die zwölf Jünger, auf den zwölf Thronen über Israel zu *richten*, genau gemeint?

M.E. ist auszugehen von der betonten Ankündigung des Gerichtes über »zwölf Stämme Israels«. Mt und seine Leser wussten, dass das Volk Israel in seinen zwölf Stämmen nicht mehr existierte.[148] Wenn also ein

---

142 Nämlich als »Reich des Menschensohnes«, vgl. dazu S. 145f.

143 So Luz, Mt III 121 A14.

144 Es ist zu bezweifeln, ob man anhand der uns überlieferten Belege wirklich sagen kann, dass Mt ein bestimmtes Wort nicht gekannt oder nicht selbst verwendet haben *kann*. Immerhin meinte Schlatter, Mt 582, konstatieren zu können: »(Aus dem rabbinisch belegten חדש עולם (ראה עולם) ergab sich leicht עולם חדש = ἡ παλιγγενεσία.«

145 Für mt Redaktion plädiert Schenk, Sprache 18; für Herkunft aus der Tradition Luz, Mt III 121.

146 Luz, Mt III 518: »Die Gemeinsamkeit zwischen 19,28 und 25,31 ist wohl am leichtesten so zu erklären, dass Mt sein eigenes, stark red. bearbeitetes Logion 19,28 hier wieder aufnimmt.«

147 Lk 22,3–6.21–23.

148 Vgl. aber Volz, Eschatologie 378: »Man denkt sich bisweilen das Reich Israel in *zwölf* Stämme geteilt, wie man auch die gegenwärtige Judenschaft in diese Gruppen gliederte«, ders., a.a.O. 347: »Man teilte in unserer Periode das Judenvolk stets

Gericht über die zwölf Stämme angekündigt wird, setzt dies zunächst, und zwar vor dem eigentlichen Gericht, die Wiederherstellung des Volkes Israel voraus. Dies lässt sich auch durch die verschiedenen Bedeutungsmöglichkeiten zeigen, die das Wort παλιγγενεσία haben kann:[149] Ursprünglich ist es ein stoisch-philosophischer Begriff für die Wiedergeburt der Welt nach dem Weltenbrand (ein an sich wiederholbarer Vorgang),[150] aber er findet dann auch im Judentum Verwendung, wobei man wohl in gewisser Hinsicht an Formulierungen der LXX[151] anknüpfen konnte. V.a. bei Philo finden sich Belege: für das individuelle oder allgemeine Wiederaufleben der Menschen oder für das Wiederaufleben der Welt nach der Sintflut. Josephus nennt die Heimkehr aus dem babylonischen Exil ἀνάκτησις καί παλιγγενεσία τῆς πατρίδος (Ant 11,66), kann aber auch die Auferstehung umschreiben mit: ἔδωκεν ὁ θεός γενέσται τε πάλιν καὶ βίον ἀμείνων λαβεῖν (Ap 2,218).

In einem Beleg bei Cicero zeichnet sich die Verwendung für eine »biographische Wende« ab,[152] wie sie sich dann auch bei dem einzigen neutestamentlichen Beleg außer Mt 19,28, nämlich Titus 3,5, findet, wo die Taufe das »Bad der Wiedergeburt und der Erneuerung des heiligen Geistes« ist.

Gibt nun Mt durch die Verwendung des Begriffes παλιγγενεσία Hinweise, in welchem Sinn er ihn verstanden wissen will?

Zum einen ist deutlich, dass Mt die »Wiedergeburt« mit einer ihm auch sonst geläufigen Vorstellung verbindet, nämlich mit dem Sich-Niedersetzen des Menschensohnes zum Gericht.[153] Wie aus der Struktur der mt Eschatologie insgesamt ersichtlich ist, ist damit die Parusie des Menschensohnes gemeint, die das Gericht und das Ende »dieser Welt« mit sich bringt, aber auch den Übergang vom Reich des Menschensohnes

---

idealiter in die *zwölf* Stämme mit den zwölf alten Namen (...), und zwar wird man angenommen haben, dass die zwölf Stämme über Palästina und über die Welt ausgebreitet waren und also sowohl die Bewohnerschaft Palästinas als die Diaspora sich aus den zwölf Geschlechtern zusammensetzte.«

Die Erwähnung der zwölf Stämme als solche setzt also noch nicht unbedingt die Hoffnung auf endzeitliche Herstellung Israels voraus, wie im NT wohl auch das Beispiel Act 26,7 zeigt. Das wird von manchen Exegeten übersehen, die zu schnell auf eine eschatologische Wende allein wegen der »zwölf Stämme« schließen, z.B. Schulz, Q 336. Aber bei Mt gibt es kein Anzeichen dafür, dass für ihn das gegenwärtige Israel als Zwölfstämmevolk gedacht ist.

149 Das folgende nach Büchsel ThWNT I 685–688; vgl. auch Guhrt/Haacker, παλιγγενεσία, 657–659.

150 Vgl. Büchsel ThWNT I 686, wobei er von der philonischen Darstellung der stoischen Lehre ausgeht.

151 Vgl. ὁ οὐρανὸς καινὸς ἡ γῆ καινή Jes 65,17; 66,15; vgl. v.a. Hiob 14,14 für das Leben nach dem Tod: ἕως ἂν πάλιν γένωμαι.

152 Cicero, Epistulae ad Atticum 6,6, als Bezeichnung für die Rückkehr aus der Verbannung; Büchsel a.a.O. 686.

153 Vgl. 25,31; das Richten des Menschensohnes ist allerdings in 19,28 nicht explizit erwähnt.

zum Reich Gottes.[154] ἐν τῇ παλιγγενεσίᾳ ist also nicht mit dem »Zustand« der Welt *nach* der Parusie gleichgesetzt, ist also auch nicht mit »in der neuen Welt« zu übersetzen,[155] sondern mit der Erneuerung bei bzw. durch die Parusie des Menschensohnes.

Zum anderen fällt auf, dass Mt den Begriff παλιγγενεσία nicht mit einem Genitiv verbindet, und dass er also nicht näher bestimmt, ob er die Erneuerung der Welt insgesamt, die Wiederherstellung Israels oder die individuelle Auferstehung meint. Man sollte also den Begriff so offen lassen, wie er ist. Tatsächlich ist nämlich keine der angegebenen Bedeutungen für Mt ausgeschlossen: Wenn Mt vom »Ende dieser Welt« reden kann,[156] muss man ihm auch die Vorstellung von der Neuschöpfung der Welt nicht absprechen;[157] wenn die Parusie das Gericht über alle Menschen bringen wird, dann ist auch die Auferstehung des Individuums vorausgesetzt;[158] und wenn die Jünger über die zwölf Stämme Israels richten werden, dann ist ebenso die Wiederherstellung Israels in seinen zwölf Stämmen impliziert.[159] Es ist also zu vermuten, dass Mt diesen Begriff hier gerade wegen seiner breiten Bedeutungsfülle bringt, und zwar, so ist hier ebenfalls zu vermuten, wegen seiner positiven Konnotationen in Verbindung mit den »zwölf Stämmen« für Israel.

Bevor dies näher begründet werden kann, ist die zweite Frage zu klären, was nämlich unter »richten« zu verstehen ist. Das Verb κρίνειν spielt im MtEv und überhaupt bei den Synoptikern keine allzu große Rolle.[160] Nur drei Mal erscheint es in der Bergpredigt, einmal im Sinne von »streiten, einen Prozess führen« (5,40), und zweimal am Beginn des 7. Kapitels in dem Logion:

μὴ κρίνετε, ἵνα μὴ κριθῆτε· ἐν ᾧ γὰρ κρίματι κρίνετε κριθήσεσθε, καὶ ἐν ᾧ μέτρῳ μετρεῖτε μετρηθήσεται ὑμῖν.

---

154 Vgl. Mt 13,41–43 und S. 145f.
155 So z.B. Davies-Allison, Mt III 57, unter Verweiss auf W. Bauer/W.F. Arndt u.a., A Greek-English Dictionary of the New Testament (Chicago 1979), mit der Begründung: »(...) for our interpretation of κρίνοντες demands that the verse not concern a point in time (...) but rather an extended period of rule.« Ähnlich wie Davies-Allison auch Harrington, Mt 277f.
156 Mt 5,18; 24,35; vgl. dazu überzeugend Sim, Meaning 7–11, der mit Blick auf Mt 5,18; 24,35 zeigt, dass es um eine Neuschöpfung *nach dem Ende dieser Erde und dieses Himmels* geht. Das hat Auswirkungen auf das Gesetzesverständnis des MtEv: Die Wort Jesu gelten länger als die Tora; mit Sim, Meaning 9: »(...) while the Law is not eternal, the word of Jesus are.« So auch Gnilka, Mt II 336; gegen Luz, Mt III 444 A15.
157 Gegen z.B. Schweizer, Mt 254.
158 Auf die Auferstehung deutet Luz, Mt III 129.
159 So Schweizer, Mt 253–255; auch Luz, Mt III 129 A67, meint zur Wiederherstellung des Zwölfstämmevolkes: »Natürlich ist diese Vorstellung in Mt 19,28 vorausgesetzt.«
160 Mt 5,40; 7,1–2 (4 Mal); Lk 6,37 (2 Mal); 7,43; 12,57; 19,22; 22,30; im MkEv kein Beleg.

Hier scheint auf die Vergeltung im Endgericht abgezielt zu sein: wer jetzt »richtet«, wird auch im Gericht gerichtet werden, und zwar mit dem gleichen Urteil, mit dem er gerichtet hat.

Aber diese Überlegungen helfen mit Blick auf 19,28 kaum weiter, weil hier der Kontext Hinweise in verschiedene Richtungen geben könnte, und so wurden in der exegetischen Literatur schon viele Vorschläge gemacht, was hier κρίνειν bedeuten soll:

Den Jüngern könnte eine göttliche bzw. messianische Funktion in dem Sinne übertragen werden, dass sie das »Gericht« über Israel sprechen, es also »richten«, was dann auch die Bedeutung »verurteilen« beinhalten könnte. In einem weiteren Sinn kann κρίνειν aber auch »herrschen« bedeuten, ohne dass dabei unmittelbar an ein Gericht gedacht wäre, und zuletzt ist auch die Übersetzung von κρίνειν mit »zu Recht verhelfen«[161] vorgeschlagen worden.

Ein Blick auf einige Positionen in der neueren Forschung kann verdeutlichen, wie kontrovers die Auslegung diskutiert wird, und auch, wie emotional die Debatte geführt wird.

Im Jahre 1997 erschienen sowohl der dritte (und letzte) Band des Mt-Kommentares von Davies-Allison (abgeschlossen 1996), als auch der dritte (und vorletzte) Band des Mt-Kommentares von Luz (abgeschlossen 1995).

Davies-Allison entscheiden sich für eine Herleitung von κρίνοντες in 19,28 aus dem hebräischen Verb שפט; daraus ziehen sie weitreichende Schlüsse, v.a. begründen sie so ihre Übersetzung von κρίνοντες mit »rulers«: »19.28 envisages the twelve disciples entering ›into God's kingly power by themselves becoming rulers‹.«[162]

In seinem gleichzeitig erschienen Kommentar bezeichnet Luz eben diese Übersetzung mit der Herleitung von שפט als »philologisches Märchen, das (...) eindeutig falsch ist.«[163] κρίνειν sei vielmehr eindeutig mit »richten« zu übersetzen, aber Mt habe keinerlei Interesse an der Gerichtsvorstellung im einzelnen. Es gehe dem Evangelisten ausschließlich um den Verheißungsaspekt: »Den Zwölfen wird im Blick auf das, was sie jetzt in der Jesusnachfolge entbehren müssen, eine geradezu unglaubliche, völlig unproportionale Erhöhung versprochen.«[164]

---

161 Nämlich von Klaus Berger; vgl. unten A167.

162 Davies-Allison, Mt III 56, mit einem Zitat aus J. Marcus, Entering into the Kingly Power of God, JBL 107 (1988), 671

163 Luz, Mt III 129, mit der Begründung, diese Herleitung basiere auf der »Verwechslung der *historischen* Tatsache, dass in Israel Richter herrschten und Könige richteten, mit der *semantischen* Bedeutung von κρίνω.« (ebd. A71) Ob tatsächlich alle Belege, die Bauer 918 für »herrschen« angibt (und zwar nur für Mt 19,28/Lk 22,30, und auch nur überlegend: »doch könnte hier κρ. den weiteren Sinn von *herrschen* haben, vgl. 4Kö 15,5 (...)« nicht das sagen, »was sie sollen«, wie Luz, ebd. A71, meint, sei hier dahingestellt; vgl. dazu weiter Hoffmann, Herrscher oder Richter 254–255. In der Sache ist aber Luz zuzustimmen, weil zumindest bei Mt klar ist, dass es um das *Gericht* geht.

164 Luz, Mt III 130; Luz spricht hier ausdrücklich von den Zwölfen, lässt also hier die zwölf Jünger *nicht nur* für alle Jünger transparent sein, auch wenn er ebd. 128f herausstellt, dass Mt den Akzent nicht auf den Unterschied des Lohnes für die Zwölf im Vergleich zu dem Lohn der anderen Jünger legt; Hoffmann kritisiert die

Diese beiden Einschätzungen haben mittlerweile eine je eigene Nachgeschichte: H.-
J. Klauck hat in seiner Rezension zu Davies-Allison, Mt III, die dort vorgeschlagene
Auslegung von 19,28 begrüßt, und zwar mit folgender Begründung: »Eine exegetische Einzelentscheidung ist geeignet, uns einen erfreulichen weiteren Grundzug des
vorliegenden Kommentares zu vergegenwärtigen: κρίνοντες in 19,28 (Q) wird
nicht mit ›richten‹, sondern mit ›herrschen‹ übersetzt, was eine positive Zukunfts-
erwartung für Israel aufleuchten läßt (…). Das kann als symptomatisch gelten, denn
unsere Autoren betonen durchweg und sehr energisch den jüdischen Charakter des
MtEv.s, und sie wehren sich gegen jeden antijüdischen Zungenschlag bei der Auslegung.«[165]
Die andere Nachgeschichte leitet zu unseren weiteren Überlegungen über. Paul
Hoffmann hat in einem neuen Aufsatz das obige Zitat von Luz aufgenommen und
zum Ausgangspunkt eigener Überlegungen gemacht, wobei er zu dem Ergebnis
kommt, dass κρίνω im mt Kontext sich auf die Teilnahme der zwölf Jünger am
Endgericht über bzw. gegen Israel bezieht; damit, so Hoffmann, nehme Mt die Q-
Intention auf, den »Abschied von Israel« zu artikulieren: »Das Logion Q 22,30 markiert mit der Gerichtsankündigung über ganz Israel einen Endpunkt. Es bedeutet den
Abschied von Israel.«[166]
Einen dritten Weg zur Auslegung schlägt Klaus Berger in seiner Theologiegeschichte des Urchristentums vor, sowohl für Q als auch für Mt: »Leider hat es sich
eingebürgert, ›Richten‹ nur im Sinne des Verurteilens zu verstehen und die heil-
schaffende Funktion des Richtens vollständig zu verkennen. Wenn es daher heißt,
die Zwölf würden die zwölf Stämme Israels ›richten‹ (Lk 22,30; Mt 19,28), so ist
damit nicht deren Verurteilung gemeint, sondern ihnen zu ihrem Recht verhelfen
(…).«[167]

Betonung der Transparenz der zwölf Jünger hier m.E. zu Unrecht; vgl. Hoffmann,
Herrscher oder Richter 257.
165 Hier wird allerdings eine grundlegende Problematik neutestamentlicher Exegese deutlich, unabhänig davon, ob man κρίνω mit »herrschen« oder mit »richten«
übersetzt; vgl. Hoffmann, Herrscher oder Richter 253: »Mag in dem Logion (sc. Lk
22,28–30/Mt 19,28; G.G.) ursprünglich eine endzeitlich-messianische Mitregentschaft der Anhängerschaft Jesu oder aber deren Beteiligung am endzeitlichen Gericht über die zwölf Stämme Israels avisiert gewesen sein, so oder so verwundert es
nicht, dass ein solcher Anspruch im jüdischen Volk auf Ablehnung stieß. (…) Wer
einem solchen Anspruch konfrontiert wird, kann nur mit ›nein‹ antworten oder sich
bekehren. Zu einem Gespräch über die Fronten hinweg kann es nicht mehr kommen.«
166 Hoffmann, Herrscher oder Richter 264; für das LkEv kommt Hoffmann zu
dem Ergebnis, dass es die Q-Sicht nicht übernehme; vgl. a.a.O. 258–262, sowie das
Fazit, a.a.O. 264: »Für ihn (sc. Lukas; G.G.) leitet die Ablehnung Jesu und seiner
Boten – darin Paulus (Röm 9–11) näherstehend als Matthäus – jenen ›Umweg‹ über
die Völker ein, an dessen Endpunkt die Erfüllung der den Vätern für Israel gegebe-
nen Verheißungen steht.«
167 Berger, Theologiegeschichte 136, unter dem Stichwort »Die Zukunft der
Zwölf«; a.a.O. 646 für die Logienquelle; für das MtEv nicht ausdrücklich. In anderen Zusammenhängen stellt Berger den Aspekt »Mitregentschaft« heraus, nämlich
a.a.O. 562 zu Lk 22,30 und Apk 20,4; a.a.O. 620 zu Mt 19,28.
Dass κρίνειν auch als »zu Recht verhelfen« belegt ist, beweist beispielsweise Ps
134,14 (LXX): Der Herr wird seinem Volk zu Recht verhelfen (κρινεῖ), er hat Mitleid mit seinen Knechten. Bauer 918 verweist für die Bedeutung »Recht verschaf-
fen« auf Jes 1,17 und 1Kl 8,4.

Von unseren Bemerkungen zur mt Eschatologie und dem »Ort« der Wiedergeburt als *einem* Akt des Endgeschehens her gesehen, ist die Übersetzung von κρίνειν mit »herrschen« ausgeschlossen, weil diese einen lange anhaltenden Zeitraum impliziert.[168] Er bleibt aber die Frage, in welchem Sinn ein »Richten« hier aufgefasst sein könnte: Ist es mit dem Gesamtduktus des MtEv in Einklang zu bringen, hier a) einseitig von einem »Verurteilen« zu sprechen, oder ebenso b) einlinig nur ein »Zu-Recht-Verhelfen« anzunehmen? Oder ist es nicht eher angebracht, c) eine dazwischen liegende Bedeutung zu vermuten?

Zu a) sollte man auf jeden Fall sehen, dass Mt für »verurteilen« κατακρίνω kennt und an mehreren Stellen verwendet, und zwar bezogen auf »diese Generation« im Anschluss an das Jonawort (12,41f),[169] sowie zweimal bezogen auf die Verurteilung Jesu zum Tod, nämlich in der dritten Leidensankündigung (Mt 20,18 par Mk 10,33) und in der Judasperikope (Mt 27,3). Wenn Mt das Gericht der zwölf Jünger also eindeutig als Verurteilung hätte kennzeichnen wollen, hätte er das mit κατακρίνω ausdrücken können. Aber abgesehen von diesem eher spekulativen Argument sprechen weitere Gründe gegen ein reines Verurteilungsgericht:

Die von der Vorgeschichte geweckte Leseerwartung wäre in ihr Gegenteil umgekehrt, ohne dass dies ausdrücklich gesagt wäre. Die gegen »ganz« Israel gerichteten Aussagen haben sich in zweifacher Hinsicht als begrenzt erwiesen. Es geht Mt primär um die Deutung der Zerstörung Jerusalems, die aber nicht das Ende der Hinwendug zu Israel bedeutet; und das Gericht in der Zerstörung Jerusalems ist auf »diese Generation« begrenzt, wenn auch für diese Generation mit endgerichtlichen Konsequenzen, wie gerade das Jonawort zeigt: Im Endgericht werden die Niniviten gegen »diese Generation« aufstehen und sie verurteilen.[170] Dieser Bezug auf das Endgericht gilt auch für einzelne Städte, nämlich für die drei Städte Chorazin, Bethsaida und Kafarnaum, denen Jesus ausdrücklich die Verurteilung im Endgericht ankündigt,[171] sowie für jede Stadt, die die Jesusboten nicht aufnimmt.[172]

Die Bedrohung einzelner »Gruppen« in Israel widerspricht aber einer Deutung des Gerichtes der zwölf Jünger über ganz Israel als Verurteilung, denn von einer solchen ist nicht ausdrücklich die Rede, obwohl einzelnen Gruppen die Verurteilung angekündigt ist. Wenn es Mt um die Verurteilung ganz Israels nach der Auferstehung gegangen wäre,

---

168 So z.B. auch Schenk, Sprache 325.
169 Mit der Parallele Lk 11,31f, allerdings in umgekehrter Reihenfolge.
170 Zu diesem endgerichtlichen Bezug des Jonawortes vgl. S. 119.
171 Mt 11,20–24 par Lk 10,12–15: den heidnischen Städten Tyrus und Sidon sowie der exemplarisch sündigen Stadt Sodom wird es im Gericht besser ergehen als den angeredeten Städten.
172 Mt 10,14f.

hätte er nicht den Aspekt der Wiederherstellung Israels durch παλιγγενεσία und die »zwölf Stämme« herausstellen müssen.

Zu b) ergibt sich aber daraus, dass auch ein Verständnis von 19,28 als Ankündigung eines für Israel nur heilvollen Ereignisses am Gesamttext des MtEv keinen Anhalt hat. Die Wiederherstellung Israels im Rahmen der Welterneuerung an sich muss nicht als Heilsereignis verstanden werden, weil es jüdisch auch die Vorstellung gibt, dass im Endgericht innergeschichtlich schon bestrafte Gruppen nochmals bestraft werden können,[173] und ausweislich 10,14f; 11,21–24; 12,41f denkt Mt zumindest für Teile Israels genau daran.[174]

So kommt nur c) eine Auslegung in Betracht, die das »richten« im strengen Sinn auffasst: Es geht um ein Gericht über Israel mit offenem Ausgang. Die Signale, die Mt setzt, lassen keine Spekulationen zu, die über das bereits Gesagte hinausgehen: Bei der Parusie des Menschensohnes wird es zu einer umfassenden Erneuerung der Welt mit Auferstehung der Toten und mit der Wiederherstellung Israels als Zwölfstämmevolk kommen. In einem dreifach gegliederten Endgericht werden die zwölf Jünger Jesu das Gericht über Israel halten.

Von »Kriterien« dieses Gerichtes ist wenig zu erfahren, und die Frage, wie die skeptisch-missionstheologischen Aussagen in Mt 10 (das Haus oder die Stadt, die euch nicht aufnimmt, wird dem Gericht verfallen, 10,14f; ihr werdet von allen gehasst werden, 10,22; wer euch aufnimmt, nimmt mich auf, 10,40) mit den Aussagen von 1,21; 2,6 in Einklang zu bingen sein sollen, lässt Mt offen, wenn er nicht, was noch zu untersuchen ist,[175] mit 23,39 einen Hinweis in eine bestimmte Richtung geben will.

Ebenso wie für Israel ist auch die Spannung in Bezug auf die Weltvölker nicht auflösbar: Dem Auftrag, »alle Weltvölker« zu Jüngern zu machen (28,19) steht die Ankündigung an die Jünger zur Seite, von »allen Weltvölkern« gehasst zu werden.[176] Über einen potentiellen »Erfolg« des Auftrages ist hier wie dort nichts zu lesen.[177]

Zusammenfassend lässt sich also sagen:

In der Verheißung an die zwölf Jünger (19,28) sind zwei große Spannungsbögen miteinander verbunden: Die Treue Gottes zu Israel, zu deren Vollendung Jesus der Immanuel gekommen war, wird sich eschatologisch durchsetzen in der Wiederherstellung des Volkes Israel. Die-

---

173 Volz, Eschatologie 244 allgemein, und speziell ebd. 350 zu »einzelnen Gruppen und Gestalten der biblischen Geschichte«.

174 Außerdem für die führenden Gruppen 21,43; 23,13.

175 Vgl. S. 201 ff.

176 Auch wenn es an sich verlockend sein mag, sollte man auch an dieser Stelle nicht die Aufgabe eines Exegeten aus den Augen verlieren, und nicht, wie Schenk, Sprache 98, dies tut, die mt Verfolgungsaussagen als »Indikator mt Skepsis und tiefen mangelnden Selbstvertrauens des Autors« werten.

177 Dies gegen die Luz'sche Argumentation, Mt schließe vielleicht eine Mission in Israel nicht aus, rechne aber auch nicht mit einem großen Erfolg; vgl. S. 143.

ses wiederhergestellte Volk wird, wie die ganze Menschheit, dem Gericht unterstehen. Der Menschensohn wird aber nicht alleine Gericht halten. Vielmehr werden seine zwölf Jünger auf zwölf Thronen sitzen und Israel richten.[178] Es geht Mt zwar im unmittelbaren Kontext nicht in erster Linie um eine lehrmäßige Aussage über die Zukunft Israels, sondern um den speziellen Lohn der zwölf Jünger als einmalige Ausprägung des allgemeinen Lohnes für die Nachfolge. Aber unsere Untersuchungen haben gezeigt, dass die sonstigen mt Aussagen zum Endgericht eine Leerstelle[179] in Bezug auf Israel aufweisen. Von 19,28 her lässt sich diese Leerstelle füllen, und Mt gibt keinerlei Anhaltspunkte dafür, dass er den Inhalt von 19,28 in dieser Hinsicht nicht ernst meinen würde.[180]

Das einzige, was wir näheres über dieses Gericht erfahren, ist, dass dieses Gericht durch die Zwölf Jünger durchgeführt werden wird. Ein reines Verurteilungsgericht ist nach der Wiederherstellung Israels kaum mehr vorstellbar. Ausschließlich im Sinne von »her-richten« kann es aber auch nicht gedacht sein angesichts der Endgerichtsaussagen über Teile Israels.

Dass die Vorstellung eines Gerichts über Israel in einem heilvollen Rahmen durch eine endzeitliche Gestalt im zeitgenössischen Judentum möglich war, zeigt die sehr ähnliche Parallele PsSal 17,26: Der Gesalbte sammelt ein heiliges Volk, »regiert« es in Gerechtigkeit und »richtet« die Stämme dieses Volkes. Diese Erwartung wird hier auf die zwölf Jünger Jesu übertragen und noch stärker als in PsSal auf Israel und auf das Endgericht als solches bezogen.[181] Auch in PsSal 17 geht es nicht

---

178 Von einer Anwesenheit der zwölf Jünger Jesu auf der Seite Jesu beim Gericht über die Weltvölker könnte zwar auch in Mt 25,31–46 die Rede sein (vgl. das hinweisende »*diese* meine geringsten Brüder« Mt 25,40.45 und dazu Luz, Mt III 129 A64), nicht aber von einem Mitwirken der Jünger. Dieses Mitwirken ist also auf das Gericht über Israel begrenzt.
Eine ähnliche Vorstellung liegt zwei anderen neutestamentlichen Texten zugrunde, nämlich 1. Kor 6,2f: Die Heiligen werden über die Welt und sogar über die Engel richten (dazu Schrage, EKK VII/1 409f); und v.a. Apk 20,1–4: Auf Thronen sitzen die ermordeten Zeugen; ihnen wird κρίμα gegeben, und sie werden 1000 Jahre mit Christus regieren (ἐβασίλευσαν); aber auch dieser Text ist in seiner Auslegung umstritten, vgl. dazu Roloff, Weltgericht 121.
179 Zum Begriff »Leerstelle« in rezeptionsästhetischer Hinsicht vgl. Mayordomo-Marín, Anfang 75–79 u.ö.
180 Gegen Wehnert, Teilhabe 95, der einen nicht ausgleichbaren Widerspruch sieht: »Wenn es in Mt 25,31f singularisch heißt, dass der Menschensohn auf dem Thron seiner Herrlichkeit sitzen und die Völker der Welt richten wird, ist die Verbindlichkeit des von Mt wenige Kapitel zuvor überlieferten Thronwortes (…) in Frage gestellt.«
181 Dazu Theißen, Gruppenmessianismus 112, zu Mt 19,28 par: »Auch im Israellogion ist die Sammlung der zerstreuten Stämme vorausgesetzt. Eine Wende zum Heil ist bereits eingetreten. Das Richten der Jünger über Israel kann daher nicht nur ein Strafgericht sein; es ist ein königliches Regieren in Gerechtigkeit – das die Möglichkeit der Strafe einschließt, aber grundsätzlich positiv zu verstehen ist.«

einfach um eine Heilsaussage für ganz Israel, denn an verschiedenen Stelle geht es auch hier um die Bestrafung bzw. Entfernung der Sünder, auch aus dem eigenen Volk.[182] Von dieser Sicht auf den Ort Israels im Endgericht wenden wir uns nun noch einer letzten Stelle zu, nämlich dem Jerusalemwort am Ende von Mt 23.

2 Die Begrüßung des Menschensohnes bei der Wiederbegegnung (Mt 23,39)

Das Jerusalemwort ist wegen seiner Funktion innerhalb der Aussagen des MtEv zur Zerstörung Jerusalems als innergeschichtlichem Gericht über Israel schon angesprochen worden.[183] Es blickt aber über das Verlassenwerden des »Hauses« hinaus in eine weitere Zukunft. Der Zustand des Nicht-Sehens wird nämlich befristet, – doch wodurch genau? Die Formulierung, durch die das Ende des Nicht-Sehens angedeutet ist, hat zunächst auf jeden Fall einen positiven Sinn: »(...) bis ihr sagen werdet: Gelobt sei, der kommt im Namen des Herrn!« Dennoch wird das Jerusalemwort als ganzes immer wieder auch als Gerichtswort ausgelegt.

Dem soll nun in einer Forschungsgeschichte speziell zu 23,39 nachgegangen werden. Dafür sind aber zuvor einige Bemerkungen zu 23,39 erforderlich, und zwar v.a. zu der in diesem Vers vorkommenden Konjunktion ἕως ἄν mit Konjunktiv Aorist.

2.1 Der Gebrauch von ἕως ἄν mit Konjunktiv Aorist

Zur Bedeutung des Ausdruckes ἕως ἄν mit Konjunktiv Aorist herrscht in den einschlägigen Wörterbüchern und Grammatiken eine gewisse Verwirrung, in die etwas Ordnung gebracht werden soll, weil gerade dieser Ausdruck in seinen verschiedenen Bedeutungsnuancen eine entscheidende Rolle für die Auslegung von 23,39 spielt.

Mit der Formulierung: λέγω γὰρ ὑμῖν, οὐ μή με ἴδητε ἀπ' ἄρτι ἕως ἄν εἴπητε wird zunächst angekündigt, dass ein bestimmter Zustand »ab jetzt« (ἀπ' ἄρτι) eintreten wird, nämlich der, dass die Angeredeten den Sprecher »nicht sehen« werden (οὐ μή με ἴδητε). Sodann wird ausgesagt, dass dieser Zustand nicht endlos andauern, sondern ein Ende finden wird. Dieses Ende wird aber nicht explizit genannt, vielmehr wird eine *Handlung* angekündigt, die mit diesem Ende in Beziehung steht: »bis ihr sagen werdet« (ἕως ἄν εἴπητε). Implizit ist dadurch wahrscheinlich auch ein *Ereignis* angekündigt, dass nämlich die Angeredeten den Sprecher wieder sehen werden, aber dies ist eine in der Auslegung

---

182   Vgl. PsSal 17,23.25.26.29.32.36; dazu Brandenburger, Gesalbter 222–232; κρίνειν heißt also auch in PsSal 17,26 nicht einfach »zu Recht verhelfen«. Vgl. zu den Psalmen Salomos: Schnelle, Gerechtigkeit 367–375.
183   Vgl. S. 93ff.

umstrittene Frage. Vielleicht ist das Ende das Zustandes auch so ange-kündigt, dass es gerade nicht eintreten wird.[184]
Die Frage ist nun, wie die angekündigte *Handlung* mit dem implizit an-gekündigten *Ereignis*, also mit dem Ende des Zustandes »ihr werdet mich nicht sehen«, in Beziehung steht. Diese Beziehung wird durch den Ausdruck ἕως ἄν mit Konjunktiv Aorist nicht genau festgelegt.[185]
Im Bauer/Aland findet sich die Angabe zur Bedeutung von ἕως ἄν mit Konjunktiv Aorist bei dem Stichwort ἕως unter der Überschrift »I. tem-porale Konjunktion« im Abschnitt »b) m. Konj. d. Aorist u. (was die Regel) ἄν«. Die Hinweise, die zu seiner Übersetzung gegeben werden, entsprechen dem aber nicht ganz: »um zu bezeichnen, dass der Eintritt eines Ereignisses *von Umständen abhängig* ist«[186]. Denn der Aspekt, dass der Eintritt eines Ereignisses *von Umständen abhängig* ist, geht deutlich über den temporalen Sinn hinaus; es wird die *Bedingung* ge-nannt, die erfüllt sein muss, damit ein Ereignis eintreten kann, also eine *konditionale* Aussage gemacht. Eine andere Übersetzungsmöglichkeit für ἕως ἄν mit Konj. Aorist nennt Bauer/Aland nicht.
Bei Blaß/Debrunner/Rehkopf taucht diese Wendung *nur* als »temporale Konjunktion zur Angabe des Endpunktes« auf.[187] Hier wird also nicht reflektiert, ob der tatsächliche Endpunkt angegeben wird oder eine Be-dingung, die erfüllt sein muss, damit dieser Endpunkt eintritt.
Ein Beispiel aus dem MtEv mag das Problem verdeutlichen:
In der Bergpredigt (5,25f) kündigt Jesus dem, der sich mit seinem Geg-ner nicht rechtzeitig wieder verträgt, an, er werde ins Gefängnis gewor-fen werden. Diese Aussage wird verstärkt durch den Satz:

ἀμὴν λέγω σοι, οὐ μὴ ἐξέλθῃς ἐκεῖθεν, ἕως ἄν ἀποδῷς τὸν ἔσχατον κοδράντην. (5,26)

Wird durch diesen ἕως ἄν-Satz der Endpunkt des Zustandes »Im-Ge-fängnis-Sein« angegeben? Ja und nein, denn es wird zwar gesagt, wann derjenige theoretisch wieder aus dem Gefängnis kommen kann, aber dies eben in Form einer Bedingung, die erfüllt sein muss; ob dies wirk-lich geschehen kann oder wird, bleibt offen.[188]

---

184 Vgl. unten A 188.
185 Zu diesem Problem vgl. schon die ausführlichen Überlegungen von van der Kwaak, Klage; s. dazu unten S. 199.
186 Bauer 675; Hervorhebung G.G.
187 BDR § 455.3b
188 Beyer, Syntax 132: »Jedoch bezeichnet ›bis‹ auch nach einer Negation im Semitischen und im Griechischen öfters nur die Grenze, innerhalb derer die Hand-lung betrachtet wird, ohne dass damit gesagt sein soll, dass sich danach etwas ändert (…).« Zu dieser Frage vgl. allgemein die Überlegungen von Luz in einem anderen thematischen Kontext, nämlich im Zusammenhang der Frage nach der bleibenden Jungfräulichkeit Marias, Luz, Mt I 108: »Ἕως schließt nicht notwendigerweise ein,

Durch den Ausdruck ἕως ἄν mit Konjunktiv Aorist wird aber nicht immer eine Bedingung eingeführt, die zum Eintreten eines Endpunkts erforderlich ist, wie sich an einem anderen Beispiel aus dem MtEv zeigen lässt:[189]
In 16,28 sagt Jesus zu seinen Jüngern, nachdem er ihnen die Dringlichkeit des richtigen Handelns angesichts des Gerichtes nach den Werken (16,27) aufgezeigt hatte:

ἀμὴν λέγω ὑμῖν ὅτι εἰσίν τινες τῶν ὧδε ἑστώτων οἵτινες οὐ μὴ γεύσωνται θανάτου ἕως ἂν ἴδωσιν τὸν υἱὸν τοῦ ἀνθρώπου ἐρχόμενον ἐν τῇ βασιλείᾳ αὐτοῦ.

Hier ist also das Sehen des Menschensohnes mit der Vorstellung eines bestimmten Zeitpunktes verbunden ist,[190] es wird also tatsächlich ein Endpunkt beschrieben, nicht eine von den Angeredeten notwendig zu erfüllende Bedingung. Dadurch, dass hier im Vordersatz ein klar begrenzter zeitlicher Rahmen angeben wird (noch vor dem Tod der Angeredeten), wird der Zeitpunkt des angekündigten Ereignisses näher beschrieben: Noch bevor alle von euch sterben, wird der Menschensohn in seinem Reich kommen. Es wird also »nur die zeitliche Reihenfolge zweier Ereignisse bestimmt,«[191] hier mit der Intention, die zeitliche Nähe des Kommens des Menschensohnes zu betonen.
Zusammenfassend ist also auf unsere Fragestellung hin zu sagen:

Durch die Konjunktion ἕως ἄν wird die zeitliche Reihenfolge zweier Ereignisse, Handlungen oder Zustände bestimmt. Ein konditionaler Sinn ergibt sich nur, wenn der Endpunkt des angekündigten Zustandes so angegeben wird, dass der Angeredete für sein Eintreffen selbst verantwortlich ist.

Wie die Beispiele gezeigt haben, hängt das jeweilige Verständnis von ἕως ἄν mit Konjunktiv Aorist vom Kontext und Sinnzusammenhang jedes einzelnen Falles ab. Man kann also nicht von einem »normalen« mt Gebrauch von ἕως ἄν her die konditionale Bedeutung in 23,39 ein-

---

dass nach dem gemeinten Zeitpunkt sich etwas ändert.« Die Beispiele, die Luz, ebd. A64, gibt, wären aber jeweils zu diskutieren. Etwas anders ders., Mt I⁵ 153 mit A72.
189　Interessant zu vergleichen ist auch Mt 2,13: »Bleibe dort, bis ich es dir sage!« Der Endpunkt wird durch eine variable Zeitangabe bestimmt, auf die der Angeredete keinen Einfluss hat. Hier ist jedenfalls klar, dass sich nach dem gemeinten Zeitpunkt der Zustand ändern wird.
190　Vermutlich die »Selbstkundgabe des Auferstandenen vor seinen Jüngern als himmlischer Herrscher« nach Mt 28,18–20, so Roloff, Reich des Menschensohnes 288.
191　Beyer, Syntax 132.

fach ausschließen.[192] Vielmehr muss man bei der Auslegung von 23,39 mit einer offenen Stelle rechnen, die von den Auslegern unterschiedlich gefüllt wird, weil der Gesamtkontext unterschiedlich gedeutet wird. Die Auslegung eines Makrotextes und die eines darin enthaltenen Mikrotextes beeinflussen sich gegenseitig: Wenn der gesamte Duktus des MtEv eine Verwerfung Israels oder zumindest das Ende seines heilsgeschichtlichen Vorranges impliziert, dann kann auch 23,39 nur als Gerichtswort verstanden werden, wofür sich dann auch Belege[193] finden lassen. Wenn aber 23,39 nicht als reines Gerichtswort aufgefasst wird, und auch dafür können gute Gründe angeführt werden, muss der Duktus des MtEv insgesamt anders aufgefasst werden.

Exkurs IV: Die Auslegung von Mt 23,39 hinsichtlich des mt Israelverständnisses

Die hier interessierende Kernaussage kann entweder temporal (»bis« im rein zeitlichen Sinn), konditional (»falls, unter der Bedingung dass«),[194] oder partitiv (»ein Teil von euch wird«) verstanden werden, und entweder positiv oder negativ, d.h. die Wiederbegegnung wird als heilvoll vorgestellt oder nicht. Das ergibt ein Raster von sechs Auslegungsmöglichkeiten, innerhalb welcher weitere Differenzierungen möglich sind.

Darüber hinaus gibt es aber auch Auslegungen, die sich diesem Raster nicht oder nur sehr schwer zuordnen lassen, wobei dies in der Regel darauf zurückzuführen ist, dass sie zu unklar oder mit zu wenig Problembewusstsein ausgearbeitet sind.

Zu Beginn jedes Abschnittes ist jeweils die Auslegungskategorie grob skizziert, am Ende sind Hinweise gegeben zu den Auswirkungen des jeweiligen Verständnisses von 23,39 auf die Auslegung des ganzen MtEv, v.a. zum auf Israel bezogenen Missions- und Gerichtskonzept.

a) Das temporale Verständnis von V 39
Hinter diesem Auslegungsmodell steckt die Fragestellung: Wann *können* denn die Angeredeten Jesus überhaupt wieder sehen?[195] Auf diese Frage lautet die bei dieser Auslegung vom Kontext her vorgegebene Antwort: Wenn Jesus für alle Menschen sichtbar zum Gericht wiederkommt.[196] Daraus wird gefolgert, dass die angekündigte Handlung (»Begrüßung«) eine *Begleiterscheinung* des angekündigten Ereignisses (»Wiederbegegnung«) ist. Dieses Ereignis wird also zu einem von der Handlung *kausal unabhängigen* Zeitpunkt eintreten.

So verstanden hat V39 etwa folgenden Sinn: Wenn ich wiederkomme (und das werde ich tun, unabhängig davon, wie ihr euch inzwischen verhaltet), werdet ihr

---

192   Wie dies Luz, Antijudaismus 314, gegenüber der konditionalen Auslegung von D.C. Allison tut: »Gegen diese an sich verlockende Deutung von ἕως spricht aber Mt 5,18.26; 16,28; 24,34.«
193   Geradezu klassisch ist die immer wieder genannte Stelle äthHen 62; vgl. S. 202f.
194   Zum temporalen und konditionalen Gebrauch von ἕως ἄν s. oben S. 194ff.
195   Vgl. die Argumentation bei Luz, Mt III 384: »Die Jerusalemer können ja den Parusie-Christus erst dann mit den Worten von Ps 118 begrüßen, wenn sie ihn sehen – also kann ἕως ἄν keine Bedingung einleiten.«
196   Dies ist aber nicht die einzig mögliche Antwort ist, vgl. S. 204f.

alle[197] mich begrüßen mit den Worten … Aber was soll damit genau gemeint sein? Folgende Differenzierungen sind möglich und werden in der Forschung vertreten:

a1) Das negative temporale Verständnis

Das negative temporale Verständnis fasst die Ankündigung folgendermaßen auf: Die bei der Parusie erfolgende Begrüßung Jesu bedeutet zwar seine *Anerkennung* als Richter, aber sie wird vergeblich sein. Sie wird nicht vor dem endgültigen Gericht retten können, denn sie erfolgt zu spät.[198] Diese Interpretation hat für das Verständnis des MtEv im ganzen die Auswirkung, dass es für die Angeredeten keine Hoffnung auf Heil mehr gibt. Wenn man dabei Israel als heilsgeschichtliche Größe im Auge hat, bedeutet dies, dass das MtEv das Ende der Erwählung Israels vertritt.

Dies kann wiederum in verschiedener Weise aufgefasst werden: Entweder so, dass Israel zwar seine Vorrangstellung einbüßt und in die übrigen Völker eingegliedert wird (Nivellierung),[199] oder so, dass Israel als verworfen angesehen wird und nicht mehr als Adressat missionarischer Bemühungen gilt.[200] Im letzteren Sinn verstanden folgt aus dieser Interpretation, dass sich das MtEv nicht mehr an das ihm zeitgenössische Judentum wendet und sich auch nicht mehr direkt mit ihm auseinandersetzt. Die Israelmission ist gescheitert und beendet, jetzt wendet sich die mt Gemeinde an die »Völker« im Sinne von »Weltvölker« (= »Heiden«).

a2) Das positive temporale Verständnis

Hier wird die bei der Parusie erfolgende Begrüßung verstanden als freudige Begrüßung dessen, der zum Gericht kommt. Das bedeutet, dass dieses Gericht für diejenigen, die Jesus so begrüßen, nicht Vernichtung, sondern Erlösung bringt: Wenn Jesus als Richter wiederkommt, wird ihn ganz Israel mit dem Ruf »Gelobt sei …« begrüßen und dann von ihm gerettet werden.[201]

---

197 Dieses »alle« ist in der Regel implizit in der Auslegung enthalten, ohne dass es ausgesprochen und reflektiert wird; die Angeredeten werden als eine Gesamtheit verstanden. Wenn innerhalb der Angeredeten differenziert wird, so dass die Ankündigung »ihr werdet sagen« nicht für alle gilt, spreche ich von einem »partitiven« Verständnis des Textes, vgl. S. 200f.

198 So vertreten beispielsweise von Steck, Israel 293; Strecker, Weg 114f; Kühschelm, Verhältnis 170; ders., Verstockung 143: »Im Gegensatz zu Mt, wo die Position am Ende der Weherede und unmittelbar vor Jesu Weggehen aus Jerusalem (24,1) einen positiven Ausweg schlechtweg ausschließt (…).«; Meier, Vision 166: »On that day (…) Jerusalem and the Jews will be forced to acknowledge and hail the coming one. But on that day he will come as judge, not as the meek king of Zechariah. On that day it will be too late.«

Aus dem MtEv wäre zu vergleichen Mt 7,21: οὐ πᾶς ὁ λέγων μοι· κύριε κύριε, εἰσελεύσεται εἰς τὴν βασιλείαν τῶν οὐρανῶν, ἀλλ' ὁ ποιῶν τὸ θέλημα τοῦ πατρός μου τοῦ ἐν τοῖς οὐρανοῖς.

199 Strecker, Weg 114: »Damit steht Israel in der Reihe aller übrigen Völker, die das Kommen des Weltenrichters erwarten (24,30), ohne dass ihm noch eine Vorrangstellung zuerkannt ist.«

200 Prominentester Vertreter dieser Auslegung ist derzeit Luz, vgl. S. 5f. Dabei ist aber die Möglichkeit, dass einzelne Juden vom Evangelium erreicht werden, nicht grundsätzlich ausgeschlossen, vgl. Luz, Mt III 390. Gnilka, Mt II 305: »Das Kapitel altes Israel ist für Mt geschlossen.«

201 Goppelt, Christentum 185: »Das letzte Wort Jesu an die Judenschaft bei Mt ist die Verurteilung des Pharisäismus; aber es klingt aus in die Ankündigung, dass

Für die Auslegung des MtEv bedeutet dies, dass es ganz in die Nähe der Position des Paulus in Röm 11 kommt: Gott hält seine Treue zu Israel auch angesichts der gegenwärtigen Ablehnung des Messias Jesus durch, am Ende wird ganz Israel gerettet werden.

Mit Blick auf die Frage der Mission ergeben sich zwei Möglichkeiten der Auslegung: Entweder wird der Missionsauftrag in 28,16–20 inklusiv verstanden, so dass auch die Juden mit eingeschlossen wären, oder es gilt weiterhin der Auftrag im Sinne von Mt 10, nur zu den »verlorenen Schafen Israels« zu gehen, durch 28,16–20 aber ausgeweitet auf alle anderen Völker.[202]

a3) Weitere Möglichkeiten, Mt 23,39 temporal zu verstehen

Als weitere Möglichkeit, 23,39 temporal auszulegen, ist einerseits zu nennen: V 39 kann als eher unklarer, nicht näher definierbarer Ausdruck der Hoffnung verstanden werden, dass das Gericht über Israel nicht das letzte Wort Gottes ist.[203]

Andererseits kann es auch einfach offen gelassen werden, was bei dieser Wiederbegegnung, bei der der Ruf »Gelobt sei der da kommt im Namen des Herrn« ausgesprochen wird, genau geschehen wird, d.h. ob die dadurch erfolgende Anerkennung des Richters zu einer Annahme des Volkes Israel führen wird oder nicht.

Dabei kann diese Unklarheit entweder auf der Seite des MtEv gesehen werden, dass also Mt dies offen gelassen hätte,[204] oder aber die Exegeten geben nicht klar zu erkennen, was sie genau unter ihrer Auslegung verstanden wissen wollen.[205]

b) Das konditionale Verständnis von V39

Das konditionale Verständnis wurde in neuerer Zeit erstmals von van der Kwaak 1966 vertreten.[206] Van der Kwaak argumentiert folgendermaßen: Mit ἐρχόμενος ist

Christus bei seiner Wiederkehr auch von einem ihm zujubelnden Israel empfangen wird (Mt 23,39 par Lk). Eine heilvolle Begegnung Israels mit seinem Christus gibt es jetzt freilich nur mehr als Hinzukommen zu dem Volk, dem allein Gottes Reich anvertraut ist.« Schrenk, Israel 16f und 66 A13: die »verfolgte Kirche« hat an der »Umkehr Israels festgehalten«; vgl. aber ebd. 19: Gericht über das wieder hergestellte Israel im Rahmen des allgemeinen Gerichtes. Berger, Theologiegeschichte 339 in Verbindung mit 326f; überlegend: Schweizer, Mt 290.

202 Vgl. Goppelt, Christentum 185: »(...) ein einladender Bußruf an die Juden (...).«

203 Schlatter, Mt 691: »Die Rede wird aber (...) nicht zu einer Weissagung entfaltet, die die Vereinigung des Christus mit dem ihn preisenden Israel beschriebe. Nur das eine ist gesagt: Israel hat den rächenden Zorn, Gericht und Tod verdient, aber das ist nicht das Letzte; darüber steht das zur Vollendung gebrachte Werk des Christus, der im Dienst der göttlichen Gnade mit der rettenden Hilfe Gottes kommen wird.«

204 Z.B. Grundmann, Mt 497: »Es ist umstritten, ob (... V39) das rettende Kommen Jesu für Israel verheißt oder die Ankunft des Richters, der (...) sein verwerfendes Urteil ebenso vollstreckt wie seinen Freispruch, den jedoch die in Mt 23 angeredeten verwirkt haben.«

205 Z.B. Hahn, Mt 24–25 115: »Im Matthäusevangelium dagegen hat dieser Text einen geradezu exzeptionellen Platz erhalten (...). Wegen der hier Angesprochenen geht es allerdings einseitig um die Funktion des Wiederkommens als Richter, was dann aber mit der öffentlichen und allgemeinen Anerkennung dessen verbunden sein wird, der im Namen des Herrn gekommen ist und kommen wird.« Ob diese Anerkennung Folgen haben wird, bleibt unklar.

206 Van der Kwaak, Klage 156–170; zu älteren Bespielen vgl. Luz, Mt III 384 A58.

im MtEv immer der »jetzt« in Israel wirkende Messias Jesus gemeint, und gerade nicht der kommende Richter. Die Parusie ist also gar nicht im Blick. Es handelt sich vielmehr um eine an Israel ergehende Aufforderung zur Bekehrung, durch die die in V37–39a ausgesprochene Strafe aufgehoben würde.

Man könnte den Sinn vielleicht so umschreiben: Wer von den Juden in der kommenden Zeit (vor der Parusie) sich zu Jesus bekehrt und ihn als den ἐρχόμενος anerkennt, der wird ihn »sehen«, bevor er zum Gericht kommt.

b1) Das positive konditionale Verständnis von V 39
Die Vorschlag einer konditionalen Bedeutung wurde von D.C. Allison aufgegriffen,[207] aber entscheidend uminterpretiert: Die Begrüßung Jesu mit den Worten »Gelobt sei ...« ist nicht die Voraussetzung dafür, dass Israel bzw. einzelne Juden Jesus vor der Parusie »sehen«, sondern die Voraussetzung für die Parusie selbst: Dann, wenn Israel in Jesus den Messias erkennen wird, dann kommt er wieder zum Gericht, und zwar für Israel heilvoll.[208]
Für das Gesamtverständnis des MtEv würde dies bedeuten, dass Israel in der Abfolge der Endzeitereignisse eine entscheidende Funktion bekäme, denn die Parusie hätte die Bekehrung ganz Israels zur Voraussetzung. Israel würde also seinen Vorrang behalten und wäre auch weiterhin Adressat der Verkündigung.

b2) Das negative konditionale Verständnis
Auch bei konditionaler Interpretation von ἕως ἄν kann 23,39 als Gerichtsausssage verstanden werden, und zwar in folgendem Sinn: Wenn Israel zu Jesus sagen *würde*: »Gelobt sei ...«, dann *würde* es ihn sehen. Aber Israel wird dies nicht sagen, denn es ist ja verstockt und verworfen, die Möglichkeit zur Rettung ist nur noch eine rein theoretische.[209]
Im Endeffekt läuft diese Auslegung auf die gleiche Israelsicht hinaus wie das negative temporale Verständnis. Sie vermeidet allerdings die Härte, dass bei negativem temporalem Verständnis Mt zugetraut werden muss, er ließe die jetzt schon dem Untergang Geweihten beim Gericht ihren Richter mit den an sich positiven Worten aus Ps 118,26 begrüßen.

b3) Weitere Möglichkeiten, Mt 23,39 konditional auszulegen
Auch bei konditionalem Verständnis kann man den Ausgang der Geschichte Israels offen lassen. Trilling hat dies so formuliert: »Nur wenn die Juden Jesus als Messias erkennen und sich diesem Anspruch beugen, werden sie ihn wiedersehen. Ob das bei seiner ›Wiederkunft‹ tatsächlich geschieht, scheint offenbleiben zu müssen.«[210]

c) Das partitive Verständnis von V39
Bei dem partitiven Verständnis handelt es sich gewissermaßen um eine Kombination des temporalen und des konditionalen Verständnisses: Das angekündigte Ereignis (Wiederkunft zum Gericht) wird zwar zu einem von der angekündigten Handlung (Begrüßung mit »Gelobt sei ...«) *kausal unabhängigen* Zeitpunkt eintreten, aber diese Handlung wird nicht von allen Angeredeten vollzogen werden. Der Sinn von V39 könnte dann also so wiedergegeben werden: Ihr werdet mich erst bei meiner Wiederkunft wieder sehen. Aber nur diejenigen von euch, die mich bei meiner

---

207 Allison, Conditional Prophecy 74–84.
208 Als Vergleichstext aus dem NT nennt Allison Act 3,19f, wo die Umkehr der Angesprochenen die Voraussetzung für die Ankunft des Christus ist (a.a.O. 81).
209 France, Mt 332: »This is the condition on which they will see him again; but there is no promise that the condition will be fulfilled.«
210 Trilling, Einzug 75.

Wiederkunft begrüßen werden mit den Worten »Gelobt sei …«, werden von mir gerettet werden. Dabei kann dann zum einen mehr der Verheißungscharakter dieses Wortes betont werden, wie z.B. bei J. Jeremias: »Jesus ist gewiß, dass Gottes Verheißung sich erfüllen wird und dass Gott auch in dem verstockten und verblendeten Jerusalem eine Schar erwecken wird, die den ἐρχόμενος, den Wiederkommenden, im Namen Gottes begrüßen wird.«[211]
Zum anderen kann der Akzent mehr auf dem menschlichen Handeln liegen, und zwar in dem Sinne, dass bei der Wiederkunft Jesu die Angeredeten noch einmal die *Möglichkeit* bekommen werden, ihn als Messias zu begrüßen. Kümmel drückt dies so aus:»Es ist (…) gegenüber dem Jesu Botschaft ablehnenden Jerusalem zunächst gesagt, dass der Tempel von Jesu Gegenwart verlassen werden soll, und damit die Weissagung verbunden, dass Jesus für die Juden unsichtbar bleiben werde, bis sie ihn als Messias begrüßen können.«[212]
Eine wieder etwas anders gelagerte Möglichkeit hat G. Stanton vorgeschlagen, die auch der Kategorie »partitives Verständnis« zuzuordnen ist.[213] Bei Stanton spielt der eschatologische Kontext keine deutliche Rolle. Er arbeitet aus Texten, die jünger sind als das MtEv, einen fest geprägten Aussagezusammenhang heraus, das sogenannte »Sin-exil-pattern«, und findet dies dann auch im MtEv wieder, und zwar eben an unserer Stelle 23,37–39. Er versteht dies als Ausdruck der Hoffnung, dass wenigstens ein Teil Israels sich noch zu Jesus bekehren wird.[214] Das käme dann wohl im Endeffekt einer Nivellierung Israels gleich, denn diese Hoffnung auf Bekehrung hat Mt ja wohl grundsätzlich bei allen Menschen. Aber es wäre zu klären, inwiefern die Sonderstellung Israels doch noch erhalten bliebe.

d) Zusammenfassung des Exkurses
Die Zusammenstellung von Auslegungen der Ankündigung:»Ihr werdet mich nicht mehr sehen, bis ihr sagen werdet: Gelobt sei, der kommt im Namen des Herrn!« dürfte gezeigt haben, wie viel hier auf dem Spiel steht. 23,39 kann als Dreh- und Angelpunkt der Auslegung des MtEv betrachtet werden. Entscheidungen, die hier getroffen werden, haben weitreichende Folgen, oder, wenn die Entscheidungen an anderen Stellen getroffen werden, spiegeln sie sich auf die eine oder andere Weise in der Interpretation von 23,39:
Sowohl temporales als auch konditionales und partitives Verständnis sind möglich, vom Wortlaut des Verses her ist keine Entscheidung möglich. Es ist so das Spektrum der Möglichkeiten aufgezeigt. Es wird sich im Folgenden zeigen, dass in unterschiedlichen Perspektiven tatsächlich alle drei Auslegungsmöglichkeiten zutreffen.

2.2 Mt 23,39 im Kontext des MtEv
Wir kommen auf die Deutung von 23,37–39 als Gerichtswort zu sprechen. Hier wird der an sich positive Sinn der Begrüßung aufgenommen, aber eingebaut in eine durch den Kontext des ganzen MtEv bestimmte negative Sicht.

211 Jeremias, Abendmahlsworte 250; wenn Jeremias hier auch nur von »Jerusalem« redet, scheint er doch ganz Israel im Blick zu haben.
212 Kümmel, Verheißung 74, wobei Kümmel nicht auf die Frage eingeht, ob es denen, die den Messias dann so begrüßen, zum Heil gereichen wird.
213 Anders Luz, Mt III 384 A57, der die Auslegung Stantons der konditionalen Kategorie zuordnet.
214 Stanton, Polemic 387: »The S-E-R pattern allowed Christians to keep alive hopes for an eventual conversion of at least some within Israel.«

Als Parallelen dazu lassen sich in erster Linie Aussagen aus dem äthHen 62 anführen. Dort heißt es, dass die zum Gericht versammelten »Erdbesitzer« den Menschensohn »rühmen, preisen und erheben« (62,6), sie »fallen vor ihm auf ihr Antlitz nieder und beten ihn an, sie setzen ihre Hoffnung auf ihn und erflehen Barmherzigkeit« (62,9). Trotzdem wird sie der Menschensohn »den Strafengeln übergeben«, um »Rache an ihnen dafür zu nehmen, dass sie seine Kinder und seine Auserwählten misshandelten« (62,11).

Dieser Ableitung aus einer religionsgeschichtlichen Parallele heraus stehen erhebliche Bedenken gegenüber: Die literarischen Abhängigkeitsverhältnisse zwischen MtEv und den Bilderreden des äthHen sind ungeklärt, auf jeden Fall aber nicht sicher genug bestimmbar, um so weit reichende Schlüsse zuzulassen.[215] Konnte Mt bei seinen Lesern wirklich voraussetzen, dass sie sein Evangelium mit Hilfe des äthHen verstehen, und zwar ausgerechnet für ein Psalmzitat, das im äthHen nicht belegt ist?[216]

Gerade für dieses Psalmzitat liefert Mt selbst eine Interpretation, die in eine ganz andere Richtung weist, nämlich in der Einzugsperikope.

a) Rückbezug zur Einzugsperikope

Die Einzugsperikope ist mit ihrer für das MtEv insgesamt zentralen Bedeutung schon angesprochen worden:[217] Mit den Jüngern und den ihm nachfolgenden Volksmengen kommt Jesus in die Stadt Jerusalem, die sowohl die Stadt seiner Gegner ist, als auch »Heilige Stadt« (4,5 und 27,53) und Stadt des Tempels, also des Zentrums Israels.

Mt deutet den Einzug Jesu in Jerusalem durch ein Mischzitat aus Jes 62,11 und Sach 9,9, und zwar in dem Sinn, dass Jesus als der König Jerusalems jetzt in die Stadt kommt (21,5); die Volksmengen rufen dies der Stadt durch ihren Begrüßungsruf zu, der auch Ps 118,26 enthält. Durch dieses Erfüllungszitat und durch andere Änderungen[218] gibt Mt zu erkennen, dass er den Begrüßungsruf der Menge mit dem Psalmzitat für sachgemäß hält, auch wenn ihn die Jünger nicht mitsprechen.[219]

---

215 Die These von Theisohn, Der auserwählte Richter, Mt sei literarisch von den Bilderreden des äthHen abhängig, hat sich nicht durchgesetzt. Vgl. zur Kritik Luz, Mt III 499.

216 Das gilt erst recht für die detaillierte Ableitung von einzelnen Bestandteilen von Mt 23,39b aus äthHen, wie sie Steck, Israel 236, liefert; zur Kritik der Ableitung von Mt 23,37–39 aus äthHen vgl. Karrer, Gemeinde 148 A20.

217 Vgl. S. 60ff.

218 Mt lässt das »gelobt sei die kommende Herrschaft unseres Vaters David« (Mk 11,10a) weg, weil er es nicht für angemessen hält: Es geht um Jesus selbst, nicht um die Herrschaft, die er bringt. Die Volksmenge wird, anders als Mk 11,8, als »sehr groß« bezeichnet.

219 Was merkwürdig bleibt; vielleicht wissen sie um das Scheitern dieses Einzugs in Jerusalem? Vielleicht soll aber so auch die Unzulänglichkeit des Begrüßungsrufes angedeutet werden: Jesus kommt nicht »im Namen des Herrn«, sondern *als* Herr.

Wenn also hier der Begrüßungsruf positiv besetzt ist, dann sollte man dies auch in 23,39 voraussetzen. Mt hätte sonst andere Signale setzen müssen. Durch die Platzierung des Jerusalemwortes am Ende von Mt 23 parallelisiert er aber die erste Begegnung Jesu mit Jerusalem, bei der »nur« die Volksmengen, nicht aber die Stadt selbst[220] Jesus sachgemäß begrüßen, mit der zweiten, noch ausstehenden Begegnung, wo sie dies dann doch tun wird.

b) Religions- und formgeschichtliche Bemerkungen zu Mt 23,39
Auch formgeschichtlich führt die Interpretation von 23,39b als vergeblichem Begrüßungsruf und damit als reine Gerichtsaussage zu Problemen. Es entsteht nämlich so eine doppelte Gerichtsankündigung: Verlassenheit und Zerstörung des Tempels als innergeschichtliches Gericht und vergebliche Begrüßung als »Synonym« für das Endgericht; ein solches Wort lässt sich aber keiner bekannten Gattung zuordnen.[221]
Es gibt aber, wie oben für Q schon ausgeführt, eine Gattung »Befristetes Gerichtswort«, nach der das Ende der Gerichtszeit entweder als offenes Ende angegeben wird, oder als Ende der Gerichtszeit eine neue Heilszeit angekündigt wird.[222] Gerade Tob 14,4f liefert eine hervorragende Parallele zu 23,37–39.
Die Versuche, das Ende von 23,39 rein negativ zu deuten, sind also nicht überzeugend. Der Jerusalem verlassende Jesus kündigt an, dass es noch zu einer positiven Begegnung zwischen ihm und Israel kommen kann. Die Frage ist aber zum einen, wann dies geschehen soll, und zum anderen, ob Mt andeutet, dass es zu dieser Begegnung wirklich kommen wird.

c) Der Zeitpunkt der Wiederbegegnung
Lässt Mt erkennen, wann dies geschehen soll? Der begründende Bezug zu 23,38 (euer Haus wird euch wüst gelassen werden, *denn* ihr werdet mich nicht sehen von jetzt an bis …), lässt vermuten, dass Mt an die

Oder stehen die Jünger auf der Seite Jesu und sind mit dem Begrüßungsruf mitgemeint?
220 Mit Ausnahme der »Unmündigen und Säuglinge« im Tempel (21,16).
221 Vgl. Sato, Prophetie 156–160, der sich bisher am ausführlichsten mit der Gattungsfrage dieses Wortes beschäftigt hat. Er ordnet die »besondere Unheilsankündigung« (Lk 13,35b) seinem Merkmal 3.3. »Die Gegenwart wird als kurze Zwischenzeit vorgestellt« zu (a.a.O 157 und 105f), aber er übersieht dabei, dass sein Element 3.3. nicht die Spanne zwischen einem ersten und einem zweiten Gericht umschließt.
Einerseits ist sich hier auch Sato nicht ganz sicher (»Wahrscheinlich darf man zwischen dem Jetzt, wo das ›Haus‹ verlassen wird, und dem jüngsten Gericht einen eschatologischen Zwischenraum (…) annehmen.« a.a.O. 158), andererseits benutzt er gerade seine Gattungszuordnung als Argument gegen andere Deutungen: »Wer in diesem Satz etwas Hoffnungsvolles hören will, nimmt die schmerzvolle Klage ›Jerusalem, Jerusalem‹ und die Gattung ›Unheilswort‹ nicht ernst.« (ebd.)
222 Vgl. oben S. 102f.

Zeit nach der Zerstörung des Tempels denkt, jedenfalls aber nach dem
Weggang Jesu aus dem Tempel.
Von vielen Auslegern ist 23,39 geradewegs auf die Parusie gedeutet.
Ein häufig genanntes Argument dafür ist die mt Formulierung ἀπ'
ἄρτι:[223] Wie in 26,29 und 26,64 blicke Mt mit diesem Ausdruck auf die
Parusie voraus.[224] Diese Argumentation ist aber nicht unanfechtbar. Es
stimmt zwar, dass es bei allen drei mt Belegen um eschatologische Er-
eignisse geht, aber wie die sonstige Verwendung von ἄρτι bei Mt
zeigt,[225] ist für ihn auch schon die Zeit der Wirksamkeit des irdischen
Jesus eschatologisch gefüllt, erst recht aber auch die Gegenwart des Mt
selbst, die ja für ihn die Zeit des »Reiches des Menschensohnes« ist.
Wenn also ἀπ' ἄρτι auch von der Zeit des Sprechers, textintern also von
der letzten öffentlichen Rede Jesu im Tempel, auf eine eschatologische
Zukunft weist, kann damit durchaus auch die mt Gegenwart gemeint
sein.
Wie oben dargelegt,[226] will Mt seine Gemeinde neu zu einer Mission in
Israel motivieren. Es ist zu prüfen, ob 23,39 auch hierfür Relevanz hat.

d) Mt 23,39 und die Mission in Israel
Das setzt zuerst eine andere Überlegung voraus. Es weisen nämlich
auch abgesehen von ἀπ' ἄρτι einige Züge nicht in Richtung Parusie:
Jesus kommt bei der Parusie nicht »im Namen des Herrn«, sondern er
ist der Herr selbst.[227] Für das MtEv wird diese Spannung gerne so aufgelöst, dass behauptet wird, hier seien Elemente der Menschensohnvor-

---

223   ἀπ' ἄρτι im NT außer Mt 23,39; 26,29.64 nur noch Joh 13,19; Apk 14,13.
224   So z.B. Gnilka; Mt II 304: »Mt hat mit der Zeitpartikel ›von jetzt an‹ eine Zä-
sur gesetzt (...). Sie markiert den Abschluß seines öffentlichen Wirkens, der Ent-
scheidungszeit für Israel, und lenkt gleichzeitig zur Parusie über, (...) die zwei-
felsohne im zweiten Teil des Verses ins Auge gefaßt ist.« Dies ergibt sich für
Gnilka aus dem »strukturellen Vergleich mit 26,29 und 64.« (ebd. A39) So auch
Luz, Mt III 383 mit A49.
Mt 26,29 und 64 sind aber überstrapaziert, wenn man aus diesen beiden Versen folgern wollte: »(...) das Gottesreich und das Gericht stehen nun vor der Tür (...)«, so
Luz, Mt III 383. Mt 26,29 bezieht sich auf die Gemeinschaft Jesu mit seinen Jüngern, die erst »im Reich meines Vaters« wieder ganz hergestellt sein wird; Mt 26,64
ist an die Gegner adressiert, die jedenfalls Jesus erst als Richter wieder sehen werden. Daraus muss man nicht folgern, dass auch in Mt 23,39 die Zeit bis zur Parusie
nicht im Blick ist.
225   Vgl. v.a. Mt 3,15; 11,12; 26,53; nur in Mt 9,18 wird ἄρτι eine reine Zeitangabe sein, mit einem leicht rückblickenden Zug: »meine Tochter ist jetzt gerade
gestorben.«
226   Vgl. S. 143ff.
227   Diese Spannung findet sich schon in Mt 21,3: »Der *Herr* braucht sie«; möglicherweise ist das ein Grund dafür, dass die Jünger die Begrüßung nicht mitsprechen,
denn sie wissen ja, dass Jesus nicht »nur« Sohn Davids ist und *im Namen* des Herrn
kommt, sondern dass er dieser Herr selber ist. Vgl. dazu unten A 236.

stellung des äthHen aufgegriffen:[228] Auch im äthHen richte der Menschensohn »*im Namen des Herrn* der Geister.« (vgl. äthHen 55,4) Aber der Menschensohn und der »Herr der Geister« werden in äthHen nicht so identifiziert, wie dies im MtEv der Fall ist: Jesus kommt als Menschensohn[229] und wird als »Herr« angeredet,[230] und jedenfalls kommt er nicht »im Namen des Herrn.«

Damit soll nun nicht gesagt werden, dass sich 23,39 nicht auf die Parusie beziehen könne, es soll nur bestritten werden, dass dies die einzige Auslegungsmöglichkeit ist. Mt denkt wohl auch an die Zeit dazwischen, die Zeit der Israelmission:[231]

Wenn Jesus der »Herr« ist, dann ist derjenige, der im Namen des Herrn kommt, ein Jesus-Bote.[232] Das Stichwort »mein Name« erscheint auch in der Aussendungsrede (10,22)[233]: Wer einen solchen Boten, der um des Namens Jesu willen gehasst wird, segnend aufnimmt, nimmt »Jesus auf« (10,40) und *sieht* ihn so im Glauben.

Dass Mt in einem übertragenen, geistigen Sinn von »sehen« reden kann, zeigt 13,13.[234] Die Volksmenge »sieht« Jesus, ohne ihn *wirklich* zu sehen. Anders als die elf Jünger Jesu, die den auferstandenen Jesus sehen konnten,[235] sind alle späteren Jünger auf das »wirkliche« Sehen Jesu angewiesen, das sie von den damaligen Volksmengen unterscheidet (vgl. 13,16f), auch wenn sie ihn nicht sehen.

Man kann gerade für das MtEv die Bedeutung annehmen, die von einigen Auslegern für die vormt Tradenten des Jerusalemwortes angenom-

---

228 Hier hat v.a. Steck traditionsbildend gewirkt; vgl. Steck, Israel 236 (zu Lk 13,35 par Mt 23,39 als Teil eines »jüdischen Gerichtswortes«): »Aber an welche eschatologische Gestalt, mit der zusammen die Weisheit sich wieder sehen läßt, ist gedacht? (Die Messiasvorstellung fällt aus), da in PsSal (...) dem Kommen des Messias die Umkehr Israels zugeordnet ist (!). Bleibt nur die Menschensohnvorstellung.« Zustimmend aufgenommen von Gnika, Mt II 305.
229 Mt 24,3 (τί τὸ σημεῖον τῆς σῆς παρουσίας) identifiziert Jesus mit dem Menschensohn; Mt 24,27.30.44; 25,31.
230 Mt 25,37.44.
231 Ähnlich schon van der Kwaak, Klage 169, mit etwas anderer Argumentation, nämlich v.a. mit dem Hinweis darauf, dass ἐρχόμενος im MtEv immer »mit dem Kommen des Messias Jesu (sic!) in sein irdisches Dasein verbunden« ist. Von daher und von einem konditionalen Verständnis von ἕως ἄν her kommt er zu dem Ergebnis: »Wir könnten dann diesen Text als eine Aufforderung zur Bekehrung auffassen, wodurch die Strafe – über die in Vers 37–39a so nachdrücklich gesprochen worden ist – aufgehoben wird.« Auf van der Kwaak beruft sich Wiefel, Mt 408 A23, allerdings zu Unrecht insofern, als Wiefel, Mt 408, Mt 23,39b als »Parusieansage« deutet.
232 Gegen van der Kwaak, Klage; vgl. oben A 231.
233 Ebenso negativ gewendet wie in 24,9, wo es auf den Hass der Weltvölker bezogen ist. Vgl. auch 10,40: wer euch aufnimmt, nimmt mich auf, dazu 18,5; 12,21: auf seinen Namen werden Völker hoffen)
234 Von dem Zitat 13,14f abgesehen; vgl. dazu oben S. 46 A 44.
235 In den Osterperikopen in Mt 28 ist »sehen« geradezu ein Leitwort: Mt 28,7.10.17.

men wird:[236] Die Jesusboten werden so sehr mit Jesus identifiziert, dass ihre segnende Aufnahme das Sehen Jesu bedeutet. 23,39 lässt sich so gut als Aufruf zu Bekehrung an die Adresse jüdischer Leser verstehen.

Der Bezug auf die Zeit der Israelmission und der Bezug auf das Endgeschehen schließen sich nicht gegenseitig aus, für beide gibt es gute Gründe: Die Angeredeten werden entweder zur Zeit der Mission einen Jesus-Boten mit der Segnung aus Psalm 118 begrüßen (konditionales und partitives Verständnis) und so Jesus »sehen«, oder den zum Gericht wiederkommenden Jesus selbst (temporales Verständnis). Denn *dass* die Angeredeten Jesus bei der Parusie sehen werden, ergibt sich eindeutig aus den sonstigen mt Aussagen, v.a. aus 24,30, und die Parallelisierung der Wiederbegegnung bei der Parusie mit der Begrüßung ergibt sich ebenfalls eindeutig aus 23,39, wobei dann allerdings an eine unfreiwillige Anerkennung zu denken ist.

Die Frage ist nun aber, wie sich diese beiden Bedeutungsmöglichkeiten verbinden lassen: Von der Einzugsperikope her ergibt sich für die Begrüßung durch das Psalmwort ein positiver Sinn, wie er sich auch in die Missionssituation integrieren lässt; gilt dies aber auch für die unfreiwillige, erzwungene Begrüßung bei der Parusie?

Das führt zur Frage nach dem Schicksal Israels im Endgericht.

3 Der Hirte Israels und das Gericht über Israel

Wir beginnen mit einer Bilanz: Auffälligerweise wird Israel in den auf Zukunft ausgerichteten Aussagen in Mt 24–25 nicht erwähnt;[237] es gibt keine eindeutigen Anzeichen dafür, dass es nach mt Verständnis unter »alle Völker« mit einbezogen sein soll. Die Zerstörung Jerusalems als Gericht ist von dem dreifach gegliederten Endgericht zu unterscheiden. Durch dieses innergeschichtliche Gericht ist die Schuld von den weiteren Generationen Israels genommen, es ist also 27,25 in präzisem Sinn gemeint: Sein Blut komme über uns und unsere Kinder, was genau in die Zeit 70 n.Chr. führt. Im Endgericht, wie 25,31–46 es schildert, kommt Israel aber nicht vor, weil Mt von einem Spezialgericht für Israel ausgeht, das die zwölf Jünger Jesu durchführen werden.

Für 23,39 hat sich uns ein zweifacher Sinn ergeben: Einerseits ist dieser Vers als Aufforderung an jüdische Adressaten zu verstehen, die Jesus-

---

236 So Luz, Mt III 380: »Der Sprecher (könnte) ein Wanderprophet der Q-Gemeinde sein, der im Namen des *erhöhten Herrn* spricht.« (Hervorhebung im Original) Dann würde aber das Jerusalemwort auf die Aussage hinauslaufen, dass die Angeredeten den Propheten bei der Parusie wieder sehen werden, wenn man nicht davon ausgeht, dass »das Ich des sprechenden Propheten und das Ich des durch ihn sprechenden Herrn ineinander übergehen.« so Luz, ebd. Dies kann dann aber auch umgekehrt für die Begrüßung des Boten statt des erhöhten Herrn mit dem Psalmwort gelten.

237 Abgesehen wohl von 24,30: »Es werden klagen alle Stämme der Erde«; s. dazu oben S. 177f.

boten als »Vertreter« Jesu aufzunehmen, und somit implizit auch als Ermutigung zur Israelmission, andererseits als Ankündigung, dass Jerusalem den zum Gericht kommenden Jesus mit einer Segnung begrüßen wird.

19,28 wiederum lässt sich zwar nicht als Ankündigung eines für ganz Israel nur heilvollen Ereignisses verstehen, weil Teilen Israels innerhalb des Evangeliums die endgültige Verwerfung angekündigt wurde.[238] Aber warum hält Mt auch in endgerichtlicher Perspektive an dem besonderen Ort Israels fest? Warum rechnet er Israel nicht einfach unter die anderen Völker? Warum wird gerade und (wie die Schilderung des Gerichtes über die Heiden ja wohl zeigt) *nur* Jerusalem den Richter mit einer Segnung begrüßen? Warum ruft Mt nach der Zerstörung Jerusalems zur Mission in Israel auf, auch wenn den Jesusjüngern dabei Verfolgungen drohen? Nur um die Überlegenheit seines Evangeliums über den »alten Bund« und die bleibende Verstockung Israels unter Beweis zu stellen?

Diese Fragen lassen sich nur dann befriedigend beantworten, wenn man den von Mt 1–2 her geweckten Leseerwartungen, die sich auf die Aufgabe Jesu für Israel beziehen, ein »Übergewicht« zuerkennt: Jerusalem wird den zum Richter wiederkommenden Menschensohn mit der Segnung aus Ps 118 begrüßen, *weil* er als der »Hirte Israels« (Mt 2,6) wiederkommen wird. Nur so ist die Weissagung von 1,21, »er wird sein Volk von ihren Sünden retten«, als echte Weissagung zu verstehen. Nur so erklärt sich, warum Mt die Strafe für die Ablehnung Jesu nicht deutlicher als endgültige Verwerfung Israels kennzeichnet. Nur so erklärt sich die erneute Hinwendung an Israel durch die mt Gemeinde.[239]

Das kann für Mt nicht heißen, dass »ganz« Israel im Sinne von »jeder Jude« gerettet werden würde. Eine derartige Aussage läge Mt fern, zumal er durch die Konzeption des Gerichtes der zwölf Jünger über Israel an der christologisch und ethisch orientierten Struktur seiner Theologie festhält. Aber auf der anderen Seite lässt sich doch soviel sicher sagen, dass Israel nicht verworfen ist, sondern einen heilsgeschichtlichen Vorrang behält.

Durch den Aspekt der fortgesetzten Mission in Israel zeigt sich, dass Mt nicht ein bis in all Einzelheiten ausgefeiltes eschatologisches Konzept vorlegt. Denn die Frage, wie sich die Mission in Israel mit ihrer doch sehr skeptischen Gestaltung in Mt 10[240] mit dem Festhalten an der Sonderrolle Israels im Endgericht genau verbinden lässt, ist vom MtEv her nicht schlüssig zu beantworten. Geht es in dem Gericht über die zwölf

---

238 Vgl. S. 119f.
239 Das Wortfeld um das Stichwort »Hirte Israels« spielt auch bei Wilk, Völker, eine wichtige Rolle; vgl. S. 150 A364.
240 Vgl. dazu S. 133 A. 297. Von dieser skeptischen Missionsaussicht ist aber die auf die Zerstörung Israels abzielende Mission mit Gerichtsfunktion nach Mt 23,34–36 zu unterscheiden; vgl. dazu S. 90ff.

Stämme Israels nur um die aus Israel, die sich der Botschaft der Jesus-Jünger verweigert haben? Oder nur um diejenigen, die die Botschaft gar nicht gehört haben?[241] Liegt der Schwerpunkt der mt Aussage mehr darauf, auch die früheren Generationen Israels mit einzubeziehen? Diese Fragen lassen sich nur stellen, von Mt her aber nicht beantworten.

Diese Offenheit darf weder in die eine noch in die andere Richtung aufgelöst werden: Weder sind die Gerichtsaussagen über Israel ausschließlich auf die Zerstörung Jerusalems bezogen, so dass also Mt für das Ende eine Wiederherstellung Israels unter Absehung von einem Gericht erwarten würde, noch sind die Missionsaussagen in Bezug auf Israel nur dem Gerichtsaspekt unterworfen.

Für das Endgericht erwartet Mt die Wiederherstellung Israels in einem heilvollen Sinn, die aber mit dem Gericht über Israel durch die zwölf Jünger verbunden ist. Ganz Israel wird dabei den Menschensohn-Richter mit der Segnung aus Ps 118,26 begrüßen, weil er als der »Hirte Israels« kommen wird.

So hält Mt an der Verheißung für Israel fest und verbindet sie mit der für ihn typischen christologisch geprägten Theologie, die einen starken Zug zur Betonung des Endgerichtes und also zur Betonung des zweifachen Ausganges der Geschichte hat.[242] Von diesem zweifachen Ausgang der Geschichte ist nach Mt Israel nicht einfach ausgenommen. Die Verheißung an Israel ist dem Christus-Ereignis zugeordnet, und zwar wird dies für das Endgericht dadurch deutlich, dass es die zwölf Jünger Jesu sind, die Gericht halten werden. Aber dieses Gericht hat nicht das Ziel, Israel zu vernichten, sondern durch das Gericht hindurch wieder herzustellen.

Mt setzt durch seine kompositorisch-schriftstellerische Arbeit mit der Platzierung von 23,37–39 an das Ende der Weherede und durch sein Konzept vom dreifachen Endgericht einen Akzent, der eine Perspektive auf eine heilvolle Zukunft Israels ermöglicht, ohne den Ernst seines Evangeliums zurück zu nehmen.

---

241 Dies ließe sich von Mt 10,23 her begründen: Im Gegensatz zur Weltvölkermission (24,14) wird der Israelmission gerade nicht der Abschluss vor dem Ende angekündigt.

242 Vgl. dazu Janowski, Dualismus?, (kritisch) zu Mt bzw. zu einer zu einfachen Übernahme mt Bild- und Sprachwelten in dogmatische Entwürfe a.a.O. 176 (v.a. 176 A8) und 177ff.

F Ergebnisse: Die matthäische Sicht der Geschichte als Heilsgeschichte

Unsere Untersuchung zur Israeltheologie des MtEv hat zu einem vielfältigen, aber in wesentlichen Punkten eindeutigen Befund geführt, der im folgenden zusammengefasst werden soll. Gliederungsrelevant ist in dieser Zusammenfassung das mt Verständnis der Zeit als in verschiedene Epochen gegliederte Zeit: Die Zeit des Volkes Israel beginnt mit Abraham und läuft auf die Erscheinung Jesu zu; die Zeit der Wirksamkeit des irdischen Jesus ist unterschieden von der mt Gegenwart, die als Zeit vor dem Ende und als Reich des Menschensohnes aufgefasst ist; die Parusie Jesu als Menschensohn-Richter bringt mit sich das Ende dieser Welt und bedeutet zugleich den Beginn des Reiches Gottes. Der Ort Israels in den drei Phasen seit dem Auftreten Jesu lässt sich folgendermaßen umreißen:

1 Der Ort Israels in den drei Phasen der matthäischen Heilsgeschichte

1.1 Israel in der Zeit des irdischen Jesus

Die mt Darstellung der Zeit des irdischen Jesus ist durch zwei Tendenzen geprägt, die in einem spannungsvollen Verhältnis zueinander stehen: Auf der einen Seite unterstreicht Mt die Herkunft Jesu aus Israel und seine Hinwendung ausschließlich zu Israel, auf der anderen Seite kennzeichnet er die Ablehnung, die Jesus durch sein Volk erfährt, als mindestens mehrheitlich, am Ende sogar als einheitlich.

Das überwiegende Scheitern der Hinwendung Jesu zu Israel erklärt Mt mit der Verführung des Volkes durch die führenden Gruppen, die er ausgesprochen negativ darstellt, und mit der Verstockungsaussage (Mt 13). Die Verstockungsaussage ist auf das Jesus zeitgenössische Israel beschränkt.

Als Intentionen, die hinter diesen Tendenzen stehen, lassen sich benennen:

a) Die Herkunft Jesu aus und seine Hinwendung zu Israel unterstreichen die heilsgeschichtliche Priorität Israels; die Hinwendung Jesu zu Israel ist dabei so dargestellt, dass sie nicht durch die folgenden geschichtlichen Ereignisse außer Kraft gesetzt wird.

b) Zugleich hat die starke Betonung der Priorität Israels die Funktion des Schuldaufweises: Gerade weil Jesus sich ausschließlich an Israel gewandt hat, ist es umso schlimmer, dass Israel ihn mehrheitlich abgelehnt hat. So wird die Härte des innergeschichtlichen Gerichtes begründet.

c) Die äußerst scharfen Attacken, die Mt in seinem Evangelium gegen die Gegner Jesu vorträgt, sind als apologetische und ätiologische Äußerungen aufzufassen: Indem die Führer besonders dunkel gezeichnet werden, wird das Volk von ihnen getrennt als »Schafe ohne Hirten«. Jesus konnte in Israel keinen »Erfolg« haben, obwohl die Volksmengen lange auf seiner Seite waren, weil diese unter dem verhängnisvollen Einfluss der führenden Gruppen standen.

1.2 Israel in der matthäischen Gegenwart
In der Auferweckung von den Toten hat Gott an Jesus »alle Gewalt« übergeben. Insofern ist die Gegenwart das »Reich des Menschensohnes«, das die ganze Welt umfasst.
Als Folge der Ablehnung und als Strafe für sie wird der Tempel in Jerusalem von Gott verlassen und von den Feinden zerstört.[1] So wie es das »ganze Volk« unter dem verführerischen Einfluss der führenden Gruppen – unbeabsichtigt – gefordert hat, ist das Blut Jesu und aller getöteten Propheten und Gesandten Jesu über »diese Generation«, die Zeitgenossen Jesu und ihre Kinder, gekommen.
Die Verkündigung des mt Evangeliums geht aber weiter, und zwar in der »ganzen Welt« (24,14):
a) Sie geht weiter in Israel nach der Bestrafung in der Zerstörung Jerusalems; dies wird von Mt sogar forciert, und zwar indem er dieses Volk, dessen Führer es weiterhin von der Herrschaft Gottes fernhalten wollen (23,13), von den Führern unterscheidet. In seiner Gegenwart geht es Mt um die Auseinandersetzung mit den entscheidenden Kräften des Judentums, den Pharisäern, und somit um die Frage, wer zu Recht Anspruch auf die gemeinsame Tradition erheben darf. An dieses Volk sollen sich die Jesus-Jünger weiterhin wenden, denn die Anerkennung Jesu durch »sein Volk« wird ohnehin kommen.
b) Sie geht weiter unter den Weltvölkern aufgrund der Beauftragung durch den auferstandenen Jesus. Die Hinwendung zu den Weltvölkern ist als das entscheidend *Neue* an das Ende des MtEv gesetzt, das aber zugleich die bleibende Bedeutung des ganzen MtEv festhält.
c) Aus Juden und Weltvölkern sollen »alle Menschen« in die Gemeinde der Jünger gerufen werden. Die Gemeinde wird dabei allein als Gemeinschaft der Jünger aufgefasst und nicht mit weiteren ekklesiologischen Titeln (»Volk Gottes«, »Auserwählte«, »Heilige«, »Wahres Israel«) versehen. Wer sich, gerade angesichts der Bedrohungen in der (gegenwärtigen) Endzeit, als Jünger in der Nachfolge Jesu bewährt, – das wird sich erst am Ende erweisen.

---

1 Die Feinde handeln aber im Auftrag Gottes; vgl. Mt 22,7.

1.3 Das Reich Gottes als Zukunft nach dem dreifachen Endgericht: Gericht über Israel als Wiederherstellung Israels

Das ganze MtEv ist durch endgerichtliche Aussagen geprägt; alle Menschen werden nach ihren Taten beurteilt, aber die Jünger Jesu kennen die Richtlinien für die guten Taten, nämlich die Tora in ihrer normativen, eschatologischen Auslegung durch Jesus, und sie dürfen sich des Beistandes des erhöhten Jesus gewiss sein.

Das Ende der Welt ist der Anfang des Reiches Gottes; der Übergang ist durch die Parusie des Menschensohnes gekennzeichnet, der als Richter kommen wird. Klare Aussagen über eine »Naherwartung« lassen sich nicht erkennen; wichtig ist allein, dass das Ende »bald«, aber zu einem unbekannten Zeitpunkt kommt.

Das Gericht bringt die Wiederherstellung der Welt und Israels; es ist als dreifach gegliedertes vorgestellt, und zwar hinsichtlich der richtenden und der zu richtenden Personen bzw. Personengruppen:

a) Das Gericht über die Gemeinde als Sammlung der Erwählten ist der erste Akt des »eschatologischen Dramas« (24,31).[2] Die Erwählten werden von den Engeln des Menschensohnes gesammelt.[3] Sowohl hinsichtlich des Zeitpunktes als auch hinsichtlich der Frage, wer zu den Erwählten gehört, wird es sein »wie in den Tagen des Noah« (24,37–41).[4]

b) Das Gericht über die Weltvölker, genauer gesagt: über die Menschen unter den Weltvölkern, die das Evangelium nicht gehört oder abgelehnt haben (25,31–46):[5] Hier ist der Menschensohn der Richter; möglicherweise sind die Jünger als anwesend gedacht, aber eine bestimmte Funktion haben sie nicht. Kriterium ist das Tun der Liebeswerke an den »geringsten Brüdern« des richtenden Menschensohn-Jesus, die nur in einem vordergründigen Sinn mit den Jüngern Jesu zu identifizieren sind; faktisch stehen sie für alle notleidenden Menschen.

c) Das Gericht über Israel (19,28):[6] Die richtenden Personen sind hier die zwölf Jünger Jesu, Gerichtskriterien sind nicht ausdrücklich genannt. Bestimmten Gruppen in Israel, nämlich der Generation des irdischen Jesus allgemein und speziell den führenden Gruppen, wird die Verurteilung im Endgericht angekündigt, und hierin manifestiert sich die Überlegenheit der »neuen«, christologisch gefüllten Zeit über Israel. Aber die Verheißung an Israel ist nicht aufgehoben, weil das Gericht der zwölf Jünger so verstanden ist, dass es zu Wiederherstellung Israels führt; ganz Israel wird den wiederkommenden Jesus mit einer Segnung begrüßen, weil er als »Hirte Israels« wiederkommen wird.

---

2 Vgl. S. 167ff.
3 Zur Spannung mit Mt 13,41–43, die durch den Charakter von Mt 13,41–43 als allegorisierende Gleichnisauslegung begründet ist, vgl. S. 169 A67.
4 Vgl. S. 169ff.
5 Vgl. S. 172ff.
6 Vgl. S. 184ff.

2 Die Israeltheologie des MtEv

Gibt es eine »Israeltheologie« im MtEv? Sicher nicht in dem Sinne, dass
Mt seinen Lesern theoretische Abhandlungen oder argumentative Dar-
legungen zum Thema »Israel« böte. Aber es hat sich gezeigt, dass das
MtEv in weiten Teilen von der Frage geprägt ist, wie sich der behauptete Anspruch, das Evangelium von dem Messias Israels zu verkünden,
mit der Tatsache vereinbaren lässt, dass die Verkündigung Jesu und die
der Jesusboten in Israel mehr auf Ablehnung und Widerstand gestoßen
ist als auf Zustimmung. Und zwar verschärft sich diese Frage dadurch,
dass das Evangelium als endgerichtlich entscheidend aufgefasst ist:
»Wer diese meine Rede hört und tut sie, der gleicht einem klugen Mann
(...); und wer diese meine Rede hört und tut sie nicht, der gleicht einem
törichten Mann (...).« (7,24.26)
Wichtigste Deutekategorie ist die Strafe für Israel, die Mt in der Zerstörung Jerusalems über Israel gekommen sieht: Die Zeitgenossen Jesu, die
ihn abgelehnt haben, und die Menschen, die die Jesusboten in Israel abgewiesen haben, haben nicht nur die Möglichkeit vertan, dem kommenden Gericht zu entgehen, sie haben auch das »Maß der Väter« vollge-
macht; sichtbar ist dies im mt Sinn darin, dass der Tempel von Gott
verlassen und den Feinden übergeben sowie die Stadt Jerusalem von
den Feinden eingenommen wurde.
Aber von einem »Ende Israels« kann keine Rede sein; die Strafe zeigt
zwar die Größe der Schuld, eröffnet aber auch eine neue Hinwendung
zu Israel. Auch aus Israel sollen die Jesusboten Jünger gewinnen und in
Israel Taten des nahenden Gottesreiches vollbringen.
Ein Vergleich mit der paulinischen Konzeption kann dazu helfen, das
Profil der mt Israeltheologie klarer zu erfassen. Nicht nur einzelne Aussagezusammenhänge oder terminologische Berührungen zeigen die
Nähe von Mt zu Paulus auf.[7] Die mt Konzeption in Bezug auf die
Israelfrage hat insgesamt erhebliche Parallelen zu Röm 9–11. Bei aller
Schärfe der Vorwürfe gegen »die Juden« in Röm 2–3 hält Paulus an der
Erwählung Israels fest, die sich allerdings erst eschatologisch als heil-
voll erweisen wird. In seinem Jesus ablehnenden Teil ist das gegenwär-
tige Israel verstockt; diese Verstockung wird bei Paulus als die Chance
für die Weltvölker ausgelegt, zum Heil zu gelangen, was wiederum
Israel »eifersüchtig« machen soll (Röm 11,11).
Ebenso ist auch im MtEv das überwiegende Scheitern der Hinwendung
Jesu zu Israel Voraussetzung für den Weg des Evangeliums zu den

---

7 Auf die Nähe zu Paulus haben auch schon einzelne Züge hingewiesen, z.B. die
»blinden Blindenführer« (Mt 15,14; Röm 2,19), s. S. 54 A. 77; die Verknüpfung
von Entrückung und »Dieb in der Nacht« (Mt 24,43; 1. Thes 5,2), s. S. 170 A. 71,
die Notwendigkeit der Weltmission vor dem Ende (Mt 24,14; Röm 11,25), vgl. S.
158; weltweite Verkündigung des Evangeliums bei gleichzeitiger Naherwartung,
(Röm 11,25; 13,11) vgl. S. 162.

Weltvölkern, was sowohl durch den Gesamtduktus als auch durch das Gleichnis vom Hochzeitsmahl evident wird.

Ist also das ganze MtEv ein Versuch, Israel »eifersüchtig« zu machen? Dies ist tatsächlich anzunehmen, denn viele Kernaussagen des MtEv lassen sich gerade als an Juden adressiert gut verstehen: Hier ist mehr als der Tempel (12,6); hier ist Gebetserhörung auch ohne Tempel (21,21f); hier ist die wahre Tora (Mt 5–7), an der sich gelingendes Leben und endzeitliches Heil entscheiden wird; hier ist die Erfüllung der Weissagungen der Schrift (Reflexionszitate).

Nur vor dem Hintergrund, dass sich das MtEv auch an Juden als potentielle Leser wendet oder zumindest die Leser zur Israelmission motivieren und befähigen will, ist die von Anfang an starke Ausrichtung des MtEv auf das »Alte Testament« verstehbar: Jesus ist der Sohn Gottes, den Gott aus Ägypten ruft, der Gott gehorsam ist und der sich in der Wüste bewährt; in ihm findet die Geschichte Israels zu ihrem Ziel.

Dabei ist auf jeden Fall festzuhalten: Mt sagt zwar nicht, dass »ganz Israel« gerettet werden wird, aber er sagt erst recht nicht, dass Israel verworfen wäre oder als Volk unter die Völker eingegliedert wäre. Es behält einen besonderen Platz in der Heilsgeschichte Gottes.

Der Unterschied zu Paulus ist vielleicht so zu umschreiben: Paulus stellt durch die Aussage, dass »ganz Israel wird gerettet werden« wird, die *Verheißung* für Israel in eschatologischer Perspektive in den Vordergrund; bei Mt ist durch den *Anspruch* an Israel, die Boten Jesu als solche anzusehen, die »im Namen des Herrn« kommen, und durch die Konzeption des Gerichtes über die zwölf Stämme, bei dem die zwölf Jünger Jesu auf den Thronen sitzen werden, die Kontinuität Israels festgehalten.

Das Gericht ist zwar als Gericht zur Wiederherstellung Israels aufgefasst, und vom Prolog her bleibt auch die Aussage gültig, dass Jesus »sein Volk von ihren Sünden befreien« wird, – aber Mt hat dies nicht so klar formuliert, dass es nicht auch anders verstanden werden konnte.

Der Vergleich mit Paulus zeigt: Eine Warnung der Heidenchristen vor Überheblichkeit gegenüber Juden bzw. Judenchristen, für Paulus wohl ein Anlass für die Darlegung seiner Israeltheologie,[8] liegt Mt fern; zu stark sind offenbar die Eindrücke, unter denen Mt und seine Gemeinde standen, und die wir als Folgen der Trennung der mt Gemeinde aus dem Judentum zu verstehen versuchen.

Anders als das rabbinische Judentum sieht Mt die Schuld, die zur Zerstörung Jerusalems geführt hat, bei den »anderen«; ganz im Sinne der traditionellen Prophetenaussage dient der Schuldaufweis zwar dazu, jetzt zur Umkehr bzw. zur Hinwendung zu Jesus aufzurufen, es bleibt aber eine eigentümliche Gebrochenheit der Kontinuitätsaussagen: Israel ist nicht verworfen, die Kirche ersetzt nicht Israel, Israel ist nicht von der Mission ausgeschlossen, – Israel wird aber auch nicht als Ganzes

---

8 Vgl. Röm 10–11 und dazu Kraus, Volk Gottes, 304–326.

gerettet werden, sondern in der Hinwendung zum mt Evangelium oder durch das Gericht der zwölf Jünger hindurch.

Wenn wir die Israeltheologie des MtEv als Versuch verstehen, die Trennung der mt Gemeinde vom Synagogenverband zu reflektieren und nach der Katastrophe des Jahres 70 n.Chr. neue Perspektiven zu eröffnen, dann ergibt sich: Mt deutet die Jesusgeschichte neu, indem er sie mit den Erfahrungen seiner Zeit verbindet; dabei hält er an der besonderen Erwählung Israels fest, ermutigt aber auch seine Gemeinde, den wohl bereits eingeschlagenen Weg der Öffnung zu den Weltvölkern weiter zu gehen. Aus der erzählten Verkündigung des irdischen Jesus (Mt 10) wird zugleich die (erneute) Hinwendung zu Israel begründet. Jesus ist »Hirte Israels«, der die Jünger neu zu Israel sendet, der von Israel bei der Parusie mit der Segnung aus Ps 118 begrüßt werden wird, und dessen Zwölf Jünger das Gericht über Israel halten werden.

G Literaturverzeichnis

Zu den Abkürzungen s. das Abkürzungsverzeichnis der Theologischen Realenzyklopädie, 2., überarbeitete und erweiterte Auflage, zusammengestellt von S. Schwertner, New York, 1994[2].
Quellentexte sind immer mit dem Namen der Quelle angegeben, bei Unklarheiten ist Genaueres angegeben; Sekundärliteratur wird mit dem Namen des Autors / der Autorin und einem Titelstichwort genannt, Kommentare mit dem Namen des Autors / der Autorin und der Abkürzung des kommentierten Buches. Bei einigen Hilfsmitteln ist eine Kurzbezeichnung verwendet (s. die Klammern am Ende des jeweiligen Eintrages im Literaturverzeichnis).
Vornamen sind, soweit möglich, angegeben.

Quellen

Becker, Jürgen, Die Testamente der zwölf Patriarchen (JSHRZ III/1), Gütersloh 1974

The Babylonian Talmud, hrsg. von Isidore Epstein, London 1935–52

Der Babylonische Talmud, übertragen von Lazarus Goldschmidt, Berlin 1930ff

Beate Ego, Buch Tobit (JSHRZ II/6), Gütersloh 1999

Flavius Josephus, De Bello Judaico. Der jüdische Krieg, Griechisch und deutsch, hrsg. von Otto Michel und Otto Bauernfeind, Bd I–III, Darmstadt 1959/1969

Holm-Nielsen, Svend, die Psalmen Salomos (JSHRZ IV/2), Gütersloh 1977

Maier, Johann, Die Qumran-Essener: Die Texte vom Toten Meer, Bd. I–III, München · Basel 1995f

Midrasch Tehillim oder Haggadische Erklärung der Psalmen, hrsg. von August Wünsche, Trier 1892 (Ndr. 1967)

The Midrasch on Psalms, übersetzt von William G. Braude, 2 Bde (YJS 13), New Haven 1959 (1976[3])

Novum Testamentum Graece, hrsg. von Kurt Aland u.a., Stuttgart 1993[27] (= Nestle-Aland[27])

Rießler, Paul, Altjüdisches Schrifttum außerhalb der Bibel, Heidelberg 1928 (Ndr. Darmstadt 1984)

Sifre Deuteronomium, übersetzt und erläutert von Hans Bietenhard. Mit einem Beitrag von Henrik Ljungmann (JudChr 8), Bern u.a. 1984

Septuaginta I + II, hrsg. von Alfred Rahlfs, Stuttgart 1935 (verkleinerter Ndr. 1979)

Synopsis Quattuor Evangeliorum, hrsg. von Kurt Aland, Stuttgart 1995[14] (= Synopsis)

Uhlig, Siegbert, Das äthiopische Henochbuch (JSHRZ V/6), Gütersloh 1984

Hilfsmittel und Methodenlehren

Bauer, Walter, Griechisch-deutsches Wörterbuch zu den Schriften des Neuen Testaments und der frühchristlichen Literatur, 6., völlig neu bearbeitete Auflage, hrsg. von Kurt und Barbara Aland, Berlin · New York 1988[6] (= Bauer)

Beyer, Klaus, Semitische Syntax im Neuen Testament. Bd 1: Satzlehre Teil 1 (StUNT 1), Göttingen 1962

Blass, Friedrich / Debrunner, Albert, Grammatik des neutestamentlichen Griechisch, bearbeitet von Friedrich Rehkopf, Göttingen 1990[17] (= BDR)

Egger, Wilhelm, Methodenlehre zum Neuen Testament. Einführung in linguistische und historisch-kritische Methoden, Freiburg (Breisgau) u.a. 1996[4]

Hatch, Edwin / Redpath, Henry, A Concordance to the Septuaginta and the Other Greek Version of the Old Testament (Including the Apocryfical Books), Bd I–III, Oxford 1897–1906 (Ndr. Graz 1954) (= Hatch/Redpath)

Koch, Klaus, Was ist *Formgeschichte?* Methoden der Bibelexegese, Neukirchen-Vluyn 1989[5]

Computer-Konkordanz zum Novum Testamentum Graece von Nestle-Aland, 26. Auflage, und zum Greek New Testament, 3rd Edition, hrsg. vom Institut für Neutestamentliche Textforschung und vom Rechenzentrum der Universität Münster, Berlin u.a1987[3]

Metzger, Bruce M., A Textual Commentary on the Greek New Testament, Stuttgart 1994[2] (= Commentary)

Moulton, James Hope / Howard, Wilbert Francis, A Grammar of New Testament Greek II. Accidence and Word-Formation, Edinburgh 1920 (Ndr. 1986)

Schwyzer, Eduard, Griechische Grammatik II. Syntax und Syntaktische Stilistik, vervollständigt und hrsg. von Albert Debrunner (HAW II/1/2.Band), München 1950

Marshall, Ian Howard, The Gospel of Luke. A Commentary on the Greek Text (NIGTC), Exeter 1978

Kommentare

a) Sonstige außer zum Matthäus-Evangelium

Bovon, Francois, Das Evangelium nach Lukas (EKK III, Bd 1–2), Zürich u.a. 1989 / 1996

Ernst, Josef, Das Evangelium nach Lukas (RNT 3), Regensburg 1993[6] (= 2. Auflage der völlig neu bearbeiteten Auflage 1977[5])

Fitzmyer, Joseph A., The Gospel according to Luke II (AnchB 28), New York 1985

Gnilka, Joachim, Das Evangelium nach Markus (EKK II, Bd 1–2), Solothurn u.a. 1994[4] / 1989[3]

Jeremias, Joachim, Die Sprache des Lukasevangeliums. Redaktion und Tradition im Nicht-Markusstoff des dritten Evangeliums (KEK Sonderband), Göttingen 1980

Jeremias, Jörg, Der Prophet Hosea (ATD 24,1), Göttingen 1983

Joüon, Paul, L'Évangile de Notre-Seigneur Jésus-Christ (VSal V), Paris 1930

Kraus, Hans-Joachim, Psalmen. 2. Teilband: Psalmen 60–150 (BK XV,2), Neukirchen-Vluyn 1978[5]

Plummer, Alfred, The Gospel according to Luke. A Critical and Exegetical Commentary (ICC), Edinburgh 1922[4] (Ndr. 1953)

Schrage, Wolfgang, Der erste Brief an die Korinther (1Kor 1,1–6,11) (EKK VII/1), Zürich u.a. 1991

Schürmann, Heinz, Das Lukasevangelium 2/1 (HThK III, 2/1), Freiburg (Breisgau) u.a. 1994

Wellhausen, Julius, Das Evangelium Lucae, Berlin 1904
Zeller, Dieter, Kommentar zur Logienquelle (SKK.NT21), Stuttgart 1984

b) *Kommentare zum Matthäus-Evangelium*

Albright, William F. / Mann, C.S., Matthew. Introduction, Translation, and Notes (AncB 26), Garden City (New York) 1971

Beare, Francis Wright, The Gospel according to Matthew, Oxford 1981

(Hermann L. Strack-) Paul Billerbeck, Kommentar zum Neuen Testament aus Talmud und Midrasch. 1. Das Evangelium nach Matthäus, München 1922 (= Bill.)

Dausch, Petrus, Die drei älteren Evangelien (HSNT 2), Bonn 1932[4]

Davies, William D. / Allison, Dale C., The Gospel according to Saint Matthew. Volume I – III (ICC), Edinburgh 1988, 1991 und 1997

Frankemölle, Hubert, Matthäus, 2 Bde, Düsseldorf 1994 / 1997

France, Richard T., The Gospel according to Matthew. An Introduction and Commentary, Leicester 1985

Gnilka, Joachim, Das Matthäusevangelium (HThK I, Bd 1–2), Freiburg u.a. 1986 / 1988

Grundmann, Walter, Das Evangelium nach Matthäus (ThHK I), Berlin 1986[6]

Gundry, Robert T., Matthew. A Commentary on his Literary and Theological Art, Grand Rapids (Michigan) 1982

Hagner, Donald A., Matthew 14–28 (Word Biblical Commentary 33b), Dallas 1995

Hare, Douglas R.A., Matthew (Interpretation), Louisville 1993

Harrington, Daniel J., The Gospel of Matthew (Sacra Pagina Series 1), Collegeville (Minnesota) 1991

Klostermann, Erich, Das Matthäusevangelium (HNT 4), 1971[4]

Lachs, Samuel Tobias, A Rabbinic Commentary on the New Testament. The Gospels of Matthew, Mark, and Luke, Hoboken (New Jersey) u.a. 1987

Lohmeyer, Ernst, Das Evangelium des Matthäus, hrsg. von Werner Schmauch (KEK Sonderband), Göttingen 1958[2]

Luck, Ulrich, Das Evangelium nach Matthäus (ZBK.NT 1), Zürich 1993

Luz, Ulrich, Das Evangelium nach Matthäus (EKK I, Bd 1–4), Zürich u.a. 1985, 1990, 1997, 2002; in der Regel wird Band 1 nach der Auflage 1985 zitiert, die völlig neubarbeitete Auflage 2002[5] wird angegeben als Luz, Mt I[5]

Meyer, Heinrich August Wilhelm, Kritisch exegetischer Kommentar über das Neue Testament. Erste Abtheilung erste Hälfte, das Evangelium des Matthäus umfassend, Göttingen 1853[3]

Sand, Alexander, Das Evangelium nach Matthäus (RNT 1), Regensburg 1986

Schlatter, Adolf, Der Evangelist Matthäus. Seine Sprache, sein Ziel, seine Selbständigkeit, Stuttgart 1929 (1982[8])

Schmid, Josef, Das Evangelium nach Matthäus (RNT 1), Regensburg 1952[2]

Schnackenburg, Rudolf, Das Matthäusevangelium (NEB.NT, Bd 1–2), Würzburg 1985 / 1987

Schweizer, Eduard, Das Evangelium nach Matthäus (NTD 2), Göttingen 1976[2]

Wellhausen, Julius, Das Evangelium Matthaei, Berlin 1904

Wette, Wilhelm Martin Leberecht de, Kurze Erklärung des Evangeliums Matthäi, Leipzig 1845[3]

Wiefel, Wolfgang, Das Evangelium nach Matthäus (ThHK I), Leipzig 1998

Zahn, Theodor, Das Evangelium des Matthäus (KNT 1), Leipzig · Erlangen 1922[4]

Sonstige Literatur

Adam, A.K.M., Reading Matthew as *Cultural Criticism*, SBL.SP 36 (1997), 253–272
Allison, Dale C., Mt 23,39 = Luke 13,35b as a *Conditional Prophecy*, JSNT 18 (1983) 75–84
ders., The *New Moses*. A Matthean Typology, Minneapolis 1993
Anderson, Janice Capel, Matthew: Sermon and Story, in: Treasures New and Old. Recent Contributions to Matthean Studies, hrsg. von David R. Bauer und Mark Allan Powell (SBL.Symposium Series 1), Atlanta 1996, 233–250
Anno, Yoshito, The *Mission* to Israel in Matthew. The Intention of Matthew 10,5b–6 considered in the Light of the Religio-Political Background, Diss. Chicago 1984
Aune, David E., *Prophecy* in Early Christianity and the Ancient Mediterranean World, Grand Rapids (Michigan) 1983
Baarlink, Heinrich, Die *Eschatologie* der Synoptiker (BWANT 120), Stuttgart u.a. 1988
Backhaus, Knut, Kirchenkrise und *Auferstehungschristologie*. Zum ekklesiologischen Ansatz des Matthäusevangeliums, in: Surrexit Dominus Vere. Die Gegenwart des Auferstandenen in seiner Kirche, FS Johannes Joachim Degenhardt, hrsg. von Josef Ernst u. Stephan Leimgruber, Paderborn 1996, 127–139
Balabanski, Vicky, *Eschatology* in the Making. Mark, Matthew and the Didache (SNTS.MS 97), Cambrigde 1997
Bammel, Ernst, Das *Ende* von Q, in: Verborum Veritas, FS für Gustav Stählin, hrsg. von Otto Böcher und Klaus Haacker, Wuppertal 1970, 39–50
Bayer, Hans F., Jesus' *Predictions* of Vindication and Resurrection. The Provenance, Meaning and Correlation of the Synoptic Predictions (WUNT II/20), Tübingen 1986
Beasley-Murray, George R., *Jesus* and the Future. An Examination of the Criticism of the Eschatological Discourse, Mark 13 with Special Reference to the Little Apocalypse Theory, London 1954
Becker, Hans-Jürgen, Auf der *Kathedra* des Mose. Rabbinisch-theologisches Denken und antirabbinische Polemik in Matthäus 23,1–12 (ANTZ 4), Berlin 1990
ders., Die *Zerstörung* Jerusalems bei Matthäus und den Rabbinen, NTS 44 (1998), 59–73
Becker, Jürgen, *Jesus* von Nazareth, Berlin u.a. 1995
Berger, Klaus, Die *Amen-Worte* Jesu. Eine Untersuchung zum Problem der Legitimation in apokalyptischer Rede (BZNW 39), Berlin 1970
ders., *Formgeschichte* des Neuen Testaments, Heidelberg 1984
ders., *Einführung* in die Formgeschichte, Tübingen 1987
ders., Jesus als *Pharisäer* und frühe Christen als Pharisäer, NT 30 (1988), 231–262
ders., *Theologiegeschichte* des Urchristentums. Theologie des Neuen Testamentes, Tübingen u.a. 1994 (1995[2])
ders., Im Anfang war *Johannes*. Datierung und Theologie des vierten Evangeliums, Stuttgart 1997
Black, Matthew, Die *Muttersprache* Jesu. Das Aramäische der Evangelien und der Apostelgeschichte (BWANT 115), Stuttgart u.a. 1983 (= ders., An Aramaic Approach to the Gospels and Acts, Oxford 1969[3], übersetzt von Günther Schwarz)
Blank, Josef, Die *Sendung* des Sohnes. Zur christologischen Bedeutung des Gleichnisses von den bösen Winzern Mk 12,1–12, in: Neues Testament und Kirche, FS für Rudolf Schnackenburg, hrsg. von Joachim Gnilka, Freiburg · Basel · Wien 1974, 11–41
Boring, M. Eugene, *Sayings* of the Risen Jesus. Christian Prophecy in the Synoptic Tradition, Cambridge 1982
Bornkamm, Günther, *Enderwartung* und Kirche im Matthäusevangelium, in: Gün-

ther Bornkamm, Gerhard Barth, Hans Joachim Held, Überlieferung und Auslegung im Matthäusevangelium (WMANT 1), Neukirchen-Vluyn 1965⁴, 13–47; neu erschienen in: Das Matthäus-Evangelium (WdF 525), hrsg. von Joachim Lange, Darmstadt 1980, 223–264

Brandenburger, Egon, Das *Recht* des Weltenrichters. Untersuchung zu Mt 25,31–46 (SBS 99), Stuttgart 1980

Brandenburger, Stefan H., Der »Gesalbte des Herrn« in *Psalm Salomo 17,* in: Wenn drei das gleiche sagen – Studien zu den ersten drei Evangelien. Mit einer Werkstattübersetzung des Q-Textes, hrsg. von Stefan H. Brandenburger und Thomas Hieke (Theologie 14), Münster 1998, 217–236

Breit, Dieter, Schuld und Verantwortung. Ein Wort der Kirche zum Verhältnis von Christen und Juden (Tagung der Landessynodes der Evangelisch-Lutherischen Kirche in Bayern in Nürnber 1998), hrsg. von Dieter Breit, München 1998

Broer, Ingo, Das Ringen der Gemeinde um *Israel.* Exegetischer Versuch über Mt 19,28, in: Jesus und der Menschensohn, FS für Anton Vögtle, hrsg. von Rudolf Pesch und Rudolf Schnackenburg, Freiburg u.a 1975, 148–165

ders., Bemerkungen zur Redaktion der *Passionsgeschichte* durch Matthäus, in: Studien zum Matthäusevangelium, FS für Wilhelm Pesch, hrsg. von Ludger Schenke (SBS), Stuttgart 1988, 25–46

ders., Antijudaismus im Neuen Testament? Versuch einer Annäherung anhand von zwei Texten (1 Thess 2,14–16 und Mt 27,24f), in: Salz der Erde – Licht der Welt. Exegetische Studien zum Matthäusevangelium, FS für Anton Vögtle, hrsg. von Lorenz Oberlinner und Peter Fiedler, Stuttgart 1991, 321–355

ders., Das *Verhältnis* von Judentum und Christentum im Matthäus-Evangelium, Franz-Delitzsch-Vorlesung, Münster 1995

Büchsel, Friedrich, Artikel γίνομαι κτλ., ThWNT I (1933/1990), 680–688

Bultmann, Rudolf, Die *Geschichte* der synoptischen Tradition, Göttingen 1957³

ders., Der religionsgeschichtliche *Hintergrund* des Prologs des Johannes-Evangeliums, in: ΕΥΧΑΡΙΣΤΗΡΙΟΝ 2.Teil. Zur Religion und Literatur des Neuen Testamentes, FS für Hermann Gunkel, hrsg. von Hans Schmidt, Göttingen 1923, 3–26

ders., Theologie des Neuen Testaments, hrsg. von Otto Merk, Tübingen 1980⁸

Burchard, Christoph, Zu *Matthäus* 8,5–13, ZNW 84 (1993), 278–288

Burger, Christoph, Jesus als *Davidssohn.* Eine traditionsgeschichtiche Untersuchung (FRLANT 98), Göttingen 1970

Burnett, Fred W., Παλιγγενεσία in MATT. 19:28: A Window to the Matthean Community? JSNT 17 (1983), 60–72

Burney, Charles F., The *Poetry* of our Lord. An Examination of the Formal Elements of Hebrew Poetry in the Discourses of Jesus Christ, Oxford 1925

Cargal, Timothy B., ›His *Blood* be upon Us and our Children‹. A Matthean Double Entendre? NTS 37 (1991), 101–112

Carter, Warren, The *Crowds* in Mattew's Gospel, CBQ 55 (1993), 54–67

Catchpole, David R., The ›Triumphal‹ *Entry,* in: Jesus and the Politics of His Day, hrsg. von Ernst Bammel und Charles .D.F. Moule, Cambrigde 1984, 319–334

ders., Templetraditions in Q, in: Templum Amicitiae. Essays on the Second Tempel presented to Ernst Bammel, hrsg. von William Horbury (JSNT.S 48), Sheffield 1991, 305–329

Christ, Felix, Jesus Sophia. Die Sophia-Christologie bei den Synoptikern, Zürich 1970

Christen und Juden II. Zur theologischen Neuorientierung im Verhältnis zum Judentum.; Eine Studie der Evangelischen Kirche in Deutschland, hrsg. vom Kirchenamt der EKD, Gütersloh 1991

Christen und Juden III. Schritte der Erneuerung im Verhältnis zum Judentum; Eine

Studie der Evangelischen Kirche in Deutschland, hrsg. vom Kirchenamt der EKD, Gütersloh 2000

Clark, Kenneth Willis, Die heidenchristliche *Tendenz* im Matthäusevangelium, in: Das Matthäus-Evangelium (WdF 525), hrsg. von Joachim Lange, 103–111; zuerst veröffentlicht: The Gentile Bias in Matthew, JBL 66 (1947), 165–172, übersetzt von Hermann Josef Dirksen

Conzelmann, Hans, Literaturbericht zu den Synoptischen Evangelien, ThR.NF 37 (1972), 220–263

Cook, Michael J., Interpreting »Pro-Jewish« Passages in Matthew, HUCA 54 (1983), 135–146

Cope, O. Lamar, Matthew. A Scribe Trained for the Kingdom of Heaven, Washington D.C. 1976

ders., ›To the Close of the Age‹: The Role of *Apocalyptic Thought* in the Gospel of Matthew, in: Apocalyptic and the New Testament. Essays in Honor of J. Louis Marty, hrsg. von Joel Marcus und Marion L. Soards (JSNT.SS 24), Sheffield 1988, 113–124

Cousland, J.R.C., The *Crowds* in the Gospel of Matthew, Leiden u.a. (NT.S. 102), 2002

Dalman, Gustaf, Jesus – Jeschua. Die drei Sprachen Jesu, Jesus in der Synagoge, auf dem Berge, beim Passahmahl, Am Kreuz, Leipzig 1922

ders., Orte und Wege Jesu. Schriften des Deutschen Palästina-Instituts,1.Band, Gütersloh 1924

Danker, Frederick W., Matthew: A *Patriot's Gospel,* in: The Gospel and the Scriptures of Israel, hrsg. von Craig A. Evans und W. Richard Stegner (JSNT.SS 104), Sheffield 1994, 94–115

Dautzenberg, Gerhard, Jesus und der *Tempel.* Beobachtungen zur Exegese der Perikope von der Tempelsteuer (Mt 17,24–27), in: Salz der Erde – Licht der Welt. Exegetische Studien zum Matthäusevangelium, FS für Anton Vögtle, hrsg. von Lorenz Oberlinner und Peter Fiedler, Stuttgart 1991 , 223–238

Davies, William D., The *Setting* of the Sermon on the Mount, Cambridge 1964

Deutsch, Celia M., Lady *Wisdom,* Jesus, and the Sages. Metaphor and Social Context in Matthew's Gospel, Valley Forge 1996

Dietrich, Walter / George, Martin / Luz, Ulrich (Hrsg.), *Antijudaismus* – christliche Erblast, Stuttgart 1999

Dobbeler, Axel von, Die *Restitution* Israels und die Bekehrung der Heiden. Das Verhältnis von Mt 10,5b.6 und Mt 28,18–20 unter dem Aspekt der Komplementarität. Erwägungen zum Standort des Matthäusevangeliums ZNW 91 (2000), 18–44

Döpp, Heinz-Martin, Die Deutung der *Zerstörung* Jerusalems und des Zweiten Tempels im Jahre 70 in den ersten drei Jahrhunderten n.Chr. (TANZ 24),Tübingen u.a. 1998

Dschulnigg, Peter, Die *Zerstörung* des Tempels in den synoptischen Evangelien, in: Tempelkult und Tempelzerstörung (70 n.Chr.), FS für Clemens Thoma, hrsg. von Simon Lauer und Hanspeter Ernst (JudChr 15), Bern 1995, 167–187

Dunn, James D.G., Christology in the Making. A New Testament Inquiry into the Origins of the Doctrine of the Incarnation, London 1980

ders., The *Significance* of Matthew's Eschatology for Biblical Theology, SBL.SP 35 (1996), 150–162

Dupont, Jacques, Le *Logion* des douze Trônes (Mt 19,28; Lc 22,28–30), Bib. 45 (1964), 355–392

ders., Les *Béatitudes II* (EtB), Paris 1969

Eckert, Jost, Das letzte Wort des Apostels Paulus über Israel (Röm 11,25–32) – eine *Korrektur* seiner bisherigen Verkündigung? in: Schrift und Tradition, FS für Joseph Ernst, hrsg. von Knut Backhaus und Franz Untergaßmair, Paderborn (1996), 57–84

Eckstein, Hans-Joachim, Die *Weisung* Jesu Christi und die Tora des Menschensohnes nach dem Matthäusevangelium, in: Jesus Christus als die Mitte der Schrift. Studien zur Hermeneutik des Evangeliums, hrsg. von Christof Landmesser, Hans-Joachim Eckstein und Hermann Lichtenberger (BZNW 86), Berlin u.a. 1997, 379–403

Ennulat, Andreas, Die *»Minor Agreements«*. Untersuchungen zu einer offenen Frage des synoptischen Problems (WUNT II/62), Tübingen 1994

Erlemann, Kurt, Das *Bild Gottes* in den synoptischen Gleichnissen (WMANT 126), Stuttgart u.a. 1988

Ernst, Josef, Matthäus. Ein theologisches Portrait, Düsseldorf 1989

Fascher, Erich, Jerusalems *Untergang* in der urchristlichen und altkirchlichen Überlieferung, ThLZ 89 (1964), 81–98

Feldtkeller, Andreas, Identitässuche des syrischen Urchristentums. Mission, Inkulturation und Pluralität im ältesten Heidenchristentum (NTOA 25), Freiburg (Schweiz) / Göttingen 1993

Feldmeier, Reinhard, Gott als Richter. Zur ethischen Dimension der Eschatologie, in: Freiheit und Moral. Überlegungen zur verdrängten Verantwortlichkeit, FS für Günter Altner und Rudolf Borchert, hrsg. von Reinhard Feldmeier u.a., Neukirchen-Vluyn 1996, 1–14

ders., Die *Syrophönizierin* (Mk 7,24–30) – Jesu »verlorenes« Streitgespräch, in: Die Heiden. Juden, Christen und das Problem des Fremden, hrsg. von Reinhard Feldmeier und Ulrich Heckel (WUNT 70), Tübingen 1994, 211–227

Fiedler, Peter, Der Sohn Gottes über unserem (sic!) Weg in die *Gottesherrschaft.* Gegenwart und Zukunft der βασιλεία im Matthäusvangelium, in: Gegenwart und kommendes Reich, FS für Anton Vögtle, hrsg. von Peter Fiedler und Dieter Zeller (SBB), Stuttgart 1975, 91–100

ders., Die *Passion* des Christus, in: Salz der Erde – Licht der Welt. Exegetische Studien zum Matthäusevangelium, FS für Anton Vögtle, hrsg. von Lorenz Oberlinner und Peter Fiedler, Stuttgart 1991, 299–319

ders., Das Matthäusevangelium und die *»Pharisäer«,* in: Nach den Anfängen fragen, FS für Gerhard Dautzenberg, hrsg. von Cornelius Maier u.a., Gießen 1994, 199–218

Flusser, David, Ulrich *Wilckens* und die Juden, EvTh 34 (1974), 236–243

Fornberg, Tord, Deicide and Genocide. Matthew, the Death of Jesus, and Auschwitz, SEA 61 (1996), 97–104

Frankemölle, Hubert, Jahwebund und Kirche Christi. Studien zur Form- und Traditionsgeschichte des »Evangeliums« nach Matthäus (NTA.NF 10), Münster 1984[2]

ders., Zur Theologie der *Mission* im Matthäus-Evangelium, in: Mission im Neuen Testament, hrsg. von Karl Kertelge (QD 93), Freiburg u.a. 1982, 93–129

ders., Johannes der Täufer und Jesus im Matthäusevangelium. Jesus als Nachfolger des Täufers, NTS 42 (1996), 196–218; neu erschienen in: ders., Jüdische Wurzeln christlicher Theologie. Studien zum biblischen Kontext neutestamentlicher Texte (BBB 116), Bodenheim 1998, 109–130

ders., Die *»Kirche* Gottes in Christus«.* Zum Verhältnis von Christentum und Judentum als Anfrage an christliches Selbstverständnis, in: Surrexit Dominus Vere. Die Gegenwart des Auferstandenen in seiner Kirche, FS für Johannes Joachim Degenhardt, hrsg. von Josef Ernst u. Stephan Leimgruber, Paderborn 1996, 381–394; neu erschienen in: ders., Jüdische Wurzeln christlicher Theologie. Studien zum biblischen Kontext neutestamentlicher Texte (BBB 116), Bodenheim 1998, 431–444

ders., ›Pharisäismus‹ in Judentum und Kirche. Zur Tradition und Redaktion in

Matthäus 23, in: Gottesverächter und Menschenfeinde? Juden zwischen Jesus und frühchristlicher Kirche, hrsg. von Horst Goldstein, Düsseldorf 1979

ders., Das Matthäusevangelium als *Heilige Schrift* und die Heilige Schrift des früheren Bundes. Von der Zwei-Quellen- zur Drei-Quellen-Theorie, in: The Synoptic Gospels. Source Criticism and the New Literary Criticism, hrsg. von Camille Focant (BEThL 110), Löwen 1993, 281–310; neu erschienen in: ders., Jüdische Wurzeln christlicher Theologie. Studien zum biblischen Kontext neutestamentlicher Texte (BBB 116), Bodenheim 1998, 233–259

ders., Die *Tora* Gottes für Israel, die Jünger Jesu und die Völker. Zu einem Aspekt von Schrift und Tradition im Matthäusevangelium, in: Schrift und Tradition, FS für Joseph Ernst, hrsg. von Knut Backhaus und Franz Untergaßmair, Paderborn 1996, 85–118; neu erschienen in: ders., Jüdische Wurzeln christlicher Theologie. Studien zum biblischen Kontext neutestamentlicher Texte (BBB 116), Bodenheim 1998, 261–293

ders., Die matthäische Kirche als *Gemeinschaft* des Glaubens. Prolegomena zu einer bundestheologischen Ekklesiologie, in: Ekklesiologie des Neuen Testamentes, FS für Karl Kertelge, hrsg. von Rainer Kampling und Thomas Söding, Freiburg u.a. 1996, 85–132; neu erschienen in: ders., Jüdische Wurzeln christlicher Theologie. Studien zum biblischen Kontext neutestamentlicher Texte (BBB 116), Bodenheim 1998, 365–405

ders., Der ›ungekündigte *Bund*‹ im Matthäusevangelium? Von der Unverbrüchlichkeit der Treue Gottes im Matthäusevangelium zu Israel und den Völkern, in: Der Ungekündigte Bund? Antworten des Neuen Testamentes (QD 172), hrsg. von Hubert Frankemölle, Freiburg u.a. 1998, 171–210

ders., *Antijudaismus* im Matthäusevangelium? Reflexionen zu einer angemessenen Auslegung, in: »Nun steht aber diese Sache im Evangelium …«. Zur Frage nach den Anfängen des christlichen Antijudaismus, hrsg. von Rainer Kampling, Paderborn 1999, 73–106

Freudenberg, Jürgen, Die synoptische *Weherede*. Tradition und Redaktion in Mt 23 par, Diss. masch., Münster 1972

Freyne, Sean, *Unterdrückung* von Seiten der Juden. Das Matthäusevangelium als eine frühe christliche Antwort, Conc(D) 24 (1988), 462–467

ders., *Vilifying the Other* and Defining the Self: Matthew's and John's Anti-Jewish Polemic in Focus, in: »To See Ourselves as Others See Us«. Christian, Jews, »Others« in Late Antiquity, hrsg. von Jacob Neusner, Ernest S. Frerichs und Caroline McCracken-Flesher (SPSHS), Chico (California) 1985, 117–143

Friedl, Alfred, Das eschatologische *Gericht* in Bildern aus dem Alltag. Eine exegetische Untersuchung von Mt 24,40f par Lk 17,34f (ÖBS 14) Frankfurt/Main u.a. 1996

Friedrich, Gerhard, Lk 9,51 und die *Entrückungschristologie* des Lukas, in: Orientierung an Jesus. Zur Theologie der Synoptiker, FS für Josef Schmid, hrsg. von Paul Hoffmann, Freiburg u.a. 1972, 364–371

Friedrich, Johannes, *Gott im Bruder?* Eine methodenkritische Untersuchung von Redaktion, Überlieferung und Tradition in Mt 25,31–46 (CThM A.7), Stuttgart 1977

Garland, David E., The *Intention* of Matthew 23 (NT.S 52), Leiden 1979

Gaston, Lloyd, No *Stone* on Another. Studies on the Significance of the Fall of Jerusalem in the Synoptic Gospels (NT.S 23), Leiden 1970

Geist, Heinz, *Menschensohn* und Gemeinde. Eine redaktionskritische Untersuchung zur Menschensohnprädikation im Matthäusevangelium (fzb 57), Würzburg 1986

Geyser, A.S., Some Salient New Testament Passages on the *Restoration* of the Twelve Tribes of Israel, in: L'Apocalypse johannique et l'Apocalyptique dans le Nouveau Testament, hrsg. von Jan Lambrecht (BEThL 53), Leuven 1980, 305–310

Gielen, Marlis, Der *Konflikt* Jesu mit den religiösen und politischen Autoritäten seines Volkes im Spiegel der matthäischen Jesusgeschichte (BBB 125), Bodenheim 1998

Giesen, Heinz, Jesu *Krankenheilungen* im Verständnis des Matthäusevangeliums, in: Studien zum Matthäusevangelium, FS für Wilhelm Pesch, hrsg. von Ludger Schenke (SBS), Stuttgart 1988, 79–106

Gnilka, Joachim, Die *Verstockung* Israels. Isaias 6, 9–10 in der Theologie der Synoptiker (StANT III), München 1961

ders., Das *Verstockungsproblem* nach Matthäus 13,13–15, in: Antijudaismus im Neuen Testament? Exegetische und systematische Beiträge, hrsg. von Willehad Paul Eckert, Nathan Peter Levinson und Martin Stöhr (ACJD 2), München 1967, 119–128

ders., Das *Kirchenbild* im Matthäusevangelium, in: À cause de l'Évangile. Études sur les Synoptiques et les Actes, FS für Jacques Dupont (LeDiv 123), Paris 1985, 127–143

ders., Theologie des Neuen Testamentes (HThK. Suppl.Bd 5), Freiburg u.a.1994

Goldmann, Manuel, »Die große ökumenische Frage …«. Zur *Strukturverschiedenheit* christlicher und jüdischer Tradition und ihrer Relevanz für die Begegnung der Kirche mit Israel (NBST 22), Neukirchen-Vluyn 1997

Gollinger, Hildegard, »… und diese *Lehre* verbreitete sich bei den Juden bis heute«. Mt 28,11–15 als Beitrag zum Verhältnis von Israel und Kirche, in: Salz der Erde – Licht der Welt. Exegetische Studien zum Matthäusevangelium, FS für Anton Vögtle, hrsg. von Lorenz Oberlinner und Peter Fiedler, Stuttgart 1991, 357–373

dies., Heil für die Heiden – Unheil für die Juden? Anmerkungen zu einem alten Problem mit dem Matthäusevangelium, in: Israel und Kirche heute. Beiträge zum christlich-jüdischen Dialog, FS für Ernst Ludwig Ehrlich, hrsg. von Marcel Marcus u.a., Freiburg 1991, 201–211

Goppelt, Leonhard, Christentum und Judentum im ersten und zweiten Jahrhundert. Ein Aufriß der Urgeschichte der Kirche (BFChTh.M 55), Gütersloh 1954

ders., Theologie des Neuen Testaments, hrsg. von Jürgen Roloff, Göttingen 1985³

Goulder, Michael D., Midrash and Lection in Matthew, London 1974

Gräßer, Erich, Die *Naherwartung* Jesu (SBS 61), Stuttgart 1973

ders., Zwei *Heilswege?* Zum theologischen Verhältnis von Israel und Kirche, in: ders., Der Alte Bund im Neuen. Exegetische Studien zur Israelfrage im Neuen Testament (WUNT 35), Tübingen 1985, 212–230

ders., Christen und Juden. Neutestamentliche *Erwägungen* zu einem aktuellen Thema, in: ders., Der Alte Bund im Neuen. Exegetische Studien zur Israelfrage im Neuen Testament (WUNT 35), Tübingen 1985, 271–289

Grams, Rollin, The Temple *Conflict* Scene: A Rhetorical Analysis of Mt 21–23, in: Persuasive Artistry. Studies in New Testament Rhetoric in Honor of George A. Kennedy, hrsg. von Duane F. Watson (JSNT.S 50), Sheffield 1991

Grappe, Christian, Le *logion* des douze trônes. Éclairages intertestamentaires, in: Le trône de Dieu, hrsg. von Marc Philonenko (WUNT 69), Tübingen 1993

Gray, Sherman W., The Least of My Brothers (Matthew 25:31–46). A History of Interpretation (SBL.DS 114), Atlanta (Georgia) 1989

Grimm, Werner, Eschatologischer *Saul* wider eschatologischen David. Eine Deutung von Lc. 13,31ff., NT 15 (1973), 114–133

Groß, Walter, Zukunft für Israel. Alttestamentliche Bundeskonzepte und die aktuelle Debatte um den Neuen Bund (SBS 176), Stuttgart 1998

Gülzow, Henneke, Soziale Gegebenheiten der Trennung von Kirche und Synagoge und die Anfänge des christlichen Antijudaismus, in: Christlicher Antijudaismus und jüdischer Antipaganismus. Ihre Motive und Hintergründe in den ersten drei Jahrhunderten, hrsg. von Herbert Frohnhofen (HTS 3) Hamburg 1990, 95–120

Gubler, Marie-Louise, Die frühesten *Deutungen* des Todes Jesu. Eine motivgeschichtliche Darstellung aufgrund der neueren exegetischen Forschung (OBO 15), Freiburg (Schweiz) u.a. 1977

Guhrt, Joachim / Haacker, Klaus, Artikel παλιγγενεσία TBLNT I (1997), 657–659

Gundry, Robert H., The Use of the *Old Testament* in St. Matthews Gospel. With Special Reference to the Messianic Hope (NT.S 18), Leiden 1967

ders., A Responsive Evaluation of the *Social History* of the Matthean Community in Roman Syria, in: Social History of the Matthean Community. Cross-Disciplinary Approaches, hrsg. von David L. Balch, Minneapolis 1991, 62–67

Gunneweg, Antonius H.J., *Geschichte Israels*, Von den Anfängen bis Bar Kochba und von Theodor Herzl bis zur Gegenwart, Stuttgart 1989²

Guthrie, Donald, New Testament *Theology*, Leicester 1981

Haacker, Klaus, »*Sein Blut* über uns«. Erwägungen zu Matthäus 27,25, Kul 1 (1986), 47–50

Häfner, Gerd, Der verheißene *Vorläufer*. Redaktionskritische Untersuchung zur Darstellung Johannes des Täufers im Matthäusevangelium (SBS 27), Stuttgart 1994

Haenchen, Ernst, *Matthäus 23*, in: Das Matthäus-Evangelium (WdF 525), hrsg. von Joachim Lange, Darmstadt 1980, 134–163; zuerst erschienen in: ZThK 48 (1951), 38–63

Hagner, Donald A., *Imminence* and Parousia in the Gospel of Matthew, Texts and Contexts 1995, 77–92

ders., *Matthew's Eschatology*, SBL.SP 35 (1996), 163–181

Hahn, Ferdinand, Der *Sendungsauftrag* des Auferstandenen. Matthäus 28,16–20, in: Fides pro mundi vita. Missionstheologie heute, FS für Hans-Werner Gensichen, hrsg. von Theo Sundermeier, Gütersloh 1980, 28–43

ders., Die *eschatologische Rede* Matthäus 24 und 25, in: Studien zum Matthäusevangelium, FS für Wilhelm Pesch, hrsg. von Ludger Schenke (SBS), Stuttgart 1988, 109–126

ders., Das irdische und das himmlische *Jerusalem*, in: ders., Die Verwurzelung des Christentums im Judentums. Exegetische Beiträge zum christlich-jüdischen Dialog, hrsg. von Cilliers Breytenbach, Neukirchen 1996, 130–143

Hahn, Johannes (Hrsg.), *Zerstörungen* des Jerusalemer Tempels. Geschehen – Wahrnehmung – Bewältigung (WUNT 147), Tübingen 2002

Hampel, Volker, *Menschensohn* und historischer Jesus. Ein Rätselwort als Schlüssel zum messianischen Selbstverständnis Jesu, Neukirchen-Vluyn 1990

Hare, Douglas R.A., The Theme of Jewish *Persecution* of Christians in the Gospel According to St. Matthew (MSSNTS 6), Cambridge 1967

ders. / Harrington, Daniel J., »Make *Disciples* of All the Gentiles« (Mt 28,19), CBQ 37 (1975), 359–369

Harnack, Adolf, Beiträge zur Einleitung in das Neue Testament II. *Sprüche und Reden Jesu*. Die zweite Quelle des Matthäus und des Lukas, Leipzig 1907

Harnisch, Wolfgang, Die *Gleichniserzählungen* Jesu. Eine hermeneutische Einführung, Göttingen 1985

Harvey, Graham, The *True Israel*. Uses of the Names Jew, Hebrew and Israel in Ancient Jewish and Early Christian Literature (AGJU 35), Leiden u.a. 1996

Heckel, Ulrich, *Hirtenamt und Herrschaftskritik*. Die urchristlichen Ämter aus johanneischer Sicht (BThSt 65), Neukirchen-Vluyn 2004

Heil, John Paul, The Narrative *Structure* of Matthew 27:55–28:20, JBL 110 (1991), 416–438

ders., The *Double Meaning* of the Narrative of the Universal Judgment in Matthew 25.31–46, JSNT 69 (1998), 3–14 *ders.*, Ezekiel 34 and the *Narrative Strategy* of the Sepherd and Sheep Metaphor in Matthew, CBQ 55 (1993), 698–708

Held, Hans Joachim, Matthäus als Interpret der Wundergeschichten, in: Günther Bornkamm, Gerhard Barth, Hans Joachim Held, Überlieferung und Auslegung im Matthäusevangelium (WMANT 1), Neukirchen-Vluyn 1960, 155–287

Hengel, Martin, Judentum und Hellenismus. Studien zu ihrer Begegnung unter besonderer Berücksichtigung Palästinas bis zur Mitte des 2. Jh.s v.Chr. (WUNT 10), Tübingen 1973²

ders. / Merkel, Helmut, Die *Magier* aus dem Osten und die Flucht nach Ägypten (Mt 2) im Rahmen der antiken Religionsgeschichte und der Theologie des Matthäus, in: Orientierung an Jesus. Zur Theologie der Synoptiker, FS für Josef Schmidt, hrsg. von Paul Hoffmann, Freiburg u.a. 1973, 139–169

ders., Jesus als messianischer Lehrer der Weisheit und die Anfänge der Christologie, in: Sages et Religion, o.Hg. (Colloque de Strasbourg 1976), 147–188

ders., Das früheste *Christentum* als eine jüdische messianische und universalistische Bewegung, ThBeitr 28 (1997), 197–210

ders., Jerusalem als jüdische und hellenistische Stadt, in: Hellenismus. Beiträge zur Erforschung von Akkulturation und politischer Ordnung in den Staaten des hellenistischen Zeitalters, hrsg. von Bernd Funck, Tübingen 1996, 269–306

ders., Das *Begräbnis Jesu* bei Paulus und die leibliche Auferstehung aus dem Grabe, in: Auferstehung – Resurrection, hrsg. von Friedrich Avemarie und Hermann Lichtenberger (WUNT 135), Tübingen 2001, 119–183

Henrix, Hans Hermann / Rendtorff, Rolf (Hrsg.), *Die Kirchen und das Judentum.* Dokumente von 1945 bis 1985, Paderborn / München 1988

ders. / Kraus, Wolfgang, Die Kirchen und das Judentum Bd II. Dokumente von 1968 bis 2000, Paderborn / München 2001

Hinz, Christoph, Entdeckung der Juden als Brüder und Zeugen. Stationen und Fragestellungen im christlich-jüdischen Dialog seit 1945, BThZ 4 (1987), 170–196; BThZ 5 (1988), 2–27

Hoffmann, Paul, Studien zur Theologie der *Logienquelle* (NTA.NF 8), Münster 1975²

ders., Die Auferweckung Jesu als *Zeichen für Israel.* Mt 12,39f und die matthäische Ostergeschichte, in: ders., Zur neutestamentlichen Überlieferung von der Auferstehung Jesu (WdF 522), Darmstadt 1988; eine kürzere Fassung in: Christus bezeugen, FS für Wolfgang Trilling, hrsg. von Karl Kertelge u.a., Freiburg 1990, 110–123

ders., The *Redaction of Q* and the Son of Man. A Preliminary Sketch, in: The Gospel behind the Gospels. Current Studies on Q, hrsg. von Ronald A. Piper (NT.S LXXV), Leiden u.a. 1995, 158–198

ders., Herrscher oder Richter über Israel? Mt 19,28 / Lk 22,28–30 in der synoptischen Überlieferung, in: Ja und Nein. Christliche Theologie im Angesicht Israels, FS für Wolfgang Schrage, hrsg. von Klaus Wengst u.a., Neukirchen-Vluyn 1998, 253–264

Hoppe, Rudolf, Das *Gastmahlgleichnis* Jesu (Mt 22,1–10/Lk 14,16–24) und seine vorevangelische Traditionsgeschichte, in: Von Jesus zum Christus. Christologische Studien, FS für Paul Hoffmann, hrsg. von Rudolf Hoppe und Ulrich Busse (BZNW 93), Berlin u.a. 1998, 277–293

Horn, Friedrich Wilhelm, Christentum und Judentum in der Logienquelle, EvTh 51 (1991), 344–364

Howell, David B., Matthew's *Inclusive Story.* A Study in the Narrative Rhetoric of the First Gospel (JSNT.SS 42), Sheffield 1990

Howard, G., The Gospel of Mathew according to a Primitive *Hebrew Text,* Macon 1987

Hruby, Kurt, Juden und Judentum bei den Kirchenvätern (SJK 2), Zürich 1970, jetzt in: ders., Aufsätze zum nachbiblischen Judentum und zum jüdischen Erbe der frühen Kirche, hrsg. von Peter von der Osten-Sacken und Thomas Willi (ANTZ 5), Berlin 1996

Hübner, Hans, Artikel »*Israel* II. Frühes und rabbinisches Judentum«, in: TRE XVI, 379–389

ders., Der »*Messias Israels*« und der Christus des Neuen Testaments, KuD 27 (1981), 217–240

ders., Biblische Theologie des Neuen Testamentes Bd 2. Die Theologie des Paulus und ihre neutestamentliche Wirkungsgeschichte, Göttingen 1993

Hummel, Reinhart, Die *Auseinandersetzung* zwischen Kirche und Judentum im Matthäusevangelium (BEvTh 33), München 1966[2]

Janowski, J. Christine, Eschatologischer *Dualismus*? Erwägungen zum »doppelten Ausgang« des Jüngsten Gerichts, JBTh 9 (1994), 175–218

Jeremias, Joachim, Jesu *Verheißung* für die Völker, Stuttgart 1952[2]

ders., Die *Abendmahlsworte* Jesu, Göttingen 1967[4]

ders., Neutestamentliche *Theologie.* Erster Teil: Die Verkündigung Jesu, Gütersloh 1973[2]

Jones, Ivor H., The Matthean *Parabels.* A Literary and Historical Commentary (NT.S 80), Leiden u.a. 1995

Kampling, Rainer, Das *Blut Jesu* und die Juden. Mt 27,25 bei den lateinischsprachigen christlichen Autoren bis zu Leo dem Großen (NTA.NF 16), Münster 1984

ders., Israel unter dem Anspruch des Messias. Studien zur Israelthematik im Markusevangelium (SBB 25), Stuttgart 1992

Karrer, Martin, Christliche Gemeinde und *Israel.* Beobachtungen zur Logienquelle, in: Gottes Recht als Lebensraum, FS für Hans Jochen Boecker, hrsg. von Peter Mommer u.a., Neukirchen-Vluyn 1993, 145–163

ders., Jesus Christus im Neuen Testament (GNT 11), Göttingen 1998

ders., »Und ich werde sie heilen«. Das Verstockungsmotiv aus Jes 6,9f in Apg 28,26f, in: Kirche und Volk Gottes, FS für Jürgen Roloff, hrsg. von Martin Karrer, Wolfgang Kraus und Otto Merk, Neukirchen 2000, 255–271

Kingsbury, Jack Dean, Matthew as *Story,* Philadelphia 1986

ders., The Developing *Conflict* between Jesus and the Jewish Leaders in Matthew's Gospel. A Literary-Critical Study, CBQ 49 (1987), 57–73

ders., Conclusion. Analysis of an Conversation, in: Social History of the Matthean Community. Cross-Disciplinary Approaches, hrsg. von David L. Balch, Minneapolis 1991, 259–269

ders., The Significance of the *Cross* within the Plot of Matthew's Gospel. A Study in Narrative Criticism, in: The Synoptic Gospels. Source Criticism and the New Literary Criticism, hrsg. von Camille Focant (BEThL 110), Leuven 1993, 263–279

Klappert, Bertold, Eine Christologie der *Völkerwallfahrt* zum Zion, in: ders. u.a., Jesusbekenntnis und Christusnachfolge (KT 115), München 1992, 65–93

ders., Dialog mit Israel und Mission unter den Völkern. Dimensionen und Folgen der Israelvergessenheit in Mission und Ökumene, in: Wendung nach Jerusalem. Friedrich-Wilhelm Marquardts Theologie im Gespräch, FS für Friedrich-Wilhelm Marquardt, hrsg. von Hanna Lehming u.a., Gütersloh 1999, 227–252

Klauck, Hans-Josef, Judas – ein Jünger des Herrn (QD 111), Freiburg u.a. 1987

ders., Rezension zu William D. Davies – Dale C. Allison, A Critical and Exegetical Commentary on the Gospel According to Saint Matthew. Volume III: Commentary on Matthew XIX–XXVIII (ICC), Edinburgh 1997, BZ.NF 42 (1998), 130–133

Klein, Charlotte, Theologie und *Anti-Judaismus.* Eine Studie zur deutschen theologischen Literatur der Gegenwart (ACJD 6), München 1978

Klein, Hans, Judenchristliche *Frömmigkeit* im Sondergut des Matthäus, NTS 35 (1989), 466–474

Kloppenburg, John S., The *Formation* of Q. Trajectories in Ancient Wisdom Collections, Philadelphia 1987

ders., Q-Parallels, Sonoma 1987

Knowles, Michael, Jeremiah in Matthew's Gospel. The Rejected Profit Motif in Matthaean Redaction (JSNT.SS 68), Sheffield 1993

Koch, Klaus, Der Spruch *»Sein Blut* bleibe auf seinem Haupt« und die israelitische Auffassung vom vergossenen Blut, VT 12 (1962), 396–416

Konradt, Matthias, Die *Sendung zu Israel* und zu den Völkern im Matthäusevangelium im Lichte seiner narrativen Christologie, ZThK 101 (2004), 397–425

Kosch, D., Die eschatologische Tora *des Menschensohnes.* Untersuchungen zur Rezeption der Stellung Jesu zur Tora in Q (NTOA 12), Göttingen 1989

Kraus, Wolfgang, Das *Volk Gottes.* Zur Grundlegung der Ekklesiologie bei Paulus (WUNT 85), Tübingen 1996

ders. (Hrsg.), *Christen und Juden.* Perspektiven einer Annäherung, Gütersloh 1997

ders., Die *Passion* des Gottessohnes. Zur Bedeutung des Todes Jesu im Matthäusevangelium, EvTh 57 (1997), 409–427

Krentz, Edgar, Der *Umfang* des Matthäus-Prologs. Ein Beitrag zum Aufbau des ersten Evangeliums, in: Joachim Lange (Hrsg.), Das Matthäus-Evangelium (WdF 525), Darmstadt 1980, 316–325; zuerst erschienen: JBL 83 (1964), 409–414, aus dem Englischen übersetzt von Hermann-Josef Dirksen

Kretschmar, Georg, Die *Kirche* aus Juden und Heiden. Forschungsprobleme der ersten christlichen Jahrhunderte, in: Juden und Christen in der Antike, hrsg. von Jacobus. van Amersfoort und J. van Oort, Kampen 1990, 9–43

Kretzer, Armin, Die *Herrschaft der Himmel* und die Söhne des Reiches. Eine redaktionsgeschichtliche Untersuchung zum Basileiabegriff und Basileiaverständnis im Matthäusevangelium (SBM 10), Stuttgart u.a. 1971

Künzel, Georg, Studien zum *Gemeindeverständnis* des Matthäus-Evangeliums (CThM 10), Stuttgart 1978

Kühschelm, Roman, Das *Verhältnis* von Kirche und Israel bei Matthäus, BiLi 59 (1986), 165–176

ders., Verstockung, Gericht und Heil. Exegetische und bibeltheologische Untersuchung zum sogenannten »Dualismus« und »Determinismus« in Joh 12,35–50 (BBB 76), Frankfurt (Main) 1990

ders., Verstockung als Gericht. Eine Untersuchung zu Joh 12,35–43; Lk 13,34–35; 19,41–44, BiLi 57 (1984), 234–243

Kümmel, Werner Georg, Die *Weherufe* über die Schriftgelehrten und Pharisäer (Matthäus 23,13–36), in: Antijudaismus im Neuen Testament? Exegetische und systematische Beiträge, hrsg. von Willehad Paul Eckert, Nathan Peter Levinson und Martin Stöhr (ACJD 2) 1967, 135–147

ders., Verheißung und Erfüllung. Untersuchungen zur eschatologischen Verkündigung Jesu (AThANT 57), Zürich 1953[2]

Künzi, Martin, Das Naherwartungslogion *Matthäus* 10,23. Geschichte seiner Auslegung (BGBE 9), Tübingen 1970

ders., Das Naherwartungslogion *Markus* 9,1 par. Geschichte seiner Auslegung (BGBE 21), Tübingen 1977

Kupp, David D., Matthew's *Emmanuel.* Divine Presence and God's People in the First Gospel (MSSNTS 90), Cambridge 1996

Kvalbein, Hans, Die *Wunder* der Endzeit. Beobachtungen zu 4Q521 und Matth 11,5p, ZNW 88 (1997), 111–125

ders., Has Matthew abandoned the Jews?, in: The Mission of the Early Church to Jews and Gentiles (WUNT 127), Tübingen 2000, 45–62 (zuerst auf Deutsch erschienen: Hat Matthäus die Juden aufgegeben? Bemerkungen zu Luz' Matthäus-Deutung, ThBeitr 29 (1998), 301–314)

Kwaak, H. van der, Die Klage über Jerusalem (Matth. XXII₃₇₋₃₉), NT 8 (1966), 156–170

Kynes, William L., A Christology of Solidarity. Jesus as the Representative of His People in Matthew, Lanham u.a. 1991

Lambrecht S.J., Jan, Out of the Treasure. The Parables in the Gospel of Matthew (LThPM 10), Louvain 1991

Christof Landmesser, Jüngerberufung und Zuwendung zu Gott. Ein exegetischer Beitrag zum Konzept der matthäischen Soteriologie im Anschluss an Mt 9,9–13 (WUNT 133), Tübingen 2001

Lange, Joachim, Das Erscheinen des Auferstandenen im Evangelium nach Matthäus. Eine traditions- und redaktionsgeschichtliche Untersuchung zu Mt 28,16–20 (fzb 11), Würzburg 1973

ders. (Hrsg.), Das Matthäus-Evangelium (WdF 525), Darmstadt 1980

Légasse, Simon, L'Oracle contre »cette génération« (Mt 23,34–36 par Lc 11,49–51) et la polémique judéo-chrétienne dans la source des logia, in: Logia. Les paroles de Jésus – The Sayings of Jesus, hrsg. von Joel Delobel (BEThL LIX), Leuven 1982, 237–256

ders., Matthieu 23,2–3: Une incongruité?, in: Gesù apostolo e sommo sacerdote, FS für Padre Teodorico Ballarini, hrsg. von Laura Provera, Casale Monferrato 1984, 63–72

Lehnert, Volker A., Die Provokation Israels. Die paradoxe Funktion von Jes 6,9–10 bei Markus und Lukas. Ein textpragmatischer Versuch im Kontext gegenwärtiger Rezeptionsästhetik und Lesetheorie (NTDH 25), Neukirchen-Vluyn 1999

Lenhardt, Pierre / Osten-Sacken, Peter von der, Rabbi Akiva. Texte und Interpretationen zum rabbinischen Judentum und zum Neuen Testament (ANTZ 1), Berlin 1987

Lichtenberger, Achim, Kulte und Kultur der Dekapolis. Untersuchungen zu numismatischen, archäologischen und epigraphischen Zeugnissen (ADPV 29), Wiesbaden 2003

Lichtenberger, Hermann, »Bittet den Herrn der Ernte, dass er Arbeiter in seine Ernte sende« (Mt 9,38/Lk 10,2), in: Evangelium, Schriftauslegung, Kirche, FS für Peter Stuhlmacher, hrsg. von Jostein Adna, Scott J. Hafemann und Otfried Hofius, Göttingen 1997, 269–278

ders., Schlatter und das Judentum (Manuskript eines 2002 und 2003 gehaltenen Vortrages; erscheint in NTS)

Lindemann, Andreas, Literaturbericht zu den Synoptischen Evangelien 1978–1983, ThR 49 (1984), 223–276.311–371

ders., Literatur (sic!) zu den Synoptischen Evangelien 1984–1991, ThR 59 (1994), 41–100.113–185.252–284

ders., Die Endzeitrede in Didache 16 und die Jesus-Apokalypse in Matthäus 24–25, in: Sayings of Jesus. Canonical and Non-Canonical, FS für Tjitze Baarda, hrsg. von William L. Peterson, Johan S. Vos, Henk J. de Jonge, Leiden 1997, 155–174

Lips, Hermann von, Weisheitliche Traditionen im Neuen Testament (WMANT 64), Neukirchen-Vluyn 1990

Lövestam, Evald, The ἡ γενεὰ αὕτη Eschatology in Mk 13,30 parr., in: L'Apocalypse johannique et l'Apocalyptique dans le Nouveau Testament, hrsg. von Jan Lambrecht (BEthL 53), Leuven 1980, 403–413

Lohfink, Gerhard, Wie hat Jesus Gemeinde gewollt? Zur gesellschaftlichen Dimension des christlichen Glaubens, Freiburg u.a. 1982

ders., Wem gilt die Bergpredigt? Beiträge zu einer christlichen Ethik, Freiburg u.a. 1986

Lohfink, Norbert, Der *Messiaskönig* und seine Armen kommen zum Zion. Beobachtungen zu Mt 21,1–17, in: Studien zum Matthäusevangelium, FS für Wilhelm Pesch, hrsg. von Ludger Schenke (SBS), Stuttgart 1988, 179–200

ders., Was wird anders bei kanonischer Schriftauslegung? Beobachtungen am Beispiel von *Ps 6,* JBTh 3 (1988), 29–53

Löning, Karl, Eschatologische Krise und (Neuer) Bund. Zum Stellenwert des Bundes-Motivs im Zusammenhang neutestamentlicher Soteriologie, in: Der Ungekündigte Bund? Antworten des Neuen Testamentes (QD 172), hrsg. von Hubert Frankemölle, Freiburg u.a. 1998, 78–116

Lohmeyer, Monika, Der *Apostelbegriff* im Neuen Testament. Eine Untersuchung auf dem Hintergrund der synoptischen Aussendungsreden (SBB 29), Stuttgart 1995

Dieter Lührmann, Die *Pharisäer* und die Schriftgelehrten im Markusevangelium, ZNW 78 (1987), 169–185

Luz, Ulrich, Die *Jünger* im Matthäusevangelium, in: Joachim Lange (Hrsg.), Das Matthäusevangelium (WdF 525), Darmstadt 1980, 377–414; zuerst erschienen: ZNW 62 (1971), 141–171

ders., Judenmission im Lichte des Neuen Testaments, ZMis 4 (1978), 127–133

ders., Das Matthäusevangelium und die *Perspektive* einer biblischen Theologie, JBTh 4 (1989), 233–248

ders., Die *Jüngerrede* des Matthäus als Anfrage an die Ekklesiologie, oder: Exegetische Prolegomena zu einer dynamischen Ekklesiologie, in: Christus Bezeugen, FS für Wolfgang Trilling, hrsg. von Klaus Kertelge, Traugott Holtz und Claus Peter März, Freiburg u.a. 1990, 84–101

ders., Jesus der *Menschensohn* zwischen Juden und Christen, in: Israel und Kirche heute. Beiträge zum christlich-jüdischen Dialog, FS für Ernst Ludwig Ehrlich, hrsg. von Marcel Marcus, Freiburg u.a. 1991, 212–232

ders., The *Son of Man* in Matthew: Heavenly Judge or Human Christ, JSNT 48 (1992), 3–21

ders., Die *Jesusgeschichte* des Matthäus, Neukirchen-Vluyn 1993

ders., Der *Antijudaismus* im Matthäusevangelium als historisches und theologisches Problem. Eine Skizze, EvTh 53 (1993), 310–327

ders., Fiktivität und Traditionstreue im Matthäusevangelium im Lichte griechischer Literatur, ZNW 84 (1993), 153–177

ders., Matthew in *History.* Interpretation, Influence, and Effects, Minneapolis 1994

ders., Überlegungen zum Verhältnis zwischen Liebe zu Gott und Liebe zum Nächsten (Mt 22,34–40), in: Der Lebendige Gott. Studien zur Theologie des Neuen Testamentes, FS für Wilhelm Thüsing, hrsg. von Thomas Söding (NTA.NF 31), Münster 1996, 135–148

ders., The *Final Judgment* (Matt 25:31–46): An Exercise in »History of Influence« Exegesis, übers. von Dorothy Jean Weaver, in: Treasures New and Old. Recent Contributions to Matthean Studies, hrsg. von David R. Bauer, Mark Allan Powell (SBL Symposium Series 1), Atlanta 1996, 271–310

ders., Matthäus und Q, in: Von Jesus zum Christus. Christologische Studien, FS für Paul Hoffmann, hrsg. von Rudolf Hoppe und Ulrich Busse (BZNW 93), Berlin u.a. 1998, 201–215

ders., Wehe euch, ihr Schriftgelehrten und Pharisäer, Heuchler! *Ja und Nein* zu einem schwierigen Text, in: Ja und Nein. Christliche Theologie im Angesicht Israels, FS für Wolfgang Schrage, hrsg. von Klaus Wengst u.a., Neukirchen-Vluyn 1998, 267–276

ders., Has Matthew abandonded the Jews? A *Responce* to Hans Kvalbein and Peter Stuhlmacher concerning Matth 28:16–20, in: The Mission of the Early Church to Jews and Gentiles (WUNT 127), Tübingen 2000, 63–68

Manson, Thomas Walter, The *Sayings* of Jesus, Grand Rapids 1979; erste Auflage London 1937

Marguerat, Daniel, Le *Jugement* dans l'Évangile de Matthieu (MoBi), Genève 1981

Mathew, Reji, Die *Genealogie* Matthäus 1,1–17 im Rahmen der Christologie des Matthäusevangeliums, Diss. masch. Erlangen 1997

Matera, Frank J., The *Plot* of Matthew's Gospel, CBQ 49 (1987), 233–253

Mayordomo-Marín, Moisés, Den *Anfang* hören. Leserorientierte Evangelienexegese am Beispiel von Matthäus 1–2 (FRLANT 180), Göttingen 1998

Meier, John P., The *Vision* of Matthew. Christ, Church, and Morality in the First Gospel, New York 1979

Meiser, Martin, Die *Reaktion* des Volkes auf Jesus (BZNW 96), Berlin / New York 1998

ders., *Vollkommenheit* in Qumran und im Matthäusevangelium, in: Kirche und Volk Gottes, FS für Jürgen Roloff, hrsg. von Martin Karrer, Wolfgang Kraus und Otto Merk, Neukirchen-Vluyn 2000, 195–209

Mell, Ulrich, Die »anderen« *Winzer*. Eine exegetische Studie zur Vollmacht Jesu Christi nach Markus 11,27–12,23 (WUNT 77), Tübingen 1994

Menninger, Richard E., *Israel* and the Church in the Gospel of Matthew (AmUSt VII/162), New York u.a. 1994

Merklein, Helmut, Zur Entstehung der urchristlichen Aussage vom präexistenten *Sohn Gottes*, in: Zur Geschichte des Urchristentums, hrsg. von Gerhard Dautzenberg u.a. (QD 87), Freiburg u.a. 1979, 33–62

ders., Die *Jesusgeschichte* – synoptisch gelesen (SBS 156), Stuttgart 1994

Metzner, Rainer, Die *Rezeption* des Matthäusevangeliums im 1. Petrusbrief. Studien zum traditionsgeschichtlichen und theologischen Einfluß des 1. Evangeliums auf den 1. Petrusbrief (WUNT II/74), Tübingen 1994

Meyer, Rudolf, Der *Prophet* aus Galiläa. Studie zum Jesusbild der drei ersten Evangelien, Darmstadt 1970 (Ndr. der Auflage Leizig 1940)

Michael, J. Hough, The *Lament* over Jerusalem, AJT 22 (1918), 101–113

Miller, Robert J., The *Rejection* of the Prophets in Q, JBL 107 (1988), 225–240

Minear, Paul S., False *Prophecy* and Hypocrisy in the Gospel of Matthew, in: Neues Testament und Kirche, FS für Rudolf Schnackenburg, hrsg. von Joachim Gnilka, Freiburg u.a. 1974, 76–93

Mohrlang, Roger, *Matthew and Paul*. A Comparison of the Ethical Perspectives (SNTS.MS 48), Cambridge 1984

Moo, Douglas J., *Tradition* and Old Testament in Matt 27,3–10, in: Gospel Perspectives III. Studies in Midrash and Historiography, hrsg. von R.T. France und David Wenham, Sheffield 1983, 157–175

Mora, Vicent, Le *Refus d'Israel*. Matthieu 27,25 (LeDiv 124), Paris 1986

Moule, Charles F.D., St *Matthew's Gospel*: Some Neglected Features, in: ders., Essays in New Testament Interpretation, Cambridge 1982, 67–74

Müller, Karlheinz, *Gott als Richter* und die Erscheinungsweisen seiner Gerichte in den Schriften des Frühjudentums. Methodische und grundsätzliche Vorüberlegungen zu einer sachgemäßeren Einschätzung, in: Weltgericht und Weltvollendung. Zukunftsbilder im Neuen Testament, hrsg. von Hans-Josef Klauck (QD 150), Freiburg u.a. 1994, 23–53

Müller, Markus, *Jüngerschaft* im Reich des Menschensohnes. EinBeitrag zur Eschatologie des Matthäusevangeliums, Habilitationsschrift der Theologischen Fakultät der Friedrich-Alexander-Universität Erlangen, 2001 (noch nicht im Druck erschienen)

Münch, Christian, Die *Gleichnisse Jesu* im Matthäusevangelium. Eine Studie zu ihrer Form und Funktion (WMANT 104), Neukirchen-Vluyn 2004

Mudiso Mba Mundla, Jean-Gaspard, Jesus und die *Führer Israels.* Studien zu den sog. Jerusalemer Streitgesprächen (NTA.NF 17), Münster 1984

Mußner, Franz, Die bösen *Winzer* nach Matthäus 21,33–46, in: Antijudaismus im Neuen Testament? Exegetische und systematische Beiträge, hrsg. von Willehad Paul Eckert, Nathan Peter Levinson und Martin Stöhr (ACJD 2), München 1967, 129–134

ders., *Traktat über die Juden*, München 1979 (1988²)

ders., Die Stellung zum *Judentum* in der »Redenquelle« und in ihrer Verarbeitung bei Matthäus, in: Studien zum Matthäusevangelium, FS für Wilhelm Pesch, hrsg. von Ludger Schenke (SBS), Stuttgart 1988, 211–225

Neirynck, Frans, *Q-Synopsis.* The Double Tradition Passages in Greek (SNTA XIII), Leuven 1988

ders., *Evangelica II.* Collected Essays 1982–1991, hrsg. von Frans van Segbroeck (BEThL 99), Leuven 1991

Nelson, Neil D., ›*This Generation*‹ in Matt 24:34. A Literary Critical Perspective, JETS 38 (1996), 369–385

Nepper-Christensen, Poul, Das *Matthäusevangelium* – Ein judenchristliches Evangelium? (AThD 1), Aarhus 1958

ders., Matth 10,23 – et *crux interpretum*? DTT 58 (1995), 161–175

Neuer, Werner, Adolf Schlatter. Ein Leben für Theologie und Kirche, Stuttgart 1996

Neusner, Jacob, Die Verwendung des späteren rabbinischen Materials für die *Erforschung des Pharisäismus* im 1. Jahrhundert n.Chr., ZThK 76 (1979), 292–309

Newport, Kenneth G.C., The *Sources* and Sitz im Leben of Matthew 23 (JSNT.SS 117), Sheffield 1995

Niedner, Frederick A., Rereading *Matthew* on Jerusalem and Judaism, BTB 19 (1989), 43–47

Niemand, Christoph, Matthäus 25,31–46 universal oder exklusiv? *Rekonstruktion der ursprünglichen Textintention im Spannungsfeld moderner Wertaxiome*, in: Patrimonium Fidei, FS für Magnus Löhrer und Pius-Ramon Tragan, hrsg. von Marinella Perroni und Elmar Salmann (StAns 124), Rom 1997, 287–326

Oberweis, Michael, *Beobachtungen* zum AT-Gebrauch in der matthäischen Kindheitsgeschichte, NTS 35 (1989), 131–149

Orton, David E., The Understanding *Scribe.* Matthew and the Apocalyptic Ideal (JSNT.S 25), Sheffield 1989

Osten-Sacken, Peter von der, Von der *Notwendigkeit* theologischen Besitzverzichts, Nachwort zu: Ruether, Nächstenliebe 244–251

Overman, J. Andrew, *Heroes* and Villains in Palestinian Lore: Matthew's Use of Traditional Jewish Polemic in the Passion Narrative, SBL.SP 29 (1990), 592–602

ders., *Matthew's Gospel* and Formative Judaism. The Social World of the Matthean Community, Minneapolis 1990

Paesler, Kurt, Das *Tempelwort* Jesu. Die Traditionen von Tempelzerstörung und Tempelerneuerung im Neuen Testament, Diss. masch., Erlangen o.J. (1996)

Paget, James Carleton, *Anti-Judaism* and Early Christian Identity, ZAC 1 (1997), 195–225

Pammer, Margaret, The *Kingdom* of Heaven according to the First Gospel, NTS 27 (1981), 211–232

Pantle-Schieber, Klaus, Anmerkungen zur *Auseinandersetzung* von ἐκκλησία und Judentum im Matthäusevangelium, ZNW 80 (1989), 145–162

Park, Eung Chun, The *Mission Discourse* in Matthew's Interpretation (WUNT II/81),Tübingen 1995

Park, Tae-Sik, ΟΧΛΟΣ im Neuen Testament, Diss. masch., Göttingen 1994

Pesch, Wilhelm, Theologische Aussagen der Redaktion von Matthäus 23, in: Orientierung an Jesus. Zur Theologie der Synoptiker, FS für Josef Schmid, hrsg. von Paul Hoffmann, Freiburg u.a. 1973, 286–299

Pedersen, Sigfred, Israel als integrierter Teil der christlichen Hoffnung (Matthäus 23), StTh 49 (1995), 133–149, aus dem Dänischen übersetzt von Dietrich Habsmeier

Plath, Margarete, Der neutestamentliche *Weheruf* über Jerusalem (Luk. 13,34–35 = Matth. 23, 37–39), ThStKr 78 (1905), 455–460

Polag, Athanasius, Die *Christologie* der Logienquelle (WMANT 45), Neukirchen-Vlyun 1977

ders., Fragmenta Q. Textheft zur Logienquelle, Neukirchen-Vluyn 1979

Powell, John Enoch, The *Evolution* of the Gospel. A New Translation of the First Gospel with Commentary and Introductory Essay, New Haven u.a. 1994

Powell, Mark Allan, Do and Keep what Moses says (Matthew 23:2–7), JBL 114 (1995), 419–435

Preuß, Horst Dietrich, Theologie des Alten Testamentes, Bd 1–2, Stuttgart u.a., 1991f

Rau, Eckhard, Von Jesus zu Paulus. Entwicklung und Rezeption der antiochenischen Theologie im Urchristentum, Stuttgart u.a. 1994

Reicke, Bo, The *Roots* of the Synoptic Gospels, Philadelphia 1986

Reiser, Marius, Die *Gerichtspredigt Jesu.* Eine Untersuchung zur eschatologischen Verkündigung Jesu und ihrem frühjüdischen Hintergrund (NTA.NF 23), Münster 1990

Rengstorf, Karl Heinrich, Die *Stadt der Mörder* (Mt 22,7), in: Judentum, Urchristentum, Kirche. FS für Joachim Jeremias, hrsg. von Walther Eltester, Berlin 1960, 106–129

Rendtorff, Rolf, Die neutestamentliche Wissenschaft und die *Juden.* Zur Diskussion zwischen David Flusser und Ulrich Wilckens, EvTh 36 (1976), 191–200

ders. / Henrix, Hans-Hermann, Die Kirchen und das Judentum. Dokumente von 1945–1985, Paderborn u.a. 1988

Resch, Alfred, Die *Logia Jesu.* Nach dem Griechischen und Hebräischen Text wiederhergestellt, Leipzig 1898

Reventlow, Henning Graf, »*Sein Blut* komme über sein Haupt«, VT 10 (1960), 311–327

Riesner, Rainer, Jesus als Lehrer. Eine Untersuchung zum Ursprung der Evangelien-Überlieferung (WUNT II/7), Tübingen 1981

Riniker, Christian, Die *Gerichtsverkündigung Jesu*, Diss. masch., Bern 1991

Robinson, James M., Jesus as Sophos and Sophia: Wisdom Tradition and the Gospels, in: Aspects of Wisdom in Judaism and Early Christianity, hrsg. von R.L. Wilken, University of Notre Dame Center for the Study of Judaism an Christianity in Antiquity, Notre Dame (Indiana) 1975, 1–16

ders., The Sequenz of Q: The *Lament over Jerusalem*, in: Von Jesus zum Christus. Christologische Studien, FS für Paul Hoffmann, hrsg. von Rudolf Hoppe und Ulrich Busse (BZNW 93), Berlin u.a. 1998, 225–260

Röhser, Günther, Prädestination und Verstockung. Untersuchungen zur frühjüdischen, paulinischen und johanneischen Theologie (TANZ 14), 1994

Roloff, Jürgen, Das *Kirchenverständnis* des Matthäus im Spiegel seiner Gleichnisse, NTS 38 (1992), 337–356

ders., Die *Kirche* im Neuen Testament (GNT10), Göttingen 1993

ders., Irdisches und himmlisches *Jerusalem* nach der Johannesoffenbarung, in: Zion – Ort der Begegnung, FS für Laurentius Klein, hrsg. von Ferdinand Hahn u.a., Bodenheim 1993, 85–106

ders., Weltgericht und Weltvollendung in der Offenbarung des Johannes, in: Weltgericht und Weltvollendung, hrsg.von Hans-Joseph Klauck (QD 150), Freiburg (Breisgau) u.a 1994, 106–127

ders., Das *Reich des Menschensohnes*. Ein Beitrag zur Eschatologie des Matthäus, in: Eschatologie und Schöpfung, FS für Erich Gräßer, hrsg. von Martin Evang, Helmut Merklein und Michael Wolter (BZNW 89), Berlin u.a. 1997, 275–292

ders., Zur matthäischen Deutung der *Winzerparabel* (Mt 21,42–44), in: Das Urchristentum in seiner literarischen Geschichte. FS für Jürgen Becker zum 65. Geburtstag, hrsg. von Ulrich Mell und Ulrich B. Müller, Berlin u.a. 1999, 247–262

Rothfuchs, Wilhelm, Die *Erfüllungszitate* des Matthäusevangeliums. Eine biblisch-theologische Untersuchung (BWANT 88), Stuttgart 1969

Ruether, Rosemary, Nächstenliebe und Brudermord. Die theologischen Wurzeln des Antisemitismus (ACJD 7), München 1978; Erstveröffentlichung: Faith and Fratricide, New York 1974; übersetzt von U. Berger

Sacchi, Paolo, Das *Problem* des »wahren Israel« im Lichte der universalistischen Auffassungen des Alten Orients, JBTh 7 (1992), 77–100

Safrai, Shmuel, Die *Wallfahrt* im Zeitalter des Zweiten Tempels (FJCD 3), Neukirchen-Vluyn 1981

Saldarini, Anthony J., The Gospel of Matthew and *Jewish-Christian Conflict*, in: Social History of the Matthean Community. Cross-Disciplinary Approaches, hrsg. von David L. Balch, Minneapolis 1991, 38–61

ders., *Delegitimation* of Leaders in Matthew 23, CBQ 54 (1992), 659–680

ders., Matthew's Christian-Jewish *Community* (Chicago Studies in the History of Judaism) Chicago u.a. 1994

Sand, Alexander, Das *Gesetz* und die Propheten. Untersuchungen zur Theologie des Evangeliums nach Matthäus (BU 11), Regensburg 1974

ders., Das Matthäus-Evangelium (EdF 275), Darmstadt 1991

ders., »*Schule* des Lebens«. Zur Theologie des Matthäusevangeliums, in: Theologie im Werden. Studien zu den theologischen Konzeptionen im Neuen Testament, in memoriam Otto Kuss, hrsg. von Josef Hainz, Paderborn 1992, 57–82

Sanders, Jack T., *Schismatics*, Sectarians, Dissidents, Deviants. The First One Hundret Years of Jewish-Christian Relations, London 1993

Satake, Akira, Die *Gemeindeordnung* in der Johannesapokalypse (WMANT 22), Neukirchen-Vluyn 1966

Sato, Migaku, Q und *Prophetie*. Studien zur Gattungs- und Traditionsgeschichte der Quelle Q (WUNT II/29), Tübingen 1988

ders., *Wisdom Statements* in the Sphere of Prophecy, in: The Gospel behind the Gospels. Current Studies on Q, hrsg. von Ronald A. Piper (NT.S LXXV), Leiden u.a. 1995, 139–158

Schelkle, Karl Hermann, Die »*Selbstverfluchung*« Israels nach Matthäus 27,25, in: Antijudaismus im Neuen Testament? Exegetische und systematische Beiträge, hrsg. von Willehad Paul Eckert, Nathan Peter Levinson und Martin Stöhr (ACJD 2), München 1967, 148–156

Schenk, Wolfgang, Die *Sprache* des Matthäus. Die Text-Konstituenten in ihren makro- und mikrostrukturellen Relationen, Göttingen 1987

Scheuermann, Georg, Gemeinde im Umbruch. Eine sozialgeschichtliche Studie zum Matthäusevangelium (fzb 77), Würzburg 1996

Schimanowski, Gottfried, Weisheit und Messias. Die jüdischen Voraussetzungen der urchristlichen Präexistenzchristologie (WUNT II/17), Tübingen 1985

Schlatter, Adolf, Die Theologie des Neuen Testamentes. Zweiter Teil: Die *Lehre der Apostel*, Stuttgart 1910

ders., Die *Kirche* des Matthäus (BFChTh 33,1), Gütersloh 1929

ders., Die Kirche der Griechen im Urteil des Paulus. Eine Auslegung seiner Briefe an *Timotheus und Titus*, Stuttgart 1958[2] (Erste Auflage 1936)

Schlochtern, Josef Meyer zu, »Das neue *Volk Gottes*«. Rückfrage nach einer umstrittenen Verhältnisbestimmung, in: Surrexit Dominus Vere. Die Gegenwart des Auferstandenen in seiner Kirche, FS für Johannes Joachim Degenhardt, hrsg. von Josef Ernst u. Stephan Leimgruber, Paderborn 1996, 209–225

Schmidt, Werner H., *Einführung* in das Alte Testament, Göttingen u.a. 1989⁴

Schnelle, Udo, *Gerechtigkeit* in den Psalmen Salomos und bei Paulus, in: Jüdische Schriften in ihrem antik-jüdischen und urchristlichen Kontext, hrsg. von Herrman Lichtenberger und Gerbern S. Oegema (Studien zu den Jüdischen Schriften aus hellenistisch-römischer Zeit, Band 1), Gütersloh 2002, 365–375

Schnider, Franz, *Jesus der Prophet* (OBO 2), Freiburg (Schweiz) u.a. 1973

Schönle, Volker, *Johannes*, Jesus und die Juden. Die theologische Position des Matthäus und des Verfassers der Redenquelle im Lichte von Mt 11 (BET 17), Frankfurt (Main) u.a. 1982

Schoeps, Hans-Joachim, Die jüdischen *Prophetenmorde*, in: ders., Aus frühchristlicher Zeit. Religionsgeschichtliche Untersuchungen, Tübingen 1950, 126–143 (zuerst: SyBU 2, Uppsala 1943)

ders., Die *Tempelzerstörung* des Jahres 70 in der jüdischen Religionsgeschichte, in: ders., Aus frühchristlicher Zeit. Religionsgeschichtliche Untersuchungen, Tübingen 1950, 144–183

Scholl, Norbert, Ein *Bestseller* entsteht: Das Matthäusevangelium, Regensburg 1998

Schottroff, Luise, Das *Gleichnis* vom großen Gastmahl in der Logienquelle, EvTh 47 (1987), 192–211

Schreckenberg, Heinz, Die christlichen *Adversus-Judaeos-Texte* und ihr literarisches und historisches Umfeld (1.–11.Jh.) (EHS.T 172), Frankfurt (Main) u.a 1997³

Schrenk, Gottlob, Die Weissagung über *Israel* im Neuen Testament, Zürich 1951

Schürer, Emil, The History of the Jewish People in the Age of Jesus Christ (175 B.C – A.D. 135), hrsg. von G. Vermes, Volume II, Edinburgh 1979 (*History II*)

Schürmann, Heinz, Die *Redekomposition* wider »dieses Geschlecht« und seine Führung in der Redenquelle (vgl. Mt 23,1–39 par Lk 11,37–54). Bestand – Akoluthie – Kompositionsformen, SNTU 11 (1986), 33–81

ders., Traditionsgeschichtliche *Untersuchungen* zu den synoptischen Evangelien, Düsseldorf 1968

Schulz, Siegfried, Q. Die *Spruchquelle* der Evangelisten, Zürich 1972

Schwarz, Günther, »*Und Jesus sprach*«. Untersuchungen zur aramäischen Urgestalt der Worte Jesu (BWANT VI/18), Stuttgart u.a. 1985

ders., Jesus der »*Menschensohn*«. Aramaistische Untersuchungen zu den synoptischen Menschensohnworten (BWANT VI/19), Stuttgart u.a. 1986

Schwarz, Hans, The Significance of *Matthew's Eschatology* for Systematic Theology, SBL.SP 35 (1996), 182–187

Schweizer, Eduard, Gesetz und *Enthusiasmus* bei Matthäus, in: Das Matthäus-Evangelium, hrsg. von Joachim Lange (WdF 525), Darmstadt 1980, 350–376; Erstveröffentlichung in: ders., Beiträge zur Theologie des Neuen Testaments, Zürich 1970, 49–70

ders., *Matthäus 21–25*, in: Orientierung an Jesus. Zur Theologie der Synoptiker, FS für Josef Schmid, hrsg. von Paul Hoffmann, Freiburg u.a. 1972, 364–371

ders., Matthäus und seine *Gemeinde* (SBS 71), Stuttgart 1974

ders., *Aufnahme* und Gestaltung von Q bei Matthäus, in: Salz der Erde – Licht der Welt. Exegetische Studien zum Matthäus-Evangelium, FS für Anton Vögtle, hrsg. von Lorenz Oberlinner und Peter Fiedler, Stuttgart 1991, 111–130

Schwemer, Anna Maria, Studien zu den frühjüdischen Prophetenlegenden *Vitae Prophetarum* Band II. Die Viten der kleinen Propheten und der Propheten aus den Geschichtsbüchern (TSAJ 50), Tübingen 1996

Schwier, Helmut, Tempel und *Tempelzerstörung*. Untersuchungen zu den theologischen und ideologischen Faktoren im ersten jüdisch-römischen Krieg (66–74 n.Chr.) (NTOA 11), Freiburg (Schweiz) 1989

Seely, D., *Jesus' Death* in Q, NTS 38 (1992), 222–234

Segal, Alan F., Matthew's *Jewish Voice*, in: Social History of the Matthean Community. Cross-Disciplinary Approaches, hrsg. von David L. Balch, Minneapolis 1991, 3–37

Senior, Donald P., The *Passion* Narrative According to Matthew. A Redactional Study (BEThL 39), Leuven 1975

Sevenich-Bax, Elisabeth, Israels *Konfrontation* mit den letzten Boten der Weisheit. Form, Funktion und Interdependenz der Weisheitselemente in der Logienquelle (MThA 21), Altenberge 1993

Sim, David C., The *Meaning* of παλιγγενεσία in Matthew 19,28, JSNT 50 (1993), 3–12

ders., The Gospel of Matthew and the *Gentiles*, JSNT 57 (1995), 19–48

ders., Apocalytic *Eschatology* in the Gospel of Matthew (MSSNTS 88), Cambridge 1996

Smith, R.H., *Matthew 27:25*. The Hardest Verse in Matthew's Gospel, CuTM 17 (1990), 421–428

Soares-Prabhu, George M., The *Formula Quotations* in the Infancy Narrative of Matthew. An Enquiry into the Tradition History of Mt 1–2 (AnBib 63), Rom 1976

Söding, Thomas, Das *Gleichnis vom Festmahl* (Lk 14,16–24 par Mt 22,1–10). Zur ekklesiologischen Dimension der Reich-Gottes-Verkündigung Jesu, in: Ekklesiologie des Neuen Testamentes, FS für Karl Kertelge, hrsg. von Rainer Kampling und Thomas Söding, Freiburg u.a. 1996, 56–84

Stanton, Graham, The *Origin* and Purpose of Matthew's Gospel. Matthean Scholarship from 1945 to 1980, ANRW II/25.3 (1985), 1889–1951

ders., Aspects of Early Christian-Jewish *Polemic* and Apologetic, NTS 31 (1985), 377–392; neu erschienen in: ders., A Gospel for a New People, Edinburgh 1992, 232–255

ders., 5 *Ezra* and Matthean Christianity in the Second Century, in: ders., A Gospel for a New People, Edinburgh 1992, 256–277; zuerst erschienen in JThS 28 (1977), 67–83

ders., Once More: *Matthew* 25,31–46, in: ders., A Gospel for a New People, Edinburgh 1992, 207–231

Steck, Odil Hannes, *Israel* und das gewaltsame Geschick der Propheten (WMANT 23), Neukirchen-Vluyn 1967

Stegemann, Ekkehard W. / Stegemann, Wolfgang, Urchristliche Sozialgeschichte. Die Anfänge im Judentum und die Christusgemeinden in der mediterranen Welt, Stuttgart u.a. 1997²

Stendahl, Krister, The *School* of Matthew and its Use of the Old Testament (ASNU 20), Uppsala 1954

ders., Quis et Unde? Eine Analyse von Mt 1–2, in: Das Matthäus-Evangelium, hrsg. von Joachim Lange (WdF 525), Darmstadt 1980, 296–311; zuerst veröffentlicht in: Judentum – Urchristentum – Kirche, FS für Joachim Jeremias (BZNW 26), hrsg. von Walther Eltester, Berlin 1960 (1964⁴), 94–105, übersetzt von Gerhard Junker

Strauss, David Friedrich, Das *Leben Jesu*, kritisch bearbeitet. Erster Band, Tübingen 1834 (Ndr. Darmstadt 1969)

ders., Jesu Weheruf über Jerusalem und die σοφία τοῦ θεοῦ (Matth. 23,34–39; Luk. 11,49–51. 13,34f). Ein Beitrag zur johanneischen Frage, ZWTh 6 (1863), 84–93

Strecker, Georg, Der *Weg* der Gerechtigkeit. Untersuchungen zur Theologie des Matthäus (FRLANT 82), Göttingen 1962 (1971³) *ders.*, Das *Geschichtsverständnis* des Matthäus, EvTh 26 (1966), 57–74, neu erschienen in: Das Matthäus-Evangelium, hrsg. von Joachim Lange (WdF 525), Darmstadt 1980, 326–349

Strotmann, Angelika, Weisheitschristologie ohne Antijudaismus? Gedanken zu einem bisher vernachlässigten Aspekt in der Diskussion um die Weisheitschristologie im Neuen Testament, in: Von der Wurzel getragen. Christlich-feministische Exegese in Auseinandersetzung mit Antijudaismus, hrsg. von Luise Schottroff u. Marie-Theres Wacker (Biblical Interpretation Series 17), Leiden u.a. 1995, 153–175

Stuhlmann, Rainer, Das *Eschatologische Maß* im Neuen Testament (FRLANT 132), Göttingen 1983

Stuhlmacher, Peter, Zur missionstheologischen Bedeutung von *Mt 28,16–20,* in: ders., Biblische Theologie und Evangelium (WUNT 146), Tübingen 2002 (ergänzte und abgeänderte Fassung von: ders., Zur missionstheologischen Bedeutung von Mt 28,16–20, EvTh 59 (1999), 108–120

Suggs, M. Jack, Wisdom, Christology, and Law in Matthew's Gospel, Cambrigde (Massachusetts) 1970

Szabo, Andor, Anfänge einer judenchristlichen Theologie bei Matthäus, Jud 16 (1960), 193–206

Tagawa, Kenzo, People and Community in the Gospel of Matthew, NTS 16 (1969/70), 149–162

Theisohn, Johannes, Der auserwählte Richter. Untersuchungen zum traditionsgeschichtlichen Ort der Menschensohngestalt der Bilderreden des Äthiopischen Henoch (StUNT 12), Göttingen 1975

Theißen, Gerd, Aporien im Umgang mit den Antijudaismen des Neuen Testamentes, in: Die Hebräische Bibel und ihre zweifache Nachgeschichte, FS für Rolf Rendtorff, hrsg. von Erhard Blum u.a., Neukirchen-Vluyn 1990, 535–553

ders., Lokalkolorit und Zeitgeschichte. Ein Beitrag zur Geschichte der synoptischen Tradition (NTOA 8), Freiburg (Schweiz) u.a. 1989

ders., Die *Tempelweissagung Jesu.* Prophetie im Spannungsfeld zwischen Stadt und Land, in: ders., Studien zur Soziologie des Urchristentums (WUNT 19), Tübingen 1983², 142–159

ders., Gruppenmessianismus. Überlegungen zum Ursprung der Kirche im Jüngerkreis Jesu, JBTh 7 (1992), 101–123

ders., Jünger als *Gewalttäter* (Mt 11,2f.; Lk 16,16). Der Stürmerspruch als Selbststigmatisierung einer Minorität, StTh 49 (1995), 183–200

Sjef van Tilborg, The *Jewish Leaders* in Matthew, Leiden 1972

ders., Matthew 27.3–10: an *Intertextual Reading,* in: Intertextuality in Biblical Writings. Essays in Honour of Bas von Iersel, hrsg. von Sipke Draisma, Kampen 1989, 159–174

Tisera, Guido, Universalism according to the Gospel of Matthew (EHS.T 482), Frankfurt (Main) u.a.1993

Tödt, Heinz Eduard, Der *Menschensohn* in der synoptischen Überlieferung, Gütersloh 1963²

Trilling, Wolfgang, Das wahre *Israel.* Studien zur Theologie des Matthäus-Evangeliums (StANT 10), München 1964³

ders., Der *Einzug* in Jerusalem Mt 21,1–7, in: ders., Studien zur Jesusüberlieferung, Stuttgart 1988, 67–75; zuerst erschienen in: Neutestamentliche Aufsätze, FS für Josef Schmid, hrsg. von Josef Blinzler u.a. Regensburg 1963, 303–309

Trunk, Dieter, Der *Messianische Heiler.* Eine redaktions- und religionsgeschichtliche Studie zu den Exorzismen im Matthäusevangelium (HBS 3), Freiburg (Breisgau) u.a. 1994

Tucket, Christopher M., Q and the *History* of Early Christianity. Studies on Q, Edinburgh 1996

Untergaßmair, Franz Georg, Im Namen Jesu. Der Namensbegriff im Johannesevangelium (fzb 13), Stuttgart u.a. o.J.

Urassa, Wenceslaus Mkeni, Psalm 8 and its Christological *Re-Interpretations* in the New Testament Context. An Inter-Contextual Study in Biblical Hermeneutics (EHS.T 577), Frankfurt/Main u.a. 1998

Uro, Risto, Sheep among the Wolves. A Study on the Mission Instructions of Q (AASF B 47), Helsinki 1987

Vahrenhorst, Martin, »Ihr sollt überhaupt nicht schwören«. Matthäus im halachischen Diskurs (WMANT 95), Neukirchen-Vluyn 2002

ders., Gift oder Arznei? Perspektiven für das neutestamentliche Verständnis von Jes 6,9f im Rahmen der jüdischen Rezeptionsgeschichte, ZNW 92 (2001), 145–167

Vassiliadis, Petros, The *Original Order* of Q. Some Residual Cases, in: Logia. Les paroles de Jésus – The Sayings of Jesus, hrsg. von Joel Delobel (BEThL 59), Leuven 1982, 379–387

Verseput, Donald D., The *Rejection* of the Humble Messianic King. A Study of the Composition of Matthew 11–12 (EHS.NT 291), Frankfurt (Main) u.a. 1986

ders., The Role and Meaning of the ›*Son of God‹* Title in Matthew's Gospel, NTS 33 (1987), 532–556

ders., The *Davidic Messiah* and Matthew's Jewish Christianity, SBL.SP 34 (1995), 102–116

Virgulin, Stefano, Il *Lamento* di Gesù su Gerusalemme (Mt 23,37–39; Lc 13,34–35), in: Gesù apostolo e sommo sacerdote, FS für Padre Teodorico Ballarini, hrsg. von Laura Provera, Casale Monferrato 1984, 73–82

Vögtle, Anton, Das Neue Testament und die *Zukunft* des Kosmos (KBANT), Düsseldorf 1970

ders., Messias und Gottessohn. Herkunft und Sinn der matthäischen Geburts- und Kindheitsgeschichte, Düsseldorf 1971

Volz, Paul, Die *Eschatologie* der jüdischen Gemeinde im neutestamentlichen Zeitalter, Tübingen 1966 (Ndr. der 2. Auflage von 1934)

Walker, Peter W.L., Jesus and the *Holy City.* New Testament Perspectives on Jerusalem, Grand Rapids (Michigan) u.a. 1996

Walker, Rolf, Die *Heilsgeschichte* im ersten Evangelium (FRLANT 91), Göttingen 1967

Wander, Bernd, Trennungsprozesse zwischen Frühem Christentum und Judentum im 1. Jahrhundert n.Chr. Datierbare Abfolgen zwischen der Hinrichtung Jesu und der Zerstörung des Jerusalemer Tempels (TANZ 16), Tübingen u.a. 1997[2]

ders., Gottesfürchtige und Sympathisanten. Studien zum heidnischen Umfeld von Diasporasynagogen (WUNT 104), Tübingen 1998

Weaver, Dorothy Jean, Matthew's Missionary *Discourse* (JSNT.S 38), Sheffield 1990

dies., Power and Powerlessness. Matthew's Use of Irony in the Portrayal of Political Leaders, in: Treasures New and Old. Recent Contributions to Matthean Studies, hrsg. von David R. Bauer u. Mark Allan Powell (SBL Symposium Series 1), Atlanta 1996, 179–195

Weber, Kathleen, Plot and Matthew, SBL.SP 35 (1996), 400–431

Wegner, Uwe, Der *Hauptmann* von Kafarnaum (Mt 7,28a; 8,5–10.13 par Lk 7,1–10). Ein Beitrag zur Q-Forschung (WUNT II/14), Tübingen 1985

Wehnert, Jürgen, Die *Teilhabe* der Christen an der Herrschaft mit Christus – eine eschatologische Erwartung des frühen Christentums, ZNW 88 (1997), 81–96

Weinert, Francis D., Luke, the Tempel and Jesus' Saying about *Jerusalem's Abandoned House* (Luke 13:34–35), CBQ 44 (1982), 68–76

Weiss, Hans-Friedrich, Kirche und Judentum im Matthäusevangelium. Zur Frage des ›Antipharisäismus‹ im ersten Evangelium, ANRW II/26.3 (1996), 2038–2098

Wendebourg, Nicola, Der *Tag des Herrn.* Zur Gerichtserwartung im Neuen Testament auf ihrem alttestamentlichen und frühjüdischen Hintergrund (WMANT 96), Neukirchen-Vluyn 2003

Weren, Wim, Israel en de kerk. Het substitutiedenken en de lijnen van Jes. 5,1–7 naar Mt. 21,33–44, TTh 24 (1984), 355–373

ders., Matteüs (Belichting van het bijbelboek), 's-Hertogenbusch u.a. 1994

Werner, Eric, »*Hosanna*« in the Gospels, JBL 65 (1946), 97–122

Whelan, Caroline F., Suicide in the Ancient World. A Re-Examination of Matthew 27:3–10, LTP 49 (1993), 505–522

Wilckens, Ulrich, Das Neue Testament und die *Juden.* Antwort an David Flusser, EvTh 34 (1974), 602–611

ders., Gottes geringste Brüder. Zu Mt 25,31–46, in: Jesus und Paulus, FS für Werner Georg Kümmel, hrsg. von E. Earle Ellis und Erich Gräßer, Göttingen 1975, 363–383

Wilk, Florian, Jesus und die *Völker* in der Sicht der Synoptiker (BZNW 109), Berlin u.a. 2002

Wolter, Michael, Israels Zukunft und die Parusieverzögerung bei Lukas, in: Eschatologie und Schöpfung, FS für Erich Gräßer, hrsg. von Martin Evang, Helmut Merklein und Michael Wolter (BZNW 89), Berlin u.a. 1997, 407–426

ders., Die Juden und die *Obrigkeit* bei Lukas, in: Ja und Nein. Christliche Theologie im Angesicht Israels, FS für Wolfgang Schrage, hrsg. von Klaus Wengst u.a., Neukirchen-Vluyn 1998, 277–290

Wong, Kun-Chun, Interkulturelle Theologie und multikulturelle Gemeinde im Matthäusevangelium (NTOA 22), Freiburg (Schweiz) u.a. 1992

Wouters, Armin, »… wer den *Willen* meines Vaters tut«. Eine Untersuchung zum Verständnis vom Handeln im Matthäusevangelium (BU 23), Regensburg 1992

Zager, Werner, Gottesherrschaft und Endgericht in der Verkündigung Jesu. Eine Untersuchung zur markinischen Jesusüberlieferung einschließlich der Q-Parallelen (BZWN 82), Berlin u.a.1996

Zeller, Dieter, Prophetisches Wissen um die Zukunft in synoptischen Jesusworten, ThPh 52 (1977), 258–271

ders., Entrückung zur Ankunft als Menschensohn (Lk 13,34f; 11,29f), in: À cause de l´Évangile. Études sur les Synoptiques et les Actes, FS für Jacques Dupont (LeDiv 123), Paris 1985, 513–530

ders., Das Logion Mt 8,11f/Lk 13,28f und das Motiv der »*Völkerwallfahrt*«, BZ NF 15 (1971), 222–237; BZ NF 16 (1972), 84–93

Zumstein, Jean, La Condition du *Croyant* dans L'Évangile selon Matthieu (OBO 16), Freiburg (Schweiz) u.a. 1977

H Verzeichnis der Bibelstellen (in Auswahl)